Heiner Newe
Heiderose Thomsen-Newe

MIT DEM WOHNMOBIL NACH SCHLESWIG-HOLSTEIN

und Hamburg

Die Anleitung für einen Erlebnisurlaub

DER WOHNMOBIL-VERLAG
D-36452 Kaltennordheim
OT Mittelsdorf

Die Deutsche Bibliothek – CIP-Einheitsaufnahme

Bibliografische Information der Deutschen Bibliothek

Die Deutsche Bibliothek verzeichnet diese Publikation in der Deutschen Nationalbibliografie.
Detaillierte bibliografische Daten sind im Internet über <http://dnb.ddb.de> abrufbar.

Titelbild: Schloss Glücksburg, Tour 6
Bild in vorderer Klappe: Mühle Charlotte in der Geltinger Birk, Tour 6

Karten: Heiner Newe, Stadtpläne unter Verwendung der Daten von © OpenStreetMap contributors
Fotos: Bildnachweise Seite 379

2. vollständig neu bearbeitete Auflage - 2020, aktualisiert 2021

Druck:
Louis Hofmann
Druck- und Verlagshaus, 96242 Sonnefeld

Vertrieb:
GeoCenter GmbH, 70794 Filderstadt

Herausgeber:
WOMO-Verlag, OT Mittelsdorf, 36452 Kaltennordheim
GPS: N 50°36'38.2" E 10°07'55.6"

Fon: 0049 (0) 36946-20691
Fax: 0049 (0) 36946-20692
eMail: verlag@womo.de
Internet: www.womo.de

Autoren-eMail: Newe@womo.de

ISBN 978-3-86903-042-5

Jede Tour und jeder Stellplatz sind von uns meist mehrfach überprüft worden, wir können jedoch inhaltliche Fehler nie ganz ausschließen. Bitte achten Sie selbst auf Hochwasser, Brandgefahr, Steinschlag und Erdrutsch!

Verlag und Autoren übernehmen keine Verantwortung für die Legalität der veröffentlichten Stellplätze und aller anderen Angaben. Unsere Haftung ist, soweit ein Schaden nicht an Leben, Körper oder Gesundheit eingetreten ist, ausgeschlossen, es sei denn, unsere Verantwortung beruht auf Vorsatz oder grober Fahrlässigkeit.

EINLADUNG

Moin,
de vööl bi d' Padd is, word wat künnig.

Wer viel unterwegs ist, lernt vieles kennen. So lässt sich dieser plattdeutsche Spruch übersetzen. Mit dem Moin dürfen Sie sich anfreunden. Diese kurze Begrüßung wird im hohen Norden morgens, mittags und abends verwendet.

Wir nehmen Sie mit auf eine 2500 Kilometer lange Reise durch die Marschlandschaften, auf die Nordfriesischen Inseln, durch die Geest und durch das Holsteinische Hügelland. Die Schwerpunkte liegen in den Küstenstreifen dieses "meerumschlungenen" Landes.

Neben den vielen Badeorten mit ihren kilometerlangen Stränden erkunden wir das Wattenmeer und lassen uns auf den Deichen den Wind um die Nase wehen. Wohltuend ist die salzhaltige Luft, faszinierend der Blick auf die Vogelwelt.

Natur und Landschaft kommen in diesem Buch nicht zu kurz. Immer wieder werden wir auf die Entstehungsgeschichte dieses Landes hingewiesen, dass es ohne die längst vergangenen Eiszeiten gar nicht geben würde. Dass diese auch heute noch nachwirken, versuchen wir aufzunehmen und allgemein verständlich darzustellen. Auf die Museen und naturkundlichen Ausstellungen, die diese Zusammenhänge viel besser erläutern, als wir das in diesem Buch können, weisen wir immer wieder hin.

Wir schauen uns auch die Hafenstädte an und betrachten das kulturelle Erbe dieser Region. Untergegangene Orte, steinzeitliche Dörfer, mittelalterliche Städte, Burgen, Schlösser und Herrenhäuser stehen dabei auf dem Besuchsprogramm.

Die Holsteinische Küche ist für ihre vielen Fischgerichte bekannt. Das ist naheliegend, aber es kommen auch sehr viele andere Gerichte aus den Kochtöpfen dieser Region. Wir weisen darauf hin, ohne den Anspruch zu haben, einen vollständigen Überblick zur holsteinischen Küche zu liefern. Probieren Sie sich doch einfach durch.

Wir hoffen, dass es uns gelungen ist, in diesem Buch alle Zutaten für die Planung und für die Reise zusammenzustellen.

Einen schönen Urlaub wünscht das Autorenpaar

Heiner Newe und Heiderose Thomsen-Newe

Hamburg

Die Hafenmetropole an der Elbe. Speicherstadt, Elbphilharmonie, Hafencity, Planten un Blomen, Binnen- und Außenalster, Fischmarkt und Reeperbahn. Eine Stadt die nicht schläft. Ab Seite 19.

Stade

Malerische Hafenstadt an der Unterelbe mit Hansehafen, Fischmarkt, Bürgermeister-Hintze-Haus, Fachwerkhäusern, Freilichtmuseum, Museumsschiff.
Ab Seite 51.

Beltringharder Koog

Großes Vogelparadies am Rande des Nationalparks Schleswig-Holsteinisches Wattenmeer. Radtour entlang der Deiche mit Blick auf die Nordsee und die Halligen.
Ab Seite 122.

Albersdorf

Zurück in die Steinzeit, Bogenschießen wie die Vorfahren, Feuer machen wie ein Steinzeitmensch. Handwerkskunst mit einfachsten Mitteln ausprobieren, Getreide mahlen ohne Mühle. Ab Seite 69.

Amrum

Sand und Meer, Dünen und Wald, romantische Orte mit reetgedeckten Häusern, frischer Wind über dem Kniepsand. Wattwanderung nach Föhr, ein Naturerlebnis ersten Ranges. Ab Seite 133.

Globushaus

Erleben wie die Welt sich dreht. Erde und Himmel miteinander verknüpfen, Sternbilder vorüber ziehen lassen, in die planetarische Welt des 17. Jahrhunderts eintauchen. Ab Seite 209.

Haithabu

Wer waren die Wikinger, mit wem trieben sie Handel, wie verteidigten sie ihr Territorium, wie lebten sie? All diese Fragen werden in Haithabu und Danewerk beantwortet. Ab Seite 212.

Lübeck

Die Hanse, die Buddenbrooks, das Marzipan, Günter Grass, Willy Brandt und Thomas Mann. Große Geschichte und große Literaten verbunden mit mittelalterlicher Architektur. Ab Seite 308.

Eutin

Mitten in der Seenlandschaft der Holsteinischen Schweiz baden, wandern, radeln, Kanu fahren, Kunstgenuss erleben oder außergewöhnliche Hochzeitsvorbereitungen treffen. Ab Seite 331.

Lauenburg

Perfekt restauriertes Fachwerkstädtchen an der Elbe mit einer malerischen Silhouette. Kreuzungspunkt mehrerer Wasserstraßen, Ziel vieler Ausflugsschiffe. Ab Seite 365.

Inhaltsverzeichnis

Unsere Top Ten **4**

Gebrauchsanweisung **8**

TOUR 1 (ca. 210 km) **19**
Von Hamburg nach Brunsbüttel
Hamburg, Stadtplan 21
Altes Land 48
Stade, Stadtplan 52

TOUR 2 (ca. 230 km) **63**
Durch Dithmarschen
Was ist eigentlich ein Koog? 65
Was ist eigentlich die Geest? 68
Büsum, Stadtplan 79
Heide, Stadtplan 86

TOUR 3 (ca. 220 km) **97**
Durch Eiderstedt und Nordfriesland
Sankt Peter-Ording, Stadtplan 100
Nationalpark Schleswig-Holsteinisches Wattenmeer 106
Theodor Storm 112
Trutz, Blanke Hans 118
Sturmfluten an der Nordsee 119

TOUR 4 (ca. 310 km) **127**
Nordfriesische Inseln
Wohnmobiltransport nach Sylt 140

TOUR 5 (ca. 100 km) **150**
Durch Südschleswig
Flensburg, Stadtplan 158

TOUR 6 (ca. 120 km) **164**
Von der Flensburger Förde zur Schlei
Förde oder Fjord 169
Nördlicher Schleirundweg 187

TOUR 7 (ca. 180 km) 188
Durch Schwansen nach Schleswig
Schleswig, Stadtplan 205
Bordesholmer Altar 207
Der Gottorfer Globus 209
UNESCO Welterbe Haithabu und Danewerk 212

TOUR 8 (ca. 230 km) 220
Rund um die Kieler Bucht

TOUR 9 (ca. 230 km) 242
Wagrien und Fehmarn

TOUR 10 (ca. 180 km) 285
Entlang der Lübecker Bucht
Kloster Cismar 290
Lübeck, Stadtplan 309
Lübeck und die Hanse 310
Spaziergang durch Lübeck 311
Lübecker Marzipan 313

TOUR 11 (ca. 100 km) 315
Von Hamburg nach Neumünster

TOUR 12 (ca. 120 km) 320
Durch die Holsteinische Schweiz
Plön, Stadtplan 326
Eutin, Stadtplan 335

TOUR 13 (ca. 160 km) 341
Von Hamburg nach Lübeck
Bismarckmuseum Friedrichsruh 342

TOUR 14 (ca. 120 km) 353
Die Lauenburgischen Seen
Der Elbe-Lübeck-Kanal 364

Tipps und Infos – alphabetisch sortiert 370

Stichwortverzeichnis 374

Gebrauchsanweisung

Schleswig-Holstein und Hamburg sind beliebte Reiseziele. Bevor wir uns mit den Details dieser Regionen befassen, wollen wir ihnen zunächst den Aufbau des Buches erläutern und Ihnen einen Überblick zu den Inhalten dieses Buches verschaffen.

Reisegebiet

Die Schwerpunkte unserer Beschreibungen bilden neben Hamburg die Nordseeküste mit den Nordfriesischen Inseln und die Ostsee mit ihren zahllosen Badestränden inklusive der Insel Fehmarn. Das Landesinnere wird nur in den Bereichen angesprochen, die für einen Urlauber interessant sein können. Wir beginnen mit Hamburg. Nach dem Besuch dieser größten Hafenstadt Deutschlands bieten wir zwei Optionen an, entlang der Elbe flussabwärts zu fahren. Eine Variante führt rechts der Elbe entlang nach Brunsbüttel. Die zweite Variante führt durch das Alte Land, das Land Kehdingen, über die Elbfähre nach Glückstadt, von dort weiter durch die Wilstermarsch und durch den tiefsten Punkt Deutschlands nach Brunsbüttel.

Das Hamburger Rathaus.

Kohl und Windräder begleiten die weitere Reise auf der Tour 2. Es geht entlang der Westküste Schleswig-Holsteins durch Dithmarschen bis zur Halbinsel Eiderstedt. Kleine Ausflüge auf den Geeströcken und an den Nord-Ostsee-Kanal runden diese Tour ab.

In der Tour 3 werden wir uns mit der Halbinsel Eiderstedt beschäftigen und Sankt Peter-Ording ausführlich präsentieren, bevor es über Husum nach Nordfriesland weitergeht. Wir werden die Insel Pellworm besuchen und uns hier im besonderen Maße mit der Küsten-

Nordfriesland: Windräder und Landwirtschaft.

landschaft, der Entstehung der Inseln und dem sagenhaften Rungholt beschäftigen. Ein Ort, der während einer Sturmflut im Mittelalter unterging. Ein weiterer Schwerpunkt dieser Etappe ist der Nationalpark Schleswig-Holsteinisches Wattenmeer.

Die Uwe-Düne auf Sylt.

Auf der Tour 4 beschäftigen wir uns hauptsächlich mit den Nordfriesischen Inseln Föhr, Amrum und Sylt. Wir geben Ihnen in diesem Kapitel alle notwendigen Hinweise für die Fähr- und Bahnverbindungen zu diesen Inseln. Alle verfügbaren Stell- und Campingplätze dieser Inseln werden vorgestellt.

Die Flensburger Förde bei Holnis.

Mit der Tour 5 fahren wir von der Nordsee- an die Ostseeküste. Diese Tour durch die Region Südschleswig führt uns am Nolde-Museum vorbei und endet in der Rumstadt Flensburg. Ein durchaus sehenswerter und interessanter Ort, der viel zu bieten hat.

Im Naturschutzgebiet Geltinger Birk.

In der darauffolgenden Tour 6 führt uns der Weg von der Flensburger Förde über die Halbinsel Angeln an die Schlei. Kleine verschwiegene Badeorte werden wir auf dieser Etappe antreffen und ein großes Naturschutzgebiet, das als Zwischenziel sehr attraktiv ist.

An der Schlei und der Halbinsel Schwansen (Tour 7) werden wir uns eine Weile aufhalten. Zwischen Kappeln und Schleswig gibt es viel zu entdecken. An der Eckernförder Bucht haben wir viele Campingplätze besucht, die direkt am Meer liegen. Wir haben sie umfassend beschrieben, um Ihnen die Auswahl zu erleichtern. Am Ende der Schlei ist Schleswig das Highlight der Tour 7. Hier stehen unter anderem ein Besuch des Gottorfer Globus und ein Besuch der

UNESCO-Welterbstätten Haithabu und Danewerk auf dem Programm.

In der Tour 8 bildet Rendsburg mit seinen vielen aussichtsreichen Stellplätzen am Nord-Ostsee-Kanal einen Schwerpunkt, bevor es wieder zurück an die Ostseeküste und in die Landeshauptstadt Kiel geht. Abgeschlossen wird diese Tour auf einem stillen Stellplatz an der Ostsee.

Wassersport steht im Vordergrund in der Tour 9. Sie geht entlang der Hohwachter Bucht auf die Insel Fehmarn, einem Paradies für Kitesurfer. Verschiedene Wanderungen und vogelkundliche Beobachtungen stehen hier auch auf dem Programm.

Im Wassersportparadies Fehmarn.

In der Holsteinischen Schweiz.

Nachdem wir die Insel ausgiebig erkundet haben, geht es in der Tour 10 weiter entlang der Lübecker Bucht zu der großen alten Hansestadt Lübeck.

Mit der Tour 11 machen wir einen Sprung zurück nach Hamburg und starten von dort nach Neumünster, schließlich wollen wir uns nicht nur an den Küsten aufhalten, sondern auch das Binnenland erkunden.

Von Neumünster geht es in der Tour 12 in die malerische Holsteinische Schweiz. Diese hügelige Landschaft mit ihren großen und kleinen Seen lädt zum Kanu fahren ein. Wir beenden diese Tour an der Lübecker Bucht.

Tour 13 startet ebenfalls in Hamburg und führt über Friedrichsruh mit dem Bismarckmuseum und dem Bismarck-Mausoleum über Bad Oldesloe und Bad Segeberg nach Lübeck. In dieser Tour wagen wir mit Bismarck einen kleinen Blick in die Geschichte Deutschlands.

Den Abschluss bildet die Tour 14, die von Lübeck entlang der Lauenburgischen Seen nach Lauenburg an der Elbe führt. Dort endet unsere Reise durch Schleswig-Holstein und Hamburg.

Eine grafische Übersicht dieser Touren finden Sie in der hinteren Umschlagklappe.

Zum Aufbau des Buches

Kommen wir nun zum Aufbau des Buches. Jedes Kapitel jeder Tour beginnt mit einer Karte auf der linken Seite beziehungsweise mit einer Karte, die oben quer über den Bund verläuft. In diesen Karten ist der Verlauf der Route mit einer roten Linie gekennzeichnet. Neben diesen roten Linien sind in den Karten natürlich die Ortsnamen, Sehenswürdigkeiten und Symbole verzeichnet, die in der Zeichenerklärung auf der hinteren Umschlagklappe erläutert werden. Tipp: Machen Sie sich vertraut mit den Symbolen und den Farben der Stellplätze, das erleichtert die Orientierung in den Karten erheblich.

Die Stell- und Campingplätze sind in den Karten durchnummeriert. Die Beschreibungen der Stell- und Campingplätze im Text nimmt diese Nummern wieder auf.

WOMO-Stellplätze

Die Stellplatzkästen sind orange-gelblich eingefärbt. Wir unterscheiden dabei zwischen den offiziellen und den nicht offiziellen Plätzen. Offiziell ist ein Stellplatz immer dann, wenn ein WOMO-Schild am Parkplatz zu sehen ist. Er muss keinerlei wohnmobilspezifische Einrichtungen haben. Die anderen, nicht offiziellen Stellplätze sind in der Regel Parkplatzareale, auf denen wir mit einem Wohnmobil stehen bleiben können. Das sind die Parkplätze, die einfach nur mit einem weißen P auf blauen Grund markiert sind.

Die Stellplätze sind fast immer bebildert.

Die Stellplatzbeschreibungen erfolgen immer nach demselben Schema. Zunächst werden die GPS-Koordinaten genannt, dann folgt die Adresse. Da nicht jeder Stellplatz eine genaue Postadresse hat, müssen Sie damit rechnen, wenn Sie in ihr Navi die Adresse eingegeben haben, dass Sie nur näherungsweise zu dem Platz geführt werden. Eine zielgenaue Führung erreichen Sie nur mit den geografischen Koordinaten. Aber auch diese zielgenaue Führung kann problematisch sein, wenn Sie kein spezielles für Wohnmobile eingerichtetes Navigationsgerät benutzen. Deshalb achten Sie bitte auch auf die Beschreibung der Zufahrt, die am Ende einer Stellplatzbeschreibung immer aufgeführt ist. Diese Beschreibungen berücksichtigen Straßenbreiten, Durchfahrtshöhen und Gewichtsbeschränkungen, auf die ihr Navi unter

Umständen keine Rücksicht nimmt. Nicht immer ist der kürzeste Weg auch der beste. Tipp: Über die Homepage des Verlages können Sie die GPS-Koordinaten dieses Buches als GPX-Datei bestellen und anschließend auf Ihr Navi kopieren. Damit ersparen Sie sich das lästige Abtippen der Koordinaten oder der Adresse.

Zurück zu den Stellplatzkästen in diesem Buch. Nach den GPS-Koordinaten und der Adresse folgt die Angabe, wie viele Wohnmobile maximal auf dem Stellplatz geparkt werden können. Wir geben ebenfalls an, wie lang das Fahrzeug maximal sein kann. Bei dieser Angabe ist nicht davon auszugehen, dass alle Stellflächen des Platzes die maximale Länge zulassen. Soweit wir es in Erfahrung bringen konnten, haben wir auch vermerkt, wie lange Sie auf diesen Stellplätzen verweilen dürfen.

Auf Fährverbindungen weisen wir hin.

In der Beschreibung führen wir auch auf, welche Ausstattungsmerkmale die Anlagen haben. Wir beschreiben, wie der Untergrund des Stellplatzes beschaffen ist, sagen, ob Sie Keile benötigen, um ihr Fahrzeug waagerecht zu stellen, führen auf, ob Sie Wasser tanken können, ob Sie entsorgen können und ob eine Stromversorgung möglich ist. Wenn es sich um einen hochmodernen neuzeitlichen Stellplatz handelt, der in Servicegebäuden Waschmaschine, Wäschetrockner oder einige andere Serviceeinrichtungen anbietet, so führen wir diese ebenfalls auf. Wie gehen auch auf die Umgebungsgeräusche der Stellplätze ein. Wir sagen ihnen, ob Sie in der Nacht mit Ruhe rechnen können oder ob es wahrscheinlich auch laut sein wird. Natürlich haben wir nicht auf allen Stellplätzen übernachtet, die wir beschrieben haben. Wir trauen uns aber aufgrund unserer langjährigen Erfahrung zu, die Lage einigermaßen richtig einschätzen zu können. Natürlich sagen wir Ihnen auch, ob der Stellplatz schattig ist oder nicht. Ist er schattig, so müssen Sie mit eingeschränktem Satellitenempfang rechnen. Die Entfernung von den Stellplätzen zu den jeweiligen Sehenswürdigkeiten der Stadt oder der Region ist in der Regel immer angegeben.

Wir nennen ihn alle Preise, die auf den Stellplätzen für die angebotenen Leistungen bezahlt werden müssen. Wir weisen auch an dieser Stelle darauf hin, dass es für die Stellplätze in Deutschland allgemein sehr sinnvoll ist, eine größere Menge an Münzen, insbesondere 50-Cent und 1-Euro-Münzen mitzuführen. Kartenzahlung für die Stellplatzgebühr, für die Wasserentnahme oder für die Entsorgung ist immer noch die Ausnahme. Wir haben die Preise so angegeben, wie wir sie im Jahre 2019 vor Ort vorgefunden haben.

Leider keine Ausnahme.

Gern wird immer wieder in den Verkaufsprospekten von Wohnmobilen das Fahrzeug am Meeresstrand oder am Seeufer mit freundlich und glücklich dreinblickenden Menschen gezeigt. Auch im Verlag galt und gilt immer noch das „freie stehen“ als das Nonplusultra des Wohnmobilurlaubs. Das wird in Schleswig-Holstein allerdings etwas schwierig. Dort, wo es gemacht werden kann, ist es so langweilig, dass man nicht stehen bleiben will und dort, wo man gerne bleiben möchte, stehen schon sehr viel andere Fahrzeuge und ein Parkscheinautomat ist auch vorhanden. Kurzum, viele „freie“ Plätze werden Sie in dieser Region nicht finden, nicht in Küstennähe und auf den Inseln schon gar nicht. Hier gibt es für die Übernachtung fast nur „offizielle“ Plätze, die im Vergleich zum Süden Deutschlands auch noch relativ teuer sind. Natürlich haben wir uns bemüht, freie Plätze zu finden und aufzunehmen, viele sind es allerdings nicht. Zu oft ist eine Übernachtung auf einem schönen Parkplatz in Küstennähe schlicht und ergreifend untersagt.

WOMO-Badeplätze

Die WOMO-Badeplätze erscheinen in blauer Farbe. Auch hier unterscheiden wir zwischen offiziellen und inoffiziellen Plätzen. Naturgemäß gibt es in einem vom Meer umschlungenen Land viele Badeplätze an den Küsten. Aber auch Stellplätze an Thermen oder Freibädern werden von uns als

Dieses Buch enthält sehr viele Badeplätze an Nord- und Ostsee.

Badeplätze definiert. Die Beschreibungen folgen dem Schema der gelb-orangenen Kästen.

WOMO-Wander- und Picknickplätze

Dies trifft auch zu für die Wanderparkplätze, die in grüner Farbe erscheinen und für die Picknickplätze, die violett dargestellt sind. Hier ist zumeist davon auszugehen, dass eine Infrastruktur für Wohnmobile nicht vorhanden ist. Meistens sind es aber gute und vor allem kostenlose Übernachtungsplätze abseits der Durchgangsstraßen, wenn die Einsamkeit nicht stört.

Vom Wanderparkplatz direkt in die Natur.

WOMO-Campingplätze

Campingplätze, die in einem hellen Grün erscheinen, nehmen in diesem Buch einen breiten Raum ein. Für einen längeren Aufenthalt an der Küste sind sie für den Strandurlaub vielfach die bessere Wahl. Oft wurden auf den Campingplätzen spezielle Areale für die Wohnmobilisten eingerichtet. Manchmal liegen sie auch direkt daneben und man steht eigentlich auf einem klassischen Stellplatz, kann aber die Infrastruktur des Campingplatzes nutzen. Die Ausstattungsmerkmale dieser Plätze sind bei den Beschreibungen aufgeführt. Dies soll Ihnen die Wahl erleichtern, den für Sie passenden Ort zu finden. Wir haben aus Platzgründen nicht alle Campingplätze aufnehmen können. Aufgenommen haben wir nur die, die wir uns auch angeschaut haben. Nicht von allen zeigen wir ein Foto. Hier sind wir etwas zurückhaltender, weil wir nicht Personen ungefragt in diesem Buch abbilden möchten. Dort, wo ein aussagekräftiges Bild aus größerer Distanz möglich war, haben wir es berücksichtigt. Um ihnen den Buchungsvorgang eines Campingplatzes zu erleichtern, haben wir sowohl die Homepage als auch die Telefonnummer des jeweiligen Campingplatzbetreibers aufgeführt.

Dieses Buch enthält viele Campingplätze.

WOMO-Gasthöfe

Bleiben zum Schluss noch die Gasthöfe, die eine Übernachtung auf ihren Gästeparkplätzen zulassen. Fast immer werden diese Plätze kostenlos angeboten und es versteht sich eigentlich von selbst, dass dies mit der Einkehr in den jeweiligen Gasthof verbunden ist. Eine sehr gute Gelegenheit, die regionale Küche kennenzulernen.

Sehenswürdigkeiten

Nicht alle Sehenswürdigkeiten haben wir ausführlich beschrieben. Vielfach haben wir es dabei belassen, sie nur stichwortartig aufzuführen. Wenn wir uns aber einer Sehenswürdigkeit ausführlicher gewidmet haben, so haben wir auch immer die Öffnungszeiten und die Eintrittspreise dazu geschrieben. Bei den Eintrittspreisen haben wir nicht immer alle Rabatte und Vergünstigungen notiert. Wir haben den Eintrittspreis eines normalen Erwachsenen angegeben. Um die aktuellen Preise und Öffnungszeiten zu erfahren, gehen Sie bitte auf die jeweilige Homepage der Sehenswürdigkeit, die wir in der Regel der Beschreibung hinzugefügt haben. Die ausführlichen Beschreibungen erscheinen in einem hellgelben Kasten.

Wanderungen und Radtouren

Etwas ausführlicher dargestellte Wanderungen und Radtouren erscheinen in einem grünen Kasten. Nicht immer verweisen wir dabei auf eine Wanderkarte. Häufig ist die Beschilderung vor Ort so gut, dass man auch ohne eine Wanderkarte sehr gut zurechtkommt. Für die Orientierung vor Ort nutzen wir unser Smartphone und Google Maps. Damit kommt man in der Regel sehr gut aus.

Restaurants

Einen Gourmetführer haben wir nicht geschrieben. Eine Übersicht zu den Restaurantqualitäten unseres Reisegebietes können wir nicht liefern, dafür haben wir zu wenige aufgesucht. Wir erwähnen nur die Restaurants, die wir in guter Erinnerung haben und in denen wir auch selbst zugegen gewesen sind. Negative Restaurantkritiken werden Sie in diesem Buch nicht finden, das überlassen wir anderen. Für die Auswahl

An der Uferpromenade in Grömitz.

Klassisch norddeutsch.

eines Restaurants gibt es mittlerweile sehr viele tools und Bewertungsportale, die Sie online abrufen können und ihnen einen besseren Überblick verschaffen, als wir das hier leisten können. Eine kleine Auswahl klassischer schleswig-holsteinischer Spezialitäten haben wir auf der Seite 371 bei den Tipps und Infos zusammengestellt.

Landkarten und Navigation

Wir gehen davon aus, dass heute kaum mehr ein Wohnmobilfahrer ohne Navigationssystem unterwegs ist. Mit den GPS-Angaben und den Beschreibungen sowie den Tourenkarten in diesem Buch könnten Sie die Reise in den hohen Norden direkt starten. Auf die zeichnerische Qualität und Lagegenauigkeit der Tourenkarten in diesem Buch legen wir besonders großen Wert. Ich habe fast mein gesamtes Berufsleben damit verbracht, Autoreisebücher und Atlanten zu erstellen. Für die bessere Orientierung in den Städten oder in Ballungsräumen haben wir deshalb auch Stadtpläne eingefügt, um die Beschreibungen im Text besser nachvollziehen zu können.

Allerdings fehlt ihnen der Überblick über das gesamte Reisegebiet, deshalb halten wir es für sinnvoll, eine Reisekarte mitzuführen. Für Schleswig-Holstein und Hamburg gibt es eine Karte vom ADAC im Maßstab 1:250.000, die für die Orientierung eine sehr nützliche Hilfe ist. Natürlich sind auch die klassischen Autoatlanten vom ADAC für die Reiseplanung gut zu verwenden. Landkarten erscheinen uns nach wie vor notwendig, insbesondere dann, wenn Vollsperrungen dazu führen, dass man eine neue Route wählen muss. Natürlich berücksichtigen die neuen Navigationssysteme auch Vollsperrungen auf Bundes- und Landesstraßen sowie Autobahnen und wählen automatisch neue Routen. Dies funktioniert jedoch nicht immer, besonders dann nicht, wenn es sich um kurzfristige Sperrungen handelt oder die Straßen zur untersten Kategorie gehören. Wir haben dies bei unseren Erkundungen immer wieder erlebt.

Die Problematik des nächsten Themas lösen aber auch die besten Landkarten nicht.

Dieselfahrverbote

Über den Sinn oder Unsinn der Fahrverbote lässt sich trefflich streiten, nur werden wir das in diesem Buch nicht tun. Dafür gibt es genug Foren, in denen ein reger Austausch stattfindet. Dort, wo wir in der Wahl des Weges durch die Fahrverbote auf einzelnen Straßen oder gar flächenhaft eingeschränkt werden, weisen wir in den Stadtplänen oder Karten darauf hin und zeigen Alternativen auf. In diesem Buch betrifft es nur Hamburg.

Aktualität und Resonanz der Leser

Ein gedrucktes Buch verliert im Laufe der Zeit seine Aktualität. Stellplätze kommen hinzu oder Stellplätze werden geschlossen, die Preise und Öffnungszeiten verändern sich, Straßen werden verlegt oder in Ihrer Nummerierung geändert. Sobald wir von wesentlichen Veränderungen in unserem Reisegebiet erfahren, teilen wir dies in dem Forum des WOMO-Verlages mit. Schauen Sie hier www.forum.womoverlag.de nach, bevor Sie sich mit diesem Buch auf die Reise begeben, ob es zwischenzeitlich Veränderungen oder Aktualisierungen zu diesem Buch gegeben hat.

Sollten ihnen bei der Nutzung dieses Buches Fehler auffallen oder sollten Sie feststellen, dass getroffene Aussagen in diesem Buch nicht mehr aktuell sind, so teilen Sie uns das bitte mit. Am liebsten ist uns hier eine E-Mail, die Sie an diese Adresse senden können: newe@womo.de.

Erstaunlicherweise bekommen wir von unseren Lesern recht wenig Resonanz. Nicht gemeckert ist gelobt genug, sagt der Schwabe. Ob diese Sichtweise so zutrifft, wissen wir nicht. Hinweise auf Fehler in unseren Büchern sind sehr selten. Das ist natürlich schön, noch schöner ist es, wenn ein positives Feedback kommt, so wie sie bei unserem Buch über die französischen Alpen in den Amazon-Rezensionen zu lesen sind.

Wie auch immer, trauen Sie sich uns eine kurze Notiz zu schreiben und teilen Sie uns mit, wie Sie mit diesem Buch zurechtgekommen sind, ob Veränderungen notwendig sind oder was Sie besser machen würden. Wir werden es für die nächste Auflage berücksichtigen.

Für Ihre Mühe danken wir, wollen es nun mit dieser Gebrauchsanweisung belassen und endlich die Reise starten.

Nord-Ostsee-Kanal
Tiefste Landstelle Deutschlands (3,54 m unter NN)
Schleusen
Brunsbüttel
Elbe
Wilster
Wilstermarsch
Itzehoe
Stör
Brokdorf
Freiburg (Elbe)
Kehdingen
Wischhafen
Glückstadt
Krautsand
Drochtersen
Horst
Industriemuseum
Elmshorn
Barmstedt
Uetersen
Tornesch
Rosarium
Stade
Schwinge
Malerische Altstadt
Hollern-Twielenfleth
Pinneberg
Grünendeich
Lühe
Steinkirchen
Wedel
Schiffsbegrüßungsanlage
Horneburg
Neuenschleuse
Jork
Borstel
HAMBURG
Tierpark Hagenbeck
Groß Flottbeck
Heiliggeistfeld
St. Pauli
Altona
Finkenwerder
Este
Altes Land
Seite 21
5 km
021
020
019
018
017
016
015
014
013
012
011
010
009
008
007
006
005
004
003
002
001
B5
B431
B495
B4
B73
23
26
7

TOUR 1 (ca. 210 km)

Hamburg – Wedel – Uetersen – Elmshorn – Glückstadt – Jork – Grünendeich – Hollern-Twielenfleth – Stade – Drochtersen – Wischhafen – Brokdorf – Wilster – Brunsbüttel

Stellplätze:	Hamburg, Wedel, Uetersen, Elmshorn, Glückstadt, Jork, Grünendeich, Twielenfleth, Stade, Drochtersen, Wischhafen, Brokdorf, Wilster, Brunsbüttel.
Campingplätze:	keine.
Ver-/Entsorgung:	Hamburg, Wedel, Elmshorn, Glückstadt, Jork, Grünendeich, Stade, Wischhafen, Brokdorf, Wilster, Brunsbüttel.
Besichtigungen:	Hamburg (Hafen, Speicherstadt, Neuer Hafen mit Elbphilharmonie, Binnenalster, Planten un Blomen, Hagenbecks Tierpark), Wedel (Schiffsbegrüßungsanlage), Uetersen (Rosarium), Elmshorn (Industriemuseum), Glückstadt (Marktplatz), Jork (Fachwerkhäuser, Mühle), Stade (Altstadt), Wilster (Ortsmitte, Tiefste Landstelle Deutschlands), Brunsbüttel (Schleuse Nord-Ostsee-Kanal).
Wandern/Rad fahren:	Hamburg (Rund um Binnen- und Außenalster), Radtour durch das Alte Land.
Baden/Wellness:	Wedel (Strand- und Freibad), Twielenfleth (Freibad), Drochtersen-Krautsand (Strandbad), Brunsbüttel (Freibad).

Wir beginnen unsere Reise durch den hohen Norden Deutschlands in **Hamburg**. Von Süden kommend nähern wir uns dem Zentrum der zweitgrößten Stadt unseres Landes (1,85 Mio. Einwohner) über ein Gewirr von Autobahnknoten und Abfahrten. Mit der gebotenen Vorsicht folgen wir den Angaben des Navi und suchen den ersten Stellplatz auf. Doch der Wohnmobilhafen erscheint uns zu laut, also fahren wir weiter zum nächsten auf dem Heiligengeistfeld. Der Platz erweist sich als Baustelle, hier wird gerade einiges geändert und war bei unserem Besuch nur schlecht anzufahren. Dann gibt es noch die Plätze an den Landungsbrücken und am Fischmarkt. Die beiden Plätze liegen sehr dicht beieinander, in Sichtweite sozusagen. Eine der Hauptverkehrsstraßen Hamburgs führt an den Plätzen vorbei. Der Blick nach vorn fällt auf den Hafen, hinter uns ist der Verkehrslärm vorne fahren die Barkassen und gelegentlich wird ein großer Pott vorbeigeschleppt, Hafengeräusche dringen herüber. Eine

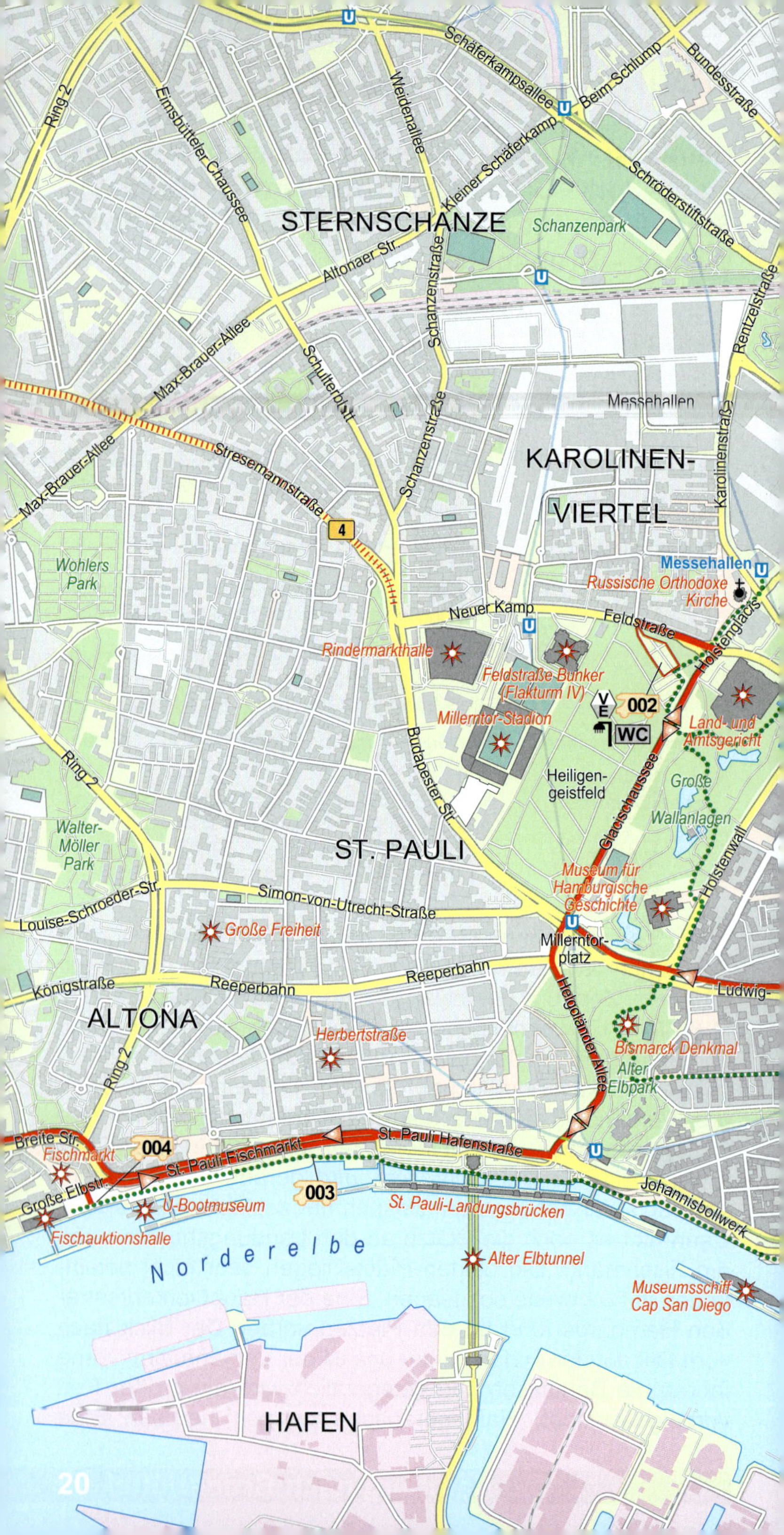
STERNSCHANZE
KAROLINEN-
VIERTEL
ST. PAULI
ALTONA
HAFEN
Schanzenpark
Messehallen
Wohlers Park
Walter-Möller Park
Heiligen-
geistfeld
Große Wallanlagen
Rindermarkthalle
Feldstraße Bunker (Flakturm IV)
Millerntor-Stadion
Russische Orthodoxe Kirche
Land- und Amtsgericht
Museum für Hamburgische Geschichte
Millerntor-
platz
Große Freiheit
Herbertstraße
Bismarck Denkmal
Alter Elbpark
Fischmarkt
Fischauktionshalle
U-Bootmuseum
St. Pauli-Landungsbrücken
Alter Elbtunnel
Museumsschiff Cap San Diego
Norderelbe
002
003
004
4
WC
Schäferkampsallee
Beim Schlump
Bundesstraße
Kleiner Schäferkamp
Schröderstiftstraße
Weidenallee
Eimsbütteler Chaussee
Ring 2
Altonaer Str.
Schanzenstraße
Rentzelstraße
Max-Brauer-Allee
Schulterblatt
Stresemannstraße
Karolinenstraße
Neuer Kamp
Feldstraße
Holstenglacis
Budapester Str.
Glacischaussee
Holstenwall
Louise-Schroeder-Str.
Simon-von-Utrecht-Straße
Königstraße
Reeperbahn
Ludwig-
Helgoländer Allee
Breite Str.
Große Elbstr.
St. Pauli Fischmarkt
St. Pauli Hafenstraße
Johannisbollwerk

ROTHERBAUM
250 Meter
Gesperrt für Diesel-
fahrzeuge, die nicht
mindestens der
Abgasnorm Euro-6
entsprechen.
Außen-
alster
Binnenalster
Alsterfontäne
NEUSTADT
ALTSTADT
SPEICHERSTADT
HAFENCITY
SANDTORKAI
STRANDKAI
Grindelallee
Mittelweg
Bundesstraße
An der Verbin-
dungsbahn
Rothenbaumchaussee
Universität
Wasserlichtkonzerte
Parksee
CCH
Planten un
Blomen
Edmund-Siemers-Allee
Alsterufer
St.Petersburger Str.
Messe-
hallen
Tropenge-
wächshäuser
Botanischer
Garten
Dammtordamm
Alsterglacis
Bei den Kirchhöfen
Jungiusstraße
Wallgraben
Stephans-
platz
Esplanade
Kennedybrücke
Gorch-Fock-Wall
Dammtorstr.
Colonnaden
Neuer Jungfernstieg
Lombardsbrücke
An der Alster
Ferdinandstor
Kunst-
halle
Glockengießerwall
Valentinskamp
Gänse-
markt
Kaiser-Wilhelm-Str.
Fuhlentwiete
Jungfernstieg
Ballindamm
Hauptbahnhof Nord
Jungfernstieg
Alsterarkaden
Thaliatheater
Europapassage
Kl. Alster
Mönckebergstraße
Rathaus-
markt
Stadthausbrücke
St. Jacobi
St. Petri
Steinstraße
Rathaus
Handels-
kammer
Alsterfleet
Bergstraße
Dom-
platz
Erhard-Straße
Großer Burstah
Alter Fischm.
Chilehaus
St. Michaelis
Domstraße
Schokoladenmuseum
Willy-Brandt-Straße
4
Michel-
wiese
Herrengrabenfleet
Alsterfleet
Rödingsmarkt
Nikolaifleet
St. Katharinen
Katharinenkirchhof
Bei St. Annen
Zollkanal
Bei den Mühren
Brooktorkai
Baumwall
Miniatur
Wunderland
Elbpromenade
Brooksfleet
Am Sandtorkai
Internationales
Maritimes
Museum
Kehrwiederfleet
Kehrwieder-
spitze
Speicherstadt-
museum
Magellan-
Terrassen
Osakaallee
Sandtorhafen
Elbphilharmonie
Norderelbe
Grasbrookhafen
Marco-Polo-
Terrassen

(001) Offizieller WOMO-Stellplatz: Hamburg – Wohnmobilhafen

GPS: N53°32'35.7" E10°01'33.2"; Grüner Deich 8, 20097 Hamburg.
Max. WOMOs: 60, maximale Länge 12 m.
Ausstattung: Befestigter videoüberwachter Platz mit Wasserver- und Abwasserentsorgung, Kassettenentleerung, Stromanschlüssen, Behälter für die Müllentsorgung. Im Servicegebäude gibt es Dusche und WC. Der Platz ist ganzjährig geöffnet. Stadtrundfahrten mit einem Doppeldeckerbus werden angeboten und beginnen direkt am Platz.

Beschreibung: Der Platz liegt im Stadtteil Hammerbrook in der Nähe der Großmarkthalle unter einer Eisenbahnbrücke, laut.
Preise: Pro Tag und Wohnmobil 10,00 €. Versorgung, Dusche, WC und Strom pro Tag 9,00 €.
Zufahrt: Von der B4 in die Süderstr. fahren, dann noch 100 Meter bis zur Einfahrt des Platzes.

(002) Offizieller WOMO-Stellplatz: Hamburg – Heiligengeistfeld

GPS: N53°33'23.0" E9°58'24.0"; Feldstraße 48, 20357 Hamburg.
Max. WOMOs: 30, maximale Länge 12 m, max. Aufenthalt 3 Tage.
Ausstattung: Befestigter Platz mit Wasserver- und Abwasserentsorgung, Kassettenentleerung, Stromanschlüssen, Behälter für die Müllentsorgung. Im Servicegebäude gibt es Dusche und WC. Der Platz ist ganzjährig geöffnet.

Beschreibung: Im Stadtteil St. Pauli, in der Nähe der Großen Wallanlagen und des Fußballstadions am Millerntor, relativ ruhig.
Preise: Pro Tag und Wohnmobil 18,00 €. Ver- und Entsorgung 5,00 €, Strom pro Tag 5,00 €.
Zufahrt: Von der Glacischaussee an der Kreuzung beim Landgericht links abbiegen in die Feldstraße, dann sind es noch 150 Meter bis zur Parkplatzeinfahrt.

(003) Offizieller WOMO-Stellplatz: Hamburg – Bei den Landungsbrücken

GPS: N53°32'45.9" E9°57'39.2"; Hafenstraße 89, 20359 Hamburg.
Max. WOMOs: 15, maximale Länge 10 m.
Ausstattung: Asphaltierter Platz ohne Versorgungseinrichtungen, ganzjährig geöffnet.

Beschreibung: Im Stadtteil St. Pauli zwischen Fischmarkt und Landungsbrücken. Bis zum Beginn der Landungsbrücken sind es zu Fuß 250 Meter, bis zum Fischmarkt 650 Meter.
Preise: Mo-Do 12,50 €, Fr-So 19,50 €. Zahlbar am Automaten auch mit EC-Karte.
Zufahrt: Der Platz liegt direkt an der St. Pauli Hafenstraße.

(004) Offizieller WOMO-Stellplatz: Hamburg – Fischmarkt

GPS: N53°32'42.7" E9°57'12.5"; Große Elbstraße 6, 22767 Hamburg.
Max. WOMOs: 10, maximale Länge 10 m.
Ausstattung: Asphaltierter Platz ohne Versorgungseinrichtungen, ganzjährig geöffnet. Von samstags 18 Uhr bis montags 08.00 Uhr wegen des Fischmarkts geschlossen.

Beschreibung: Im Stadtteil Altona am Fischmarkt. Bis zum Beginn der Landungsbrücken sind es zu Fuß 800 Meter, bis zur Reeperbahn 10 Min, bis zur Speicherstadt 2,5 km, der Platz ist lebhaft und laut.
Preise: 14,00 €. Zahlbar am Automaten, auch mit EC-Karte.
Zufahrt: Der Platz liegt direkt an der Großen Elbstraße.

(005) WOMO-Stellplatz: Hamburg – Hagenbecks Tierpark

GPS: N53°35'53.6" E9°56'12.2"; Gazellenkamp 150, 22527 Hamburg.
Max. WOMOs: 5, maximale Länge 7 m.
Ausstattung: Befestigter Platz ohne Versorgungseinrichtungen, ganzjährig geöffnet.

Beschreibung: Gegenüber des Haupteinganges zum Tierpark. Der ruhigste aller Hamburger Übernachtungsplätze. Entfernung bis zum Jungfernstieg 7 km, bis zu den Landungsbrücken 7,5 km.
Preise: 4,00 €, zahlbar am Eingang beim Parkplatzwärter.
Zufahrt: Einfach den Hinweisschildern zu Hagenbecks Tierpark folgen.

Strandbar befindet sich gleich neben dem Stellplatz an den Landungsbrücken, Fischlokale sind in der Nachbarschaft zu finden und die Reeperbahn ist auch nicht weit. Kurzum: Hier ist man mittendrin im Geschehen. Wenn die letzten Nachtschwärmer nach Hause gehen, kommen die ersten schon wieder, um ihre Arbeit zu beginnen, Lieferdienste, Putzkolonnen, Bautrupps. Wenn Sie hier übernachten wollen, stellen Sie sich also auf etwas unruhige Stunden ein. Am ruhigsten erscheint uns der Platz auf dem Heiligengeistfeld, noch ruhiger ist es nur auf dem Parkplatz vom Tierpark Hagenbeck. Allerdings liegt der außerhalb unseres Stadtplanes, den wir zur besseren Orientierung auf den vorangegangen Seiten eingefügt haben. Drei der hier beschriebenen Plätze finden Sie dort verzeichnet, nur den ersten und den letzten nicht, die zu finden sollte aber mit den Beschreibungen kein Problem sein.

Wer Hamburg kennenlernen möchte, sollte ein wenig Zeit mitbringen. Um sich die wesentlichen Sehenswürdigkeiten dieser Stadt anzuschauen, benötigen Sie mindestens drei oder vier Tage, wenn Sie nicht von Objekt zu Objekt hetzen wollen. Dabei ist ein Besuch der Reeperbahn noch nicht einmal eingeschlossen.

Unseren ersten Rundgang durch die Speicherstadt und zu den Landungsbrücken starten wir vom Stellplatz auf dem Heiligengeistfeld.

Wie so oft in unseren Stadtplänen können Sie den Rundgang an der grün gepunkteten Linie im Stadtplan verfolgen. Beginnen wir mit dem **Heiligengeistfeld**. Es ist eine 20 Hektar große Fläche, die recht trostlos wirkt. Sie befindet sich vor dem ehemaligen Befestigungsring der Stadt und hatte die Funktion eines Glacis, eines freien Schussfeldes aus längst vergangenen Zeiten, das mit Bäumen nicht bepflanzt wurde. Bis zum Ende des 19. Jahrhunderts diente dieses Feld noch als Viehweide. Heute wird dieses Gelände für Veranstaltungen genutzt. Am bekanntesten ist der **Dom**, ein riesiger Jahrmarkt mit allen bekannten magenumdrehenden Fahrgeschäften. Mögen die Münchner einmal im Jahr ihr Oktoberfest haben, so haben die Hamburger dreimal im Jahr den Dom, einmal im Frühjahr einmal im Sommer und einmal im Winter. Jeweils rund einen Monat dauern diese Veranstaltungen und sie stehen in der Attraktivität dem Oktoberfest in nichts nach. Große Bierzelte gibt es allerdings nicht und man fällt nicht auf, wenn man in ganz normaler Kleidung das Festgelände betritt. Ein Dirndl würde hier auch nicht passen. Wenn Sie zur Domzeit den Stellplatz auf dem Heiligengeistfeld anfahren, so dürfen Sie sich auf der einen Seite freuen, wenn Sie einen freien Platz bekommen, auf der anderen Seite müssen Sie damit rechnen erst spät in der Nacht vom Lärm verschont zu werden.

Findet auf dem Gelände keine Veranstaltung statt, so fällt der freie Blick sofort auf das Stadion am Millerntor, der Heimstätte des Kultklubs FC Sankt Pauli und auf den **Flakbunker IV**, einem Relikt des Zweiten Weltkrieges. Der graue Betonriese mit über 40 Metern Höhe fällt sofort auf, wenn man das WOMO auf dem Heiligengeistfeld abstellt. Bekannt sind die Clubs Uebel & Gefährlich und das Terrace Hill, die sich in den oberen Stockwerken dieses Gebäudes befinden und für Nachtschwärmer ein Anlaufpunkt sind. Zurzeit wird ein grüner Park auf dem Dach des Bunkers angelegt. Sie werden also vermutlich den Bunker schon in einer veränderten Form sehen und nicht so, wie er noch auf dem Stellplatzfoto im Hintergrund unseres WOMOs zu sehen ist.

Gehen wir weiter. Wir überqueren die Glacischaussee und betreten die **Großen Wallanlagen**. Im Mittelalter befand sich hier noch ein System aus Festungsmauern und Bastionen. Mit Beginn des 19. Jahrhunderts wurde beschlossen die Festungsanlagen aufzugeben und in Grünanlagen umzuwandeln. Nach und nach wurden die Festungsmauern abgetragen, Gräben auch mit Bauschutt aus den Kriegen aufgefüllt und in eine große Parkanlage umgewandelt. Für die Internationalen Gartenbauausstellungen der Jahre 1963 und 1973 erhielt diese Parkanlage ihr heutiges Aussehen. Offiziell heißt diese 50.000 Quadratmeter große Anlage **Planten un Blomen** und reicht vom Millerntor bis zum Dammtor und schließt den Botanischen Garten mit ein. Über die Geschichte dieser Anlage und über die Geschichte der Stadt erfahren Sie mehr in dem **Museum für Hamburgische Stadtgeschichte**, an dem wir am Holstenwall vorbeigehen *(Öffnungszeiten: Montag 10:00 - 17:00 Uhr, dienstags geschlossen, Mittwoch bis Freitag 10:00 - 17:00 Uhr, Samstag und Sonntag 10:00 - 18:00 Uhr)*.

Planten un Blomen.

Wir setzen den Weg fort, überqueren die Ludwig-Erhard-Straße passieren das **Bismarck-Denkmal** und gehen weiter zu **Sankt Michaelis**, eine evangelische Kirche, die umgangssprachlich einfach nur **Michel** genannt wird und das Wahrzeichen der Hansestadt ist. Die Kirche ist dem Erzengel Michael geweiht und gilt als bedeutendste Barockkirche Norddeutschlands. Es

St. Michaelis, das Wahrzeichen der Freien und Hansestadt Hamburg.

Barocke Pracht, die Kanzel im Michel.

lohnt sich also einen Blick in das Innere der Kirche zu werfen. Der markante Kirchturm ist 132 Meter hoch und kann bestiegen werden. Die Aussichtsplattform befindet sich in 83 Metern Höhe und bietet einen weiten Blick über die Stadt und den Hafen. Wer die 452 Stufen nicht gehen mag, kann mit einem Aufzug nach oben fahren.

Vom Michel bis zur Speicherstadt sind es rund 800 Meter. Wir nehmen den Weg über die Michelwiese und gehen zunächst zur **Elbpromenade**. Hier können wir schon ein wenig Hafenluft schnuppern und einen Kaffee trinken, bevor wir unseren Weg in die Speicherstadt fortsetzen.

Die **Speicherstadt** ist in dieser Größe ein weltweit einzigartiges Lagerhausensemble. In diesen historischen Backsteingebäuden lagerten die Hamburger **Pfeffersäcke** ihren Kaffee, ihren Tee und ihre Gewürze. Pfeffersack war der Spottname für die hanseatischen Kaufleute, die mit dem Gewürzhandel reich geworden waren.

Historische Backsteingebäude in der Speicherstadt.

Nur wenige Meter von der Speicherstadt entfernt. Der Grasbrookhafen mit neuen Büro- und Wohngebäuden mit der Elbphilharmonie im Hintergrund.

Die Speicherstadt wurde zwischen 1883 und dem Ende der 1920er Jahre auf Eichenpfählen errichtet. Schiffe konnten direkt an den Lagerhäusern festmachen und ihre Ladung löschen. War die Entladung eines Schiffes zu dieser Zeit noch körperliche Schwerstarbeit, so änderte sich dies im Laufe der Jahre mit der Modernisierung des Transportwesens. Spätestens seit die Containerschifffahrt den internationalen Transport über die Weltmeere revolutioniert hat, ist die Speicherstadt für die Seeschifffahrt bedeutungslos geworden. Heute ist sie mit ihrem Netz an Straßen, Kanälen und Brücken sowie dem **Kontorhausviertel** und dem **Chilehaus** ein beeindruckendes Beispiel für eine funktionale Einheit von Lagerhäusern und Büroviertel in Backsteinarchitektur des vergangenen Jahrhunderts. Seit 2015 gehört dieses Viertel zum Welterbe der UNESCO.

Die Gebäude werden heute anderweitig genutzt traditionelle Lagerhäuser sind sie nicht mehr. Hier finden sich Büros, Cafés, Restaurants und das **Miniatur Wunderland**. Freunde von Modelleisenbahnen werden hier aus dem Staunen nicht mehr herauskommen. Auf einer Fläche von rund 1.500 Quadratmetern wurden fast 16.000 Kilometer Gleise verlegt. Es ist die größte Modelleisenbahnanlage der Welt auf der mehr als 1.000 digital gesteuerte Züge verkehren. Sie fahren durch Mitteldeutschland, durch die Schweiz, durch Italien, durch Südamerika und vielen anderen nachgebauten Landschaften. Nicht nur Züge verkehren hier, sondern auch Autos, Omnibusse, LKWs und natürlich auch WOMOs. Überall blinkt es und ist etwas in Bewegung. Selbst ein Flughafen mit startenden und landenden Flugzeugen finden Sie hier vor. Eine faszinierende Technik-Modelllandschaft, bei der Sie auch einmal hinter die Kulissen schauen können. Um sich einen Eindruck zu verschaffen und Tickets zu buchen, schauen Sie bitte hier nach www.miniatur-wunderland.de. Das Miniatur Wunderland kennt keinen Ruhetag, es ist an 365 Tagen im Jahr geöffnet, immer mindestens von 9:30 Uhr bis 18:00 Uhr.

Architektonisch setzen die neuen Gebäude am Sandtor- und am Grasbrookhafen direkt neben der Speicherstadt einen ganz anderen städtebaulichen Akzent. Auf den **Magellan-Terrassen** oder den **Marco-Polo-Terrassen** kann man dies in einer kleinen Pause auf sich wirken lassen, bevor es vielleicht ins **Speicherstadtmuseum** geht, das einen Eindruck darüber vermittelt, wie das Arbeitsleben vor mehr als 100 Jahren in der Speicherstadt aussah *(Öffnungszeiten: 1. Mrz. – 31. Okt. Mo–Fr 10:00 – 17:00 Uhr, Sa, So und Feiertage 10:00 – 18:00 Uhr; 1. Nov. – 28./29. Feb. Mo – So 10:00 – 17:00 Uhr)*.

Viel Zeit brauchen Sie auch für das **Internationale Maritime Museum**, wenn Sie alle 9 Decks mit Schiffsmodellen und technischen Erläuterungen anschauen wollen *(Öffnungszeiten: Täglich von 10:00 Uhr bis 18:00 Uhr)*. Für Freizeitkapitäne und die, die es einmal werden wollen, hält das Museum ein besonderes Schmankerl bereit. Einen **Schiffsführungssimulator**. Hier können Sie einmal Kapitän sein und ein großes Containerschiff steuern. Sie können es aber auch mit einem kleineren Schiff probieren und Ihre Fahrkünste in den Häfen von Hamburg, Rotterdam oder Singapur unter Beweis stellen. Ein großes Kreuzfahrtschiff können Sie aus der Nähe

Landungsbrücken und Eingang zum Alten Elbtunnel.

am Strandkai bewundern, vorausgesetzt am Kai hat eines festgemacht. Diese schwimmenden Luxuskleinstädte sind schon faszinierend und erscheinen riesig groß.

Für den Abend kann man sich den Besuch der **Elbphilharmonie** aufheben, nur sollte man vorher vielleicht noch die Garderobe wechseln. Viel ist über sie berichtet worden, zu teuer war sie natürlich und die Bauzeit zu lang. Aber das ist Geschichte. Heute mausert sie sich zum neuen Wahrzeichen Hamburgs und Sie werden kaum eine Publikation über Hamburg finden, in der die **Elphi**, wie sie im Volksmund genannt wird, nicht gebührend berücksichtigt wird. Aus allen Ecken der Welt kommen Besucher, um einem Konzert zu lauschen. Die besondere Akustik im großen Saal soll ein außergewöhnliches Klangerlebnis bescheren sagen die einen, andere meinen, das Klangerlebnis sei nicht das, was von einem großen Konzertsaal erwartet werden kann. Wir können es nicht beurteilen, denn eine Veranstaltung haben wir nicht besucht.

Wer nicht zu einer Konzertveranstaltung gehen will, die Elphie mit ihren Konzertsälen aber dennoch einmal aus der Nähe betrachten möchte, der kann dies im Rahmen einer Führung tun. Genaue Informationen darüber finden Sie hier: www.heute-stadtfuehrung.hamburg.

Wir gehen nun weiter, wieder zurück zur Elbpromenade und werfen noch einen Blick auf das Museumsschiff **Cap San Diego**, das größte fahrtüchtige Museums-Frachtschiff der Welt. Es ist das letzte erhaltene Exemplar von sechs

schnellen Stückgutfrachtern, die 1961/62 für die Reederei Hamburg gebaut wurden und vor allem die langen Strecken nach Südamerika bedienten. Heute ist das Schiff ein maritimes Denkmal und wird unter anderem als schwimmendes Hotel genutzt. Mehrmals im Jahr legt es zu Museumsfahrten auf der Unterelbe ab. Bis zu 500 Passagiere finden auf diesem Schiff Platz. Nähere Information zu den Terminen finden Sie hier www.capsandiego.de. *(Öffnungszeiten: Täglich von 10:00 Uhr bis 18:00 Uhr)*.

Nur wenige Meter von dem Museumsschiff entfernt ist das nächste Denkmal zu bewundern. Der **Alte Elbtunnel** an den Landungsbrücken ist ein Meisterwerk der Ingenieurbaukunst und galt 1911, als er eröffnet wurde, als technische Sensation. Noch heute ist er voll funktionsfähig und transportiert mit vier großen Fahrkörben Fußgänger, Radler und Fahrzeuge in 24 Metern Tiefe, die dann durch zwei gekachelte Röhren mit sechs Metern Durchmesser auf die andere Seite der Elbe gelangen.

Die **Landungsbrücken** befinden sich hinter dem Gebäude, das Sie auf der vorangegangenen Seite auf dem Foto sehen können. Es sind schwimmende Pontons an denen die Barkassen für die Hafenrundfahrten festmachen. Es gibt eine ganze Reihe von privaten Bootseignern und kleinen Unter-

Ein Containerschiff wird in Position geschleppt.

nehmen, die ihre Dienste anbieten. Das Angebot ist vielfältig und wenn Sie über die Landungsbrücken gehen, so werden Sie ganz sicher von dem einen oder anderen angesprochen werden. Natürlich nicht in einem astreinen Hochdeutsch, sondern auf Hamburger Platt, das hochdeutsch eingefärbt ist, damit Sie den Anbieter auch verstehen können. Es gibt die klassischen Rundfahrten in einer kleinen und einer großen Ausführung, es gibt Frühstücksfahrten, Restaurantausflüge, Lichterfahrten und vieles mehr. Schauen Sie sich in Ruhe um und Sie werden das für Sie richtige Angebot finden.

Der **Hamburger Hafen** ist der größte Seehafen Deutschlands und nach Rotterdam und Antwerpen der drittgrößte in Europa. Es ist eine riesige Anlage mit mehr als 7000 ha Gesamtfläche mit Liegeplätzen für 230 Seeschiffe. Mehr als 8000 der großen Pötte laufen jedes Jahr in den Hafen ein, im Schnitt also 22 pro Tag, ein Viertel davon kommt aus China. Das geht Tag und Nacht. Lange bleiben sie nicht, schnell werden die großen Containerschiffe in die richtige Position geschleppt, fix entladen, dann wieder beladen und ab geht die nächste Fahrt. Das dauert nur wenige Tage. Bis zu 20.000 Container transportieren die größten Schiffe dieser Art, die dann im Hafen umgeschlagen und mit Güterzügen und LKW abtransportiert werden. Fast 60.000 Güterzüge sind dazu pro

Die Fischauktionshalle am Fischmarkt in St. Pauli.

Jahr nötig und das ist nur die Hälfte des Umschlags. 40 % geht per LKW auf die weitere Reise, der Rest per Binnenschiff. Der hohe LKW-Verkehr wird Ihnen bei der Anreise schon aufgefallen sein. Manchmal sind die LKW recht flott unterwegs, denn die allermeisten kennen ihren Weg und wissen wo sie hin müssen. Wer dann mit dem WOMO dazwischen hängt und sich bei der Fahrt auch noch orientieren muss und deshalb etwas langsamer unterwegs ist, wird manchmal die Ungeduld der Trucker spüren. Hier heißt es dann Ruhe bewahren.

Hinter den Landungsbrücken geht es weiter zum **Fischmarkt**. Dient die große Fläche neben dem Auktionshaus un-

Strandbar neben den Landungsbrücken.

ter der Woche den Wohnmobilisten als Stellfläche, so wandelt sich das Bild an den Sonntagen. Unzählige Marktstände dominieren das Bild und es herrscht Jahrmarktstimmung. Natürlich geht es um Fisch, aber nicht nur. Auch Obst, Gemüse, Blumen werden marktschreierisch angeboten und man sieht es den Gesichtern der Besucher an, dass dem einen oder anderen noch der nächtliche Besuch der nahen Reeperbahn in den Knochen steckt. Wer den Fischmarkt besuchen will, der muss früh aufstehen. In den Sommermonaten (April bis Oktober) geht es morgens um 5:00 Uhr los, in den Wintermonaten erst um 7:00 Uhr. Um 9:30 Uhr ist der Markt auch schon wieder zu Ende. Da wir gerade den Fisch an der Angel haben: Das Fischerhaus am Fischmarkt können wir empfehlen. Hier gibt es zwei Restaurants unter einem Dach. Im Restaurant Rustikal im Erdgeschoss gibt es allerlei Fischgerichte zu moderaten Preisen. Im Restaurant Hafenblick, das eine Etage höher liegt, geht es etwas feiner zu. Die Preise sind aber auch hier nicht außergewöhnlich hoch.

Fischrestaurant am Fischmarkt in St. Pauli.

Dass wir hier nicht weit von der Reeperbahn entfernt sind, erwähnten wir bereits. Nur 500 Meter sind zu gehen, um die bekannteste Straße in Hamburg zu erreichen. Gewöhnlich verbindet man mit diesem Straßennamen käuflichen Sex und wilde Partys. Mittlerweile hat sich hier eine große Musikszene etabliert, das Rotlichtmilieu ist kleiner geworden. Wer sich nicht alleine durch dieses "verruchte" Viertel traut, dem empfehlen wir einen Rundgang mit einem **Hamburger Nachtwächter**. Täglich beginnt um 20:30 Uhr die Führung. Treffpunkt ist der Hauptausgang in der U- und S-Bahnstation

Landungsbrücken. Anekdotenreich und mit viel Witz werden Sie sicher über die Reeperbahn geführt, lernen dabei unter anderem die berühmte **Davidwache** kennen und erfahren wo die Beatles einst auftraten. Der anschließende Weg zurück zum WOMO auf dem Heiligengeistfeld ist nicht weit.

Diesen Spaziergang mit all den Museumsbesuchen kann man kaum an einem Tag schaffen. Für den nächsten Spaziergang machen wir es uns ein wenig bequemer. Wir gehen von dem Stellplatz zur U-Bahnstation Messehallen das sind nur wenige Meter (siehe Stadtplan) und fahren von dort bis zur U-Bahnstation Jungfernstieg. Hier sind wir im Zentrum der Hansestadt angekommen. Eine ganze Reihe von Sehenswürdigkeiten gibt es hier rund um diese bekannte Flaniermeile zu besichtigen. Die Alsterarkaden, das Hamburger Rathaus, die Handelskammer, das Ehrenmal und die Mönckebergstraße, die Einkaufsstraße Hamburgs, sind alle nicht weit entfernt. Hinzu kommt der Blick auf die **Binnenalster** mit der Fontäne. Für den zwei Kilometer langen Spaziergang um die Binnenalster herum benötigen Sie etwa eine halbe Stunde. Der Weg um die Außenalster ist etwa 8 Kilometer lang. Den ersparen wir uns hier und nehmen dafür zu einem späteren Zeitpunkt das Fahrrad.

Für eine Verschnaufpause nach dem Spaziergang um die Binnenalster stehen ihnen auf dem **Jungfernstieg** eine gan-

Rathaus und Alsterarkaden an der Kleinen Alster.

ze Reihe von Cafés und Restaurants zur Verfügung. Von dort, wo einst die hanseatischen Kaufleute mit ihren unverheirateten jungen Töchtern sonntags prominierten und damit diesem Damm zwischen Binnenalster und Kleiner Alster den Namen gaben, legen heute die Alsterschiffe zu ihren Rundfahrten auf Binnen- und Außenalster ab.

Das Hamburger Rathaus ist ein imposantes Gebäude, das Ende des 19. Jahrhunderts errichtet wurde. Das neoklassizistische Gebäude weiß aber nicht nur mit seiner Fassade zu beeindrucken, auch die Räumlichkeiten im Inneren des Hauses sind einen Besuch wert. Der Eingangsbereich mit seinen massiven Säulen sowie der **Hygieia-Brunnen** im Innenhof sind für Besucher frei zugänglich. Weitere Räumlichkeiten können im Rahmen einer Führung besichtigt werden. Wer des Plattdeutschen mächtig ist, kann sich auch auf Plattdeutsch durch das Rathaus führen lassen. Weitere Informationen zu den Zeiten finden Sie hier: www.hamburg.de/rathausfuehrung.

Direkt hinter dem Rathaus befindet sich die **Handelskammer**. Sie wurde 1665 von Hamburger Kaufleuten gegründet und ist damit die älteste Handelskammer Deutschlands. Sie vertritt heute etwa 160000 Unternehmen. In dem klassizistischen Gebäude finden regelmäßig Kunstausstellungen statt. Im **Pfeffersack**, dem Restaurant in der Handelskammer, kann

man zur Mittagszeit kleine Gerichte zu erstaunlich günstigen Preisen erhalten. An den Wochenenden ist das Restaurant geschlossen.

Wer noch ein wenig shoppen gehen möchte, der geht durch die **Mönckebergstraße** und vor allem in die **Europa Passage**. Letztere wirkt von außen sehr unscheinbar. Hinter der schlichten Fassade vermutet man keine 120 Geschäfte die über fünf Etagen verteilt sind. Alle großen Modemarken scheinen hier vertreten zu sein, dazu kommen Parfümerien und Geschäfte die allen möglichen Technikkram anbieten.

Etwas Besonderes ist die **Food Sky** im zweiten Obergeschoß des Shopping Centers. Hier findet sich ein Gastronomie-Mix mit verschiedenen Bistros und Restaurants. Hier finden Sie garantiert das, was ihnen am besten schmeckt, denn die Auswahl ist riesig. Sie haben die Wahl zwischen italienischer, orientalischer, türkischer, finnischer, spanischer, vietnamesischer oder deutscher Küche. Einige Bistros sind ganz schlicht, einige Restaurants nobel. Wenn Sie es besonders fein mögen, dann gehen Sie in das **Se7en Oceans**, einem Restaurant das vom Guide Michelin mit einem Stern ausgezeichnet wurde.

An der Mönckebergstraße befindet sich auch die **Petrikirche**, die unweit der Europa Passage zu sehen ist. Sie ist die älteste Pfarrkirche Hamburgs und hat auf 123 Metern Höhe

Blick von der Lombardsbrücke auf die Binnenalster mit der Alsterfontäne.

die höchste Aussichtsplattform der Hansestadt. Um auf diese Plattform zu gelangen, müssen Sie allerdings 544 Stufen hochsteigen. Einen Aufzug wie im Michel gibt es hier nicht. Oben angekommen, können Sie durch Bullaugen das Rathaus und die Binnenalster aus der Vogelperspektive betrachten. Der Aufstieg ist täglich zwischen 11:00 Uhr und 16:30 Uhr möglich.

Wenige Meter weiter lädt die **Jacobikirche** in den Sommermonaten in das Turmcafé ein. Sehenswert in dieser Kirche sind der Altar und die barocke Orgel. Während einer Führung erfahren Sie alles Wesentliche zu diesen beiden Kostbarkeiten.

Nach dem Besuch dieser Kirche führt uns ein Abstecher zu dem **Chilehaus**. Dieses aus Klinkersteinen errichtete Gebäude wirkt wie ein Schiffsbug. Das Chilehaus gehört wie das gesamte Kontorviertel mit der Speicherstadt zum Welterbe der UNESCO, das erwähnten wir bereits, wir wollen hier nur noch mal daran erinnern. Das Haus ließ Henry B. Sloman errichten, dem einst reichsten Mann der Stadt. Ein Großteil seines Vermögens erwirtschaftete er durch den Handel mit Salpeter aus Chile. Damit wird der Name des Hauses verständlich. Wenn wir schon beim Chilehaus sind, so ist der Weg zum **Schokoladenmuseum** nicht mehr weit. Diesen kleinen Umweg machen wir dann auch noch. Während einer

Wasserlichtkonzert in Planten un Blomen.

Führung erfahren wir in 90 Minuten alles über die Herstellung von Schokolade und können dabei auch selbst eine Tafel erstellen und zum Abschluss des Besuches mitnehmen.

Öffnungszeiten an 360 Tagen im Jahr montags bis sonntags von 10:00 Uhr bis 18:00 Uhr, nur über Weihnachten und Sylvester ist das Museum geschlossen. Eintrittspreis 17,00 €. Das onlineticket ist günstiger. Mehr Informationen finden Sie hier: https://chocoversum.de.

Vom Schokoladenmuseum geht es zurück in die Mönckebergstraße und von dort weiter zur U-Bahnstation Hauptbahnhof Nord. Die Bahn bringt uns schnell zurück zu den Messehallen und von dort ist es ja nur ein kurzer Weg zum Stellplatz.

Elefanten im Tierpark Hagenbeck.

Wer unserem Besuchsprogramm gefolgt ist, wird sicherlich den Wunsch verspüren, einen ruhigeren Tag einlegen zu können. Den können Sie verbringen, wenn Sie durch die Parkanlagen von **Planten un Blomen** gehen. Diese sehr große Parkanlage ist immer wieder faszinierend mit ihren vielen kleinen und größeren Seen und Teichen. Besonders interessant ist der **Botanische Garten** mit seinen fünf Tropengewächshäusern. Jedes dieser Häuser widmet sich einer bestimmten Pflanzenart oder einem bestimmten Lebensraum. So können Sie von den warmen immerfeuchten Tropen mit seiner üppigen Vegetation über die Subtropen in die Halbwüsten- und Wüstenklimate vordringen.

Es sind nur wenige Schritte, um aus den Tropen wieder nach Hamburg zurück zu kehren. Wer den Weg zu den **Wasserspielen** wählt, wird tagsüber um 14:00, 16:00 und 18:00 Uhr faszinierende Wasserfontänen sehen können. Noch spannender sind die **Wasserspiellichtkonzerte** die in den Sommermonaten jeden Abend ab 22:00 Uhr dargeboten werden. 566 LED-Scheinwerfer und 99 Wasserdüsen verschaffen ein außerordentliches bewegtes Bild mit einer Wasserlichtorgel. Der Hauptstrahl der Orgel kann dabei eine Höhe von bis zu 36 Meter erreichen. Ein faszinierender Augen- und Ohrenschmaus, der in den Sommermonaten mit den unterschiedlichsten Musikprogrammen läuft. Wer in Hamburg Station macht, sollte sich dieses Ereignis nicht entgehen lassen.

Es gibt viele Zoos, Tierparks und Wildgehege in unserem Land, in Hamburg gibt es **Hagenbeck**. Hagenbeck ist nicht irgendein Zoo, Hagenbeck ist eine Institution. Seit seiner Gründung im Jahre 1907 befindet sich dieser Tierpark in Privatbesitz. Die 25 Hektar umfassende Parkanlage hat ein Wegenetz von mehr als sechs Kilometern Länge. Sie können hier also ganz bequem einen halben Tag verbringen, mindestens! Schön ist, dass Sie nachdem Sie sich die Füße müde gelaufen und die Augen müde gesehen haben, nicht weiterfahren müssen, sondern auf dem Parkplatz, wie wir zu Anfang dieses Kapitels beschrieben haben, übernachten dürfen.

Sumatra Orang-Utan im Tierpark Hagenbeck.

Wohl das berühmteste Tier des Nordens und des NDR war die **Walrossdame Antje**, die immer wieder schnaufend und prustend am Beckenrand kleine Überleitungen zu den nächsten Sendungen des Fernsehsenders begleitete. 2003 starb die 750 Kilo schwere Dame mit 27 Jahren an Altersschwäche. Wenn auch kein weiteres der mehr als 15.000 Tiere des Tierparks und des Tropenaquariums diese Berühmtheit erlangt hat, so ist ein Besuch dieses Tierparks in jedem Fall ein außergewöhnliches Erlebnis. Damit wollen wir unseren Besuch in Hamburg beenden.

Weiter geht es nach Schleswig-Holstein. Zwei Routen stellen wir zur Wahl. Die eine führt über Wedel und Elmshorn nach Brunsbüttel, die andere auf die andere Seite der Elbe nach Niedersachsen durch das Alte Land. Von welchem Stellplatz Sie auch kommen und welche Route Sie auch wählen, achten Sie darauf, dass Sie nicht auf die Stresemannstraße geraten, wenn Ihr Fahrzeug nicht mindestens der Abgasnorm Euro 6 entspricht. Wir haben diese Straße im Stadtplan von Hamburg auf der Seite 21 gekennzeichnet.

Wir beginnen mit der ersten Variante und fahren nach **Wedel**. Die rund 33000 Einwohner zählende Stadt liegt direkt an der Grenze zu Hamburg. Der Stellplatz, den wir hier kurz vorstellen, liegt in unmittelbarer Nähe der größten Attraktion Wedels.

(006) Offizieller WOMO-Badeplatz: Wedel – Am Freibad

GPS: N53°34'44.2" E9°41'36.0"; Am Freibad 1, 22880 Wedel.
Max. WOMOs: 20, maximale Länge 10 m, max. Aufenthalt 3 Tage.
Ausstattung: Befestigte Rasenplätze mit Wasserver- und Abwasserentsorgung, Kassettenentleerung, Stromanschlüssen, Behälter für die Müllentsorgung, Brötchenservice, ganzjährig geöffnet.

Beschreibung: Direkt neben dem Freibad, sehr ruhig. Entfernung bis zur Schiffsbegrüßungsanlage 1,5 Kilometer. Sie ist über Rad- und Fußwege gut zu erreichen.
Preise: 10,00 € für eine Fahrzeug mit 2 Personen. Bezahlung erfolgt über einen Kassenautomaten. Entsorgung kostenlos, über Münzautomaten gibt es Frischwasser für 1,00 €, Strom für 1,00 € (6h).
Zufahrt: Von der B431 in Wedel über den Markplatz mit dem Roland und der Austraße der Beschilderung zur Schiffsbegrüßungsanlage folgen und am Freibad in den hinteren Bereich des Parkplatzes fahren.

Am **Willkomm Höft** am **Schulauer Fährhaus** werden alle großen ein- und auslaufenden Schiffe über Lautsprecher in ihrer jeweiligen Landessprache und mit ihrer Nationalhymne begrüßt. Bei einigen Schiffen werden auch weitere Informationen gegeben, etwa über die Ladung, die Größe oder das

Das Schulauer Fährhaus an der Schiffsbegrüßungsanlage.

Baujahr. Man kann den vorbeiziehenden Schiffen ganz nah sein, wenn man sich auf den überdachten Sitzplätzen direkt am Ufer der Elbe aufhält. Gemütlicher ist es natürlich, wenn man Im Fährhaus sitzt, einen Fensterplatz bekommen hat und dabei ein leckeres Fischgericht zu sich nehmen kann. Dann spielt auch das sprichwörtliche norddeutsche Schietwetter keine Rolle.

Kulinarisch können Sie sich auch in der **Badebucht** bei einer langen Saunanacht verwöhnen lassen. Die Badebucht mit Freibad befindet sich direkt neben dem Stellplatz. Darüber hinaus finden Sie ein **Naturbad** an der Elbe in unmittelbarer Nähe des Schulauer Fährhauses und für die Hundefreunde gibt es östlich des Fährhauses einen weitläufigen Hundestrand.

Der Roland in Wedel.

Wer bei der Beobachtung der vorbeiziehenden Schiffe nicht still sitzen möchte, der kann den **Planetenlehrpfad** gehen, der auf sechs Kilometern Länge am Schutzdeich entlangführt. Kunstinteressierte werden noch am Geburtshaus von **Ernst Barlach** in der Mühlenstraße vorbei gehen wollen. Das Haus verfügt über eine repräsentative Sammlung an Skulpturen, Zeichnungen, Holzschnitten und Lithographien dieses Künstlers. Lohnenswert ist sicher auch ein Besuch des Theaterschiffes **Batavia**, das nicht nur Theaterveranstaltungen bietet, sondern auch mit einer Gaststätte und einem Biergarten lockt. Das Schiff liegt im alten Wedeler Hafen vor Anker und ist nur 500 Meter vom Stellplatz entfernt.

Wir fahren weiter, steuern unserem nächsten Ziel entgegen, passieren auf dem Marktplatz den Roland, der seit über 500 Jahren über die Marktgerechtigkeit wacht und erreichen nach 13 Kilometern **Uetersen**.

(007) Offizieller WOMO-Stellplatz: Uetersen – Am Stichhafen

GPS: N53°40'47.8" E9°40'05.8"; Ziegelei, 25436 Uetersen.
Max. WOMOs: 4, maximale Länge 10 m, max. Aufenthalt 24h.
Ausstattung: Befestigter Sandplatz und Wiesengelände mit kostenloser Stromversorgung, ganzjährig geöffnet.

Beschreibung: Zwischen dem Hafen und einem Gartenerdewerk. Unruhig durch LKW-Verkehr. Für eine Übernachtung nicht optimal aber für den Besuch des Rosariums (500 Meter zu Fuß) sehr gut geeignet.
Preise: Kostenlos.
Zufahrt: Von der B431 in Richtung Elmshorn am Hafen links abbiegen.

Mit großen repräsentativen Gebäuden kann die 20000 Einwohner zählende Stadt nicht dienen. Die Attraktion des Ortes ist das **Rosarium**, das auf einer Fläche von rund fünf Hektar mehr als 35.000 Rosen in 900 Sorten zeigt. Die offizielle Rosensaison geht in Uetersen von Mitte Juni bis Anfang September. In dieser Zeit finden sonntags kostenlose Führungen statt. Das Rosarium ist tagsüber zu jeder Zeit frei zugänglich. Alte und neue Sorten sind in diesem Garten zu finden. Sie gibt es als Bodendecker als Hochstammvarianten oder als Kletterrosen. Im Lehrgarten informieren Schautafeln ausführlich über Zucht, Veredlung und die Vielfalt der Wuchsformen dieser edlen Blume. Stark duftende Rosensorten sind im Duftgarten zu bewundern und natürlich zu riechen.

Nach einem Spaziergang durch diese große Anlage fahren wir mit einigen neuen Anregungen für die heimische Gartengestaltung neun Kilometer weiter nach **Elmshorn**. Auf dem Stellplatz angekommen, empfängt uns ein ganz anderer Duft.

Im Rosarium Uetersen.

(008) Offizieller WOMO-Stellplatz: Elmshorn – Hafen Nordufer

GPS: N53°45'05.8" E9°39'09.6"; Wedenkamp 28, 25335 Elmshorn.
Max. WOMOs: 6, maximale Länge 8 m.
Ausstattung: Kopfsteinpflasterplatz mit Versorgungseinrichtungen, ganzjährig geöffnet.
Beschreibung: Am Binnenhafen an der Krückau gegenüber dem Köllnflockenwerk. Bis zum Industriemuseum sind es zu Fuß durch die Innenstadt 700 Meter. Der Platz ist relativ ruhig.
Der Duft des Haferflockenwerkes ist vernehmbar aber keineswegs unangenehm.
Preise: Kostenlos, Frischwasser 1,00 €.
Zufahrt: Von der B431 in Richtung Glückstadt am Hafen links abbiegen.

Elmshorn hat rund 52.000 Einwohner und ist laut eigenem Werbespruch "supernormal". Die Stadt an der Krückau ist ein bedeutender Wirtschaftsstandort. Das Köllnflockenwerk ist ein Beispiel für die rege wirtschaftliche Tätigkeit des Ortes, das neben der Lebensmittelproduktion auch eine große Tradition in der Lederverarbeitung und im Schiffbau hat.

Sehr schön zusammengestellt ist die wirtschaftliche Entwicklung Schleswig-Holsteins im **Industriemuseum**. In den meisten Museen darf man nichts anfassen. Das ist hier anders, hier ist anfassen erlaubt. Besonders für Kinder ist dieses Mitmachmuseum attraktiv. Als Eintrittskarte gibt es eine Stempelkarte, mit der man an der noch funktionierenden Stempeluhr "einstempeln" und zum Abschluss des Besuches "abstempeln" kann. Wer diese klassischen Stempeluhren

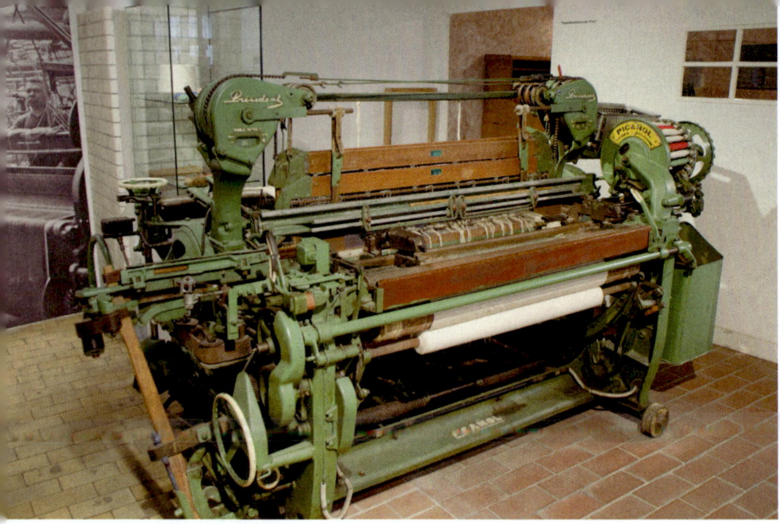

Mechanischer Webstuhl im Industriemuseum Elmshorn.

noch kennt, wird ein Lächeln wohl nicht vermeiden können, wenn er das Geräusch an diesem Gerät vernimmt.

Eindrucksvoll werden die Arbeitsbedingungen in der Leder- und der Textilindustrie dargestellt. Gezeigt wird auch, wie sich Elmshorn als Getreideumschlagplatz entwickelte und wie die Mühlenindustrie davon profitierte. Auch das alltägliche Leben kommt in diesem Museum nicht zu kurz. Es zeigt wie Arbeiterfamilien gelebt, wie sie sich versorgt und gekleidet haben. Natürlich wird auch gezeigt, wie die sogenannte Oberschicht gelebt hat, da werden krasse Gegensätze offenbar. Wer mag, kann eine Schulstunde wie vor 100 Jahren erleben. Letzteres ist für unsere Kinder heute wohl nur schwer nachzuvollziehen, aber sicher spannend.

Interessant sind auch die ausgehängten historischen Landkarten von Schleswig-Holstein und hier besonders die Küstenverläufe an der Nordsee. Damit werden wir uns später noch beschäftigen, wenn wir die Inseln besuchen.

Beenden wir den Besuch im Museum und stempeln aus. Der anschließende Rundgang durch die Stadt lässt uns auf keine weiteren außergewöhnlichen Attraktionen treffen. So verlassen wir diesen „supernormalen" Ort wieder und fahren weiter in das 21 Kilometer entfernt liegende **Glückstadt**.

Dieses Städtchen mit etwas mehr als 11.000 Einwohnern wurde 1617 von **Christian IV.** König von Dänemark und Norwegen sowie Herzog von Schleswig und Holstein gegründet. Mit dieser neuen Handelsstadt wollte er den Hamburgern mit ihrem ertragreichen Seehandel Konkurrenz machen. Die Siedlung sollte eine uneinnehmbare Festungs- und Hafenstadt werden. Ihre erste Bewährungsprobe bestand die Festung im Dreißigjährigen Krieg. Sie war die einzige Festung

(009) Offizieller WOMO-Stellplatz:
Glückstadt – Außenhafen Elbe, Nordermole

GPS: N53°47'07.0" E9°24'33.9"; Am Hafen 53, 25348 Glückstadt.
Max. WOMOs: 16, maximale Länge 12 m.

Ausstattung: Keinerlei wohnmobilspezifische Einrichtungen, ganzjährig geöffnet.
Beschreibung: Asphaltierter/gepflasteter Platz an der Außenmole direkt an der Elbe. Für eine Übernachtung optimal. Bis zur Stadtmitte sind es zu Fuß rund 1000 Meter.
Preise: 10,00 € pro Tag.
Zufahrt: Auf der B431 in Glückstadt bis zum Kreisverkehr am Hafen fahren, hier die zweite Ausfahrt nehmen und im folgenden Kreisverkehr die dritte Ausfahrt, dann der Straße entlang des Hafens bis zum Ende folgen. Das sind etwas mehr als 1000 Meter.

in Holstein, die nicht eingenommen wurde. Heute ist von der Festung jedoch kaum noch etwas zu sehen, sie wurde am Ende der Napoleonischen Kriege 1815/16 geschleift.

Die Planung der Stadt erfolgte am Reißbrett als polygonale Radialstadt. Der Festungsgrundriss ist auch heute noch anhand dieser Struktur erkennbar. Wer auf dem Marktplatz an dem schönen Kandelaber steht, befindet sich im Mittelpunkt dieser Stadt und kann alle 14 Straßen einsehen, die kerzengerade von diesem Platz ausgehen.

Die Stadtkirche ist das älteste und bedeutendste Gebäude in Glückstadt.

Für den Bau der Stadt warb Christian IV. reformierte Niederländer an, die vor dem spanisch-niederländischen Krieg geflohen waren und sephardische Juden, die von der iberischen Halbinsel vertrieben worden waren. Beiden gewährte er Religionsfreiheit und andere Privilegien. Die Stadt wuchs schnell, erreichte aber nie das Ziel Hamburg den Rang abzulaufen.

Der Wal- und Robbenfang war im 19. Jahrhundert eine wichtige Einnahmequelle der Glückstädter, später kam der Heringsfang dazu. Er hat auch heute noch Bedeutung. Jedes Jahr am zweiten Donnerstag im Juni beginnen die **Glückstädter Matjeswochen**, die sehr viele Besucher anlocken. Nach traditionellem Rezept in reiner Handarbeit hergestellt, sind sie ein Genuss für jeden Feinschmecker.

Wer mehr über Glückstadt erfahren will und wissen möchte, wie die Stadt zu ihrem Namen kam, der lade sich die App **Glückstadt erleben** auf sein Smartphone. Es gibt sie in den entsprechenden stores sowohl für Apple als auch für Android-Geräte und ist kostenlos.

Wir machen nun einen Sprung zurück nach Hamburg und beginnen mit der **zweiten Variante** auf unserer Tour nach Brunsbüttel, die uns auf der linken Seite der Elbe durch das Alte Land führt.

Um auf die andere Seite der Elbe zu kommen fahren wir auf die A7 in Richtung Hannover. Nachdem wir den Elbtunnel passiert haben, fahren wir sogleich die erste Abfahrt HH-Waltershof herunter und in Richtung Jork weiter. Es geht am Airbus-Gelände in Finkenwerder vorbei, gleich danach folgt das Naturschutzgebiet Mühlenberger Loch. Über schmale Straßen erreichen wir kurze Zeit später das Städtchen **Jork**, das Zentrum des Alten Landes. Für eine Besichtigung des Ortes und einer Radtour durch die Obstbaumplantagen ist es sinnvoll, einen der folgenden drei Stellplätze aufzusuchen. Sie sind alle nicht weit voneinander entfernt. Der in Jork ist der größte, hier finden Sie sicher einen Platz, die anderen beiden sind deutlich kleiner, haben aber jeder für sich einen eigenen Charme.

(010) Offizieller WOMO-Stellplatz: Jork – Festplatz

GPS: N53°31'48.5" E9°40'48.9"; Jorkerfelde 2, 21635 Jork.
Max. WOMOs: 80, maximale Länge 12 m.
Ausstattung: Wasserver- und Abwasserentsorgung, Kassettenentleerung, Stromanschlüsse, Behälter für die Müllentsorgung. Im Servicegebäude gibt es Dusche und WC. Der Platz ist ganzjährig geöffnet.
Beschreibung: Gepflasteter sonniger Platz am Ortsrand und trotzdem zentrumsnah, relativ ruhig.

Preise: Einen Parkschein gibt es am Kassenautomaten für 7,00 €. Die Nutzung der Dusche und des WCs ist im Preis enthalten, Frischwasser ist kostenlos. Über Münzautomaten gibt es Strom für 0,50 € pro kWh.
Zufahrt: In der Ortsmitte von Jork im Kreisverkehr die dritte Ausfahrt nehmen und nach der Kirche in die zweite Straße links abbiegen.

(011) Offizieller WOMO-Stellplatz: Jork – Neuenschleuse

GPS: N53°33'10.6 E9°40'07.6"; Yachthafenstraße 6, 21635 Jork.
Max. WOMOs: 6, maximale Länge 10 m.
Ausstattung: Wasserver- und Abwasserentsorgung, Kassettenentleerung, Stromanschlüsse, Behälter für die Müllentsorgung. Im Servicegebäude gibt es Dusche und WC. Der Platz ist ganzjährig geöffnet.

Beschreibung: Befestigter sandiger Platz am Yachthafen hinter dem Deich. Kein freier Blick auf die Elbe. Der Platz ist relativ ruhig.
Preise: Einen Parkschein gibt es am Kassenautomaten für 7,00 €. Dusche 2,00 €, Frischwasser kostenlos. Über Münzautomaten gibt es Strom für 0,50 € pro kWh.
Zufahrt: Von Jork Richtung Elbe über Borstel nach Neuenschleuse 3,5 km.

(012) Offizieller WOMO-Gasthof-Stellplatz: Jork – Stubbe's Gasthaus

GPS: N53°34'08.2" E9°38'00.4"; Lühe 46, 21635 Jork.
Max. WOMOs: 4, maximale Länge 8 m.
Ausstattung: Stromanschlüsse, WC und WLAN. Der Platz ist ganzjährig geöffnet. Brötchen- und Frühstücksservice im Gasthof, ausgezeichnetes Restaurant mit traditioneller norddeutscher Küche.

Beschreibung: Befestigter Platz am Ortsrand zwischen Gasthof und Obstplantagen, sehr ruhig.
Preise: 10,00 € für ein Fahrzeug mit 2 Personen, Strom 2,00 €.
Zufahrt: In Lühe vor der Brücke über die Lühe links abbiegen, dann noch 100 Meter. Die Straße führt über einen Deich, sie ist sehr schmal. Die Rangiermöglichkeiten auf dem Stellplatz sind sehr begrenzt.

Jork und das Alte Land lassen sich unserer Ansicht nach am besten mit dem Fahrrad erkunden. Die zahlreichen Radwege, die mal entlang des Elbdeiches führen oder sich an den Flüsschen Schwinge oder Este entlang schlängeln, mitunter auch geradewegs durch die Obstbaumplantagen führen, fordern einfach dazu heraus. Besonders im Frühjahr, wenn die Bäume blühen, bietet sich ein fantastischer Anblick. Ende April geht es mit der Kirschblüte los und wenig später, Anfang Mai folgen die Apfelbäume. Dieses Blütenmeer ist besonders spektakulär, weil es einfach sehr viel mehr Apfel- als Kirschbäume gibt. Ein Schmaus für die Augen und ein Frühlingsduft für die Nase. Aber auch der Herbst hat seinen Reiz, wenn an den Bäumen übervoll die Äpfel hängen und rot in der Son-

Altes Land

Etwa 450 Erzeuger produzieren zwischen dem Fluss Schwinge im Westen und der Süderelbe im Osten in jedem Jahr rund 300.000 Tonnen Äpfel, Birnen, Süß- und Sauerkirschen, sowie Pflaumen und Zwetschen. Äpfel in den unterschiedlichsten Sorten machen dabei rund 90% der Produktion aus. Vor allem Elstar und Jonagold stehen ganz oben auf der Liste der meistangebauten Äpfel. Diese beiden Sorten machen allein rund zwei Drittel der Produktion aus. Das knackige Rot der Äpfel ist dabei das besondere Markenzeichen. Mit rund 1200 Quadratkilometern ist das Alte Land das größte geschlossene Obstanbaugebiet Nordeuropas.

Seinen Namen bekam das Alte Land durch die holländischen Siedler, die bereits im 12. Jahrhundert verstanden haben, durch ein System von Gräben und Entwässerungskanälen den fruchtbaren Marschboden dieser Region trocken zu legen und urbar zu machen. Die Flächen, die sie in mühevoller Handarbeit für die Landwirtschaft aufbereitet hatten, nannten sie das alte Land, während die Flächen, die noch zu bearbeiten waren, das neue Land genannt wurde. Irgendwann gab es kein neues Land mehr, so blieb nur das Alte Land übrig.

Die Eindeichung und Trockenlegung wurde systematisch durchgeführt und in drei Einheiten, den sogenannten Meilen, aufgeteilt. Begonnen wurde mit den Flächen zwischen der Schwinge und der Lühe, das ist der Bereich zwischen Stade und Steinkirchen. Danach ging es weiter und das Gebiet zwischen der Lühe und der Este wurde in Angriff genommen in dessen Zentrum heute Jork liegt. Ganz zum Schluss erfolgte die Trockenlegung zwischen der Este und der Süderelbe, diese wurde erst im 15. Jahrhundert abgeschlossen.

ne leuchten. Besonders in dieser Zeit werden Ihnen in den schönen Gasthöfen allerlei Apfelgerichte angeboten. Neben verschiedenen Kuchenarten gibt es Apfelaufläufe oder eine deftige Apfelpfanne, Apfel-Cordon bleu, Apfelchips, Apfelkonfitüren, Apfelgummibärchen, frische Apfelsäfte und natürlich gibt es auch hochprozentiges aus dem Apfel. Die **Altländer Apfeltage** zwischen September und November sind jedes Jahr ein Höhepunkt im Kalender der Gastronomiebetriebe und der vielen Hofläden, die ihre Produkte in allen Variationen anbieten und mit ihren Hinweisschildern sowie Auslagen Radfahrer und Wanderer zu einem Zwischenstopp animieren.

Fachwerkhäuser in Jork.

Eine besondere Route wollen wir für Ihre Rad- oder Wandertour nicht vorschlagen. Wenn Sie jedoch eine Routenführung wünschen, so empfehlen wir Ihnen die App **Altes Land am Elbstrom**, die Sie auf ihr Smartphone kostenlos installieren können. Hier finden Sie eine ganze Reihe von Radtouren und Wandervorschlägen.

Wenn Sie mit ihrem Drahtesel durch das Alte Land kreuzen, sind natürlich die vielen kleinen Orte mit ihren markanten Fachwerkhäusern mit weiß gestrichenem Holz und roten Ziegelmauerwerk von besonderem Interesse. Jork ist dafür ein schönes Beispiel. Steinkirchen zeigt mit seiner alten Zugbrücke den holländischen Einfluss in dieser Landschaft und die **Holländerwindmühle Aurora** in Borstel mit der umlaufenden Galerie könnte genauso gut in den Niederlanden stehen. Heute können Sie in dieser Mühle am Nachmittag mit Kaffee und Kuchen eine Pause einlegen und am Abend sehr fein zube-

Holländerwindmühle Aurora mit umlaufender Galerie in Borstel.

reitete Menüs genießen. In dieser gehobenen Gastronomie ist neben der regionalen auch die internationale Küche vertreten, natürlich mit vielen Fischgerichten.

Wenn Sie kein mehrgängiges Menü möchten, sondern es lieber etwas einfacher haben wollen, dann ist der nächste Stellplatz der richtige für Sie. Ohne in der bordeigenen Kombüse, den doch etwas nachhaltigen Fischgeruch in der Pfanne zu produzieren, haben Sie nun die Möglichkeit an einer der mindestens zehn Bratbuden eine Scholle, ein Seelachsfilet, ein Matjes oder eine gewöhnliche Bratwurst zu bekommen.

(013) Offizieller WOMO-Stellplatz: Grünendeich – Lühe Fähranleger

GPS: N53°34'22.0" E9°37'52.8"; Elbdeich 62, 21720 Grünendeich.
Max. WOMOs: 30, maximale Länge 12 m.

Ausstattung: Keinerlei wohnmobilspezifische Einrichtungen aber zahlreiche Imbissbuden, ganzjährig geöffnet.
Beschreibung: Am Fähranleger, freier Blick auf die Elbe, relativ ruhig. Personenfähre (mit Fahrradtransport) nach Wedel zur Schiffsbegrüßungsanlage (ca. 25 Min. Fahrzeit).
Preise: Einen Parkschein gibt es am Kassenautomaten für 10,00 €.
Zufahrt: Direkt hinter der Brücke über die Lühe rechts durch das Deichtor fahren.
Ver- und Entsorgung:
3 Kilometer weiter in Richtung Stade. Wetterndorf 13, 21720 Hollern-Twielenfleth.
GPS: N53°34'56.8" E9°35'37.3". Abwasserentsorgung mit Bodeneinlass, Frischwasser und Entleerung der Bordtoilette jeweils 1,00 €.

Wir befinden uns hier am Anleger der **Lühe-Schulau-Fähre**, die das Alte Land mit der Stadt Wedel verbindet. Sollten Sie bedauert haben, bei der Wahl dieser Tourvariante die Schiffsbegrüßungsanlage in Wedel verpasst zu haben, so steht Ihnen nun die Möglichkeit offen kurz überzusetzen, denn die Fähre legt genau dort an. Kurz heißt in diesem Fall 25 Minuten Fahrzeit für eine Strecke. Im Zeittakt von zwei Stunden geht es in den Sommermonaten hin und her, Ihr Fahrrad können Sie dabei mitnehmen. Für die Fahrt zahlen Sie hin- und zurück 10,00 €, mit dem Rad 14,00 €. Die Fahrkarte bekommen Sie beim Bordpersonal 10 Minuten vor der Abfahrt. Eine Anmeldung oder Reservierung kann nicht vorgenommen werden und ist für Einzelpersonen auch nicht nötig. Der Fahrpreis kann nur bar entrichtet werden, eine Zahlung mit EC-Karte ist technisch nicht möglich.

Nach einer kleinen Fischmahlzeit geht es weiter entlang der Elbe nach **Hollern-Twielenfleth**. Hier wartet schon neben dem Stellplatz ein weiteres Restaurant. Badenixen und Wasserratten gehen allerdings daran vorbei zum Freibad, das natürlich nur in den Sommermonaten geöffnet hat. Einen Badestrand an der Elbe gibt es hier leider nicht. Wer einen Stellplatz in der vordersten Reihe ergattert hat, kann hier in aller Ruhe die vorbeiziehenden Schiffe anschauen.

(014) Offizieller WOMO-Badeplatz: Twielenfleth

GPS: N53°36'15.5" E9°33'33.3"; Twielenfleth 41, 21723 Hollern-Twielenfleth.
Max. WOMOs: 15, maximale Länge 12 m, max. Aufenthalt 24h.
Ausstattung: Keinerlei wohnmobilspezifische Einrichtungen, ganzjährig geöffnet.

Beschreibung: Asphaltierter Platz direkt an der Elbe mit freiem Blick auf den Fluss. Ein gutes Restaurant mit Biergarten, Café und windgeschützter Terrasse befindet sich zwischen dem Stellplatz und dem Freibad. Zu Fuß bequem zu erreichen. Bis zum Freibad sind es 200 Meter.
Preise: 5,00 € für eine Fahrzeug mit 2 Personen.
Zufahrt: Der Straße nach Twielenfleth folgen.

Die weiteren Sehenswürdigkeiten in dieser kleinen Gemeinde sind überschaubar. Zu nennen sind hier die Mühle **Venti Amica**, die Freundin des Windes, die **Mauritiuskirche** in Hollern mit einer Arp Schnitger-Orgel sowie der **alte Twielenflether Leuchtturm**, in dem ein Museum mit einigen Schiffsmodellen eingerichtet wurde.

Wesentlich mehr gibt es in **Stade,** unserem nächsten Reiseziel, zu sehen. Der rund 50.000 Einwohner zählende Ort liegt an der Schwinge am Rande des Alten Landes. Nördlich dieser Stadt beginnt das Land Kehdingen, eine stark bäuerlich geprägte Marsch- und Moorlandschaft.

Stade wurde erstmals 994 urkundlich erwähnt. Sie war im Mittelalter einer der bedeutendsten Binnenhäfen Norddeutschlands und bot ihren Bürgern Schutz mit einer großen Festung, die während der Zeit errichtet wurde, als die Stadt zum Herrschaftsgebiet der Schweden gehörte (1645 – 1712). Diese Anlage mit ihren Gräben ist auch heute noch im Grundriss des Ortes erkennbar. Stade entwickelte sich zu einem Handelszentrum und zählt zu den Gründungsmitgliedern der

Stade

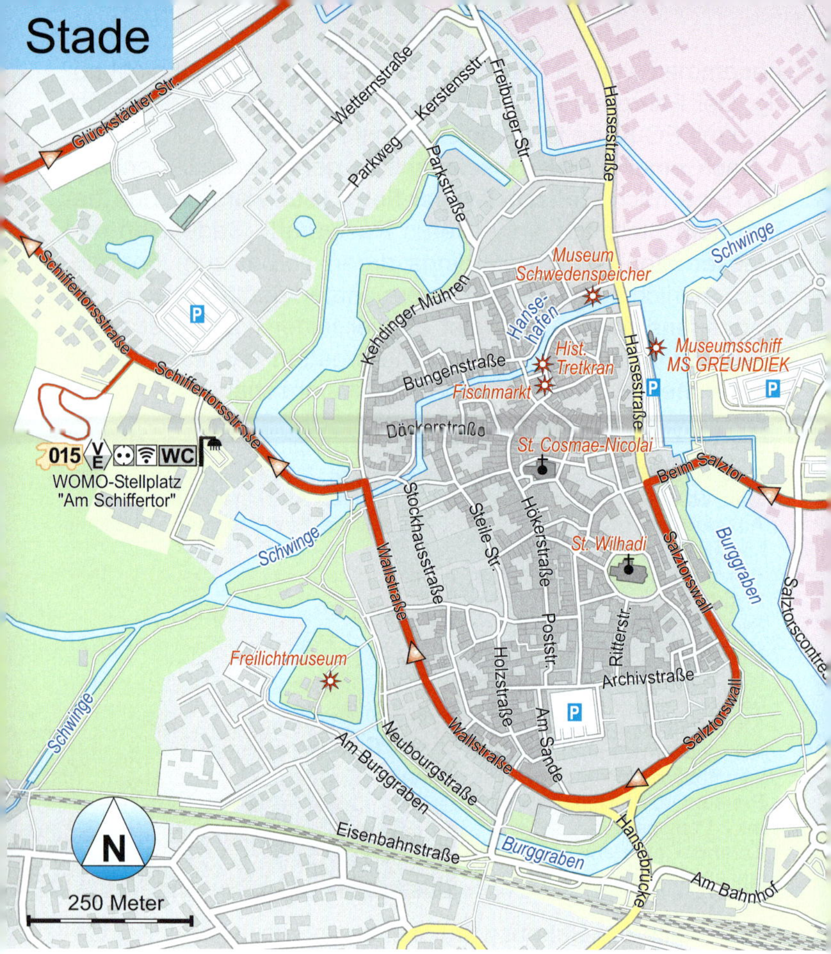

(015) Offizieller WOMO-Stellplatz: Stade – Am Schiffertor

GPS: N53°36'09.9" E9°27'57.9"; Schiffertorstraße 25, 21682 Stade.
Max. WOMOs: 80, maximale Länge 12 m.
Ausstattung: Wasserver- und Abwasserentsorgung mit Bodeneinlass, Kassettenentleerung, Stromanschlüsse, Behälter für die Müllentsorgung. Im Servicegebäude gibt es Dusche und WC. Der Platz ist ganzjährig geöffnet.
Beschreibung: Geschotterte Flächen am Ende einer Sackgasse am Ortsrand, sehr ruhig. Fußweg in die malerische Innenstadt 700 Meter.

Preise: Parkschein am Kassenautomaten mit EC-Karte 13,00 €. Nutzung des Sanitärgebäudes mit Dusche und WC 9,50 €. Über Münzautomaten gibt es Frischwasser für 1,00 €, Strom für 0,50 € pro kWh, die Abwasserentsorgung und Entleerung der Bordtoilette kostet nichts.
Zufahrt: Über die Schiffertorstraße, gut ausgeschildert.

Hanse. Mitte des 17. Jahrhunderts brannte sie fast vollständig nieder. Der Wiederaufbau erfolgte auf dem alten Grundriss. Im 18. Jahrhundert stand Stade unter der Herrschaft des Kurfürstentums Hannover und nach den Napoleonischen Kriegen kam es zu Preußen. Bis zur Mitte des 19. Jahrhunderts war die Stadt eine wichtige Zollstation an der Unterelbe.

Stade verfügt über einen großen, mit allem Komfort ausgestatteten Stellplatz. Die Beschreibung finden Sie auf der nebenstehenden Seite und die Lage des Platzes erkennen Sie auf dem darüber liegenden Stadtplan.

Ein Besuchermagnet ist der **Hansehafen** mit dem angrenzenden **Fischmarkt** und dem nachgebauten **Tretkran** am Hafenbecken.

Die Hafenanlage ist die älteste dieser Art an der Unterelbe. Der Vorläufer dieses Beckens wurde bereits im 13. Jahrhundert angelegt. Über Jahrhunderte wurden hier Waren aus Europa und der ganzen Welt umgeschlagen. Heute ist er ein Kulturdenkmal ersten Ranges und die Flaniermeile der Stadt. Die gepflasterten Straßen sind gesäumt von Fachwerkhäusern und bilden eine malerische Kulisse. Hier, wie auf dem Fischmarkt, gibt es Cafés und Restaurants deren Tische bei schönem Wetter schnell von Besuchern besetzt sind, die dieses kulturhistorische Ensemble bei einem Kaffee oder einem guten Essen auf sich wirken lassen möchten.

In der Häuserkulisse fallen zwei Gebäude besonders auf. Einmal ist es das **Kunsthaus**, es ist das höchste in der Reihe und diente ehemals als Speicher und Wohnhaus. Das zweite Gebäude von dem hier die Rede ist, mag so gar nicht zu den Fachwerkfassaden passen. Es ist das **Bürgermeister-Hintze-Haus**, das mit einer Fassade im Stile der Weserrenaissance glänzt. Es ist nach dem ehemaligen Stader Bürgermeister, Reeder und Kaufmann Heino Hintze benannt, der

Der hölzerne Tretkran am Fischmarkt in Stade.

Malerische Altstadtkulisse am Hansehafen in Stade.

ein bereits bestehendes Haus in der ersten Hälfte des 17. Jahrhunderts mit dieser Fassade verblenden ließ. Sie können das Haus auf dem obigen Bild am rechten Rand erkennen.

Unweit dieses Hauses befindet sich das **Museum Schwedenspeicher**. Es ist ein großes Backsteingebäude, das die Schweden einst als Provianthaus nutzten. Die Zeit der Hanse und die Geschichte der Stadt wird in den Ausstellungsräumen anschaulich dargestellt. Über die Ur- und Frühgeschichte zwischen Elbe und Weser informiert in diesem Gebäude eine archäologische Dauerausstellung.

Hamburg hat das Museumsschiff Cap San Diego, Stade hat die **MS Greundiek**. Es ist ein ausgemustertes Küstenmotorschiff, das der Verein Alter Hafen Stade e.V. hegt und pflegt und fahrtüchtig hält. Gefahren wird auf der Elbe und über den Nord-Ostsee-Kanal nach Kiel. Genaueres erfahren Sie hier www.greundiek.de.

Zurück zum Hansehafen, genauer zum Fischmarkt. Er wird beherrscht vom Holzkran, einer Rekonstruktion des Originals von 1661, das die Stadt 1977 errichten ließ. Die Mechanik des Tretkrans wurde dabei weggelassen. Der Kran ist begeh-

bar und stellt heute ein kleines Informationszentrum zur Hafen- und Schifffahrtsgeschichte der Stadt dar.

Über die **Hökerstraße** geht es in den Süden der Altstadt. Fachwerkhäuser und Jugendstilfassaden prägen das Bild dieser schmalen Straße. Eine besonders prachtvolle Fachwerkfassade hat das **Hökerhus** aufzuweisen, es trägt die Hausnummer 29. Das Hökerhus ist eines der wenigen Häuser, das während des großen Stadtbrandes Mitte des 17. Jahrhunderts vom Feuer verschont geblieben ist. Die reich verzierte Fassade des Kaufmannshauses zeigt die große Handwerkskunst im Mittelalter.

Schöne Fassaden gibt es auch in dem kleinen Freilichtmuseum auf der Insel zu bewundern. Dieses kleine Museum ist frei begehbar und vollständig von Wassergräben der alten Festungsanlage umgeben. Es zählt zu den ältesten Freilichtmuseen in Deutschland. Viele Gebäude sind es nicht. Mit einer Bockwindmühle, einer Prunkpforte, einem Göpelwerk und dem Inselhaus sind die Gebäude rasch aufgezählt. In der kleinen Liste fehlt nur das **Altländer Haus**, das allerdings mit seinem Bauerngarten besonders hübsch anzuschauen ist.

Das Altländer Haus im Freilichtmuseum Stade.

Es handelt sich bei dem Altländer Haus um ein Marschbauernhaus aus dem Jahre 1733, das 1913/14 von seinem Standort aus dem Alten Land abgetragen und auf der Insel neu zusammengesetzt wurde.

Sardisch-italienisches Restaurant in der Nähe des Freilichtmuseums.

Der Weg zurück zum Stellplatz führt an einem sardisch-italienischen Restaurant vorbei, das direkt am Burggraben liegt. Es fällt schwer einfach vorbeizugehen und sich nicht auf der Terrasse am Ufer des Grabens niederzulassen und den Abend mit einem kleinen Menü und gutem Wein abzuschließen.

Hier finden Sie zwar keine Speisekarte, aber einige weitere Informationen zu dem Restaurant und die Telefonnummer für eine Reservierung www.al-porto.de.

Elbstrand in Krautsand.

Wir setzen das WOMO wieder in Bewegung und fahren nunmehr durch das Land Kehdingen nach Drochtersen, genauer nach Krautsand an einen Elbstrand. Wer Ruhe und die Einsamkeit sucht ist hier gut aufgehoben. Trubel gibt es hier keinen. Wer mit Hunden unterwegs ist,

(016) Offizieller WOMO-Badeplatz: Drochtersen – Elbstrand Krautsand

GPS: N53°45'06.1" E9°23'25.6"; Elbinsel Krautsand 28, 21706 Drochtersen.
Max. WOMOs: 10, maximale Länge 12 m.
Ausstattung: Stromanschlüsse, Behälter für die Müllentsorgung, Hundestrand. Geöffnet von Anfang Mai bis Ende September.

Beschreibung: Gepflasterte Plätze und Wiesengelände direkt am langen Elbstrand, sehr ruhig. Entfernung bis zur Ortsmitte von Drochtersen 5,5 Kilometer.
Preise: 10,00 € für ein Fahrzeug mit 2 Personen, zahlbar am Parkautomaten, die Stromversorgung ist kostenlos.
Zufahrt: In Drochtersen der Straße nach Krautsand folgen.

wird sich am Hundestrand erfreuen, den er, wenn er Glück hat, mit niemandem teilen muss. In den Sommermonaten gibt es am Badestrand durch den kleinen Campingplatz in unmittelbarer Nähe ein wenig mehr Bewegung als in der Vor- und Nachsaison, aber auch das ist kein Vergleich zum Publikumsverkehr auf den Nordfriesischen Inseln oder an den Ostseestränden.

Lebendiger ist es auch auf dem nächsten Stellplatz in **Wischhafen** nicht. Aber immerhin gibt es das Kehdinger Küstenschifffahrts-Museum, das einige Exponate aus der Schifffahrtsgeschichte dieser Region ausgestellt hat. Es ist nicht weit vom Stellplatz entfernt, der sich direkt neben dem alten denkmalgeschützten Hafen befindet. Ein Schiff des Museums liegt hier im Hafen vor Anker.

(017) Offizieller WOMO-Stellplatz: Wischhafen – Am Hafen

GPS: N53°46'22.4" E9°19'20.6"; Hafenstraße 5-8, 21737 Wischhafen.

Max. WOMOs: 12, maximale Länge 8 m.
Ausstattung: Stromanschlüsse, Behälter für die Müllentsorgung, ganzjährig geöffnet.
Beschreibung: Geschotterte Plätze und Wiesengelände in einer Sackgasse am Ortsrand, nah am Hafenbecken, sehr ruhig. Zu Fuß 250 Meter bis zum sehenswerten Kehdinger Küstenschiffahrts-Museum.
Preise: Es wird um eine Spende gebeten. Strom 1,00 € für 2 kWh.
Zufahrt: In Wischhafen von der B495 den Hinweisen zum Hafen folgen.
Ver- und Entsorgung:
In 1,5 Kilometer Entfernung in Richtung Drochtersen. Ziegelstraße 6, 21737 Wischhafen. **GPS:** N53°45'52.1" E9°19'17.1". Abwasserentsorgung (mit Bodeneinlass), Frischwasser und Entleerung der Bordtoilette kostenlos, um eine Spende wird gebeten.

Weiter geht die Fahrt Richtung **Elbfähre**. Eine letzte Übernachtungsmöglichkeit auf der linken Elbseite bietet dieser Platz [**018:** N53°47'10.2" E9°20'25.7"] bevor es auf die Fähre geht. Der Fährbetrieb läuft in den Sommermonaten von Wischhafen nach Glückstadt zwischen 4:30 Uhr und 22.30 Uhr. Wichtig: **Die Überfahrt kann nur mit Bargeld bezahlt werden**. Es sind vier Schiffe die mehr oder minder pausenlos hin und her fahren und ca. 25 Minuten für die Überfahrt auf der hier drei Kilometer breiten Elbe benötigen. Bis Sie auf die Fähre auffahren können, kann je nach Verkehrslage schon sehr viel Zeit vergehen. Unsere Spitzenwartezeit liegt bei zwei Stunden. Wovor Sie übrigens keine Angst haben müssen ist der Auffahrwinkel. Auch wenn Ihr WOMO einen langen Hintern hat, wird es ganz sicher bei der Auf- und Abfahrt nicht hinten über den Boden kratzen.

Nach der Überfahrt sind wir in Glückstadt. Die Stadt haben wir bereits ab Seite 44 beschrieben, wollen das hier nicht wiederholen und fahren deshalb gleich weiter nach **Brokdorf**.

Der Ort war wegen des hiesigen Kernkraftwerkes schon häufig in den Schlagzeilen. Noch ist das KKW in Betrieb, 2021 soll es abgeschaltet werden, ob es tatsächlich so kommt werden wir sehen. Vom Elbdeich am Stellplatz ist es gut zu sehen.

(019) Offizieller WOMO-Stellplatz: Brokdorf

GPS: N53°51'51.7" E9°19'00.0"; Dorfstraße 53 / 54, 25576 Brokdorf.
Max. WOMOs: 30, maximale Länge 10 m, max. Aufenthalt 3 Tage.
Ausstattung: Wasserver- und Abwasserentsorgung (mit Bodeneinlass), Kassettenentleerung, Stromanschlüsse, Behälter für die Müllentsorgung. Im Servicegebäude gibt es Dusche und WC, Liegewiese an der Elbe in unmittelbarer Nähe. Der Platz ist ganzjährig geöffnet.

Beschreibung: Gepflasteter Platz am Ortsrand von Brokdorf direkt am Elbdeich, sehr ruhig.
Preise: In den Sommermonaten 10,00 € pro Fahrzeug, in den Wintermonaten 5,00 €. Über Münzautomaten gibt es Frischwasser für 1,00 €, Strom für 0,50 € pro kWh, Entleerung der Bordtoilette 1,00 €, Dusche ebenfalls 1,00 €.
Zufahrt: An der B431 in Richtung Brunsbüttel der Beschilderung zum Stellplatz folgen.

Viel zu sehen gibt es in Brokdorf nicht. Radausflüge sind eine Möglichkeit keine Langeweile aufkommen zu lassen. Entlang der Elbe geht es schnell nach Brunsbüttel oder nach Glückstadt (jeweils 13 Kilometer), nach Wilster sind es rund 10 Kilometer und zum tiefsten Punkt Deutschlands, der in der

Wilstermarsch liegt, sind es rund 16 Kilometer. Die letzten beiden Positionen sind allerdings mit dem Fahrrad nicht so schön zu befahren, weil man sich den Asphalt mit den motorisierten Verkehr teilen muss. Also befestigen wir die Räder wieder auf dem Heckträger und fahren weiter nach **Wilster**, dem Zentrum der nach ihr benannten Marsch.

Die kleine charmante Stadt mit rund 4.000 Einwohnern ist das Zentrum eines der größten Viehzuchtgebiete Deutschlands. Wir wollen uns aber nicht mit dem Rotbunten Niede-

(020) Offizieller WOMO-Stellplatz: Wilster – Colosseumsplatz

GPS: N53°55'27.2" E9°22'23.9"; Etatsrätin-Doos-Straße 22, 25554 Wilster.
Max. WOMOs: 15, maximale Länge 12 m.
Ausstattung: Wasserver- und Abwasserentsorgung, Kassettenentleerung, Stromanschlüsse, Behälter für die Müllentsorgung, WC. Der Platz ist ganzjährig geöffnet.
Beschreibung: Wiesenplatz in der Ortsmitte, trotzdem ruhig.
Preise: Kostenlos, über Münzautomaten gibt es Frischwasser für 1,00 €, Abwasserentsorgung kostet 0,50 €, Strom gibt es für 0,50 € pro kWh, die Entleerung der Bordtoilette ist kostenlos.

Zufahrt: In der Ortsmitte der Beschilderung zum Stellplatz/Veranstaltungshalle Colosseum folgen.

Das Alte Rathaus in Wilster.

Markierung der tiefsten Landstelle Deutschlands.

rungsrind, das Sie hier überall auf den Weiden in der Marsch sehen können beschäftigen. Nach einem kurzen Gang durch die Mitte des Ortes mit dem schönen **Alten Rathaus** und der spätbarocken **Bartholomäus-Kirche** fahren wir weiter zu dem tiefsten Punkt unserer Reise durch Schleswig-Holstein.

Ein Holzpfahl auf einem kleinen Rastplatz markiert die **tiefste Landstelle** in der Bundesrepublik Deutschland. In 3,54 Metern Höhe steht NN, das ist die normale Seespiegelhöhe der Nordsee. Gäbe es den Elbdeich nicht, so müssten wir jetzt schwimmen. Aber wieso ist die tiefste Stelle soweit im Landesinneren? Man würde sie doch in unmittelbarer Nähe der Küste vermuten, oder? Das lässt sich leicht erklären: Als es die Deiche noch nicht gab, trat die Elbe mehr oder minder regelmäßig über die Ufer. Im Wasser mitgebrachte Schwebstoffe lagerten sich dabei im Uferbereich ab und ein Wall entstand. Wenn man so will, baute sich die Elbe zunächst ihren Deich selber. Das dahinter liegende Land wurde nur noch bei Sturmfluten überschwemmt. Mit dem weiteren Anstieg des Meeresspiegels verlor die Landfläche relativ an Höhe.

Durch den Bau der Deiche schützten sich die Küstenbewohner zusätzlich vor Sturmfluten und Hochwasser. Durch ein System von Gräben und Entwässerungskanälen wurde das Marschland trocken gehalten und konnte damit landwirtschaftlich genutzt werden. Wurden dafür früher Windmühlen für die Pumpvorgänge eingesetzt, so arbeiten heute motorgetriebene Anlagen in den Schöpfwerken. Das hatten wir beim Alten Land schon gesehen, dies wurde und wird hier genauso gehandhabt. Soweit unsere Kurzfassung. Wer die ganze Geschichte der tiefsten Landstelle lesen möchte, dem empfehlen wir die Lektüre der Chronik von Neuendorf bei Wilster, die unter www.tiefstelandstelle.de zu finden ist.

Wir fahren nun weiter nach **Brunsbüttel**, wo der Nord-Ostsee-Kanal beginnt.

(021) Offizieller WOMO-Badeplatz: Brunsbüttel – Freizeitbad

GPS: N53°53'58.2" E9°07'55.3"; Am Freizeitbad 1, 25541 Brunsbüttel.
Max. WOMOs: 30, maximale Länge 12 m.

Ausstattung: Wasserver- und Abwasserentsorgung (mit Bodeneinlass), Kassettenentleerung, Stromanschlüsse, Behälter für die Müllentsorgung, WC. Geöffnet von Mitte April bis Ende Oktober.

Beschreibung: Asphaltierter Platz in der Stadtmitte, direkt neben dem Freizeitbad, trotzdem ruhig. Entfernung zu den Schleusen bei einem Gang durch die Innenstadt 1,5 km.

Preise: 8,00 € für ein Fahrzeug, zahlbar an der Kasse des Freizeitbades. Über Münzautomaten gibt es Frischwasser für 2,00 €, Strom kostet 1,00 € für 2 kWh. Abwasserentsorgung und die Entleerung der Bordtoilette ist kostenlos.

Zufahrt: In der Stadtmitte der Beschilderung zum Freizeitbad folgen.

Die Sehenswürdigkeiten in der Innenstadt sind nicht sonderlich zahlreich. Hauptanziehungspunkt sind die Schleusenanlagen. Ein- und ausfahrende Schiffe begeistern die Besucher. Der **NOK**, wie der **Nord-Ostsee-Kanal** kurz genannt wird ist die meistbefahrene Wasserstraße der Welt. Viele kommen her, nur um den Traumschiffen einmal ganz nah zu sein. Nicht nur in Brunsbüttel, sondern auch an anderen Stellen entlang des NOK gibt es zahlreiche Plätze, von denen man die langsam vorbeiziehenden Schiffe aus nächster Nähe betrachten kann. Auch einige Wohnmobilstellplätze sind dabei. Wir werden sie im weiteren Verlauf des Buches noch aufsuchen und beschreiben.

Da man natürlich nie genau weiß, wann welches Schiff die 6,5 Stunden lange Fahrzeit durch den Kanal antritt, gibt es eine website, auf der man die genaue Position der einzelnen Schiffe in Echtzeit verfolgen kann. Auf www.marinetraffic.com/de finden sie diese weltweit angegeben. Sie können mit Ihrem Smartphone oder Tablet diese Seite aufrufen und mit einem Fingertipp auf die verschiedenfarbigen Symbole die Daten der Schiffe aufrufen. Bei den größeren finden Sie in der Regel auch immer ein Foto dazu. So sehen Sie gleich, ob es sich lohnt zu warten oder nicht.

Schleuse am NOK in Brunsbüttel.

Westerhever
Simonsberg
Mildstedt
Roter Haubarg
Tour 3
Uelvesbüll
Rantrum
Witzwort
E i d e r s t e d t
Garding
Oldenswort
B202
B5
Friedrichstadt
Grachten & Altstadt
037
038
039
Tönning
Lehe
Geschlechterfriedhof
Lunden
036
Katinger Watt
Kiek ut
Multimar Wattforum
Vogelbeobachtungsturm
Eider-Sperrwerk
Eider
010
Wesselburenerkoog
Hennstedt
Weddingstedt
Wesselburen
Hebbelmuseum
KOHLosseum
033
Linden
035
Barkenholm
Heide
034
031
32
B203
Perlebucht
030
Wöhrden
Marktplatz
Büsum
Museumshafen
Phänomania
23
NSG Wöhrdener Loch
Düsend-düwelswarf
Hemmingstedt
Speicherkoog Badestelle
026
029
Albersdorf
Deicharbeiterdenkmal
Steinzeitpark
028
027
Dom
B431
NSG-Kronenloch
Meldorf
023
Friedrichskoog-spitze
Schafstedt
Friedrichskoog
Seehundstation
Süderhastedt
Eggstedt
025
Kronprinzen-koog
St. Michaelis-donn
Hochdonn
Edda
Marschenbahn Draisine
Waldmuseum
Hochdonner Eisenbahnbrücke
Kaiser-Wilhelm-Koog
024
Burg (Dithmarschen)
Marne
Nord-Ostsee-Kanal
022
Tour 1
Neufeld
Tiefste Landstelle Deutschlands (3,54 m unter NN)
Schleusen
Brunsbüttel
Wilster
021
N
5 km
Elbe

TOUR 2 (ca. 230 km)

Neufeld – Friedrichskoog – Sankt Michaelisdonn – Burg (Dithmarschen) – Albersdorf – Meldorf – Büsum – Wesselburen – Heide – Lunden – Friedrichstadt – Tönning

Stellplätze:	Neufeld, Friedrichskoog, Friedrichskoogspitze, Hochdonn, Burg (Dithmarschen), Albersdorf, Meldorf, Meldorf „Surf",Meldorf (Strand), Meldorf (Speicherkoog), Büsum, Wesselburen, Heide, Lunden, Friedrichstadt, Tönning.
Campingplätze:	Büsum.
Ver-/Entsorgung:	Neufeld, Friedrichskoogspitze, Albersdorf, Meldorf „Surf", Büsum, Heide, Friedrichstadt, Tönning.
Besichtigungen:	Friedrichskoog (Seehundstation), Sankt Michaelisdonn (Windmühle Edda), Hochdonn, (Nord-Ostsee-Kanal, Eisenbahnbrücke), Albersdorf (Steinzeitpark), Meldorf (Dom), (Dusendüwelswarf), Büsum (Hafen), Wesselburen (KOHLosseum), Heide (Marktplatz), Lunden (Geschlechterfriedhof), Friedrichstadt (Grachten und Altstadt), Töning (Multimar Wattforum).
Wandern/Rad fahren:	Draisine Marschenbahn, Naturschutzgebiet Kronenloch, Deichwanderweg entlang der Eider.
Baden/Wellness:	Friedrichskoogspitze (Nordseestrand), Burg (Freibad), Albersdorf (Freibad), Meldorf (Speicherkoog, Surf, Strand), Büsum (Familienlagune), Heide (Freibad), Lunden (Badestelle an der Eider), Tönning (Meerwasserfreibad).

Den größten Hafen Deutschlands hatten wir schon, das größte Apfelanbaugebiet auch, die tiefste Landstelle haben wir kennengelernt, den Anfang des verkehrsreichsten Kanals der Erde haben wir auch schon gesehen und nun kommt der nächste Superlativ. Das größte Kohlanbaugebiet Deutschlands. Dafür ist **Dithmarschen**, das wir nun in diesem Kapitel durchfahren bekannt. Weißkohl, Rotkohl, Wirsing, Spitzkohl und Blumenkohl werden angebaut. Rund 80 Mio. Köpfe werden jedes Jahr geerntet und im September während der Dithmarscher Kohltage wird man sich diesem Gemüse bei einem Besuch in dieser Region kaum entziehen können. Aber keine Angst, die Kohlköpfe spielen auf unserer Reise durch diese Region nur eine untergeordnete Rolle. Es gibt in

Kohl und Windräder, in Dithmarschen allgegenwärtig.

diesem Landstrich doch wesentlich mehr zu entdecken, als weite Kohlfelder und dichte besetzte Windparks. Wir kommen zu einigen Badestränden, besuchen den größten Marktplatz Deutschlands, schauen nochmal am NOK vorbei und besuchen unter anderem das malerische Holländerstädtchen Friedrichstadt. Doch nun der Reihe nach.

Wir beginnen in **Neufeld**, einem 500-Seelendorf, das rund zehn Kilometer von Brunsbüttel entfernt liegt. Auf dem Deich werden Sie schnell das nette Restaurant **Op´n Diek** entdecken, das sich in Sichtweite dieses Stellplatzes befindet.

(022) Offizieller WOMO-Stellplatz: Neufeld – Yachthafen

GPS: N53°54'21.9" E9°01'08.6"; An'n Hoven, 25724 Neufeld.
Max. WOMOs: 20, maximale Länge 12 m.
Ausstattung: Wasserver- und Abwasserentsorgung, Kassettenentleerung, Stromanschlüsse, Behälter für die Müllentsorgung. Im Servicegebäude gibt es Dusche und WC. Der Platz ist ganzjährig geöffnet, netter Platzwart.

Beschreibung: Befestigtes Wiesengelände am Ortsrand direkt an der Elbmündung, sehr ruhig. Restaurant mit traditioneller Küche in der Nähe.
Preise: 8,00 € für ein Fahrzeug mit zwei Personen, Strom 2,00 €. Frischwasser, Abwasserentsorgung und Kassettenentleerung ist kostenlos.
Zufahrt: Der Platz liegt direkt an der Straße in Richtung Friedrichskoog.

Eine Spezialität des Hauses mit der wohlschmeckenden und rustikalen Dithmarscher Küche ist der Neufelder Eiergrog. Einfach mal probieren. Von der Terrasse des Restaurants wie vom Stellplatz geht der Blick auf die Elbmündung, die hier schon mehrere Kilometer breit ist. Einen Strand gibt es nicht. Wer zu einem Badestrand möchte, muss einige Kilometer durch die Windrad- und Kohllandschaft des Kaiser-Wilhelm-Koogs und des Friedrichskoogs fahren und findet in Friedrichskoog-Spitze sowohl einen Badestrand, als auch einen Wohnmobilstellplatz.

Was ist eigentlich ein Koog?

Als einen Koog bezeichnet man das durch Eindeichung und Entwässerung gewonnene Marschland, das der Nordsee abgerungen wurde. An der Schleswig-Holsteinischen Nordseeküste gibt es mehr als 30 große Köge, die im Laufe der vergangenen Jahrhunderte keineswegs zeitgleich entstanden sind. Für die Besiedlung wurde zuletzt der Friedrich-Wilhelm-Lübke-Koog in Nordfriesland im Jahre 1959 freigegeben. Die neueren Köge wie der Hauke-Haien-Koog und der Beltringharder Koog, die auch beide in Nordfriesland liegen, dienen in erster Linie dem Küstenschutz. Alle Köge liegen auf Meeresspiegelniveau oder mit ein oder maximal zwei Meter nur knapp darüber. Durch ein aufwändiges Graben- und Pumpsystem werden sie trocken gehalten und erst dadurch für die Landwirtschaft nutzbar.

Auf dem Weg dorthin lohnt es sich, an der **Seehundstation** vorbeizuschauen, insbesondere dann, wenn die Kinder oder Enkelkinder mit an Bord sind. GPS: N54°00'02.9" E8°52'35.4" Adresse: An der Seeschleuse 4, 25718 Friedrichskoog.

Heuler in der Seehundstation.

Die 1985 gegründete Station ist die einzige Aufnahmestelle für verlassene, erkrankt oder verletzt aufgefundene Robben in Schleswig-Holstein. Hier werden sie gepflegt und aufgepäppelt, bis sie wieder in die Nordsee entlassen werden können. Heuler werden oft hierher gebracht. Es sind junge Seehunde oder Kegelrobben, die während der Säugezeit den Kontakt zu ihrer Mutter verloren haben. Wegen ihren wehklagenden Ruflauten nach der Mutter haben sie diesen Namen bekommen. Anhören lässt sich dies in der Station. Einige Robben sind als Dauergäste in großen Becken unter-

Wal Willi - Indoorspielpark in Friedrichskoog

gebracht. Sie können durch Schaufenster auch Unterwasser beobachtet werden. Bei einer Fütterung dabei zu sein ist für Kinder ein spannendes Erlebnis. Die Zeiten finden Sie im Eingangsbereich.

Öffnungszeiten: In den Sommermonaten zwischen 10:00 und 18:00 Uhr, in den Wintermonaten zwischen 10:00 und 16:00 Uhr. Der Eintritt pro Erwachsenen beträgt 7,00 €, Kinder zahlen 5,00 €. Zwei Erwachsene und zwei Kinder zahlen zusammen 19,00 €.

Wenn Sie mit Ihren Kindern bei regnerischem Wetter unterwegs sind, was hier oben nun mal nicht selten vorkommt, dann ist **Indoorspielpark Wal Willi** auf der anderen Seite des kleinen Hafens eine Möglichkeit quengelnde Kinder zu beschäftigen.

Bei schönem Wetter geht es natürlich an den Strand. Den Stellplatz dazu finden Sie hier.

(023) Offizieller WOMO-Badeplatz: Friedrichskoog-Spitze

GPS: N54°01'57.1" E8°50'51.2"; Nordseestraße 998, 25718 Friedrichskoog.
Max. WOMOs: 40, maximale Länge 8 m.
Ausstattung: Wasserver- und Abwasserentsorgung, Kassettenentleerung, Behälter für die Müllentsorgung, ganzjährig geöffnet.
Beschreibung: Asphalt- und Wiesenplätze am Rande einer Ferienhaussiedlung, 300 Meter vom Strand entfernt, relativ ruhig.

Preise: 10,00 € inkl. Kurtaxe für ein Fahrzeug mit 2 Personen, zahlbar an einem Kassenautomat. Von November bis Februar gebührenfrei. Abwasserentsorgung, Frischwasser und Kassettenentleerung kostenlos.
Zufahrt: Von Friedrichskoog bis zur Friedrichskoogspitze durchfahren und am Ende rechts abbiegen.

In **Friedrichskoog-Spitze** sind die Strände unterteilt in Sportstrand, Familienstrand mit einem großen Piratenspielplatz in der Nähe, Hundestrand und einem FKK-Naturstrand. Etwa 180 Strandkörbe stehen bereit, die hier ohne Gitter aufgestellt sind. Das heißt nicht, dass Sie ihn gratis nutzen können. Sie können sich einen aussuchen und Platz nehmen. Ein Service-Mitarbeiter der Kurverwaltung wird zu Ihnen kommen und die Tagesmiete einkassieren.

Wenn Sie eine Wattwanderung unternehmen möchten, so können Sie das hier tun. Es gibt drei Anbieter für Wattführungen, dies sind die Wattführergemeinschaft Dithmarscher Nordseeküste, die Schutzstation Wattenmeer mit der Station Friedrichskoog und die Nationalpark Ranger des Landesbe-

Grün ist der Strand in Friedrichskoog-Spitze.

triebes Küstenschutz, Nationalpark und Meeresschutz (LKN). Die Termine finden Sie hier https://watterleben.de/friedrichskoog.html. Treffpunkt ist der Deichhauptaufgang, eine Stahlkonstruktion, die schon von weitem sichtbar ist.

Wir lassen das WOMO wieder durch die Marsch rollen. Durch den Kronprinzenkoog geht es nach **St. Michaelisdonn**. Hier ändert sich schlagartig das Landschaftsbild, denn wir sind in der Schleswig-Holsteinischen Geest angekommen, die deutlich höher liegt als die Marsch. Dazu gleich mehr, zunächst parken wir das WOMO auf dem sehr kleinen Parkplatz am Draisinenbahnhof in der Poststraße GPS: N53°59'13.5" E9°07'10.0".

Eine Draisinenfahrt ist die besondere Attraktion dieses Ortes. Seit 2004 ist eine Fahrt mit der Fahrraddraisine von Mai bis Oktober auf der stillgelegten Marschbahn von St. Michaelisdonn in die neun Kilometer entfernte Stadt Marne möglich. Wenn der Wind günstig steht, geht es auch mit der Unterstützung durch ein Segel. Vier Personen finden auf einem Fahrzeug Platz. Eine Fahrt hin und zurück kostet 38,00 €.

Draisine in St. Michalisdonn.

Die historische Hoper Mühle „Edda" ist das Wahrzeichen von St. Michaelisdonn.

Kommen wir zurück zu dem veränderten Landschaftsbild.

Was ist eigentlich die Geest?

Die Geest ist ein Kind der Eiszeiten, die vor rund 10.000 Jahren endeten. Sie besteht aus End- und Grundmoränen die von den Gletschern aus Skandinavien hergeschoben wurden. Sandige und wenig fruchtbare Böden kennzeichnen diese Landschaft, die häufig bewaldet ist und wegen ihrer ertragsarmen Böden nicht sehr dicht besiedelt wurde. Die Geest durchzieht Schleswig-Holstein von Nord nach Süd in einem breiten Rücken und geht im Osten des Landes mit den Hüttener Bergen und der Holsteinischen Schweiz in ein Hügelland über.

Im Naturschutzgebiet Kleve südöstlich von St. Michaelisdonn wird die Nahtstelle zwischen Marsch und Geest deutlich sichtbar. Kleve ist in diesem Fall eine sprachliche Abwandlung von Kliff. Bis zu 30 Metern Höhe erreicht das Kliff, an dem einst die Nordseewellen schlugen. Wanderwege führen an den Rändern dieses Naturschutzgebietes vorbei, dass mit Niederwald, Eichenmischwäldern und Heide bewachsen ist. Die Windmühle **Edda** steht am Nordrand dieses Schutzgebietes und ist aufgrund ihrer Lage auf dem Geestrücken schon von weitem zu sehen.

In der Geest befindet sich auch der nächste Ort auf unserer Reise, in dem wir uns aber nicht lange aufhalten, auch wenn das hiesige Waldmuseum sicher einiges zu bieten hat.

(024) WOMO-Badeplatz:
Burg (Dithmarschen) – Waldschwimmbad

GPS: N54°00'06.2" E9°15'16.5"; Am Sportplatz 13, 25712 Burg.
Max. WOMOs: 10, maximale Länge 12 m, max. Aufenthalt 24h.
Ausstattung: Wasserversorgung, ganzjährig geöffnet.
Beschreibung: Asphaltplatz zwischen Freibad und Sportplätzen am Stadtrand, relativ ruhig. Bis zur Ortsmitte sind es 1000 Meter, bis zum Waldmuseum rund 800 Meter.
Preise: Kostenlos.
Zufahrt: In Burg der Beschilderung zum Waldschwimmbad folgen.

Wir haben diesen Stellplatz verwaist vorgefunden, auf dem nächsten gab es dafür keinen freien Platz mehr. Die Stellplätze am NOK erfreuen sich eben einer sehr großen Beliebtheit. Dieser hier ist einer davon.

(025) Offizieller WOMO-Stellplatz: Hochdonn – Eisenbahnhochbrücke

GPS: N54°01'11.3" E9°17'48.5"; Hauptstraße 123, 25712 Hochdonn.
Max. WOMOs: 15, maximale Länge 12 m.
Ausstattung: Wiesenplatz mit WC, ganzjährig geöffnet.
Beschreibung: Direkt am Nord-Ostsee-Kanal in unmittelbarer Nähe der Eisenbahnbrücke, ruhig. Gutes Restaurant mit traditioneller deutscher Küche nur wenige Meter entfernt.
Preise: Kostenlos.
Zufahrt: Der Hauptstraße in Hochdonn in Richtung Itzehoe bis zum Fähranleger folgen, links abbiegen, dann sind es noch 100 Meter.

Vorbeiziehende Schiffe anzuschauen hat offensichtlich eine hohe Attraktivität. Wenn Sie hier einen Platz bekommen haben, so wiederholen wir hier die homepage www.marinetraffic.com/de auf der Sie nachschauen können, welche Schiffe gerade vorbeifahren. An dieser Stelle sei auch noch erwähnt, dass es einen ausgeschilderten NOK-Radweg gibt.

Wir fahren weiter Richtung **Albersdorf**. Hier zieht es uns zum **Steinzeitpark Dithmarschen**, der sich in der Süderstraße 47, GPS: N54°08'17.5" E9°17'21.3" befindet.

Auf dem großen Parkplatz vor dem Museum lässt sich das WOMO bequem abstellen.

Öffnungszeiten: Das kleine Dorf und das ca. 40 Hektar große Freigelände können von April bis Ende Oktober dienstags bis sonntags von 11:00 bis 17:00 Uhr besichtigt werden. Der Eintritt kostet für den Erwachsenen 7,00 €.

Während in anderen Regionen Europas die Spuren menschlicher Be-

Steinzeithaus von Rastorf.

siedlung 1 Mio. Jahre und älter sind (z.B. in der Sierra de Atapuerca in Nordspanien), so konnte in Schleswig-Holstein der Mensch sich erst nach dem Ende der letzten Eiszeit, also vor rund 10.000 Jahren niederlassen. In diesem Freilichtmuseum wurden Funde aus verschiedenen Regionen Schleswig-Holsteins und Niedersachsens zusammengetragen, bzw. nachgebaut. Es ist kein trockenes Museum, in dem nur einige Hütten stehen und auf Schautafeln die Gegenstände und Gebäude beschrieben werden. Nein, hier haben Sie die Möglichkeit den Steinzeitmenschen über die Schulter zu schauen, ihm bei der Verrichtung seiner täglichen Arbeit zu beobachten. Erfreulicherweise stoßen sie nicht nur irgendwelche Urlaute aus, sondern können auf Fragen wunderbar sachgerecht antworten. Es wird gekocht, geschnitzt, der Bogen bearbeitet. **Living history** nennt man das neudeutsch, wenn historische Lebenswelten von Personen die jeweilige Epoche mit Kleidung, Werkzeugen und Gebrauchsgegenstände möglichst realistisch darstellen. Allerdings geschieht dies nur an

Living history in der Feuerhütte des Steinzeitparks Dithmarschen.

den Sonn- und Feiertagen. An den normalen Besuchstagen müssen Sie das Steinzeitdorf auf eigene Faust erkunden. Es gibt einiges zu sehen, einen Findlingsgarten, eine Baustelle aus der Steinzeit, eine Totenhütte, mehrere Steinzeithäuser aus verschiedenen Orten Norddeutschlands und Dänemarks, die Feuerhütte und noch einiges mehr. In der Feuerhütte wird Ihnen gern gezeigt, wie unsere Vorfahren Feuer entzündeten. Bei den Mitmachaktionen im Museum lernen Sie Bogenschießen, Getreide mahlen, Weben oder Flint schlagen. Wann diese Aktionen stattfinden erfahren Sie hier https://steinzeitpark-dithmarschen.de.

Neben dem Steinzeitdorf befindet sich das bereits erwähnte ca. 40 Hektar große Freigelände. Hier können Sie sehen wie die Landwirtschaft vor 5000 Jahren aussah. Auf den Weideflächen werden alte Haustierrassen gehalten wie Schafe, Ziegen und Rinder.

Nach diesem tiefen Blick in die Vergangenheit geht es nun weiter. Schön, dass wir auf diesem Stellplatz ganz bequem ein Feuer am Gasherd anzünden können und uns nicht abmühen müssen wie ein Steinzeitmensch.

(026) Offizieller WOMO-Badeplatz: Albersdorf – Freizeitbad

GPS: N54°09'05.7" E9°16'50.8"; Weg zur Badeanstalt 20, 25767 Albersdorf.
Max. WOMOs: 4, maximale Länge 10 m, max. Aufenthalt 3 Tage.
Ausstattung: Wasserver- und Abwasserentsorgung, Kassettenentleerung, Stromanschlüsse, Behälter für die Müllentsorgung. Dusche und WC im Freibad. Geöffnet von Anfang Mai bis Anfang September.

Beschreibung: Befestigter Platz am Ortsrand, direkt neben dem Freibad zwischen Acker und Wiesen.
Preise: 15,00 €. Ver- und Entsorgung sowie die Stromversorgung und der Eintritt in das Freibad sind im Preis enthalten. Zahlbar an der Kasse des Freibades.
Zufahrt: In Albersdorf der Beschilderung zum Freibad folgen.

Von der Geest geht es nun wieder zurück in die Marsch nach **Meldorf**. Viel Zeit benötigen wir für diese 16 Kilometer nicht. Wir stellen unser WOMO auf dem unten beschriebenen Platz ab und machen uns zu Fuß auf den Weg.

(027) Offizieller WOMO-Stellplatz: Meldorf

GPS: N54°05'29.7" E9°04'36.3"; Kampstraße 7, 25704 Meldorf.
Max. WOMOs: 4, maximale Länge 8 m, max. Aufenthalt 24h.
Ausstattung: Keinerlei wohnmobilspezifische Einrichtungen, ganzjährig geöffnet.

Beschreibung: Gepflasteter Platz in der Ortsmitte, hinter einem ungenutzten Gewerbegebäude, relativ ruhig. 500 Meter bis zum Dom.
Preise: Kostenlos.
Zufahrt: Auf der B431 in Meldorf im ersten Kreisverkehr die dritte Ausfahrt nehmen und danach in die zweite Einfahrt links abbiegen und hinter das Gebäude fahren.

Die Kleinstadt zählt rund 7000 Einwohner. Die größte Sehenswürdigkeit ist der **Dom**.

Das Eingangsportal des Meldorfer Doms.

Der Kern der Stadt liegt noch nicht in der Marsch, sondern auf einem weit vorspringenden Geestrücken. Vor einigen hundert Jahren war Meldorf noch eine Küstenstadt. Reste eines alten Deiches konnten entlang der Marner Straße gefunden werden. Der **Meldorfer Dom** war damit nicht nur ein Gotteshaus, sondern wegen seines hohen Turmes auch eine wichtige Orientierungsmarke für die Seefahrt.

Er hatte auch eine politische Bedeutung, schließlich diente er in der Zeit der Bauernrepublik Dithmarschen als Versammlungsort, an dem weitreichende Entscheidungen für ganz Dithmarschen getroffen wurden.

Zwischen 1250 und 1300 wurde die Kirche als dreischiffige Basilika mit einem Querhaus und einem geschlossenen Chor errichtet. Es ist eines der wichtigsten frühgotischen Bauwerke der Westküste. Das äußere Erscheinungsbild erhielt der Dom

Das Chorgitter im Meldorfer Dom.

nach einem großen Brand im Jahr 1866. Der mittelalterliche Innenraum der Kirche ist im Wesentlichen erhalten geblieben. Das prächtige Chorgitter bildet mit der Kanzel eine Einheit. In den kleinen durchbrochenen Rundbögen stehen 7 Apostel. Ein wenig vor ihnen sind vier Tugendfiguren zu sehen: Glaube, Klugheit, Liebe und Gerechtigkeit. Darüber prangt das Wappen des dänischen Königs als damaligen Landesherren. Hinter dem Chorgitter befindet sich der Passionsaltar mit farbenprächtigen und vergoldeten Figuren. Er entstand noch vor der Reformationszeit.

Eine Bischofskirche ist der Dom übrigens nie gewesen, wegen der prachtvollen Gestaltung wurde er aber so genannt. Seit 1524 ist der Dom eine evangelische Kirche.

Zwei Marktplätze, der Norder- und der Südermarkt umgeben den Dom. Wer eine größere Auswahl an Restaurants und Cafés an diesen beiden Plätzen erwartet, den müssen wir enttäuschen, die Auswahl ist sehr überschaubar. Die hübsch hergerichteten historischen Backsteinhäuser und das in der Nähe liegende **Schleswig-Holsteinische Landwirtschaftsmuseum** scheinen nicht viele Besucher herzulocken. In dem relativ kleinen Museum wird das Landleben zwischen 1870 und der Gegenwart gezeigt. Direkt daneben befindet sich das **Dithmarscher Bauernhaus**, ein Museumshof aus dem 19. Jahrhundert.

Historisches Backsteinhaus in Meldorf.

Von Meldorf fahren wir nicht direkt an die Küste weiter, sondern machen noch einen kleinen Umweg zur **Dusenddüwelswarf**. Es ist ein Denkmal, das an die **Schlacht bei Hemmingstedt** erinnert. In dieser Schlacht brachten die Dithmarscher Bauern am 17. Februar 1500 den zahlenmäßig weit überlegenen Truppen des dänischen Königs Johann I. und seines Bruders Herzog Friedrich von Holstein eine vernichtende Niederlage bei. Dass ein schwer bewaffnetes Heer von einfachen Bauern besiegt werden konnte, erfüllt die Dith-

Dusenddüwelswarf, Denkmal der Schlacht bei Hemmingstedt.

marscher heute noch mit Stolz. Sie behielten für weitere 59 Jahre ihre Unabhängigkeit, kamen 1559 dann aber doch unter dänische Herrschaft. Sie finden das Denkmal an dieser Stelle GPS: N54°07'35.2" E9°03'21.8". Es ist nur eine kleine Fläche eingepfercht, zwischen Wiesen und Gehöften. Mehr als ein Fahrzeug kann hier kaum parken. Es ist eher ein Ziel, das man mit dem Rad ansteuern sollte.

Wir fahren nunmehr weiter an die Küste zum Speicherkoog. Hier stehen uns zwei Stellplätze zur Verfügung, die wir hier kurz vorstellen.

(028) WOMO-Badeplatz: Meldorf – Badestrand Elpersbüttel

GPS: N54°05'18.6" E8°57'17.1"; Hafenstraße, 25704 Meldorf.
Max. WOMOs: >10, maximale Länge 12 m.

Ausstattung: Keinerlei wohnmobilspezifische Einrichtungen, ganzjährig geöffnet. Kiosk & WC am Platz, jedoch nur bei guter Witterung geöffnet.
Beschreibung: Befestigte Plätze südlich des Yachthafens, sehr ruhig. Entfernung bis zur Stadtmitte von Meldorf 10 Kilometer.
Preise: Kostenlos.
Zufahrt: Von Meldorf der Beschilderung zum Hafen folgen.

(029) Offizieller WOMO-Badeplatz: Meldorf – Badestrand Action-Surf

GPS: N54°05'40.5" E8°57'01.6"; Deichstraße, 25704 Meldorf.
Max. WOMOs: >10, maximale Länge 12 m.
Ausstattung: Kiosk, WC und Dusche im Servicegebäude, geöffnet von Anfang April bis Ende Oktober.

Beschreibung: Befestigte große Rasenplätze nördlich des Yachthafens, sehr ruhig. Entfernung bis zur Stadtmitte von Meldorf 10 Kilometer.
Preise: 8.00 € für ein Fahrzeug, Strom 3,00 €. Die Ver- und Entsorgung sowie die Entleerung der Bordtoilette ist kostenlos.
Zufahrt: Von Meldorf der Beschilderung zum Hafen folgen.

Der Speicherkoog wird gern von Surfern und Kitesurfern genutzt, die sich auch bei weniger schönem Wetter nicht davon

Kitesurfer im Speicherkoog bei Meldorf.

abhalten lassen, über die Wellen zu zischen. Dass sie dabei auch gelegentlich abheben, ist immer wieder zu beobachten und ist für den, der von diesem Sport – wie wir – gar keine Ahnung hat, doch immer wieder faszinierend anzuschauen.

Wir bleiben lieber mit den Füßen auf dem Boden und machen auf dem Deich entlang der beiden Naturschutzgebiete, dem **Wöhrdener Loch** und dem **Kronenloch** einen kleinen Spaziergang und lassen uns dabei vom Wind durchpusten. Richtig hinein in die Naturschutzgebiete kann man nicht, sieht man einmal von den paar Metern Bohlenweg am vom NABU eingerichteten Infogebäude **Wattwurm** ab. Das ist auch sicher gut so, sonst würden die über 250 verschiedenen Vogelarten, die hier ihren Lebensraum haben oder nur auf der Durchreise sind, erheblich gestört. So bleibt uns nur die Beobachtung, bevor wir nach Büsum weiterfahren.

In **Büsum** stehen mehrere Möglichkeiten zur Verfügung das WOMO entweder nur für einen Tagesbesuch abzustellen, oder einen Übernachtungsplatz zu wählen. Als erstes wäre der sehr große Stellplatz am Hafen zu nennen, der für eine Übernachtung und einen längeren Aufenthalt genutzt werden kann. Direkt davor, auf der anderen Straßenseite, befindet sich ein gebührenpflichtiger Stellplatz für Tagesbesucher. Zwei nebeneinander liegende Campingplätze in der Nähe der Badebucht bieten Raum für Wohnmobile und auf der Zufahrt zu diesen Plätzen ist ein gebührenfreier Parkplatz zu finden, der allerdings nicht für eine Übernachtung genutzt werden darf. Von hier aus führen kurze Wege zum Strand und zum Deichmuseum.

Auf den folgenden Seiten stellen wir Ihnen die Stellplätze einzeln vor, die Sie, wenn Sie zwei Seiten weiter blättern, auch auf dem Stadtplan verzeichnet finden.

(030) Offizieller WOMO-Stellplatz: Büsum – Hafen

GPS: N54°07'45.1" E8°52'10.0"; Dr.-Martin-Bahr-Straße 5, 25761 Büsum.
Max. WOMOs: 120, maximale Länge 12 m.

Ausstattung: Wasserver- und Abwasserentsorgung (mit Bodeneinlass), Kassettenentleerung, Stromanschlüsse, Behälter für die Müllentsorgung. Servicegebäude mit Dusche und WC, ganzjährig geöffnet.
Beschreibung: Videoüberwachter Rasenplatz in einer Sackgasse am Hafen, relativ ruhig und zentrumsnah. Phänomania nebenan. Bis zum Museum am Meer sind es 500 Meter, bis in die Ortsmitte 700 Meter und bis zum Hafen 1000 Meter.
Preise: 15,00 € für ein Fahrzeug. Die Entsorgung sowie die Entleerung der Bordtoilette ist kostenlos, Frischwasser gibt es für 1,00 €.
Zufahrt: In Büsum der Beschilderung zum Hafen und Stellplatz folgen.

(031) Offizieller WOMO-Badeplatz: Büsum – Camping Nordsee

GPS: N54°08'20.3" E8°50'35.5"; Dithmarscher Str. 41, 25761 Büsum.
Max. WOMOs: 18, maximale Länge 12 m, max. Aufenthalt 3 Tage.
Ausstattung: Wasserver- und Abwasserentsorgung, Kassettenentleerung, Stromanschlüsse, Behälter für die Müllentsorgung, WLAN, geöffnet von Anfang April bis Mitte Oktober.

Beschreibung: Der Reisemobilhafen befindet sich vor der Schranke außerhalb des Campingplatzes. 500 Meter bis zur Badebucht, Entfernung bis zur Stadtmitte 2 Kilometer.
Preise: 14,50 € für ein Fahrzeug mit 2 Personen plus Kurtaxe. Anmeldung und Bezahlung erfolgt an der Rezeption des Campingplatzes. Entsorgung und Frischwasser sind im Preis enthalten. Strom gibt es für 2,50 €.
Zufahrt: Der Beschilderung zur Familienlagune folgen.

(032) WOMO-Campingplatz: Zur Perle

GPS: N54°08'24.1" E8°50'32.5"; Dithmarscher Str. 43, 25761 Büsum.
Max. WOMOs: >20, maximale Länge 12 m.

Ausstattung: Frischwasserversorgung, Abwasserentsorgung mit Bodeneinlass, Kassettenentleerung, Stromanschlüsse, Behälter für die Müllentsorgung, WLAN, Brötchenservice. Im Servicegebäude gibt es Duschen, WCs, Waschmaschinen und Trockner. Der Platz ist von Ende März bis Anfang November geöffnet.

Beschreibung: Befestigte Rasenplätze in unterschiedlichen Größen zwischen 75 und 100 Quadratmetern, sehr ruhig.
Preise: Erwachsene Person je nach Saison und gewählter Platzgröße zwischen 6,80 € und 8,00 €, Wohnmobil zwischen 6,50 € und 9,20 €, Strom 2,60 pro Tag, Hund 4,00 €.
Zufahrt: Der Beschilderung zur Familienlagune folgen.
Reservierung/Kontakt: Tel.: 04834/9621180 oder www.campingplatz-zur-perle.de.

Die Familienlagune Perlebucht.

Büsum ist der drittgrößte Urlaubsort an der Schleswig-Holsteinischen Nordseeküste. Rund zwei Millionen Übernachtungen hat dieser kleine Ort mit nicht einmal 5000 Einwohnern zu verzeichnen. Hier ist man vollständig auf den Touristen eingestellt. Neben den großen Stell- und Campingplätzen gibt es zahlreiche Hotels und Ferienwohnungen und ein sehr breites Angebot an Restaurants, Gaststätten, Cafés und Eisdielen sowie Boutiquen und Souvenirläden die Sie in großer Zahl in der Alleenstraße, der Hohenzollernstraße und rund um den Museumshafen finden.

Für Badegäste stehen rund drei Kilometer Strand zur Verfügung. Es gibt viele grüne Strände und einige Sandstrände. Sollten Sie nur Tagesbesucher sein, so müssen Sie eine Gästekarte am Ticketautomaten ziehen. Sie kostet in den Sommermonaten drei Euro. Wenn Sie auf einem Stellplatz oder Campingplatz stehen, ist diese Gästekarte bereits im Preis enthalten.

Die **Familienlagune** ist zweigeteilt und wurde 2012 mit der **Watt´n Insel** komplett neu gestaltetet. Der südliche Teil ist mit einem Spielplatz und einem flachen Uferbereich für einen Aufenthalt mit Kindern ideal. Auf dem nördlichen Bereich zie-

Deichmuseum
WOMO-Campingplatz
Zur Perle
32
Hundestrand
Nordseestraße
031
V
E
WC
WOMO-Badeplatz
Camping Nordsee
Schweinedeich
Schweinedeich
Familienlagune
Perlebucht
Watt'n Insel
Schlafstrandkörbe
Nordseestraße
Spielplatz
Badestrand
Nordseestraße
Nordseestraße
Hochhaus
Kurpark
Wohlfühlgarten
Grüner Strand
NORDSEE
N
250 Meter

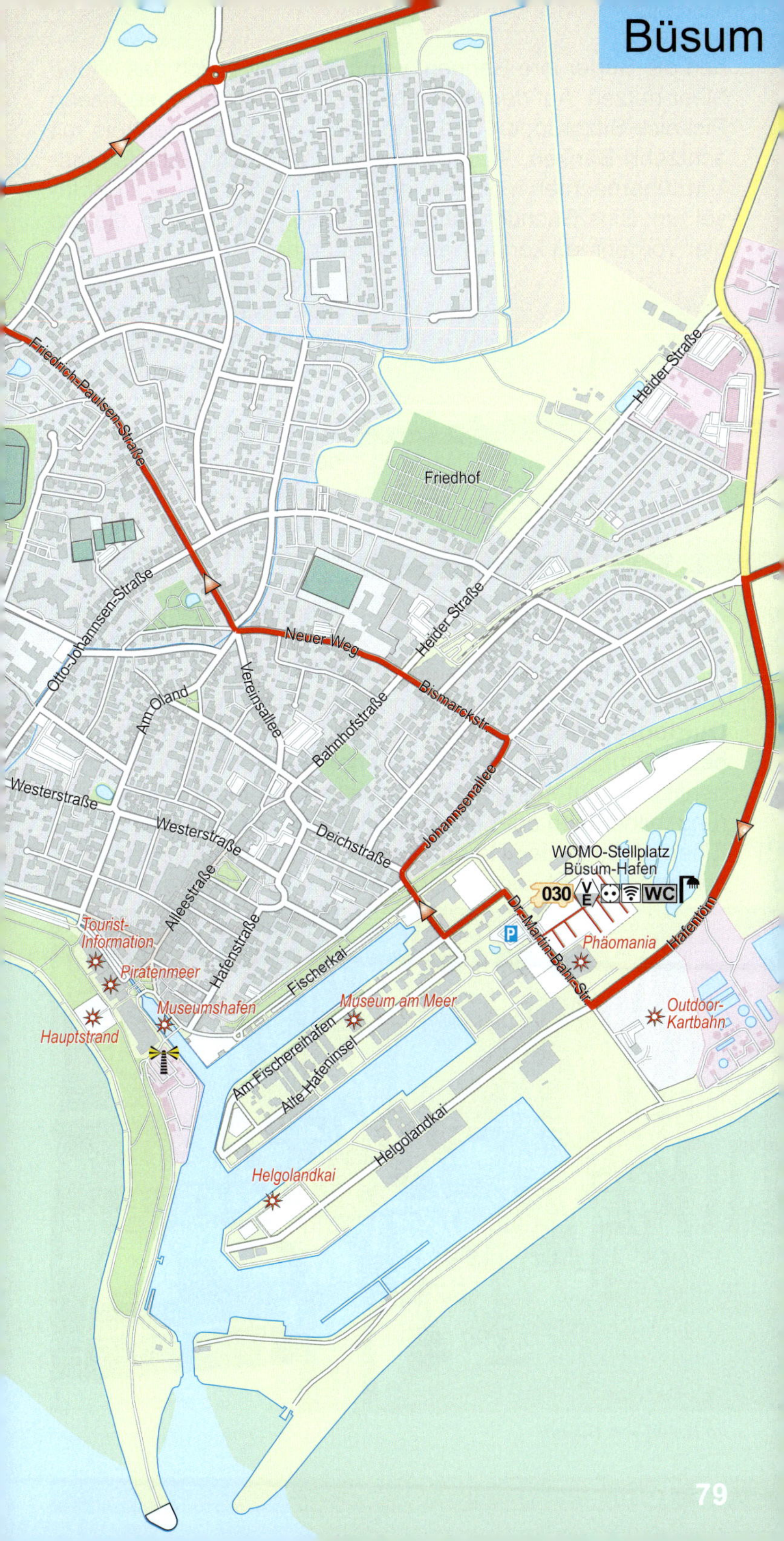
Friedrich-Paulsen-Straße
Friedhof
Heider Straße
Otto-Johannsen-Straße
Neuer Weg
Heider Straße
Vereinsallee
Am Oland
Bismarckstr.
Bahnhofstraße
Westerstraße
Westerstraße
Johannsenallee
Deichstraße
WOMO-Stellplatz
Büsum-Hafen
030
WC
Alleestraße
Hafenstraße
Tourist-
Information
Dr.-Martin-Bahr-Str.
Phäomania
Hafentörn
Piratenmeer
Fischerkai
Museumshafen
Museum am Meer
Outdoor-
Kartbahn
Hauptstrand
Am Fischereihafen
Alte Hafeninsel
Helgolandkai
Helgolandkai

hen die Surfer ihre Bahnen, wenn sie nicht gleich das offene Meer nutzen. Auf der Insel gibt es zehn Grillplätze, sechzehn Picknick-Sitzgruppen und einen großen Lagerfeuerkreis mit achtzehn Bänken. Wenn Sie einmal in einem Schlafstrandkorb übernachten möchten, dann können Sie dies auf der Insel tun. Eine Buchung ist dafür allerdings notwendig, die Sie hier vornehmen können www.buesum.de.

Kitesurfer in der Perlebucht, dahinter die Watt'n Insel.

Das Hallenbad Piratenmeer wird zurzeit grundlegend saniert. Mit einem Dach über dem Kopf können Sie frühestens ab 2021 wieder in Büsum baden.

Bleibt noch zu erwähnen, dass man natürlich in diesem Badeort auch einen Hundestrand findet, allerdings nicht auf der Insel, sondern etwas abseits.

Was gibt es noch? In der **Phänomania** können Sie anschaulich physikalische Phänomene aufspüren und auf der **Outdoor-Kartbahn** auch gleich testen, wie gut Sie mit Querbeschleunigungen umgehen können. Sie können einen Krabbenfischer auf seinem Törn begleiten, an einer Wattwanderung teilnehmen oder einen Ausflug nach Helgoland machen. Einen Besuch der Hafenanlagen und des Museumshafens sollten Sie nicht versäumen. Wer sich dafür interessiert, wie

Im Hafen von Büsum.

die Deiche in vergangenen Zeiten ausgesehen haben, findet dazu einige Beispiele im frei zugänglichen Deichmuseum in der Nähe des Campingplatzes. Sie sehen, Büsum hält ein breites Angebot für den Besucher bereit.

Ein vielfältiges Angebot präsentieren auch die Hofläden. Wer im Herbst in Dithmarschen unterwegs ist, kann seine Vorräte für die Bordküche aufstocken und den einen oder anderen Kohlkopf auch mit nachhause nehmen.

Breites Angebot. Ein Hofladen zwischen Büsum und Wesselburen.

Was Sie mit dem regional angebauten Gemüse alles machen können, erfahren Sie im **KOHLosseum** in **Wesselburen**, dem nächsten Ziel unserer Reise entlang der Westküste Schleswig-Holsteins. Wir stellen das WOMO auf dem relativ großen Parkplatz an diesem Gebäude ab, das außerhalb des Zentrums an der Bahnhofstraße 20 in Wesselburen steht [**033:** N54°12'20.1" E8°55'55.1"].

Das KOHLosseum in Wesselburen.

Das Gebäude diente zunächst als Zuckerfabrik, wurde dann zu einer Sauerkrautfabrik umgebaut und ist heute eine Mischung aus Museum und Bauernladen. In Vorführungen wird gezeigt, wie Sauerkraut hergestellt wird und im Museum kann man sich die alten Gerätschaften anschauen, mit denen in vergangenen Epochen die Äcker in Dithmarschen bewirtschaftet wurden. Nicht weniger interessant sind in dem Museum die grafischen Darstellungen der Entwicklung der Küstenlandschaft von dem Ende der Eiszeit bis heute.

Im Bauernmarkt werden allerlei Konserven rund um Kohlprodukte, Marmeladen, Kochbücher und Souvenirs angeboten.

Die St.Bartholomäus-Kirche in Wesselburen.

Vom KOHLosseum bis in die Innenstadt sind rund 1000 Meter zu gehen. Wesselburen ist mit rund 3500 Einwohnern die kleinste Stadt Dithmarschens. Bekanntester Sohn der Stadt ist **Friedrich Hebbel**, der als Dichter und Dramatiker zu weltweitem Ruhm gelangte. Er wurde hier als Sohn eines Tagelöhners am 18. März 1813 geboren. Hebbel ist in Wesselburen allgegenwärtig. Das schrieb er unter anderem über seine Heimatstadt: "*Wesselburen ist an und für sich als der Mittelpunct von elf bis zwölf wohlhabenden Dörfern nach den Verhältnissen des Landes nicht gar zu unansehnlich; es ist der Sitz der Kirchspielvogtei und der Kirchspielschreiberei so wie des aus zwei Predigern bestehenden geistlichen Ministeriums und hält überdieß, alljährlich, wie es im Kalender heißt, zwei Pferde-Vieh- und Kram-Märkte, die fleißig von Käufern und Verkäufern besucht werden. Die Kirche, für den untergeordneten Flecken überraschend, ja ungebührlich groß, liegt etwas erhöht und die Straßen sind in Kreuzes- oder vielmehr Stern-Form um sie herum gebaut, so daß man keine betreten kann, die nicht zum Hause des Herrn führte.*"

Das Hebbel-Museum der Stadt präsentiert in zehn Räumen das Leben und die Werke des Dichters. Es werden Bilder, Handschriften sowie Originaldokumente gezeigt und die Lebensverhältnisse seiner Zeit erläutert.

Nun werfen wir noch einen Blick in die "ungebührlich" große Kirche, die leicht erhöht auf der Wesselburener Wurth

Der Innenraum der St.Bartholomäus-Kirche mit dem blauen Stuhl.

steht, einem künstlich angelegten Hügel, der das Gebäude vor den Sturmfluten der Nordsee schützen sollte. Sie wurde 1738 erbaut und trägt einen Zwiebelturm, das ist einmalig in Schleswig-Holstein. Im Innenraum fällt die Bestuhlung auf. Die harten Bänke waren für das gemeine Volk, der an der Wand hängende "blaue Stuhl" für den Herzog und die Sitzplätze im "roten Stuhl" unter der Orgel wurden an reiche Bürger verkauft, um den Bau der Kirche zu finanzieren.

Die Orgel und der rote Stuhl.

Die sehr klangvolle **Klapmeyer-Orgel** wird nicht nur während der Gottesdienste genutzt, sondern in den Sommermonaten auch für zahlreiche Konzerte.

Von Wesselburen geht unsere Reise weiter nach **Heide**, der Hauptstadt des Landkreises Dithmarschen. Die Stadt mit fast 22.000 Einwohnern war von 1447 bis 1559 auch die Hauptstadt der selbständigen Bauernrepublik Dithmarschen.

Wer die Stadt besuchen möchte, der kann auf dem größten Marktplatz Deutschlands parken. Größter Marktplatz

Sankt Jürgen Kirche am Marktplatz in Heide.

Deutschlands? Über viele Jahre stritten die Städte Freudenstadt im Schwarzwald und Heide darüber, wer diesen Superlativ für sich reklamieren darf. Mittlerweile einigten sich die Städte salomonisch darauf, dass die beiden Markplätze gleich groß sind und sich dadurch unterscheiden, dass Freudenstadt den größten bebauten Marktplatz hat und Heide, die Marktstadt im Nordseewind, den größten unbebauten.

Wer einen längeren Aufenthalt in Heide plant, fährt am besten zu diesem Stellplatz.

(034) Offizieller WOMO-Badeplatz: Heide – Dithmarscher Wasserwelt

GPS: N54°12'08.1" E9°06'45.5"; Landvogt-Johannsen-Str. 61, 25746 Heide.
Max. WOMOs: 16, maximale Länge 12 m, max. Aufenthalt 4 Tage.
Ausstattung: Wasserver- und Abwasserentsorgung, Kassettenentleerung, Stromanschlüsse, keine Behälter für die Müllentsorgung, ganzjährig geöffnet.
Beschreibung: Gepflasteter Platz am Stadtrand direkt neben dem großen Freizeitbad Dithmarscher Wasserwelt, ruhig. Bis zum Stadtpark sind es 350 Meter, bis zum Marktplatz 2 km.

Preise: 7,00 € für ein Fahrzeug, zahlbar am Kassenautomaten. Frischwasser und Entleerung der Bordtoilette kosten jeweils 1,00 €, Strom 1,00 € für 2 kWh.
Zufahrt: Die Innenstadt in Richtung Erfde über die Brahms- und Waldschlößchenstraße durchfahren. Hinter dem Schulzentrum rechts abbiegen und danach gleich die nächste Straße links abbiegen (siehe Stadtplan auf den folgenden Seiten).

Über www.maqnify.com können Sie einen rund drei Kilometer langen Rundweg in Heide absolvieren, der Ihnen auf Ihrem

Smartphone angezeigt wird. Dazu müssen Sie nur auf die genannte Seite gehen und den Rundgang von Heide auswählen. Es werden zehn Stationen beschrieben und angezeigt. Folgen Sie diesem Rundgang, benötigen Sie etwa eine Stunde. Er beschreibt die historischen Gebäude, Plätze und Museen, die auch auf dem Stadtplan der folgenden Seiten verzeichnet sind.

Dreh- und Angelpunkt ist der 47.000 Quadratmeter große **Marktplatz**, der auch dann noch als Parkplatz eine Funktion hat, wenn an den Samstagen zwischen 7:00 und 13:00 Uhr der Wochenmarkt stattfindet. Bis zu 120 Händler bieten auf dem traditionsreichen Markt ihre frischen regionalen Produkte, Backwaren, Blumen und auch lebendes Geflügel und Kleintiere an.

Am Rande des Markplatzes steht die **Sankt Jürgen Kirche** mit einem schönen Barockaltar und einer kunstvoll bemalten Empore mit biblischen Szenen.

Der St. Georg-Brunnen steht in Sichtweite der Kirche und in der anschließenden kleinen Fußgängerzone befinden sich mit dem **Alten Pastorat**, dem **Postelheim** und dem **Dreetörn Hus** die ne-

St. Georg-Brunnen auf dem Heider Südermarkt.

Der Wasserturm ist das Wahrzeichen der Stadt Heide.

Heide

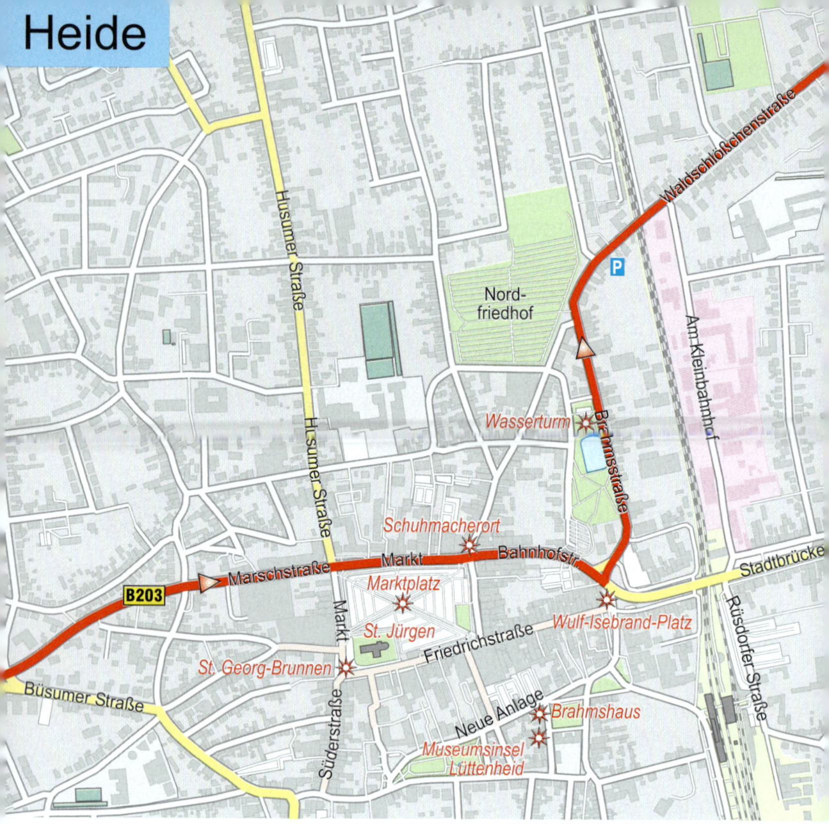

ben der Kirche bedeutendsten historischen Gebäude dieser Stadt. **Johannes Brahms** ist zwar kein Sohn der Stadt, aber in einem kleinen Haus, das von 1819 bis 1887 der Familie des Komponisten gehörte, war er oft und pflegte eine enge Freundschaft zum dem aus Heide stammenden Dichter und Lyriker **Klaus Groth**, dessen Gedichte und Lieder er vertonte. Über Klaus Groth erfahren Sie mehr in der **Museumsinsel Lüttenheid**, die sich in unmittelbarer Nähe des **Brahmshauses** befindet.

Stellplatz beim Gasthof Jägerstuben in Barkenholm.

Damit beenden wir unseren Besuch in Heide auch schon wieder und steuern unserem nächsten Ziel zu.

Wenn Sie ein Freund der kleinen Gasthäuser in absolut ruhiger Lage mit guter und preiswerter Küche sind, dann haben wir etwas für Sie. Einen ruhigen Platz mit Strom-

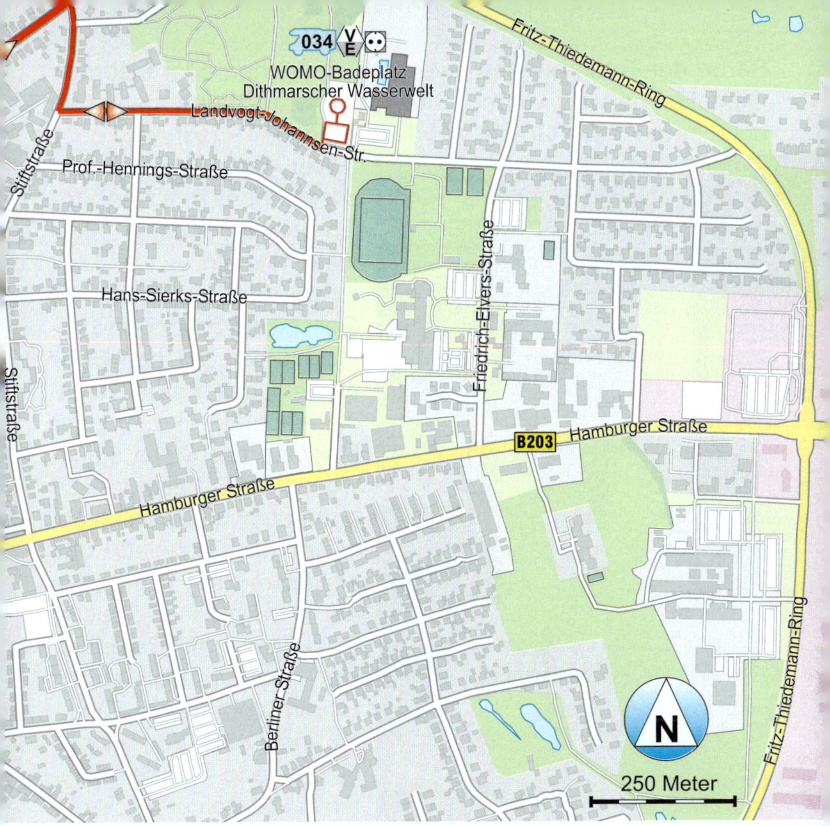

anschluss und Frischwasserversorgung finden Sie neben der Gaststätte Jägerstuben, Dorfstraße 28 in 25791 Barkenholm [**035:** N54°14'06.8" E9°10'29.2"]. Das Haus sieht zwar nicht sonderlich aufregend aus, aber hier werden Sie freundlich bedient, bekommen "ordentliche" Portionen und können bei gutem Wetter auch im Biergarten sitzen. Die ländliche Umgebung ist für die, die mit einem Hund unterwegs sind, geradezu ideal. Mittwochs ist Ruhetag. An allen anderen Tagen ist die Küche von 17:00 bis 20:30 Uhr geöffnet. An Sonn- und Feiertagen auch über die Mittagszeit.

Von Barkenholm geht es über die Dörfer Linden und Hennstedt weiter nach **Lunden**, einer kleinen Gemeinde mit nicht einmal 2000 Einwohnern. Die Sehenswürdigkeit des Ortes ist die **St. Laurentiuskirche**, die im 12. Jahrhundert erbaut wurde und umgeben ist von einem **Geschlechterfriedhof.** Auf diesem Friedhof wurden die Bauern und Familien beigesetzt, die über Macht, Geld und Einfluss in Dithmarschen verfügten. Nicht Kurfürsten oder Könige regierten die unabhängige Bauernrepublik Dithmarschen sondern einflussreiche Bauerngeschlechter. Hier sind sie beigesetzt. Teilweise wurden begehbare Grabkammern angelegt in dem die

Särge der Toten auf gemauerten Ziegelreihen oder eisernen Gestellen gesetzt wurden. Stelen und Grabplatten markieren noch heute diese Gräber auf dem Lundener Friedhof.

Grabplatte und Sühnestein des Peter Swyn auf dem Geschlechterfriedhof.

Wer den Friedhof besucht, findet zu vielen Stelen und Grabplatten Informationstafeln.

Für die Dithmarscher Geschichte besonders hervorzuheben ist der **Sühnestein** des **Peter Swyn**, der lange Zeit im Lundener Moor an der Stelle stand, wo er 1537 heimtückisch ermordet wurde. Nun steht er vor der Grabplatte des einflussreichen Führers der Dithmarscher Bauern. Sein Einsatz für Reformen war bei rivalisierenden Bauern verhasst und wurde ihm zum Verhängnis. Gedungene Mörder töteten ihn bei seiner Rückkehr von einer Versammlung. Wie das Attentat ausgeführt wurde, ist im unteren Teil der Stele zu sehen.

Nach diesem kleinen Ausflug in die mörderische Geschichte Dithmarschens wenden wir uns nun erfreulicheren Dingen zu und fahren diesen Stellplatz an.

(036) Offizieller WOMO-Badeplatz: Wollersum

GPS: N54°19'57.2" E8°59'44.6"; Wollersum 5, 25774 Groven.
Max. WOMOs: 6, maximale Länge 8 m, max. Aufenthalt 3 Tage.
Ausstattung: Keinerlei wohnmobilspezifische Einrichtungen, Kaltwasserdusche an der Badestelle in 100 Metern Entfernung, ganzjährig geöffnet.

Beschreibung: Geschotterter Platz am Ufer der Eider, sehr ruhig. Bis nach Lunden (Einkaufsmöglichkeiten) sind es etwa 2 Kilometer.
Preise: Kostenlos.
Zufahrt: Von Lunden der Beschilderung zum Womostellplatz folgen. Die Beschilderung ist klein, kann schnell übersehen werden. Der Straße von Lunden geradeaus folgen und am Ende durch das Deichtor fahren.

Abendstimmung auf dem Stellplatz Wollersum.

An diesem Stellplatz in der Flussmarsch der Eider finden Sie einen kleinen Badesteg, der in das Gewässer hineinragt. Zwei funktionierende Kaltwasserduschen stehen links und rechts am Rand des Steges, sonst nichts. Alles sehr puristisch, kein Service, kein Kiosk, kein Eisverkäufer. Vorne die Eider mit kreischenden Möwen, hinten der Deich mit grasenden Kühen und Schafen, dazwischen der kleine Stellplatz.

Von hier aus können Sie eine Wanderung auf den Deichen nach Tönning unternehmen. Doch Vorsicht, Sie teilen sich den Weg mit Schafen und Kühen und müssen schon darauf achten, dass Sie nicht ständig in deren Hinterlassenschaften treten. Eine große Wandertafel am Rande des Platzes zeigt Ihnen die Wanderwege und die Gehzeiten.

Steg an die Eider am Badeplatz Wollersum.

Dieses tidebeeinflusste Gebiet der Untereider ist ein bedeutendes Übergangsgebiet zwischen Salz- und Süßwasser, in dem zahlreiche Vögel ihre Brut- und Nistplätze haben. Auf einer Wanderung können Sie neben den allgegenwärtigen Möwen auch Uferschnepfen, verschiedene Entenarten, Brandgänse, Rohrweihen und andere Vögel beobachten.

Für das nächste Ziel das wir ansteuern benötigen Sie keine Wanderschuhe oder Stiefel. Der Ort ist mit Sonntagsschuhen gut zu begehen. Wir sprechen über **Friedrichstadt** dessen

Spazierwege entlang der Treene und der Grachten zum Flanieren einladen. Es heißt dabei auch von Dithmarschen Abschied zu nehmen, denn die Eider, die wir überqueren werden, bildet die Grenze zu Nordfriesland.

Um nun dorthin zu gelangen, verlassen wir den Badeplatz Wollersum, fahren durch das Deichtor zunächst zurück nach Lunden und von dort über Lehe zu diesem berühmten Städtchen. Der hiesige Stellplatz steht im krassen Gegensatz zu dem Badeplatz Wollersum.

(037) Offizieller WOMO-Stellplatz: Friedrichstadt – Am Halbmond

GPS: N54°22'19.3" E9°05'11.0"; Halbmond 5, 25840 Friedrichstadt.
Max. WOMOs: 75, maximale Länge 12 m.
Ausstattung: Überdachte Wasserver- und Abwasserentsorgung (mit Bodeneinlass) sowie Einrichtungen für die Kassettenentleerung. 56 Stromanschlüsse an 7 Säulen, Behälter für die Müllentsorgung, Gasflaschenverkauf. Im Servicegebäude gibt es Duschen, WC, Waschmaschine und einen Trockner. Für die Bordküche gibt es frische Kräuter in Hochbeeten und für den Grillabend einen eigens dafür eingerichteten Platz. Für die vierbeinigen Begleiter ist ein Hundeplatz angelegt worden und für schnelle Internetverbindungen steht freies WLAN zur Verfügung. Die Anlage ist ganzjährig geöffnet.

Beschreibung: Top-Komfortplatz mit großen geschotterten Stellflächen in einem sehr gepflegten Rasengelände am Ortsrand, dort wo die Treene in die Eider mündet. Sehr ruhig. 750 Meter bis zur Innenstadt (Marktplatz).
Preise: 13,00 € für ein Fahrzeug, 10l Frischwasser 0,10 €, Strom 0,60 € pro kWh, Waschmaschine und Trockner jeweils 3,50 €, Dusche 1,00 € (3 Min.). Die Entsorgung ist kostenlos. Bei der Einfahrt muss man ein Ticket ziehen. Über dieses Ticket werden alle Zahlungsvorgänge an Automaten abgewickelt.
Zufahrt: Über die B202, gut ausgeschildert und nicht zu verfehlen.

Friedrichstadt wurde 1621 durch **Herzog Friedrich III.** von Schleswig-Holstein-Gottorf gegründet. Wessen Namen die Stadt trägt, ist damit auch schon gesagt. Die historisch versierten unter ihnen wissen, dass 1618 bis 1648 der Dreißigjährige Krieg Europa verwüstete. Mit dem Prager Fenstersturz im Jahre 1618 wurde ein Religionskrieg zwischen der Fürsten und Herzögen des katholischen Glaubens und denen des nach Luther reformierten Glaubens entfesselt. Die Fronten zwischen diesen Kriegsparteien waren nicht immer klar, auch waren die Protestanten keineswegs ein geschlossener Block, der sich keine Zwistigkeiten erlaubte. Innerhalb dieser Gemeinschaft gab es Kämpfe um die reine Lehre, die wir hier aber nicht weiter ausführen wollen, sonst verlieren wir uns

Die "Blaue Brücke" führt über die Treene.

im Detail. An dieser Stelle ist es nur wichtig zu wissen, dass die **Remonstranten**, eine Gruppe evangelischer Christen in den Niederlanden in der Prädestinationslehre eine andere Auffassung vertrat, als die dort herrschenden Calvinisten. Kurzum: Es war besser für sie zu gehen, um Gefahr von Leib und Leben abzuwenden. So kamen sie nach Friedrichstadt. Wie wir an den anderen Orten, die wir auf unserer Reise schon besucht haben sehen konnten, waren die Niederländer in dieser Region willkommen, hatten sie doch im Handel und im Deichbau großes Geschick. Friedrich III. warb also die Remonstranten aus den Niederlanden an, gewährte ihnen Religionsfreiheit und ließ auch die Gebäude im holländischen Stil errichten. Bereits 1625 war die gesamte südliche Stadthälfte fertiggestellt. Das ging also recht schnell. Und weil Religionsfreiheit in diesem Ort herrschte, ließen sich auch Menschen anderer Religionsgemeinschaften nieder. Friedrichstadt wurde zur "Stadt der Toleranz"

Remonstrantenkirche in Friedrichstadt.

in der Remonstranten, Mennoniten, Evangelen, Katholiken, Juden, Deutsche Lutheraner, Unitarier, Quäker und andere kleinere Glaubensgemeinschaften in Frieden miteinander leben konnten. Und das mitten im Dreißigjährigen Krieg. Die **Remonstrantenkirche** in Friedrichstadt ist übrigens die einzige außerhalb der Niederlande. In Ihr werden auch heute noch Gottesdienste in niederländischer Sprache abgehalten.

Wenn Sie mehr über die Geschichte der Stadt erfahren möchten, dann buchen Sie doch bei der Touristinformation am Marktplatz eine Führung. Hier finden Sie auch eine ganze Reihe weitere Informationen unter anderem über die Grachtenfahrten. Letzteres ist nicht die einzige Art Friedrichstadt vom Wasser aus zu betrachten, Sie können auch mit einem Kanu oder einem E-Boot fahren. Mit einem SUP (Stand-up-Paddling) durch die Grachten zu paddeln, ist eine sportliche Alternative der Stadtbesichtigung. Alle Informationen dazu finden Sie ebenfalls in der Touristinformation.

Wer nach dieser sportlichen Tätigkeit eine kleine Abkühlung braucht, dem sei das **Treenebad** empfohlen, ein Naturbad, das von April bis September täglich ab 7:30 Uhr geöffnet ist.

Wenn Sie zu der Touristinformation gehen, dann sehen Sie diese schönen Giebelhäuser aus der Gründungsphase der Stadt. Das Bild dieser Häuserzeile hat Friedrichstadt in aller Welt bekannt gemacht. Auf dem **Marktplatz** finden Sie ein

Historische Häuserzeile am Marktplatz in Friedrichstadt.

blauweißes Pumpenhäuschen, auf dem Sie plattdeutsche Verse von Klaus Groth finden. Sie erinnern sich, den Dichter Klaus Groth hatten wir in Heide kennengelernt.

Sehenswert ist natürlich die Remonstrantenkirche und sehenswert sind auch die Museen "Alte Münze" und das Tischlereimuseum. Der **Modellbahnzauber** in der Brückenstraße 18, kann natürlich nicht mit dem Miniatur Wunderland in Hamburg mithalten, aber sehenswert ist er allemal, nicht nur bei Schietwetter.

Für das leibliche Wohl sorgen einige Restaurants und Cafés. Von feinster Kulinarik im Hotel Aquarium bis zur Pizza am Marktplatz reicht die Auswahl. Und um die angegessenen Pfunde wieder loszuwerden, bietet Ihnen die Touristinformation ein Heftchen mit 16 Rad-Tagestouren an, in denen Sie das Umland von Friedrichstadt auf vielfältige Weise erkunden können. Wenn Sie kein Fahrrad dabei haben, so ist dies nicht weiter tragisch, Sie können sich hier in der Toristinformation eines leihen.

Wir unternehmen jetzt keine Radtour, sondern packen unsere sieben Sachen und fahren die letzte Station in diesem Kapitel an. Von Friedrichstadt geht es auf die B5 nach **Tönning**, das direkt am Unterlauf der Eider liegt. Wie immer suchen wir zunächst einen Stellplatz auf, in diesem Fall gleich zwei, die wir als erstes vorstellen wollen.

(038) Offizieller WOMO-Stellplatz: Tönning – Wohnmobilhafen Kapitänshaus

GPS: N54°18'40.6" E8°56'26.1"; Am Eiderdeich 2, 25832 Tönning.
Max. WOMOs: 50, maximale Länge 12 m.
Ausstattung: Wasserver- und Abwasserentsorgung, Kassettenentleerung, Stromanschlüsse, Servicegebäude mit Dusche, WC, Waschmaschine und Trockner. Behälter für die Müllentsorgung, WLAN, ganzjährig geöffnet.
Beschreibung: Befestigte Wiesen- und Schotterplätze am Ortsrand direkt an der Eider. 600 Meter bis zur Stadtmitte, 1 km bis zum Multimar Wattforum.

Strand, Meerwasserfreibad in der Nähe, Hundestrand 1 km entfernt
Preise: 12,00 € für ein Fahrzeug mit 2 Personen. Entsorgung kostenlos, 100l Frischwasser kosten 1,00 €, Strom gibt es für 0,60 € pro kWh. Die Nutzung der Waschmaschine kostet 4,00 €, Trockner 3,00 €.
Zufahrt: In Tönning den Hinweisschildern zum Campingplatz folgen.

(039) Offizieller WOMO-Badeplatz: Tönning – Wohnmobilhafen Eiderblick

GPS: N54°18'31.9" E8°56'14.0"; Strandweg 3, 25832 Tönning.
Max. WOMOs: 33, maximale Länge 8 m.
Ausstattung: Wasserver- und Abwasserentsorgung, Kassettenentleerung, Stromanschlüsse, Servicegebäude mit Dusche, WC, Waschmaschine und Trockner. Behälter für die Müllentsorgung, WLAN, ganzjährig geöffnet.
Beschreibung: Befestigte Wiesen- und Schotterplätze am Ortsrand direkt an der Eider. 1 km bis zur Stadtmitte, 2 km bis zum Multimar Wattforum. Strand,

Meerwasserfreibad gegenüber, Hundestrand nur wenige Meter entfernt,
Preise: 12,00 € für ein Fahrzeug mit 2 Personen. Die Entsorgung ist kostenlos, 100l Frischwasser kosten 1,00 €, Strom gibt es für 0,60 € pro kWh. Die Nutzung der Waschmaschine kostet 4,00 €, des Trockners 3,00 €.
Zufahrt: In Tönning den Hinweisschildern zum Campingplatz folgen.

Die Stadt hat rund 5000 Einwohner und war bis zur Fertigstellung des Eidersperrwerkes 1972 ein bedeutender Fischereihafen. Heute liegen in dem Hafen die Boote der Freizeitkapitäne. Der niederländische Einfluss in der Architektur ist auch in diesem Städtchen deutlich sichtbar, wenn auch nicht so stark wie in Friedrichstadt. Vom ehemaligen Schloss (im Schlossgarten finden Sie noch ein Modell des Gebäudes) und von der Festung die hier einmal standen, ist schon seit Jahrhunderten nichts mehr zu sehen. Für die Gäste Tönnings

Der alte Hafen von Tönning.

sind heute vor allem das **Meerwasserfreibad** und der Badestrand an der Eider von Interesse und natürlich das **Multimar Wattforum**. Wenn Sie sich im Wohnmobilhafen Eiderblick einquartiert haben, dann ist es zu den Bademöglichkeiten nicht weit. Der Weg zum Wattforum lässt sich mit einem Besuch des Schlossgartens, der nicht sonderlich belebten Innenstadt, sowie einem Spaziergang entlang des alten Hafens verbinden.

Das Wattforum sollten Sie nicht versäumen, denn es ist das größte Besucherzentrum für den Nationalpark Schleswig-Holsteinisches Wattenmeer. Was Sie draußen außerhalb des Wassers bei aufmerksamer Betrachtungsweise sehen können, bekommen Sie hier erläutert. Um den Gesamtkomplex Lebensraum Wattenmeer zu verstehen, ist der Besuch dieser interaktiv gestalteten Ausstellung mit großen Aquarien eigentlich unerlässlich. Öffnungszeiten und Eintrittspreise können Sie hier einsehen https://multimar-wattforum.de. Zu finden ist das Wattforum sehr einfach, denn der Weg dorthin ist in Tönning bestens ausgeschildert.

Graureiher im alten Hafen von Tönning.

Emmelsbüll-Horsbüll
Südwesthörn
Niebüll
L245
Achtrup
Leck
-Lindholm
Risum-
Tour 4
Tour 5
B199
Dagebüll
-Hafen
-Kirche
Föhr
Oland
Schlüttsiel Fährhafen
Ockholm
Nordmarsch-Langeneß
Bandixwarf
Gröde
Süderaue
Hamburger Hallig
Hallig Krog
Bordelum
Bredstedt
Breklum
Drelsdorf
Reußenköge
Struckum
Nordfriesland
B5
5 km
N
Nordstrandischmoor
Lorenbahn
Beltringharder Koog
Hooger Fähre
Pellworm
Wattenmeerhaus & Alte Kirche
Ostersiel
Rungholt-museum
Rungholtsand
Strucklahnungshörn
Nordstrand
Hattstedt
Schobüll
Husum
Norderhever
Südfall
Süderhafen
Heverstrom
Simonsberg
Roter Haubarg
Uelvesbüll
Witzwort
Westerheversand
Westerhever
Tour 2
Friedrichstadt
Oldenswort
Eiderstedt
Garding
B202
Tönning
Lehe
Geschlechterfriedhof
Lunden
S.-P.-Bad
S.-P.-Dorf
S.-P.-Böhl
Westküstenpark & Robbarium
Hitzsand
Sankt-Peter Ording
Katinger Watt
Kiek ut
Multimar Wattforum
Eider
Vogelbeobachtungsturm
Eider-Sperrwerk
NORDSEE
Wesselburenerkoog
Weddingstedt

TOUR 3 (ca. 220 km)

Eider Sperrwerk – Sankt Peter-Ording – Simonsberg – Husum – Nordstrand – Pellworm – Hamburger Hallig – Dagebüll

Stellplätze:	Eider-Sperrwerk, Sankt Peter-Ording, Osterhever, Witzwort, Simonsberg, Husum, Nordstrand, Strucklahnungshörn, Pellworm, Struckum, Reußenköge, Schlüttsiel, Dagebüll.
Campingplätze:	Sankt Peter-Ording.
Ver-/Entsorgung:	Sankt Peter-Ording, Osterhever, Simonsberg, Husum, Nordstrand, Pellworm, Struckum, Reußenköge.
Besichtigungen:	Eider-Sperrwerk, Westküstenpark, Hitzsand, Leuchturm Westerhever, Roter Haubarg, Schloss und Nissenhaus in Husum, Rungholt-Museum auf Pellworm.
Wandern/Radtouren:	Katinger Watt, Hitzsand, Pellworm, Beltringharder Koog, Hamburger Hallig.
Baden/Wellness:	Strände in Sankt Peter-Ording, Strand in Simonsberg.

Auf dieser Tour erkunden wir die Halbinsel Eiderstedt und besuchen die Inseln Nordstrand sowie Pellworm. Neben der Betrachtung der Strände und des Wattenmeeres tauchen wir ein in die Rungholt-Sage, der Entstehung der Inselwelt vor Nordfriesland und beschäftigen uns mit dem Nationalpark Schleswig-Holsteinisches Wattenmeer.

Ein Teil des Eidersperrwerks.

Zunächst geht es noch einmal nach Dithmarschen. Wir fahren auf die B5 in Richtung Heide, nehmen nach der Überquerung der Eider gleich die nächste Abfahrt, fahren einen Kilometer Richtung Lunden, um dann abzubiegen und nach Wesselburenerkoog zu fahren. Dort treffen wir auf die L305, biegen rechts ab und fahren weiter in Richtung Garding und Sankt Peter-Ording. Nun ist es nicht mehr weit bis **zum Eidersperrwerk**. Nach der Durchfahrt des Tunnels biegen wir rechts ab und parken das WOMO auf dem großen Parkplatz [**040:** N54°16'05.3" E8°50'51.3"].

Stellplatz am Eidersperrwerk.

"Kiek ut" am Katinger Watt.

Das Eidersperrwerk ist das größte deutsche Küstenschutzbauwerk und wurde nach den bitteren Erfahrungen der Sturmflut von 1962 in Angriff genommen. Die Außendeichlinie im Bereich der Eidermündung wurde mit diesem Bauwerk von rund 60 Kilometern auf 5 Kilometer verkürzt. Durch diese Maßnahme wurde das **Katinger Watt**, das bis dahin direkt der Nordsee ausgesetzt war und nun hinter dem Sperrwerk liegt, nachhaltig verändert. Der **Katinger Wald** wurde in dem trocken gefallenen Bereich angepflanzt, er besteht vor allem aus Pappeln, Eichen und Eschen. Wie das vonstattenging wird auf dem Naturlehrpfad im Wald eingehend mit Infotafeln erläutert. Der relativ lange Weg ist aber nicht sehr "aussichtsreich", weil die Bäume mittlerweile eine stattliche Höhe erlangt haben und der Bewuchs ziemlich dicht ist. Spannender sind die offenen Wattlandschaften in denen die Vogelwelt beobachtet werden kann, die kleinen Aussichtstürme sind da besonders hilfreich. Wer den jungen Wald erkunden will, der gehe vom Stellplatz 500 Meter in Richtung Tönning bis zum ehemaligen Badestrand, von dort an die Eider, dann am Ufer entlang und folgt den Wegweisungen in den Wald.

Von der Ruhe im Katinger Watt geht es nun weiter in den Trubel von **Sankt Peter-Ording**. Vom Sperrwerk bis zum Ortsbeginn sind das rund 15 Kilometer.

In Sankt Peter-Ording haben wir fünf Stell- bzw. Campingplätze, die wir auf den folgenden Seiten vorstellen. Drei befinden sich in Sankt Peter, zwei in Ording. Zwischen diesen Beschreibungen finden Sie einen Stadtplan, auf dem diese Plätze verzeichnet sind. Der große Strandparkplatz in Ording darf für eine Übernachtung nicht genutzt werden.

(041) Offizieller WOMO-Stellplatz: St. Peter-Ording

GPS: N54°18'08.8" E8°39'20.6"; Wittendüner Geest 1, 25826 St. Peter-Ording.
Max. WOMOs: 12, maximale Länge 12 m.
Ausstattung: Befestigter Platz mit Stromversorgung, ganzjährig geöffnet.
Beschreibung: Am Ortseingang in unmittelbarer Nähe des Westküstenparks.
Preise: 15,00 € für ein Fahrzeug, Strom ist im Preis enthalten.
Zufahrt: Am Ortseingang von St. Peter-Ording auf der rechten Seite.

(042) WOMO-Campingplatz: Campingpark Olsdorf

GPS: N54°18'24.8" E8°38'53.8"; Bövergeest 56, 25826 St. Peter-Ording.
Max. WOMOs: 45, maximale Länge 12 m.

Ausstattung: Wasserver- und Abwasserentsorgung, Kassettenentleerung, Stromanschlüssen, Behälter für die Müllentsorgung. Im Servicegebäude gibt es Dusche, WC, Waschmaschine und einen Trockner. Der Platz ist ganzjährig geöffnet.
Beschreibung: Komfortplatz am Ortseingang in unmittelbarer Nähe des Einkaufsviertels mit Lidl, Aldi und Trigema.
Preise: 21,00 € für ein Fahrzeug mit 2 Personen plus Kurtaxe. Strom 3,00 € pro Tag, Nutzung der Waschmaschine und des Trockners jeweils 3,00 €.
Zufahrt: Am Ortseingang von der Eiderstedter Straße in die Nordergeest rechts abbiegen und bis zum Ende durchfahren, dann ist der Platz in Sichtweite.
Reservierung/Kontakt: Tel.: 04863/476317
campingpark.olsdorf@t-online.de oder www.meergruen-camping.de.

(043) Offizieller WOMO-Stellplatz: St. Peter Ording – Reisemobilhafen

GPS: N54°18'32.0" E8°38'07.0"; Ketelskoog 4, 25826 St. Peter-Ording.
Max. WOMOs: 74, maximale Länge 12 m.
Ausstattung: Gekieste schattenlose Plätze mit Wasserver- und Abwasserentsorgung, Kassettenentleerung, Stromanschlüssen, Behälter für die Müllentsorgung. Im Servicegebäude gibt es Dusche und WC. Der Platz ist von Mitte Dezember bis Anfang November geöffnet.
Beschreibung: Am Ortsrand, relativ ruhig. 2 km bis zum Strand, 2 km bis zum Westküstenpark & Robbarium, 3 km bis zur Dünen-Therme.

Preise: 16,00 € für ein Fahrzeug inklusive aller Personen und Haustiere plus Kurtaxe. 50l Frischwasser 1,00 €, Strom 0,60 € pro kWh, Dusche 2,50 € (3 Min.), WLAN 1,00 € pro Stunde.
Zufahrt: Am Marktplatz in Sankt Peter-Dorf rechts abbiegen in Richtung Westerhever, dann nach 200 Metern links abbiegen.

Sankt Peter-Ording

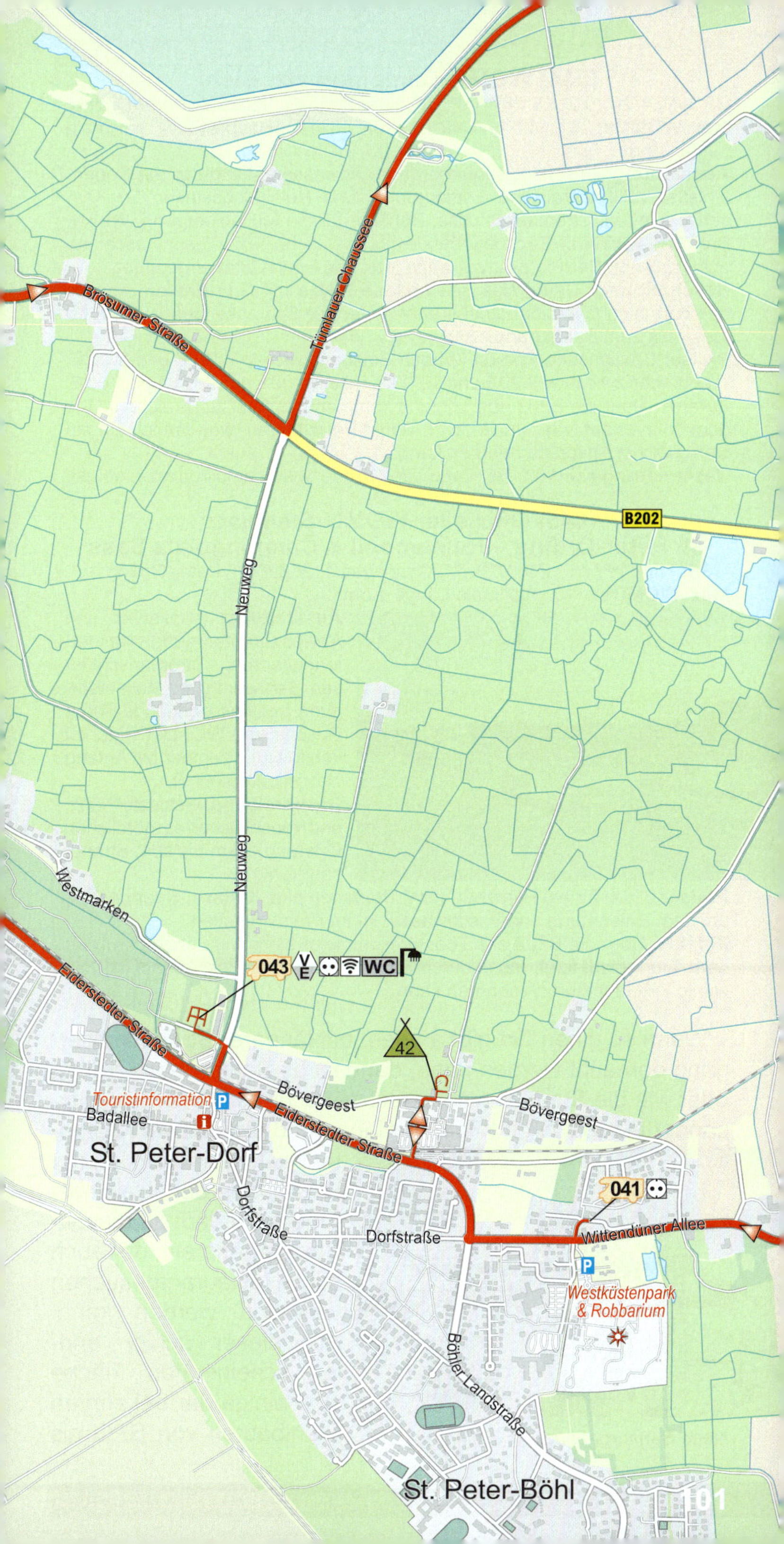
Brösumer Straße
Tümlauer Chaussee
B202
Neuweg
Neuweg
Westmarken
043
WC
42
Eiderstedter Straße
Touristinformation
Badallee
Bövergeest
Eiderstedter Straße
Bövergeest
St. Peter-Dorf
041
Dorfstraße
Dorfstraße
Wittendüner Allee
Westküstenpark
& Robbarium
Böhler Landstraße
St. Peter-Böhl

(044) WOMO-Campingplatz: Biehl

GPS: N54°20'10.2" E8°36'15.0"; Utholmer Straße 1, 25826 St. Peter-Ording.
Max. WOMOs: 28 in Vor- und Nachsaison, 13 in der Hauptsaison, maximale Länge 12 m.
Ausstattung: Frischwasserversorgung, Abwasserentsorgung mit Bodeneinlass, Vollautomatische Entsorgungs- und Reinigungsstation für Kassettentoiletten, Stromanschlüsse, Behälter für die Müllentsorgung, WLAN, Brötchenservice. Im Servicegebäude gibt es Dusche, WC, Waschmaschinen und Trockner. Der Platz ist von Mitte März bis Ende Oktober geöffnet.
Beschreibung: Geräumige geschotterte Plätze mit Grünstreifen. Abseits des normalen Campingbetriebs aber hinter der Schranke, sehr ruhig. 500 Meter bis zum Badestrand.
Preise: Erwachsene Person je nach Saison zwischen 6,00 € und 8,00 €, Wohnmobil zwischen 9,00 € und 15,00 €, Strom 4,00 € pro Tag, Hund 4,00 €.
Zufahrt: Über die B202 aus Tönning kommend einfach zu erreichen. Wer dem Tourverlauf folgt, muss durch Sankt Peter fahren, was manchmal ein wenig Zeit in Anspruch nehmen kann.
Reservierung/Kontakt: Tel.: 04863/96010 oder www.campingplatz-biehl.de.

(045) Offizieller WOMO-Stellplatz: St. Peter-Ording – Reisemobil & Campingplatz Sass

GPS: N54°19'57.7" E8°37'10.7"; Grudeweg 1, 25826 St. Peter-Ording.
Max. WOMOs: >10, maximale Länge 12 m.

Ausstattung: Wasserver- und Abwasserentsorgung, Kassettenentleerung, Stromanschlüssen, Behälter für die Müllentsorgung. Im Servicegebäude gibt es Dusche und WC. Der Platz ist von Mitte Dezember bis Anfang November geöffnet.
Beschreibung: Gekieste Plätze und Rasenflächen am nördlichen Ortsrand, 2 km bis zum Strand, sehr ruhig.
Preise: 21,00 für ein Fahrzeug mit 2 Personen plus Kurtaxe, Strom 4,00 € pro Tag. Entsorgung und Frischwasser ist im Preis enthalten.
Zufahrt: Über die B202 aus Tönning kommend einfach zu erreichen. Wer dem Tourverlauf folgt, muss durch Sankt Peter fahren, was manchmal ein wenig Zeit in Anspruch nehmen kann.

Wenn es einen Ort gibt an dem ein längerer Strandspaziergang gemacht werden kann, dann ist es Sankt Peter-Ording, oder wie die Stadt sich selber kürzer schreibt, SPO. Der Hitzsand, die rund zwölf Kilometer lange und bis zu zwei Kilometer breite Sandbank an der Westküste der Halbinsel Eiderstedt, lädt zu diesem Spaziergang ein, der auch mit Restaurantbesuchen verknüpft werden kann. Auf dieser schier endlos scheinenden Fläche sind einige der bekannten Pfahlbauten von SPO als

Neue Sanitärgebäude in Ording.

Salzwiesen, Watt und Strand in Ording.

Restaurant eingerichtet, deren Terrassen mit Glasverkleidungen versehen sind, hinter denen es sich gemütlich speisen lässt. Die Pfahlbauten sind schon lang die Wahrzeichen von SPO. Es begann 1911 mit der "Giftbude". Fünfzehn Pfahlbauten gibt es insgesamt, fünf davon sind Gastronomiebetriebe. Sie heißen Silbermöwe, Strandbar 54°, Arche Noah, Axels Strandhütte und Seekiste. Die anderen dienen der Badeaufsicht oder sind Sanitäranlagen. Sie stehen bis zu sieben Meter über dem Meeresspiegel. An den Pfahlbauten nagt die Nordsee. Da die See auch die Sandbank in Bewegung hält und verlagert wird die Strandbar 54° Nord in Zukunft immer schwieriger zu erreichen sein und irgendwann in absehbarer Zeit ersetzt werden müssen. Bei einigen an-

Am Kamin in Sankt Peter-Dorf.

deren Gebäuden in Ording ist dies schon geschehen. SPO ohne Pfahlbauten, da würde etwas fehlen. Auch der riesige **Strandparkplatz** in Ording wird wohl bleiben, auch wenn ihn einige Umweltschützer dagegen sind. Sie können ihn tagsüber mit dem Wohnmobil anfahren, übernachten können Sie dort allerdings nicht. Um dort einen Tag stehen zu können benötigen Sie eine Gästekarte der Stadt, die drei Euro kostet und dann kommen noch sechs Euro Parkgebühr hinzu. Es ist natürlich attraktiv direkt am Strand zu stehen. Die Attraktivität wird allerdings geschmälert durch die vielen anderen Fahrzeuge und wenn Sie sich im Sand festfahren, wird es ganz unangenehm. Wenn Sie dann aus eigener Kraft nicht mehr herauskommen, finden Sie vielleicht einen SUV-Fahrer, der Sie mit seinem PS-starken Vehikel aus dem Schlamassel befreit und rauszieht. Wir haben auf derlei mögliche Abenteuer lieber verzichtet und sind erst gar nicht auf diesen großen Sandparkplatz gefahren.

Man braucht viel Zeit, um die Dimension dieser maritimen Landschaft zu erfassen. Zu Fuß sind Sie dabei sehr lange unterwegs. Mit dem Rad ist es angenehmer die langen Distanzen zurückzulegen. Hier sind die Radwege auf oder am Deich die erste Wahl. Im Sand bleiben Sie stecken. Über Bohlenwege und Brücken findet man dann immer wieder zu den Badestränden. Rasten können Sie in den Gastronomiebetrieben, die Sie auf dem Stadtplan verzeichnet finden. Die Seekiste auf diesem Foto allerdings nicht, sie befindet sich in Böhl im Süden von SPO, etwas außerhalb unseres Stadtplans.

Restaurant "Die Seekiste" vor Sankt Peter-Böhl.

Neben dem Strandleben, einer Wanderung oder Radtour in SPO, lassen sich noch Wattwanderungen unternehmen, die Sie aber niemals auf eigene Faust durchführen sollten. Um an einer geführten Tour teilzunehmen, hilft die Touristinformation weiter. Sie erreichen diese unter der Telefonnummer 04863/9990 in Sankt Peter-Dorf unweit des Reisemobilhafens und eine weitere Touristinformation in Sankt Peter-Bad im **Nationalparkhaus**. Hier können Sie sich auch gleich mit Informationsmaterial zu dem Nationalpark Schleswig-Holsteinisches Wattenmeer eindecken.

Die letzte Attraktion auf die wir eingehen wollen, ist der **Westküstenpark** mit dem **Robbarium**. Sie finden die Anlage in Böhl und sind, wenn Sie dem Tourverlauf genau folgen, bei der Ankunft in SPO schon daran vorbeigefahren.

Das mit Nordseewasser gefüllte Seehundbecken ist größer als das Bassin, das wir in Friedrichskoog gesehen haben. Zweimal am Tag gibt es Vorführungen mit Seehunden inklusive einer Fütterung. Darüber hinaus befinden sich in diesem großen etwa zehn Hektar umfassenden Gelände viele weitere Kleintiere und Vögel von A wie Abdimstorch bis Z wie Zwergzebu.

Die Eintrittspreise, Öffnungs- und Fütterungszeiten können Sie hier nachlesen https://tierpark-westkuestenpark.de.

Wir machen uns nun auf den Weg nach Westerhever zum Leuchtturm. Bevor wir dies tun, wollen wir kurz darstellen, was das Besondere am Nationalpark Schleswig-Holsteinisches Wattenmeer ist.

Nationalpark Schleswig-Holsteinisches Wattenmeer

Der Nationalpark besteht seit 1985, ist mit 4410 Quadratkilometern der größte Nationalpark Deutschlands und zählt seit 2009 zum Weltnaturerbe der UNESCO. Zusammen mit dem Werelderfgoed Waddenzee, dem Nationalpark Niedersächsisches Wattenmeer, dem Nationalpark Hamburgisches Wattenmeer und dem Nationalpark Vadehavet in Dänemark bildet er die größte zusammenhängende Wattlandschaft der Welt. Sie reicht von Den Helder in den Niederlanden bis nach Esbjerg in Dänemark. Das Gebiet ist 450 Kilometer lang und bis zu 40 Kilometer breit. Dieses gesamte Gebiet zählt mittlerweile zum Welterbe der UNESCO. Zusätzlich zum UNESCO-Biosphärenreservat wurden bislang nur die drei deutschen Nationalparke im Wattenmeer ernannt. UNESCO-Biosphärenreservate sind Modellregionen, in denen erprobt wird, wie in einer gewachsenen Kulturlandschaft nachhaltige ökologische Wirtschaft mit einem guten Lebensstandard der ortsansässigen Bevölkerung verbunden werden kann.

Charakteristisch für das Wattenmeer ist der Wechsel zwischen Ebbe und Flut. Zweimal am Tag wird während des Hochwassers die Wattlandschaft überflutet und fällt bei Niedrigwasser wieder trocken. Dies geschieht in einem zeitlichen Abstand von durchschnittlich sechs Stunden und zwölf Minuten. Diesen Vorgang wird als Gezeiten oder Tide bezeichnet. Diese Wasserbewegungen werden infolge der Gravitation des Mondes und der Sonne verursacht.

Das Wattenmeer besteht aus den Ablagerungen, die von der Nordsee und den Flüssen angespült werden. Diese bestehen vor allem aus Sand und Feinmaterial sowie aus organischen Substanzen, die durch Strömungen und

Möwenschwarm im Boltringharder Koog. Im Hintergrund Warften der Hallig Nordstrandischmoor.

Gezeiten ständig verfrachtet und umgelagert werden. Salzwiesen bilden den Übergang vom Watt zum Festland. Sie können auf natürliche Weise entstehen, werden aber zumeist durch von Menschen errichteten Lahnungen in ihrem Wachstum begünstigt und gefördert. Die großen Lahnungsgebiete mit den Salzwiesen an der Nordseeküste sind nicht nur herausragende Rast- und Brutgebiete für zahlreiche Vogelarten, sie dienen auch gleichzeitig dem Küstenschutz vor allem bei Sturmfluten.

Das Wattenmeer ist das vogelreichste Gebiet in Mitteleuropa und der zentrale Rastplatz auf der ostatlantischen Flugroute der Zugvögel. Über zwei Millionen ziehen jährlich durch das Schleswig-Holsteinische Wattenmeer und mehr als 100.000 Paare brüten im Nationalpark und ziehen hier den Nachwuchs groß.

Schollen und Heringe haben neben anderen Fischarten ihre Kinderstube im Wattenmeer. Um die Bestände zu schützen, ist die Fischerei in diesem Gebiet deshalb stark eingeschränkt. Der Nationalpark ist dabei in zwei Schutzzonen unterteilt. Nach dem Nationalparkgesetz ist grundsätzlich alles untersagt, was der Natur oder den Tieren und Pflanzen im Nationalpark schaden könnte. Die Zone 1 darf dabei überhaupt nicht betreten oder befahren werden, dazu gehören z.B. die Seehundbänke vor den Inseln. Die Zone 2 darf mit der notwendigen Vorsicht und Rücksichtnahme betreten werden. Die Inseln, mit Ausnahme der Halligen, sind nicht Teil des Nationalparks.

Über zwei Millionen Gäste besuchen jährlich den Nationalpark. Ihnen stehen 20 Häuser mit Informationseinrichtungen sowie viele Informationspavillons und -tafeln entlang der Küste zur Verfügung. Mit über 5.000 naturkundlichen Exkursionen und Führungen ist das Interesse an dem Nationalpark sehr groß. Dabei sind die vielen privat angebotenen Wattwanderungen nicht mitgezählt.

Leuchtturm Westerhever.

Es ist eines der Postkartenmotive schlechthin. Den **Leuchtturm von Westerhever** haben Sie ganz sicher schon einmal in einer Publikation über Schleswig-Holstein gesehen, wenn dies nicht Ihr erstes Buch ist, was Sie mit dem nördlichsten Bundesland beschäftigen lässt. Den Parkplatz in der Nähe des Leuchtturms zu erreichen ist nicht schwer und wir hätten ihn auch gern zu unserer Liste für eine freie Übernachtung aufgenommen. Leider geht das nicht, denn das ist auf diesem Platz, den Sie mit diesen Koordinaten N54°23'03.2" E8°39'16.4" finden, nicht gestattet. Das finden wir bedauerlich, erscheint aber auch verständlich, denn bei der WOMO-dichte in den Sommermonaten wäre dieser relativ kleine Parkplatz vermutlich zugeparkt mit Reisemobilen.

Von dem Parkplatz bis zum Leuchtturm sind es zu Fuß oder mit dem Fahrrad noch etwas mehr als zwei Kilometer. Der Weg führt über den Deich und durch eine bis zum Horizont reichende Salzwiese. Eine Turmbesichtigung ist nur mit einer Führung möglich. Die Anmeldung und der Verkauf der Eintrittskarten erfolgt ausschließlich im Info-Hus am Parkplatz. Die Besichtigungstermine beginnen am Ostersamstag und enden im Oktober. Sie finden montags, mittwochs und samstags jeweils zur vollen Stunde von 10:00 bis 16:00 Uhr statt. Vorbestellungen werden telefonisch unter 04865/1206 entgegengenommen. Die Karten müssen spätestens am Vortag am Info-Hus abgeholt werden. Die Führung kostet 6,00 € für den Erwachsenen, 3,00 € für ein Kind. Kinder unter acht Jahren dürfen die 157 Stufen des Turmes nicht besteigen.

Wer das machen möchte, sollte nicht allzu weit entfernt vom Leuchtturm übernachten. Der Stellplatz Norderheverkoog auf der folgenden Seite wäre eine Option, bis dorthin sind es nur zehn Kilometer.

Danach geht es für uns dann auch gleich weiter zum **Roten Haubarg**, der gar nicht rot ist, sondern weiß. Die Geschichte warum das so ist, erzählen wir hier jetzt nicht, das erfahren Sie

(046) Offizieller WOMO-Stellplatz: Norderheverkoog

GPS: N54°23'47.4" E8°45'41.9"; Norderheverkoogstr. 12, 25836 Osterhever.
Max. WOMOs: 10, maximale Länge 7 m.
Ausstattung: Wasserver- und Abwasserentsorgung, Kassettenentleerung, Stromanschlüsse, Behälter für die Müllentsorgung. Im Servicegebäude gibt es Dusche und WC. Der Platz ist von Anfang April bis Ende Oktober geöffnet.
Beschreibung: Rasenplätze bei einem Gehöft 600 Meter vom Seedeich entfernt, sehr ruhig.
Preise: 10,00 € für ein Fahrzeug mit zwei Personen, Ver- und Entsorgung sowie Strom ist im Preis enthalten.
Zufahrt: Über die L310 in Richtung Uelvesbüll auf der rechten Seite.

Der Rote Haubarg in Witzwort, Gasthaus und Museum zugleich.

vor Ort. Sie erreichen das Haus mit dieser Adresse: Sand 5, 25889 Witzwort und diesen Koordinaten [**047:** N54°25'27.1" E8°58'06.6"]. Die Zufahrt auf den letzten 300 Metern ist sehr schmal, da kommen zwei WOMOs nicht aneinander vorbei. Die schmale Straße ist aber schnurgerade und gut einsehbar, deshalb sollte es kein Problem geben. Der Parkplatz ist wunderbar ruhig und abseits jeglichen Lärms.

Ein Haubarg war für Eiderstedt einst ein typisches Bauernhaus. In diesem Gehöft war unter einem Dach alles untergebracht, Vieh, Mensch, Vorräte, alles Tür an Tür. Es gibt nur noch wenige Exemplare dieses Typs, der Rote Haubarg ist der einzige, der öffentlich zugänglich ist.

Im Museum sind, wie für Landwirtschaftsmuseen üblich, Geräte vergangener Jahrhunderte ausgestellt und Modelle und Schautafeln zeigen den Aufbau dieses besonderen Hofes. Im Restaurant oder im Garten bekommen Sie feine Lammgerichte serviert. Das ist die Spezialität des Hauses.

Die Auswahl auf der Speisekarte ist recht umfangreich. Wenn Sie mögen, können Sie hier schon einmal stöbern www.roter-haubarg.de.

Einen Stellplatz mit Wellnessoase finden Sie in Simonsberg, auf dem Weg zwischen dem Roten Haubarg und Hu-

(048) Offizieller WOMO-Badeplatz: Simonsberg – Nordseecamping zum Seehund

GPS: N54°27'17.7" E8°58'10.8"; Lundenbergweg 4, 25813 Simonsberg.
Max. WOMOs: 30, maximale Länge 12 m.
Ausstattung: Wasserver- und Abwasserentsorgung (mit Bodeneinlass), Kassettenentleerung, Stromanschlüsse, Behälter für die Müllentsorgung, WLAN, Brötchenservice. Geöffnet von Anfang April bis Anfang November.
Beschreibung: Befestigte Schotter- und Rasenplätze, abseits des normalen Campingbetriebs. Badeteich, Wellness-Oase mit Dampfbad, Sauna, Massage, Fitnessraum und Restaurant. Hunde willkommen.

Preise: 20,00 € bis 26,00 € für ein Fahrzeug mit 2 Personen, je nach Saison vor der Schranke. Anmeldung und Bezahlung erfolgt an der Rezeption des Campingplatzes. Komfortstellplatz auf dem Campingplatz für ein Fahrzeug mit 2 Personen zwischen 31,00 € und 41,00 €. Hund 5,00 €. Ver- und Entsorgung sowie Stromversorgung sind im Preis enthalten.
Zufahrt: Von Simonsberg der Straße entlang des Deiches in Richtung Husum folgen.
Reservierung/Kontakt: Tel.: 04841/3999 oder www.nordseecamping.de.

(049) Offizieller WOMO-Stellplatz: Husum – Loof's Wohnmobilhafen

GPS: N54°28'30.4" E9°02'31.8"; Dockkoogstraße 7, 25813 Husum.
Max. WOMOs: 30, maximale Länge 12 m, max. Aufenthalt 3 Tage.

Ausstattung: Wasserver- und Abwasserentsorgung, Kassettenentleerung, Stromanschlüsse, Behälter für die Müllentsorgung. Im Servicegebäude gibt es Dusche und WC. Der Platz ist ganzjährig geöffnet.
Beschreibung: Befestigter Platz am Ortsrand, in der Nähe des Hafens, relativ ruhig allerdings lieblos angelegt (Hinterhofcharakter). Das Th.-Storm-Haus ist rund 500 Meter entfernt, das Schloss rund 1000 Meter und das Nissenhaus ebenfalls ca. 1000 Meter.
Preise: Den Parkschein gibt es im Fischhaus Loof für 12,00 €, mit einer Gutschrift von 2,00 € für eine Mahlzeit im Fischhaus. Die Ver- und Entorgung ist im Preis enthalten, Frischwasser kostet 1,00 €, Strom 3,00 € für 24h.
Zufahrt: Über die westliche Ringstraße um die Stadt herum: Gaswerkstraße/ Deichstraße nach der Hafenbrücke links abbiegen.

sum. Es ist einer der Campingplätze, der mit besonderen Ausstattungsmerkmalen um Kundschaft wirbt. Wir beobachten dies an vielen Orten, die wir für unsere Bücher besucht haben, dass die gepflegten Komfortplätze und damit auch teureren Anlagen offensichtlich zunehmen und auch gern angenommen werden.

Die Stellplätze in Husum gehören ganz sicher nicht dazu. Den offiziellen finden Sie auf der linken Seite beschrieben. Wenn es nur um eine Übernachtung geht, nach einem aus-

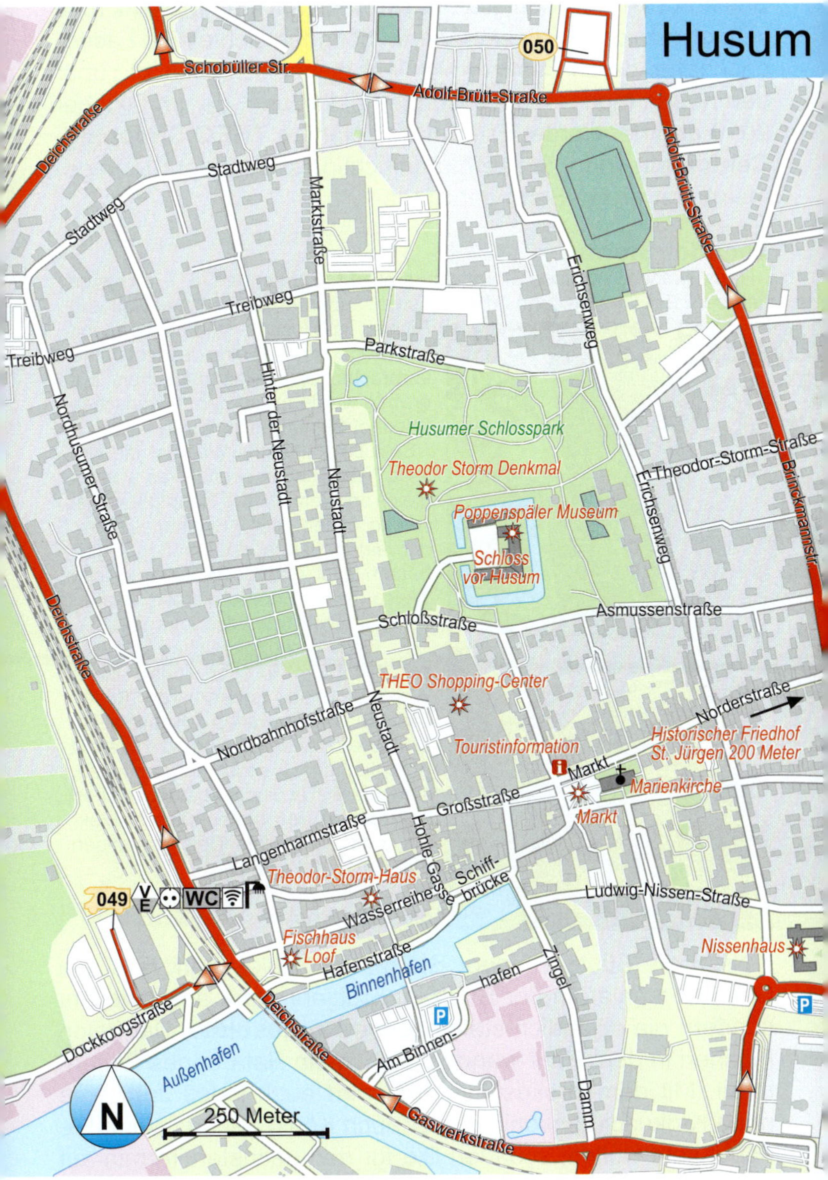

giebigen Bummel durch die Stadt und die Museen, dann kann man auch auf dem Parkplatz Neue Freiheit, an der Adolf-Brütt-Straße 23, 25813 Husum; **[050:** N54°29'09.6" E9°03'06.5"] sein Fahrzeug abstellen. Der Platz ist nicht uncharmanter und kann kostenlos genutzt werden. Bis zum Schloss sind es von hier auch nur 1000 Meter, bis zum Nissenhaus 1500 Meter.

An der Hafenstraße am **Binnenhafen** finden die Besucher der Stadt die meisten Cafés und Restaurants. Das Theodor-Storm-Haus ist nicht weit und über die Hohle Gasse oder die Schiffbrücke ist auch der **Marktplatz** mit der Marienkirche schnell erreicht. In diesem Viertel befinden sich einige Ladengeschäfte, deren Besitzer sich wahrscheinlich nicht alle über den neuen modernen Konsumtempel freuen, der im Oktober 2019 eröffnet wurde. Er trägt den Namen **THEO Shopping-Center**. Mit Theo, Sie vermuten richtig, ist Theodor Storm gemeint, der große Sohn der Stadt.

Theodor Storm

Hans Theodor Woldsen Storm wurde am 14. September 1817 in Husum geboren. Er war Jurist und arbeitete unter anderem als Rechtsanwalt und Richter in Husum, in Potsdam und in Heiligenstadt. Seine letzten Jahre verbrachte er in Hademarschen, begraben wurde er auf dem historischen Friedhof St. Jürgen in Husum.

Sein bekanntestes Werk ist die Novelle "Der Schimmelreiter", es war zugleich sein letztes. Die Hauptperson ist Hauke Haien, der »Schimmelreiter«, der einen neuen dauerhaften Deich bauen lässt und doch auf tragische Weise seine Familie verliert und er selbst in einer Sturmflut untergeht.

In dieser ereignisreichen Novelle schildert Storm in sehr eindrücklicher Weise das harte Leben an der Küste, das den Naturgewalten ausgesetzt ist. Dorfbewohner und Bauern, die sich mit Aberglauben zu schützen versuchen, stehen dabei in einem abenteuerlichen Kontrast zu den mathematisch exakten und rationalen Deichplanungen des Schimmelreiters.

Storm-Büste im Husumer Schlosspark.

Nicht die Büste Theodor Storms im Schlosspark lässt die Besucherzahlen in der Stadt im Frühjahr stark anschwellen, sondern die alljährlich stattfindende **Krokusblüte**. Die freien Flächen in dem Park wandeln sich in ein lilafarbenes Blütenmeer. Mit dem Krokusblütenfest wird auch jedes Jahr eine neue Krokusblütenkönigin oder auch König gekürt. Wenn Sie dabei sein wollen, schauen Sie für den nächsten Termin auf

Das Schloss vor Husum.

die homepage der Stadt Husum www.husum.de, hier erfahren Sie alles weitere zu dem bereits im März stattfindenden Ereignis.

Im Schloss vor Husum finden Sie neben einem Café das **Poppenspäler-Museum**. Hier werden faszinierende Marionetten, Handpuppen, Schatten- und Tischfiguren aus der ganzen Welt gezeigt. Mit dem Namen des Museums ist die Novelle "Pole Poppenspäler" verbunden, in dem Theodor Storm dem fahrenden Volk der Puppenspieler ein literarisches Denkmal gesetzt hat.

Ein besonderes Museum ist das **Nordfriesland Museum** im **Nissenhaus**, das Sie im Stadtplan unten rechts verzeich-

Der Binnenhafen in Husum.

Das Nissenhaus in Husum.

net finden. Es ist das größte Museum Nordfrieslands und präsentiert in einer großen Ausstellung, wie sich die Küstenbewohner mit dem Deichbau und anderen Küstenschutzmaßnahmen gegen den **"blanken Hans"** wehren.

Auf einer großen Tafel werden 32 schwere Sturmfluten der vergangenen Jahrhunderte mit allen Opfern und Schäden aufgelistet. Eine sehr interessante Darstellung.

Wie ein Orkan sich anfühlt und anhört können Sie in einem kleinen Raum in dieser Ausstellung erleben. Sie müssen aber keine Angst haben dabei umgeblasen zu werden, so schlimm ist es nicht. Weiterhin erfahren Sie wie die Landgewinnung entwickelt wurde, wie sich die Sprachen und Dialekte in Nordfriesland entwickelt haben und wie sich der Bau der Häuser in diesem Landstrich verändert hat. Einen besonderen Schwerpunkt bildet die Rungholt-Sage, auf die wir auf den nächsten Seiten auch eingehen werden. Jetzt fahren wir erst einmal weiter nach Nordstrand.

(051) Offizieller WOMO-Stellplatz: WomoLand Nordstrand

GPS: N54°31'05.1" E8°55'53.4"; Norderquerweg 2, 25845 Nordstrand.
Max. WOMOs: 44, maximale Länge 12 m.
Ausstattung: Wasserver- und Abwasserentsorgung, Kassettenentleerung, Stromanschlüsse, Behälter für die Müllentsorgung. Im Servicegebäude gibt es Dusche, WC, Waschmaschine und einen Trockner. Der Platz ist vom 15. Mrz. bis 5. Nov. und vom 15. Dez. bis 15. Jan. geöffnet.
Beschreibung: Befestigter geschotterter Platz mit Grünstreifen in einer Sackgasse am Nordrand der Halbinsel Nordstrand, sehr ruhig.

Preise: Anmeldung und Bezahlung erfolgt an der Rezeption des Platzes. 16,00 € für ein Fahrzeug mit zwei Personen, inkl. aller Ver- und Entsorgungsleistungen, Strom kostet 0,60 € pro kWh.
Zufahrt: Nach der Überquerung des Dammes nach Nordstrand in die erste Nebenstraße nach dem Begrüßungsschild rechts abbiegen und bis zum Ende durchfahren.

Der Stellplatz in Nordstrand ist ein guter Standort, um Radtouren auf dieser ehemaligen Insel oder rund um den Beltringharder Koog zu unternehmen.

Von diesem Stellplatz bis nach **Strucklahnungshörn** sind es 13 Kilometer. Hier legt die Fähre nach Pellworm ab. Sie können Ihr Fahrzeug auf diesem Parkplatz [**052:** N54°29'58.3" E 8°48'40.6"] abstellen und mit der Fähre für eine Tagestour auf die Insel übersetzen und anschließend auf dem Parkplatz übernachten. Für 24 Stunden kostet das Parkticket 4,00 €. Sie können aber auch Ihr WOMO mitnehmen, das ist aber nicht billig. Auf der Insel gibt es nur eine Möglichkeit das Fahrzeug für eine Übernachtung abzustellen. Die Fahrkarten können Sie an einem Fahrkartenschalter im Hafen, online, oder per app kaufen. Gehen Sie dazu auf die unten im Kasten genannte homepage des Fährbetreibers, dort finden Sie alle weiteren notwendigen Informationen.

(053) Offizieller WOMO-Stellplatz: Pellworm – Campingplatz Wattenmeerhaus

GPS: N54°31'02.6" E8°35'42.4"; Klostermitteldeich 14, 25849 Pellworm.
Max. WOMOs: 12, maximale Länge 8 m.
Ausstattung: Wasserver- und Abwasserentsorgung, Kassettenentleerung, Stromanschlüsse, Behälter für die Müllentsorgung, Frühstücksangebot. Im Servicegebäude gibt es Dusche, WC, Waschmaschine und einen Trockner. Der Platz ist geöffnet von Ende März bis Anfang November.
Beschreibung: Befestigte geschotterte Plätze auf einem Wiesengelände am Westrand der Insel neben dem Café Rosengarten, sehr ruhig.

Preise: Anmeldung und Bezahlung an der Rezeption des Wattenmeerhauses. 18,00 € für ein Fahrzeug mit 2 Personen, inkl. Ver- und Entsorgungsdienstleistungen, Strom kostet 0,40 € pro kWh.
Zufahrt: Nur mit der Fähre von Nordstrand zu erreichen. Fährpreis: Pro Dezimeter Fahrzeuglänge für die Hin- und Rückfahrt 2,00 € (Preis von 2019), d.h. für ein Womo mit 7 Metern Länge zahlt man hin und zurück 140,00 €. Hat man noch einen Gepäckträger am Heck, der über die Fahrzeuglänge hinausragt, werden weitere 9,50 € verlangt. Die transportierten Person werden zusätzlich abgerechnet. Ein Erwachsener zahlt 12,50 €. In den Sommermonaten verkehrt die Fähre bei Tageslicht im Zwei-Stundentakt. Bei Dunkelheit gibt es keine Fährverbindung. Näheres gibt es hier: www.faehre-pellworm.de
Reservierung/Kontakt: Es empfiehlt sich für diesen Platz eine Reservierung vorzunehmen oder bei einem spontanen Entschluss die Insel zu besuchen nachzufragen, ob noch ein Platz verfügbar ist. Dies ist per e-mail möglich unter info@wattenmeerhaus-pellworm.de oder telefonisch: 04844/9904288.

Also nun Leinen los und ab auf die Fähre nach **Pellworm**. Bis wir am Tiefwasseranleger auf der Insel ankommen, vergeht etwas mehr als eine halbe Stunde. Das Schiff durchfährt die Tiefwasserrinne, die Sie auch auf der Karte zu Beginn dieses Kapitels erkennen können. Je nach Tide sehen Sie links und rechts vom Schiff das Watt oder das Wasser. In der Ferne erkennen Sie bei gutem Wetter recht deutlich die Hallig Südfall, in dessen Bereich einst Rungholt gelegen hat.

"Willkommen mitten im Watt" ist auf der Anlegerbrücke des Tiefwasserhafens zu lesen. Nun schauen wir, was wir auf der Insel entdecken können. Der Stellplatz befindet sich in neun Kilometern Entfernung und ist mit der angegebenen Adresse, bzw. Koordinaten leicht zu finden. Die Straßen sind schmal auf dieser drittgrößten Insel Nordfrieslands, die nur etwas mehr als 1000 Einwohner hat. Pellworm ist eine ruhige Insel, einen Sandstrand gibt es nicht, größere Hotels und viele Ferienhäuser, wie sie auf Föhr, Amrum und Sylt anzutreffen sind, gibt es hier auch nicht.

Seehunde auf den Sandbänken im Wattenmeer.

Eine der Hauptattraktionen ist eine Fahrt mit dem Ausflugsschiff der **Brüder Hellmann** nach Norderoogsand, die an den Seehundbänken vorbeiführt. Mit einem guten Teleobjektiv können Sie die Seehunde aus der Ferne fotografieren oder mit dem Fernglas beobachten. Die Fahrt dorthin ist abhängig von der Tide. Rufen Sie unter dieser Telefonnummer 04844/320 an. Hier bekommen Sie die Abfahrtszeit genannt. Reservierungen gibt es nicht, man muss rechtzeitig am kleinen Steg an der Hooger Fähre im Norden der Insel erscheinen. Am besten zwei Stunden vorher, wie wir aus Erfahrung gelernt haben, denn das kleine Schiff legt ab, wenn alle Plätze besetzt sind. Das kann auch schon mal eine Stunde vor der angekündigten

Abfahrtszeit sein. Wenn Sie das Schiff verpasst haben, die **Reederei NPDG** und die **Reederei Adler-Schiffe** bieten mit ihren wesentlich größeren Schiffen ein recht umfangreiches Programm an, das Sie alternativ nutzen können. Schauen Sie dazu auf den jeweiligen Seiten nach www.faehre-pellworm.de/ausfluege und www.adler-schiffe.de.

Zurück zur Insel Pellworm! Ein besonderes Denkmal ist unweit des Stellplatzes zu sehen.

Die **Alte Kirche St. Salvator** wurde im 11. Jahrhundert errichtet. Der ehemalige gotische Backsteinturm soll zwischen 35 und 50 Meter hoch gewesen sein. Die zu schwach ausgeführten Fundamente führten zu Setzungen im weichen Marschboden und 1611 zu einem Teileinsturz des Gebäudes.

Ruine des Kirchturms St. Salvator.

Unweit der Alten Kirche präsentiert ein kleines privat organisiertes Museum des langjährigen Wattführers Hellmut Bahnsen Funde aus dem Wattenmeer, die dem untergegangenen Rungholt zugeordnet werden können. Wo **Rungholt** genau lag, wie groß der Ort war und wie viele Opfer es bei der großen Flutkatastrophe am 16.01.1362 tatsächlich gegeben hat, ist bei den Gelehrten umstritten und wird es auch vermutlich bleiben. Umstritten ist auch, wie reich der Ort war, wie intensiv seine Handelsbeziehungen innerhalb Europas oder gar darüber hinaus gewesen sind. Schon früh entstanden Sagen und Mythen um diesen Ort. Diese „Sintflut“ war nach Ansicht vieler eine gerechte Strafe für den Hochmut und die „sündhafte Lebensweise“ der Rungholter, die sich

Keramikfunde aus dem Wattenmeer bei Pellworm.

der Völlerei und Trunksucht hingaben und ein gotteslästerliches Leben führten. Einer Sage nach soll ein Priester Gott um Hilfe und Rache für ein ihm entgegengebrachtes unflätiges Verhalten betrunkener Rungholter gebeten haben. Er wurde erhört und der strafende Gott ließ die "langmähnigen Wogen", wie die Sturmflut in diesem berühmten Gedicht von **Detlev von Liliencron** heißt, über Rungholt kommen.

Trutz, Blanke Hans

Heut bin ich über Rungholt gefahren,
Die Stadt ging unter vor sechshundert Jahren.
Noch schlagen die Wellen da wild und empört,
Wie damals, als sie die Marschen zerstört.
Die Maschine des Dampfers schütterte, stöhnte,
Aus den Wassern rief es unheimlich und höhnte:
Trutz, Blanke Hans.

Von der Nordsee, der Mordsee, vom Festland geschieden,
Liegen die friesischen Inseln im Frieden.
Und Zeugen weltenvernichtender Wut,
Taucht Hallig auf Hallig aus fliehender Flut.
Die Möwe zankt schon auf wachsenden Watten,
Der Seehund sonnt sich auf sandigen Platten.
Trutz, Blanke Hans.

Mitten im Ozean schläft bis zur Stunde
Ein Ungeheuer, tief auf dem Grunde.
Sein Haupt ruht dicht vor Englands Strand,
Die Schwanzflosse spielt bei Brasiliens Sand.
Es zieht, sechs Stunden, den Atem nach innen
Und treibt ihn, sechs Stunden, wieder von hinnen.
Trutz, Blanke Hans.

Doch einmal in jedem Jahrhundert entlassen
Die Kiemen gewaltige Wassermassen.
Dann holt das Untier tiefer Atem ein,
Und peitscht die Wellen und schläft wieder ein.
Viel tausend Menschen im Nordland ertrinken,
Viel reiche Länder und Städte versinken.
Trutz, Blanke Hans.

Rungholt ist reich und wird immer reicher,
Kein Korn mehr faßt der größeste Speicher.
Wie zur Blütezeit im alten Rom,
Staut hier täglich der Menschenstrom.
Die Sänften tragen Syrer und Mohren,
Mit Goldblech und Flitter in Nasen und Ohren.
Trutz, Blanke Hans.

Auf allen Märkten, auf allen Gassen
Lärmende Leute, betrunkene Massen.
Sie ziehn am Abend hinaus auf den Deich:
Wir trotzen dir, Blanker Hans, Nordseeteich!
Und wie sie drohend die Fäuste ballen,
Zieht leis aus dem Schlamm der Krake die Krallen.
Trutz, Blanke Hans.

Die Wasser ebben, die Vögel ruhen,
Der liebe Gott geht auf leisesten Schuhen.
Der Mond zieht am Himmel gelassen die Bahn,
Belächelt der protzigen Rungholter Wahn.
Von Brasilien glänzt bis zu Norwegs Riffen
Das Meer wie schlafender Stahl, der geschliffen.
Trutz, Blanke Hans.

Und überall Friede, im Meer, in den Landen.
Plötzlich wie Ruf eines Raubtiers in Banden:
Das Scheusal wälzte sich, atmete tief,
Und schloß die Augen wieder und schlief.
Und rauschende, schwarze, langmähnige Wogen
Kommen wie rasende Rosse geflogen.
Trutz, Blanke Hans.

Ein einziger Schrei – die Stadt ist versunken,
Und Hunderttausende sind ertrunken.
Wo gestern noch Lärm und lustiger Tisch,
Schwamm andern Tags der stumme Fisch.
Heut bin ich über Rungholt gefahren,
Die Stadt ging unter vor sechshundert Jahren.
Trutz, Blanke Hans?

Sturmfluten an der Nordsee

Über die Jahrhunderte gab es zahlreiche Sturmfluten an der Nordsee, die häufig nach den jeweiligen Tagesheiligen benannt wurden. Die **Zweite Marcellusflut** von 16.01.1362 in der Rungholt in den Fluten verschwand, ging als **"Erste Mandränke"** in die Geschichte ein. Der Küstenverlauf veränderte sich nachhaltig. Hingen Pellworm und Nordstrand nach der Ersten Mandränke noch zusammen, wurde sie in der **"Zweiten Mandränke"** genannten **Burchardiflut** am 11.10.1634 voneinander getrennt. Wir wollen hier nicht alle Sturmfluten aufzählen, die es vor, zwischen und nach diesen Ereignissen gegeben hat. Sie können es hier www.geschichte-s-h.de/sturmflut/ nachlesen, wenn Sie mögen. Es gibt auch eine kleine Animation dazu, wie sich der Küstenverlauf geändert hat. Vielleicht haben Sie sich im Nissenhaus ja auch schon mit der Materie vertraut gemacht. Auffallend ist, dass die Sturmfluten mit den größten Verwüstungen und den höchsten Opferzahlen offensichtlich im ausgehenden Mittelalter und der frühen Neuzeit bis zum dem Beginn des Industriezeitalters zugetragen haben. Sie ereigneten sich zum Teil in kurzen Abständen. Es ist die Zeit, die von Geowissenschaftlern **"Mittelalterliche Warmzeit"** und nach einer Abkühlung der Erde im 14. Jahrhundert auch **"Kleine Eiszeit"** genannt wird, die bis ins 18./19. Jahrhundert dauerte. In der Folgezeit nahm die Intensität der Sturmfluten ab. Ausnahmen bilden die Sturmflut von 1962, die besonders Hamburg traf und der Hollandsturm von 1953, der besonders in den Niederlanden für Verwüstungen sorgte. Diese beiden Ereignisse führten in beiden Ländern zu verstärkten Küstenschutzmaßnahmen. Die danach erfolgten Sturmfluten richteten keine außergewöhnlich hohen Schäden mehr an.

Wer sich ernsthaft mit der Klimaentwicklung der letzten Jahrhunderte auseinandersetzt erkennt rasch, dass es immer ein auf und ab in den Temperaturen gegeben hat und dass die Naturkatastrophen an der Nordsee verheerende Ausmaße angenommen haben, ohne dass dies auf einen menschlichen Einfluss zurückzuführen wäre. Wir wissen von extremen Trockenperioden, von Gletscherschwund und erneutem

Gletscherwachstum in den letzten Jahrhunderten an anderen Orten in Deutschland und in den Alpen. Alles schon mal dagewesen. Es ist keineswegs so, dass die klimatischen Bedingungen sich erst seit dem Beginn der Industrialisierung verschlechtert haben und wir vorher ein ausgeglichenes Klima gehabt hätten, wie uns durch die hysterische Klimadebatte in der jüngsten Zeit immer wieder suggeriert wird.

Heute wird jedes größere Unwetter gleich dem Klimawandel zugeordnet, gemeint ist damit natürlich immer der menschengemachte Klimawandel, nicht der natürliche Prozess. Es vergeht kein Tag, an dem nicht in den Nachrichten über einen Waldbrand, eine Überschwemmung, einen Sturm oder einer anderen Naturkatastrophe irgendwo auf der Welt berichtet wird. Der Begleittext dazu ist immer derselbe: Es ist kein Naturereignis mehr, sondern ist auf den menschengemachten Klimawandel zurückzuführen. Alles wird immer schlimmer und verheerender bekommen wir täglich gesagt. Aber stimmt das auch? Es gibt genug Wissenschaftler, die das alles in Zweifel ziehen, nur von denen hört man leider nichts in den Medien.

Wir können in diesem Buch nicht weiter darauf eingehen. Es soll ein Reiseführer bleiben und kein Klimadebattenbuch. Dennoch sei der Hinweis auf folgende Blogs gestattet, in denen Sie immer wieder lesenswerte Artikel finden, die sich mit dem Klimawandel und den Hintergründen um die hart geführte Diskussion darum beschäftigen. Schauen Sie einfach mal rein in www.kaltesonne.de, www.tichyseinblick.de, oder www.achgut.com. Hier lesen Sie etwas anderes, als Sie täglich durch Fernsehen und Tagespresse vermittelt bekommen.

Wattwanderung bei Pellworm.

Kehren wir zu unserer Reise durch Pellworm zurück. Bei einer Wattwanderung entdecken Sie vielleicht noch die eine oder andere Scherbe aus dem untergegangenen Rungholt. Auf jeden Fall erfahren Sie von den Wattführern eine Menge über die Geschichten um Rungholt. Informationen über die angebotenen Wattwanderungen finden Sie hier www.pellworm.de. Die Insel ist auch ein Radfahrerparadies. Es herrscht wenig Verkehr, es fahren kaum Autos. Gefühlt sind uns bei der Radtour mehr Traktoren als PKW begegnet. Nach dem Besuch des Leuchtturms, dessen Aussichtsplattform auf 37 Metern Höhe man nur montags, dienstags und donnerstags über 140 Stufen besteigen kann, geht es zum Fährhafen zurück. Das Schiff bringt uns wieder nach Strucklahnungshörn und von dort fahren wir auch gleich weiter zu einem Stellplatz, den wir nur als Ausweichquartier aufgenommen haben, falls der doch sehr kleine aber schöne Platz am Amsinck-Haus belegt sein sollte. Vom Fährhafen bis nach Struckum sind es 26 Kilometer, von Struckum bis zum Amsinck-Haus weitere 13, bis zur Hamburger Hallig kommen weitere vier Kilometer hinzu.

(054) Offizieller WOMO-Stellplatz: Struckum – Marschblick

GPS: N54°35'09.3" E8°59'26.5"; Kennedyweg 3, 25821 Struckum.
Max. WOMOs: 30, maximale Länge 12 m.
Ausstattung: Wasserver- und Abwasserentsorgung, Kassettenentleerung, Stromanschlüsse, Behälter für die Müllentsorgung. Im Servicegebäude gibt es eine Dusche und ein WC, ganzjährig geöffnet.
Beschreibung: Asphaltierter Platz in einer Sackgasse am Ortsrand direkt hinter einem Industriebetrieb und einem Wiesengelände, sehr ruhig.
Preise: Bezahlung im Büro Rotor Control. Am Wochenende wird darum gebeten, den Betrag in einen Umschlag zu legen, das KFZ-Kennzeichen darauf zu vermerken und dann in den Briefkasten zu werfen. Gebühr für ein Fahrzeug mit 2 Personen: 10,00 €, Ver- und Entsorgung sowie Strom sind im Preis enthalten.
Zufahrt: Hinter dem Ortseingang von der B5 in die Koogchaussee abbiegen, dann gleich rechts in den Westerweg abbiegen und bis zum Kennedyweg fahren.

(055) Offizieller WOMO-Stellplatz: Reussenköge – Amsinck-Haus

GPS: N54°36'54.3" E8°52'20.9";
Sönke-Nissen-Koog 36A, 25821 Reussenköge.
Max. WOMOs: 10, maximale Länge 12 m.
Ausstattung: Wasserver- und Abwasserentsorgung, Kassettenentleerung, Stromanschlüsse, Behälter für die Müllentsorgung. Im Servicegebäude gibt es Dusche, WC, Waschmaschine und einen Trockner. Der Platz ist von Anfang April bis Ende Oktober geöffnet.
Beschreibung: Geschotterter Platz am Deich neben dem Amsinck-Haus, sehr ruhig.
Preise: 7,00 € für ein Fahrzeug mit 2 Personen, Ver- und Entsorgung ist im Preis enthalten, Strom 2,00 € pro Tag.
Zufahrt: Von Bordelum den Hinweisen zur Hamburger Hallig folgen. 4 km von der Ortsmitte Bordelums entfernt.

Die Hamburger Hallig.

Gut ausgeschilderte Radwege.

Ein schwarzes Schaf ist immer dabei.

Den Parkplatz an der **Hamburger Hallig** dürfen Sie anfahren. Über eine Mautstraße können Sie dorthin gelangen. Wir raten doch davon ab dies zu tun, der Parkplatz ist sehr klein, wenn viele PKW dazukommen, sind ihnen unter Umständen alle Rangier- und Wendemöglichkeiten verbaut.

Es ist angenehmer und sehr viel schöner das Rad zu nehmen oder eine kleine Wanderung dorthin zu unternehmen, dann schmeckt der Kaffee und der Kuchen im Hallig Krog auch gleich viel besser. Wenn Sie kein Rad dabei haben, so können Sie sich am **Amsinck-Haus** eines leihen. Allerdings gestattet man Ihnen den Drahtesel nur für die Fahrt zur Hamburger Hallig zu nutzen. Das Amsinck-Haus hält darüber hinaus viel Prospektmaterial für Sie bereit.

Der **Beltringharder Koog** lässt sich gut mit dem Rad umrunden. Wir machen das mit Pedelecs, auch e-bikes genannt. Wir haben damit gute Erfahrungen gemacht, denn der Gegenwind kann manchmal ganz schön kräftig sein. Die Beschilderung der Wege ist ausgezeichnet und wenn man weiß wo die ausgewiesenen Orte liegen, kann man sich eigentlich nicht verfahren. Die Radwege verlaufen zum Teil hinter dem Deich, zum Teil davor, manchmal auch oben drauf. Wie immer entlang der Küste werden Schafkoppeln gekreuzt oder durchfahren. Immer dort, wo das Koppeltor ist, ist die Herausforderung besonders groß. Nicht weil das Koppeltor schwierig zu bedienen wäre, sondern wegen der Hinterlassenschaften der Wolllieferanten, die sich gern hier versammeln. Ohne schmutzige Schuhe kommt man nicht zum WOMO zurück. Oft liegen die Viecher auch auf dem Weg und lassen sich durch den Radler nicht aus der Ruhe bringen. Sie scheinen den Radlern Vertrauen entgegenzubringen nicht angefahren zu werden.

Im Flug über den Beltringharder Koog.

Junge Salzwiese im Beltringharder Koog.

Man muss also schon aufpassen und kann nicht als Hans-guck-in-die-Luft den vorbeiziehenden Vogelschwärmen nachschauen und gleichzeitig Rad fahren.

Absteigen und das Rad zur Seite stellen ist für denjenigen notwendig, der sich eine Beobachtung der Vogelwelt gönnen möchte. Dazu gibt es viele Möglichkeiten und auch viele Bänke die auf den Deichen zu einer kleinen Rast einladen. Nutzen Sie die Gelegenheit in aller Ruhe das Fernglas auszupacken oder das Teleobjektiv an die Kamera zu schrauben.

Mehr als 5000 Brutpaare lassen sich im Beltringharder Koog jährlich nieder. Rund 65 Vogelarten hat man dabei gezählt. Nonnengänse, Uferschnepfen, Bartmeisen und viele andere gehören dazu.

Die Gelegenheit zur Einkehr haben Sie dort, wo die **Lorenbahn** nach **Nordstrandischmoor** startet. Eine Fahrt mit der Bahn ist allerdings nicht möglich, das bleibt den Übernachtungsgästen vorbehalten, die ein Zimmer auf der Hallig gebucht haben. Die Hallig ist übrigens ein Rest der Zweiten Mandränke, der Burchardiflut von 1634 als die ehemals große Insel Strand geteilt wurde und Pellworm und Nordstrand entstanden. Wer die Hallig besuchen möchte, kann dies im Rahmen einer geführten Wattwanderung machen oder fährt mit einem Ausflugsschiff von Strucklahnungshörn zu der Hallig. Für eine Wattwanderung nach Nordstrandischmoor finden Sie die notwendigen Hinweise unter www.schutzstation-wattenmeer.de. Auch wenn es einfach erscheint, die Hallig in Sichtweite liegt, sollte man den Weg dorthin nicht auf eigene Faust in Angriff nehmen. Die Wattführer kennen den besten Weg, allein könnte man bis zu den Knien im Schlick einsinken und dann wird es schwierig.

(056) WOMO-Stellplatz: Ockholm – Schlüttsiel Fährhafen

GPS. N54°40'51.9" E8°45'27.4", Schlüttsiel 1, 25842 Ockholm.
Max. WOMOs: 10, maximale Länge 12 m.
Ausstattung: Gemischter Parkplatz. Keine Versorgungseinrichtungen, ganzjährig geöffnet.

Beschreibung: Gute befestigte waagerechte Plätze direkt am Fährhafen Schlüttsiel, sehr ruhig. Täglich Schiffsverbindungen zu den Halligen.
Preise: Parkschein über Kassenautomat erhältlich, je nach Parkdauer zwischen 2,00 € (bis 12h); 3,00 € (24h); 5,00 € (72h).
Zufahrt: Über die Küstenstraße von den Reußenkögen in Richtung Dagebüll fahren.

Nach dieser Radtour durch den Beltringharder Koog geht die Reise weiter zu einem weiteren Fährhafen. Schlüttsiel ist das Ziel, das nur zwölf Kilometer entfernt ist. Der Parkplatz am Fährhafen ist ausreichend groß, um ein WOMO abzustellen.

Landschaft zwischen Bredstedt und Dagebüll.

Wer die Halligen Hooge oder Nordmarsch-Langeneß besuchen möchte, der findet von diesem Hafen die passende Verbindung. Eine Fahrt hin- und zurück zu einer der Halligen kostet für einen Erwachsenen 15,80 €. Die Abfahrtszeiten finden Sie hier www.faehre.de.

Beim nächsten Ort endet unsere Tour. Mit Dagebüll fahren einen Fährhafen an, von dem man mit dem WOMO nach Föhr und Amrum gelangen kann. Alternativ ist auch hier ein Tagesbesuch auf einer der Inseln möglich, wenn man morgens mit der ersten Fähre hin- und am Abend mit der letzten zurückfährt. Das WOMO kann auf dem Inselparkplatz stehen bleiben und man kann auch auf diesem Parkplatz gut übernachten.

(057) WOMO-Stellplatz: Dagebüll – Inselparkplatz

GPS: N54°43'57.5" E8°42'07.7"; Fährhafenstraße 2, 25899 Dagebüll.

Max. WOMOs: >10, maximale Länge 12 m.
Ausstattung: Keinerlei Versorgungseinrichtungen, ganzjährig geöffnet. Im Parkcenter gibt es ein WC.
Beschreibung: Asphaltierte Plätze im hinteren Bereich auch Wiesengelände in unmittelbarer Nähe des Fährhafens, relativ ruhig. Idealer gelegener Parkplatz, um mit der Fähre einen Tagesausflug nach Amrum oder Föhr zu machen.
Preise: 7,50 € für 24h, zahlbar am Kassenautomat.
Zufahrt: In Dagebüll sehr gut ausgeschildert, nicht zu verfehlen.

Die Überfahrt auf eine der beiden Inseln will gut überlegt sein. Ohne eine feste Reservierung für einen Stellplatz ist es sicher ein Wagnis, wenn man nicht weiß, wo man übernachten kann. Die Überfahrt nach Wyk auf Föhr kostet für ein 7,00 Meter langes WOMO hin- und zurück 158,80 €. Hinzu kommt der Heckträger mit 9,00 € und der Fahrpreis für eine erwachsene Person in Höhe von 14,40 €. Die Überfahrt nach Amrum kostet für ein 7,00 Meter langes WOMO hin- und zurück 184,25 €, hier kommt der Heckträger mit 9,00 € und der Fahrpreis für eine erwachsene Person in Höhe von 20,20 € hinzu. Wer eine Tagestour macht und nur sein Fahrrad mitnimmt, zahlt den Personenpreis, sowie 6,00 € für das Fahrrad wenn es nach Föhr geht und 8,30 € wenn es Amrum sein soll.

Dagebüll hat einen kleinen Strand südlich der Hafenanlagen mit einem Hotel und einem Restaurant. Nur wenige Meter entfernt befinden sich in der Ferienkolonie südlich des Inselparkplatzes zwei weitere Gastronomiebetriebe sowie ein kleiner Campingplatz.

064
Havneby
63
Rømø
Rømø Dyb
Ellenbogen
Weststrand
Dünen
List
Band 53:
Mit dem Wohnmobil
nach Dänemark
DÄNEMARK
Højer Dyb
Sylt
Lister Ley
65
Rotes Kliff
Kampen
66
Pandertief
Wenningstedt
Dråderup
Westerland
Nationalpark
67
Tinnum
Keitum
Morsumkliff
Hindenburgdamm
Nolde-
Museum
Neukirchen
Archsum
Morsum
Klanxbüll
68
062
Rantum
Schleswig-
Emmelsbüll-
Horsbüll
Südwesthörn
Niebüll
060
061
69
Hörnumtief
Holsteinisches
Hörnum
Oldsum
Föhr
Dagebüll
057
058
Süderende
Midlum
-Hafen
-Kirche
Utersum
Borgsum
Tour 3
Schutzgebiet
Godelniederung
Nieblum
Wyk a.F.
Norddorf
Goting
Oland
056
Eisenzeitliches Haus
Wattenmeer
Schlüttsiel
Fährhafen
Nebel
Norderaue
Vogelkoje
Amrum
Nordmarsch-
Langeneß
Bandixwarf
Steenodde
Kniepsand
Peterswarf
Gröde
Wittdün
59
Hilligenley
Süderaue
NORDSEE
Japsand
Hallig
Hooge
053
Hooger Fähre
Norder-
oogsand
Pellworm
Ostersiel
Wattenmeerhaus
& Alte Kirche
Tour 3
Rungholtmuseum
5 km
N

TOUR 4 (ca. 310 km)

Wyk auf Föhr – Nieblum – Utersum – Wittdün – Nebel – Niebüll – Neukirchen – Havneby – List – Kampen – Wenningstedt – Westerland – Rantum – Hörnum

Stellplätze:	Utersum, Südwesthörn, Niebüll, Neukirchen, Havneby, Westerland, Hörnum.
Campingplätze:	Wittdün, Havneby, Kampen, Wenningstedt, Rantum.
Ver-/Entsorgung:	Utersum, Wittdün, Südwesthörn, Niebüll, Neukirchen, Havneby, Kampen, Wenningstedt, Westerland, Rantum, Hörnum.
Besichtigungen:	Leuchturm auf Amrum, Strandpromenade in Westerland,
Wandern/Rad fahren:	Kniepsand auf Amrum, durch die Dünen auf Sylt
Baden/Wellness:	Strände auf Föhr, Amrum und Sylt, Hallenbad in Niebüll.

Beginnen wir diese Tour mit der Insel **Föhr**, der zweitgrößten Insel Nordfrieslands. Bis alle Fahrzeuge auf der Nordfriesland ihren Platz gefunden haben, vergeht nicht viel Zeit. Die Überfahrt dauert etwa eine Stunde. Genug Zeit also, um an Bord einen Kaffee zu trinken, vorbeifliegende Vögel zu beobachten oder den letzten Roman weiter zu lesen.

Die Fähre nach Föhr.

In Föhr angekommen, ist der Weg nach Utersum schnell gefunden. Die Straße führt uns durch die bäuerlich genutzte Marschlandschaft an das andere Ende der Insel, wo wir diesen Stellplatz haben.

Vorbeiziehende Kormorane.

(058) Offizieller WOMO-Badeplatz: Föhr – Wohnmobilstellplatz

GPS: N54°42'58.0" E8°24'04.3"; Strunwai 14, 25938 Utersum.
Max. WOMOs: 50, maximale Länge 10 m.
Ausstattung: Wasserver- und Abwasserentsorgung, Kassettenentleerung, Stromanschlüsse, Behälter für die Müllentsorgung, WLAN. Im Servicegebäude gibt es Dusche, WC, Waschmaschine und einen Trockner. Geöffnet von Mitte März bis Mitte November.
Beschreibung: Großzügig angelegte Rasenplätze (80-120 m²) am Westrand von Utersum, 500 Meter bis zum Strand.
Preise: 18,00 € für ein Fahrzeug mit 2 Personen. Anmeldung und Bezahlung erfolgt an der Rezeption des Platzes. Entsorgung kostenlos, Frischwasser kostet 1,00 €, Strom gibt es für 0,60 € pro kWh.

Zufahrt: Mit der Fähre von Dagebüll nach Wyk, dann quer über die Insel nach Utersum (13 km).
Reservierung/Kontakt: Es empfiehlt sich für diesen Platz eine Reservierung/Buchung vorzunehmen oder bei einem spontanen Entschluss die Insel zu besuchen nachzufragen, ob noch ein Platz verfügbar ist.
Eine Buchung ist möglich unter http://wohnmobile-foehr.de, Telefon: 04683/214.

Windmühle in Borgsum.

Mit dem WOMO die Insel zu entdecken macht wenig Sinn. Besser ist es, wie so oft, das Fahrrad vom Heckträger zu nehmen und in die Pedale zu treten. Zu Fuß geht es natürlich auch, aber die Insel ist doch ganz schön groß, die Wege zu Fuß sehr weit. Acht Buslinien die mehrmals täglich zwischen den Inseldörfern verkehren erleichtern die Rückkehr nach einem längeren Spaziergang oder einer Wanderung. Die Bushaltestelle in Utersum liegt 700 Meter vom Stellplatz entfernt.

Es gibt viele Strände auf Föhr. Im Gegensatz zu Pellworm finden wir hier in der **Friesischen Kari-**

bik, wie die Tourismusmanager der Insel ihr Eiland nennen, Sandstrände vor. Nur wenige Meter vom Stellplatz entfernt ist der erste zu sehen, von dem man direkt in die Fluten springen kann. Wer seinen Hund dabei hat, findet auch hier etwas abseits einen Hundestrand. Wer einen Strandkorb mieten möchte geht zur Touristinformation, die sich vor dem Hauptzugang zum Strand befindet und zahlt eine Tagesmiete in Höhe von 7,00 €.

Strand bei Nieblum-Goting.

Weitere große Strände befinden sich bei Nieblum und bei Wyk. Letztgenannter ist der größte und längste dieser Insel. Insgesamt stehen 15 Kilometer Sandstrand zur Verfügung. Alle Strände befinden sich im Süden der Insel an den Resten des Geestkerns, den die Sturmfluten vergangener Jahrhunderte nicht abgetragen haben. Der Norden der Insel ist eingedeichtes Marschland und hat keine Strände, nur vorgelagerte Lahnungen und Salzwiesen, die zum Nationalpark gehören und nicht betreten werden sollten. Vor der ersten Mandränke 1362 war Föhr übrigens noch mit dem Festland verbunden.

Von Utersum nach **Nieblum** sind es rund acht Kilometer. Auf dem Weg dorthin passieren wir das Schutzgebiet Go-

Altes friesisches Theehaus in Nieblum.

delniederung und die schöne Windmühle im Borgsum. Die Windmühle ist ein schönes Fotomotiv, befindet sich aber in Privatbesitz und kann deshalb nicht näher besichtigt werden.

Die Strände in Nieblum und **Goting** sind in Zonen aufgeteilt. Es gibt bewachte Badestrände, Surfbereiche, Hundestrände und einen FKK-Strand. An beiden Stränden befinden sich kleine Gastronomiebetriebe, Duschen und WCs.

Wer Lust auf einen leckeren Kuchen hat findet im **Alten Friesischen Theehaus** in der Ortsmitte von Nieblum die Gelegenheit, süßes mit stilvollem Teegenuss zu kombinieren. Tee in allen nur denkbaren Variationen wird hier angeboten und in der Zubereitung zelebriert. Klassische Teebeutel werden Sie in diesem Haus nicht finden.

Nieblum gilt als der schönste Ort auf Föhr. Die vielen reetgedeckten Häuser in den prächtigen Lindenalleen mit ihren Kopfsteinpflasterstraßen schaffen das Bilderbuchensemble eines friesischen Dorfes. Die Kirche **St. Johannis** aus dem 12. Jahrhundert, auch Friesendom genannt, steht am Rande des Ortes. Sie ist die größte der drei Inselkirchen. Umgeben ist das Gotteshaus von einem Friedhof mit sogenannten "sprechenden" Grabsteinen. Ganze Lebensgeschichten der Verstorbenen sind hier in Stein gemeißelt und berichten von den bewegten Leben der Seefahrer und Fischer. Die Kirche befindet sich in Sichtweite des Theehauses. Einen ähnlichen

Vogelschwarm in der Godelniederung. Im Hintergrund ist Amrum zu sehen.

Friedhof finden Sie auch in Süderende unweit von Utersum. Dort ist der **"Glückliche Matthias"** begraben, der im 17. Jahrhundert innerhalb von fünf Jahrzehnten 373 Wale erlegte und damit zu Ruhm und Wohlstand gelangte. Auf dem Grabstein ist dies in lateinischer Schrift vermerkt. Ein Restaurant in Wyk in der Nähe der Strandpromenade ist nach ihm benannt.

Womit wir dann auch schon bei unserem nächsten Ziel auf unserer Radtour auf Föhr sind. Wir nähern uns dem Ort von Westen, radeln an einem Golfplatz und einem Flugplatz für Kleinflugzeuge vorbei und treffen am Strand auf den Promenadenweg, wo wir Strandkörbe hübsch aufgereiht in Reih und Glied vorfinden.

Hier am Südstrand in Wyk bieten zahlreiche Wassersportschulen ihre Dienste an. Das flach abfallende Wasser an diesem Strand bietet gute Bedingungen für Wind- und Kitesurfer sowie für das Stand-Up-Paddling. Dass die jeweiligen Techniken nicht so einfach zu erlernen sind, sehen wir bei der Beobachtung einer Gruppe Surfschüler, die Mühe haben sich auf dem Brett zu halten und immer wieder ins Wasser klatschen. Wir geben zu, an uns würden Surflehrer vermutlich verzweifeln, deshalb probieren wir es erst gar nicht. Wir schauen dem Treiben noch eine Weile zu, genießen den Blick über das Wattenmeer mit den Warften der Hallig Nordmarsch-Langeneß im Hintergrund und schieben unsere Räder dann bald weiter zu

Surfunterricht in Wyk auf Föhr.

Strandkörbe am Südstrand.

dem Hauptstrand auf Wyk mit seiner breiten grünen Promenade, kleinen Seebrücken und den zahlreichen Restaurants, Cafés, Eisdielen, Boutiquen und Souvenirshops. Rund 4500 Einwohner zählt die Stadt, die 1819 zum ersten staatlich anerkannten Seebad an der Nordseeküste Schleswig-Holsteins ernannt wurde. Verlief die touristische Entwicklung des Ortes zunächst nur schleppend, so haben im Laufe der letzten Jahrzehnte die Übernachtungszahlen stetig zugenommen.

Strandpromenade in Wyk auf Föhr.

Neben der Strandpromenade fordern die schmalen Seitengassen mit ihren rosengeschmückten Hauseingängen zu einem Bummel heraus.

Bevor wir nun mit dem Rad zurückfahren, wollen wir noch auf das Meerwasserwellenbad **Aquaföhr** hinweisen, das mit einigen Becken, sowie Dampfsauna, Edelstein-Sauna, Wellness-Massagen, Ayurveda, Klassischen Massagen, Thalasso-Körperpackungen und Meerwasserbäder aufwarten kann.

Sandwall heißt die Uferpromenade in Wyk auf Föhr.

Um nach **Amrum** zu gelangen, wiederholen wir das Prozedere mit der Fähre wie bei Föhr, nur das diesmal die Fahrzeit rund 90 Minuten beträgt, bevor wir das Schiff wieder verlassen können, um diesen Campingplatz in der Nähe des Leuchtturms anzufahren.

(059) WOMO-Campingplatz: Amrum

GPS: N54°37'48.2" E8°21'58.1"; Inselstraße 125, 25946 Wittdün.
Max. WOMOs: >20, maximale Länge 12 m.
Ausstattung: Wasserver- und Abwasserentsorgung, Kassettenentleerung, Stromanschlüsse, Behälter für die Müllentsorgung. Im Servicegebäude gibt es Dusche, WC, Waschmaschine und einen Trockner. Darüber hinaus gibt es einen Shop und einen Biergarten. Der Platz ist vom 1. April bis 31. Okt. geöffnet.
Beschreibung: Sandige Plätze 2 km hinter dem Fähranleger am Ortsrand von Wittdün, sehr eng und nur nachts sehr ruhig.
Preise: 35,00 € für ein Fahrzeug mit 2 Personen. Anmeldung und Bezahlung erfolgt an der Kasse des Platzes. Entsorgung kostenlos, Frischwasser und Strom ist im Preis enthalten.

Zufahrt: Mit der Fähre von Dagebüll über Wyk auf Föhr oder direkt nach Wittdün.
Reservierung/Kontakt: Es empfiehlt sich für diesen Platz eine Reservierung oder Buchung vorzunehmen oder bei einem spontanen Entschluss die Insel zu besuchen nachzufragen, ob noch ein Platz verfügbar ist. Eine Buchung ist möglich unter info@amrum-camping.de, Telefon: 04682/2254.

Wie auf Föhr macht es auch auf Amrum keinen Sinn mit dem WOMO auf der Insel umherzufahren. Also müssen wieder die Räder ran, um die Insel zu erkunden.

Für die Hauptattraktion der Insel, dem **Kniepsand** benötigen wir sie allerdings nicht, denn der Zugang zu dieser Sandwüste am Meer ist vom Campingplatz relativ kurz und zu Fuß auf den Sandwegen besser zu bewältigen. Der Kniepsand ist 15 Kilometer lang und bis zu 1,5 Kilometer breit und umfasst rund zehn Quadratkilometer. Er sieht aus wie ein Sandstrand, der in die Dünen Amrums übergeht. So wird er heute auch genutzt, eine riesige Fläche auf der jeder Strandbesucher garantiert einen freien Platz findet. Kleines Rechenexperiment: Wenn sich alle Besucher Amrums, das sind 146.000 pro Jahr, an einem Tag zur gleichen Zeit auf diesem Strand treffen würden, würde es immer noch nicht eng zugehen, denn jedem stünden rechnerisch immer noch 68 Quadratmeter zur Verfügung. Platznot gibt es hier also nicht.

Auch wenn es so aussieht als wäre es ein Strand, so stimmt es doch nicht, denn die Geomorphologen weisen darauf hin, dass es sich eigentlich um eine Sandbank handelt, die sich nur im Laufe der letzten Jahrhunderte an Amrum geschmiegt hat. Vor etwas mehr als 100 Jahren trennte noch ein breiter Priel die Sandbank von der Insel. Wind und Wasser transportierten den Sand immer weiter an die Küste der Insel, bis schließlich der Übergang von der Sandbank zu den Dünen aufgehoben wurde und nicht mehr klar erkennbar ist. Das wird so nicht

Der Kniepsand, Sand bis zum Horizont.

bleiben, denn die Nordsee wird mit ihrem Wellenschlag nicht aufhören den Sand umzulagern und der Wind wird weiterhin dem Wasser helfen den Kniepsand zu verfrachten. Dies wird, wie man es heute schon beobachten kann, der Strömung und der Hauptwindrichtung folgend, in nördliche Richtung geschehen. Es wird aber noch einige Jahrhunderte brauchen, Sie müssen sich deshalb nicht beeilen, den Kniepsand noch zu sehen.

Ein Teil des Sandes wird auch in die Dünen geblasen und je mehr dort akkumuliert wird, umso sicherer ist die Insel vor Sturmfluten geschützt. Durch die Dünen führen einige Wanderwege, die allerdings nicht in irgendeiner Weise befestigt wurden. Es sind Wege die durch weichen Sand führen und deshalb nicht immer leicht zu gehen sind. Reizvoll ist es trotzdem nur von kreischenden Möwen begleitet zu werden, die unablässig über die Dünen fliegen, in denen sie ihre Nistplätze haben. Der weitaus größte Teil der Dünenlandschaft darf verständlicherweise nicht betreten werden. Die Belange des Natur- und Küstenschutzes stehen dem einfach entgegen. Aber aus einer erhöhten Perspektive können die Formen und Farben dieser Landschaft betrachtet werden. Sieben Aussichtsplattformen haben wir gezählt, zu denen in der Regel Bohlenwege und Treppen führen. Sie sind zu jeder Zeit frei zugänglich. Die allerbeste Aussicht bietet natürlich der Leuchtturm. Schon seit 1874 ist er in Betrieb und ist vom Campingplatz bequem zu Fuß zu erreichen. Mit rund 42 Metern Höhe,

Der Leuchtturm auf Amrum.

Der "Waldweg" auf Amrum.

ist er der höchste Leuchtturm an der Nordseeküste Schleswig-Holsteins. Er ist nur im Sommer für Besucher von montags bis freitags von 8:30 bis 12:30 Uhr geöffnet. Für 3,50 € dürfen Sie ihn entern und die 172 Stufen innerhalb des Turmes hochsteigen. Außerhalb des Turmes gibt es auch noch einige Stufen, um auf die 25 Meter hohe Düne zu kommen, auf der er errichtet wurde.

Nun aber aufs Rad. Amrum ist die waldreichste aller Nordfriesischen Inseln. Dies war nicht immer so und der Wald ist nicht natürlichen Ursprungs. Im Windschatten der Dünen wurden die Bäume angepflanzt, um die Dörfer auf der Insel vor dem ständigen Sandflug aus dem Kniepsand zu schützen. Das ist im Prinzip gut gelungen, auch wenn ein heftiger Orkan gelegentlich Bäume umknickt oder entwurzelt. Schön ist, dass durch diesen Wald, der die Insel von Nord nach Süd durchzieht, ein Radweg angelegt wurde. Der sogenannte Waldweg ist gut zu befahren und führt unter anderem an der **Vogelkoje Meeram** vorbei, die sich zwischen Nebel und Norddorf befindet. Bis in die 30er Jahre des letzten Jahrhunderts wurden hier Wildenten gefangen. In guten Jahren bis zu 10.000 Vögel pro Jahr. Sie wurden für den Verzehr aufbereitet und auf der Insel zu Konserven verarbeitet. Das ist mittlerweile Geschichte. Wie die Vögel gefangen wurden, wird auf dem Naturerlebnispfad mit Schautafeln und nachgebauten "Fangpfeifen" dargestellt.

Etwas weiter nördlich befindet sich ein archäologisches Ausgrabungsgebiet. Hier wurden jungsteinzeitliche Großsteingräbern gefunden und Siedlungsspuren aus der Eisenzeit. Die Geestkerne waren die bevorzugten Siedlungsplätze in der Jungsteinzeit, als Amrum noch nicht vollständig von der Nordsee umgeben war, sondern eine von Prielen durchzogene Landschaft, die noch eine Verbindung zum Festland hatte. Rund um das nachgebaute **eisenzeitliche Haus** auf dem archäologischen Areal können Sie auf Schautafeln die ganze Geschichte entdecken. Um dorthin zu gelangen, müssen Sie allerdings die Räder stehen lassen und zu Fuß den Bohlenweg gehen, der zu diesem Areal führt. Das sind rund 500 Meter. Gehen Sie weitere 1000 Meter, so führt der Bohlenweg zu einem kleinen Leuchtfeuer und einer Aussichtsplattform, die Ihnen wieder einen Blick über die Dünenlandschaft bietet.

Wer die ganzen Wege gegangen ist und nun eine kleine Rast einlegen möchte, der kann dies an der Vogelkoje tun. Ein Kiosk bietet hier kühle Getränke, Eis sowie Kaffee und Kuchen an.

Wem das zu wenig ist, der kann nach **Nebel** fahren, dem schönsten Dorf auf der Insel. Von der Vogelkoje sind das nur rund drei Kilometer. Hier finden Sie mehrere Restaurants, wie das **Dörnsk an Köögem**, in dem Sie auch herzhafte Gerichte bekommen können. Dörnsk an Köögem heißt übersetzt Stu-

Dörnsk an Köögem, Restaurant und Café in einem Friesenhaus.

be und Küche auf Öömrang, dem Amrumer Friesisch, einem Dialekt der nordfriesischen Sprache.

Frisch gestärkt geht es weiter zum **Öömrang Hüs**, einem reetgedeckten Friesenhaus aus dem 18. Jahrhundert. Öömrang Hüs heißt übersetzt Amrumer Haus. Es ist weitgehend

Die Amrumer Windmühle.

Friesenhaus in Nebel.

im Originalzustand erhalten und kann besichtigt werden.

Öffnungszeiten: Von April bis Oktober von 11:00 bis 17:00 Uhr.

Neben dem Leuchtturm ist die **Windmühle** in Nebel ein weiteres Wahrzeichen der Insel Amrum. Es ist die älteste Mühle Schleswig-Holsteins und noch voll funktionsfähig. In Betrieb ging diese Mühle 1771, das letzte Korn wurde 1963 gemahlen. Danach wurde sie von einem Verein übernommen, der sie instand hält und als Museum betreibt.

Öffnungszeiten: Von April bis Oktober. Täglich von 10:30 - 13:00 Uhr und 14:30 - 17.00 Uhr, montags bis 16:00 Uhr und sonntags ab 11:00 Uhr.

Nebel mit seinen Friesenhäusern ist ein malerischer Ort, wer in Norddorf dasselbe erwartet, wird enttäuscht werden. Der Ort wirkt nicht so romantisch.

Der nördlichste Zipfel der Insel ist mit dem Rad nicht zu erreichen. Wer von dort nach Föhr und Sylt hinüberschauen möchte, muss unterwegs am Ende des Radweges seinen Drahtesel an einem groß angelegten Fahrradständer abstellen und zu Fuß weiter gehen.

Wenn Ihnen Föhr dabei so nah erscheint, dass Sie meinen "da kann man doch rüber laufen", dann haben Sie Recht. Nur sollten Sie es nicht auf eigene Faust versuchen – wir wiederholen uns – sondern sich einem Wattführer anvertrauen. Termine und Gehzeiten sind abhängig vom Wetter und den Gezeiten. Hier erfahren Sie alles notwendige https://der-inselläufer.de.

Damit wollen wir es für Amrum belassen und kehren auf das Festland zurück.

Von Dagebüll geht es durch Felder und Weiden immer in Sichtweite des Deiches weiter. Es sind nur rund zwölf Kilometer zu fahren, bis der kleine Stellplatz am Schöpfwerk Südwesthörn erreicht ist. Dieser Standort ist das absolute Kontrastprogramm zu dem doch sehr lebendigen Campingplatz auf Amrum. Wer Ruhe sucht, der ist hier bestens aufgehoben.

(060) Offizieller WOMO-Stellplatz: Schöpfwerk Südwesthörn

GPS: N54°47'49.1" E8°39'37.3"; Südwesthörner Straße 1000, 25924 Emmelsbüll-Horsbüll.
Max. WOMOs: 3, maximale Länge 8 m.
Ausstattung: Wasserver- und Abwasserentsorgung, Kassettenentleerung, Stromanschlüsse, ganzjährig geöffnet.
Beschreibung: Befestigter waagerechter Platz neben dem Schöpfwerk, nur wenige Meter bis zum Deich, sehr ruhig.
Preise: Kostenlos.
Zufahrt: Von Dagebüll immer in Sichtweite des Deiches gen Norden fahren und der Beschilderung zum Schöpfwerk folgen.

Hinter dem Deich gibt es eine kleine Badestelle und auf ein Restaurantbesuch muss auch nicht verzichtet werden. Nur wenige Meter vom Stellplatz entfernt ist ein Gasthof, der zu unserer Überraschung auch Maultaschen, Spätzle und Zwiebelrostbraten auf der Karte hat. Dass die Nationalgerichte aus dem "Schwobeländle" hier angeboten werden, liegt daran, dass die Wirtsleute aus der Region Stuttgart kommen.

Wir fahren weiter nach **Niebüll**, wo wir diesen Stellplatz vorfinden.

(061) Offizieller WOMO-Badeplatz: Niebüll – Marktplatz

GPS: N54°47'19.2" E8°49'28.0"; Tondernstraße 33, 25899 Niebüll.
Max. WOMOs: 25, maximale Länge 14 m.
Ausstattung: Wasserver- und Abwasserentsorgung (mit Bodeneinlass), Kassettenentleerung, Stromanschlüsse, Behälter für die Müllentsorgung, WLAN. Ganzjährig geöffnet.

Beschreibung: Befestigte Rasenplätze direkt neben dem Hallenbad, 300 Meter bis zum Zentrum. Der Bahnhof (Zugverbindung nach Sylt) ist 1 km entfernt.
Preise: 5,00 € für ein Fahrzeug. Entsorgung 1,00 €, Frischwasser 1,00 €, Strom 1,00 € pro kWh.
Zufahrt: Der Beschilderung zum Hallenbad folgen.

Die Stadt selbst ist kein Touristenmagnet. Mit drei relativ kleinen Museen, dem Marschenpark, Naturfreibad und Hallenbad ist das touristische Angebot schnell erschöpft. Niebüll ist in erster Linie bekannt als Verladestation für die Zugverbindung nach Sylt. Bis zu 22 Abfahrten gibt es täglich, eine Reservierung ist für Campingbusse nicht notwendig. Wer den nicht zu übersehenden Hinweisschildern zum Shuttle folgt, zieht nach der Ankunft an der Verladestation ein Ticket und folgt den Anweisungen des Personals bei der Verladung.

Wer mit einem größeren Fahrzeug unterwegs ist, der sollte rechtzeitig eine Reservierung vornehmen und die Tickets online kaufen. Diese Empfehlung gilt sowohl für die Bahnverbindung als auch für die Fähre von Havneby nach List.

Wohnmobiltransport nach Sylt

Mit der Bahn:
Es gibt zwei Anbieter. Einmal ist es die DB mit dem Sylt Shuttle. Die Tickets können Sie online über diese Seite www.syltshuttle.de erwerben. Zum anderen ist es der Autozug Sylt. Buchen können Sie über diese Seite www.autozug-sylt.de. Fahrzeit jeweils etwa 35 Minuten.

Mit der Fähre:
Sie verkehrt zwischen Havneby auf Rømø und List. Buchen können Sie die Überfahrt über diese Seite www.frs-syltfaehre.de oder telefonisch unter dieser Nummer: 0461/864601. Ein Preis zur Orientierung: Für unser Wohnmobil mit 7,25 Metern Länge + Fahrradträger haben wir in 2019 für die Hin- und Rückfahrt 125,30 € gezahlt.

Zwei Schiffe pendeln zwischen den beiden Häfen, es gibt 32 Fahrten am Tag. Die Überfahrt dauert ca. 40 Minuten.

Wir haben die Fähre gebucht, fahren dazu zunächst in Richtung Klanxbüll und biegen dann nach einer Weile nach Neukirchen ab. Hier finden wir einen einfach gehaltenen Stellplatz, den man im Zusammenhang mit einem Besuch des Nolde-Museums nutzen kann, dem wir uns aber erst im nächsten Kapitel widmen wollen.

(062) Offizieller WOMO-Stellplatz: Neukirchen

GPS: N54°51'57.7" E8°43'59.2"; Kirchenweg 2, 25927 Neukirchen.
Max. WOMOs: 4, maximale Länge 12 m.
Ausstattung: Wasserver- und Abwasserentsorgung, mit Bodeneinlass, Kassettenentleerung, ganzjährig geöffnet.
Beschreibung: Gepflasteter Platz am Ortsrand zwischen Sportplatz und Freibad, sehr ruhig. Die Entleerung der Toilettenkassette kann im Gebäude der Turnhalle vorgenommen werden. Ein kleiner Raum ist dafür extra eingerichtet worden. Der Zugang ist zu jeder Zeit möglich. Die Frischwasserversorgung erfolgt über einen einfachen Wasserhahn außerhalb des Gebäudes, der in der Frostperiode allerdings abgestellt ist.

Preise: Kostenlos.
Zufahrt: Von der Hauptzufahrtsstraße (Osterdeich) am Ortseingang in den Kirchenweg abbiegen, dann gleich links hinter dem Gebäude erneut abbiegen.

Die Strecke von Niebüll nach Neukirchen ist mit dem Beginn der Tour 5 identisch. Bevor Sie die Grenze nach Dänemark überschreiten, schauen Sie doch nochmal auf die Tankuhr. Diesel ist in Dänemark und auch auf Sylt erheblich teurer als auf dem deutschen Festland. Es ist also ratsam, den Dieseltank in Niebüll noch einmal zu füllen.

Zu der Fahrt durch Dänemark wollen wir jetzt gar nichts weiter sagen, außer auf den Band 53 mit dem Wohnmobil durch Dänemark aus diesem Verlag hinweisen, in dem Sie das Land von Thomas und Yvonne Seiter exzellent beschrieben finden.

Havneby zu finden ist kein Problem, geben Sie diese Adresse ein: Kilebryggen 1, 6792 Rømø, Dänemark oder diese Koordinaten N55°05'07.3" E8°34'09.4", dann werden Sie zielsicher zum Fährhafen geführt.

Wenn Sie es schaffen irgendwann tagsüber einzutreffen und nur eine kleine Wartezeit bis zu Ihrer Abfahrt haben, dann können Sie im Hafengelände parken. Wenn Sie abends anreisen, um am nächsten Morgen eine der erste Fähren nehmen zu können, benötigen Sie einen Platz für die Übernachtung. Im Hafengelände dürfen Sie über Nacht nicht stehen bleiben. Es bieten sich aber in unmittelbarer Nähe des Fährhafens zwei Möglichkeiten an. Einmal ein Campingplatz, der eigens für diesen Zweck einige "Overnightplätze" bereithält und eine außergewöhnlich luxuriöse Anlage, in der in drei Bereichen insgesamt 200 Stellplätze mit großzügigen Raumverhältnissen angeboten werden. Den Kommandørgårdens Campingplatz finden Sie mit diesen Koordinaten [**063:** N55°05'55.0" E8°32'34.4"], den luxuriösen Wohnmobilstellplatz Oasen Rømø mit diesen [**064:** N55°05'37.0" E8°32'25.4"].

Die Einschiffung ist problemlos und geht relativ fix. Wenn Sie gebucht haben, werden Sie am Schalter gleich freundlich mit Ihrem Namen begrüßt und nach einer kurzen Wartezeit können Sie auf das Schiff fahren und bekommen Ihren Platz zugewiesen. Das läuft alles problemlos, die Auffahrrampen sind nicht steil. Nach ca. 40 Minuten ist man in List, kommt von der Fähre genauso problemlos wieder herunter und sucht einen der Campingplätze auf, die wir auf den folgenden Seiten zusammengestellt haben.

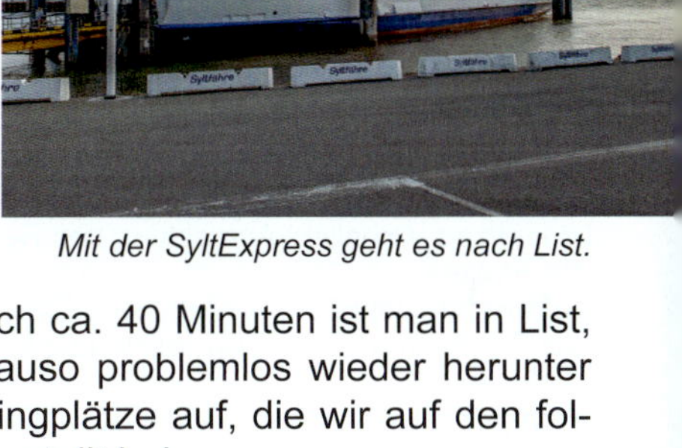

Mit der SyltExpress geht es nach List.

(065) WOMO-Campingplatz: Kampen

GPS: N54°57'01.1" E8°20'08.2"; Möwenweg 4, 25999 Kampen/Sylt.
Max. WOMOs: 161, maximale Länge 10 m.
Ausstattung: Wasserver- und Abwasserentsorgung, mehrere Wasserzapfstellen verteilt über den gesamten Platz, modernen Sanitäranlagen, Spülküche, Waschmaschine, Trockner, Stromversorgung an allen Plätzen, Behälter für die Müllentsorgung, Spielplatz, Kiosk, WLAN. Der Platz ist von Mitte März bis Ende Oktober geöffnet.

Beschreibung: Sehr großes Areal, nördlichster Campingplatz Deutschlands am Ortsrand von Kampen in unmittelbarer Nähe des Roten Kliffs. Er befindet sich hinter den Dünen und zeigt eine ruhige Atmosphäre.
Preise: Je nach Größe des Fahrzeugs und der Saison zwischen 25,00 € und 31,50 € inkl. zwei Personen. Weitere Personen je nach Alter zwischen 0,00 € und 4,00 €, Hund 4,00 €, Strom 0,70 € pro kWh. Kurtaxe 4,00 €. Entsorgung kostenlos, Frischwasser ist im Preis enthalten. Anmeldung und Bezahlung erfolgt an der Rezeption des Platzes.
Zufahrt: Mit der Fähre von Havneby (DK) nach List, von dort nach Kampen, den Ort durchfahren der Beschilderung folgen und am Ende des Ortes rechts abbiegen.
Reservierung/Kontakt: Buchung notwendig unter www.campen-in-kampen.de, Telefon: 04651/42086.

(066) WOMO-Campingplatz: Wenningstedt

GPS: N54°56'34.9" E8°19'37.2"; Osetal 3, 25996 Wenningstedt-Braderup.
Max. WOMOs: 232, maximale Länge 10 m.
Ausstattung: Individuelle Wasser-, Abwasser- und Stromanschlüsse auf allen Plätzen, WLAN. Im Servicegebäude gibt es moderne Sanitäranlagen, Koch- und Spülküche, Waschmaschine, Trockner, Hundedusche, Behälter für die Müllentsorgung, Spielplatz, Bäcker, Restaurant. Der Platz ist von Ende März bis Ende Oktober geöffnet und über Weihnachten und dem Jahreswechsel.

Beschreibung: Sehr großer Platz am Ortsrand von Wenningstedt in unmittelbarer Nähe des Roten Kliffs. Wesentlich lebendiger als der CP in Kampen.
Preise: Für das Fahrzeug je nach Lage auf dem Platz und der Saison zwischen 22,00 € und 31,00 €. Erwachsene Personen und Kinder über 6 Jahren zwischen 5,50 € und 6,50 €, Hund 3,50 €, Strom 0,70 € pro kWh. Waschmaschine/Trockner 3,50 €. Kurtaxe 3,50 €. Entsorgung kostenlos, Frischwasser ist im Preis enthalten. Anmeldung und Bezahlung erfolgt an der Rezeption des Platzes.
Zufahrt: Mit der Fähre von Havneby (DK) nach List, von dort nach Kampen, den Ort durchfahren der Beschilderung folgen und vor Wenningstedt rechts abbiegen.
Reservierung/Kontakt: Buchung notwendig unter www.campingplatz.wenningstedt.de, Telefon: 04651/944006.

(067) WOMO-Campingplatz: Westerland

GPS: N54°53'37.5" E8°17'53.4"; Süderstraße 66, 25980 Sylt.
Max. WOMOs: 200, maximale Länge 14 m.
Ausstattung: Wasser- und Abwasseranschluss nicht an allen Plätzen. Moderne Sanitäranlagen mit Dusche, Waschmaschine, Trockner, Spülküche. Stromversorgung an allen Plätzen, Behälter für die Müllentsorgung, Spielplatz, Restaurant, WLAN. Gut anfahrbare Entsorgungsstation. Der Platz ist von Anfang April bis Ende Oktober geöffnet.
Beschreibung: Wiesengelände mit 75m² bis 85m² großen Stellflächen. Am südlichen Ortsrand von Westerland, zwischen den Dünen und einem Wäldchen. Entfernung bis zur Strandpromenade von Westerland 2 km, bis zum Badestrand 300 Meter. Es herrscht eine sehr lebendige Atmosphäre auf dem Platz.

Preise: Je nach Größe des Fahrzeugs und der Saison zwischen 9,00 € und 20,50 € für ein Womo. Erwachsene Person 5,50 €, Kinder je nach Alter zwischen 0,00 € und 4,00 €, Hund 3,00 €, Strom 0,60 € pro kWh. Kurabgabe je nach Saison zwischen 1,65 € und 3,30 €. Entsorgung kostenlos, Frischwasser ist im Preis enthalten. Anmeldung und Bezahlung erfolgt an der Rezeption des Platzes.
Zufahrt: Mit der Fähre von Havneby (DK) nach List, von dort nach Westerland fahren und am Ende des Ortes rechts abbiegen.
Reservierung/Kontakt: Buchung notwendig unter www.duenencamping-westerland.de, Telefon: 04651/2991939.

(068) WOMO-Campingplatz: Rantum

GPS: N54°51'51.2" E8°17'41.1"; Hörnumer Str. 3, 25980 Sylt.
Max. WOMOs: 200, maximale Länge 14 m.
Ausstattung: Wasser- und Abwasseranschluss nicht an allen Plätzen. Moderne Sanitäranlagen mit Duschen, Waschmaschinen, Trocknern, Spülküche. Stromversorgung an allen Plätzen, Behälter für die Müllentsorgung, Spielplatz, Kinderanimation, Restaurant, Bäckerei und Laden, Shop für Camping- und Freizeitbedarf, WLAN. Gut anfahrbare Entsorgungsstation. Darüber hinaus gibt es vor der Schranke Stellplätze für Wohnmobile, die zu jeder Zeit anfahrbar sind. Der Platz ist von Anfang April bis Ende Oktober geöffnet.
Beschreibung: Wiesengelände mit 75m² bis 120m² großen Stellflächen am nördlichen Ortsrand von Rantum an der Ostseite der Insel. Bis zum Badestrand auf der Westseite sind es 500 Meter.
Preise: Je nach Größe des Fahrzeugs und der Saison zwischen 9,00 € und 25,00 € für ein Womo. Erwachsene Person 4,50 €, Kinder je nach Alter zwischen 0,00 € und 3,50 €, Hund 2,20 €, Strom 0,60 € pro kWh. Kurabgabe je nach Saison zwischen 1,65 € und 3,30 €. Entsorgung kostenlos, Frischwasser ist im Preis enthalten.

Zufahrt: Mit der Fähre von Havneby (DK) nach List, von dort über Kampen und Westerland nach Rantum fahren und vor dem Ort links abbiegen.
Reservierung/Kontakt: Buchung notwendig unter www.camping-rantum.de, Telefon: 04651/8892008.

(069) WOMO-Campingplatz: Hörnum

GPS: N54°45'51.5" E8°16'60.0"; Rantumer Str. 31, 25997 Hörnum (Sylt).
Max. WOMOs: 30, maximale Länge 10 m.
Ausstattung: Wasserver- und Abwasserentsorgung, moderne Sanitäranlagen mit zehn kombinierten Dusch- und Waschkabinen, Spülküche, Waschmaschine, Stromversorgung an allen Plätzen, Behälter für die Müllentsorgung, Spielplatz, Restaurent, WLAN. Der Platz ist von Mitte Februar bis Ende Oktober geöffnet.
Beschreibung: Südlichster Campingplatz auf der Insel Sylt am Ortsrand von Hörnum. Er befindet sich hinter den Dünen und zeigt eine ruhige Atmosphäre.
Preise: Je nach Größe des Fahrzeugs und der Saison zwischen 20,00 € und 24,00 € inkl. zwei Personen, Hund 3,50 €, Strom 0,55 € pro kWh. Entsorgung kostenlos, Frischwasser ist im Preis enthalten, Abfallpauschale (einmalig) 2,50 €. Anmeldung und Bezahlung erfolgt an der Rezeption des Platzes.

Zufahrt: Mit der Fähre von Havneby (DK) nach List, von dort über Kampen und Westerland an die Südspitze von Sylt fahren und kurz vor Hörnum rechts abbiegen.
Reservierung/Kontakt: Buchung notwendig unter campingplatz@hoernum.de, Telefon: 04651/8358431.

Sylt ist die größte der Nordfriesischen Inseln und nach Rügen, Usedom und Fehmarn die viertgrößte Insel Deutschlands. Sie erstreckt sich von Nord nach Süd über eine Länge von 38 Kilometern. Ihre maximale Breite misst rund 13 Kilometer. Die Insel hat etwas mehr als 17.000 Einwohner, die meisten davon wohnen in Westerland. 800.000 Gäste kommen jedes Jahr auf die Insel, etwas mehr als die Hälfte davon nach Westerland, die meisten im Sommer. 2017 war ein Rekordjahr für den Sylter Tourismus: 7,1 Millionen Übernachtungen wurden verzeichnet. Der Campingplatz in Westerland beherbergte 2018 fast 13.000 Gäste, die im Schnitt ungefähr fünf Tage blieben.

Beeindruckende Zahlen die den Eindruck der Bilder, die wir den Campingplatzbeschreibungen hinzugefügt haben, bestätigen. In den Sommermonaten ist es eng auf diesen Plätzen und zwar auf allen.

Wie auf den zuvor besuchten Inseln, ist es auch hier wenig sinnvoll mit dem WOMO umherzufahren, um die Insel zu erkunden. Also ist wieder das Fahrrad dran. Wer keins dabei hat, leiht sich eines oder wählt eine Kombination aus Wandern und Bus fahren. Alle Orte auf Sylt sind mit dem ÖPNV miteinander verbunden. Einen Busfahrplan finden Sie hier www.svg-busreisen.de. Ein gedrucktes Exemplar bekommen Sie auf ihrem Campingplatz oder am Bahnhof in Westerland.

Gehen wir nun die Insel von Nord nach Süd durch. Sie werden es bei der Ankunft mit der Fähre schon gesehen haben, das **Riesenrad** in List. Seit 2017 ist es die Attraktion im Lister Hafen. Wem es auf dem Boden noch nicht windig genug ist, kann sich für fünf Euro eine Nordseebrise in 36 Metern Höhe um die Nase wehen lassen. List ist auch bekannt für seine Austernzucht und für die **nördlichste Fischbude Deutschlands**, die dem Unternehmer Jürgen Gosch gehört, der auf Sylt und in sehr vielen anderen Orten in Deutschland Fischlokale betreibt. Hier in List startete er seine Unternehmerkarriere. Versäumen Sie nicht einmal durch das **Erlebniszentrum Naturgewalten** zu gehen. Es bringt, wie der Name schon sagt, dem Besucher die Naturgewalten nahe und zeigt so manche Landschaftsveränderung an der Nordseeküste im Zeitraffer.

Der Norden der Insel ist eine einzige Dünenlandschaft, die im Ellenbogen mit bis zu 25 Meter hohen Wanderdünen endet. Das gesamte Gebiet steht unter Naturschutz, ist aber nicht Teil des Nationalparks. Zwei schmale Straßen führen durch das Gebiet, eine durch den Ellenbogen, eine vom Parkplatz des Weststrandes in Richtung Kampen. Diese beiden Straßen dienen auch als Radwege. Zahlreiche Fahrradparkplätze und einige PKW-Parkplätze säumen die Straßen. Von diesen Punkten führen Wege durch die Dünen zu den Stränden.

Der Weststrand am Nehrungshaken bei List.

Nördlich von Kampen beginnt der autofreie Radweg, der über eine Länge von 14 Kilometern nach Westerland führt. Eine in den Sommermonaten stark frequentierte Radwanderbahn. Die Radparkplätze an dieser Strecke sind oft voll, besonders dort, wo die **Uwe Düne** und das **Rote Kliff** in der Nähe sind. Die 52,5 Meter hohe Uwe Düne ist der höchste Punkt der Insel Sylt. Eine Treppe führt hinauf. Von der Aussichtsplattform reicht der Blick

Radtour durch die Dünen im Norden der Insel Sylt.

Das Rote Kliff bei Kampen in der Abendsonne.

Die Uwe Düne ist mit 52,5 Meter der höchste Punkt der Insel Sylt.

weit über die Insel und Kampen, dem Ort mit den nobelsten und teuersten Häusern auf Sylt. Wenige Meter von dem Aussichtspunkt entfernt befindet sich das **Rote Kliff**, das in der Abendsonne besonders schön anzuschauen ist.

Wir befinden uns hier am nördlichen Rand des hochgelegenen zentralen Sylter Geestkerns, der bis Westerland reicht. Dieser Kern ist eine Bildung der vorletzten Eiszeit und reichte wesentlich weiter nach Westen in die Nordsee hinein. Die Brandung der See hat im Laufe der Jahrtausende immer mehr Masse abgetragen und dieses Kliff, das wir heute bestaunen, entstehen lassen. Auf diesem Geestkern steht auch der Leuchtturm "Langer Christian" südlich von Kampen, den man im Gegensatz zu dem auf Amrum, nicht besteigen kann. Um mit dem Rad daran vorbeizufahren, geht es durch **Kampen**. Die reetgedeckten Häuser mit ihren Friesenwällen, die aus Findlingen

Restaurant und Boutique in Kampen.

bestehen, sind in der Tat in vielen Fällen eine reine Augenweide. Auch die vielen kleinen Geschäfte, Restaurants und Cafés wirken sehr viel nobler als in den anderen Orten auf der Insel.

Leuchtturm "Langer Christian".

Vom Leuchtturm geht es weiter an den Nordrand von Wenningstedt. Dort ist das **Steinzeitgrab Denghoog**, in der Nähe des Campingplatzes zu besichtigen. Es ist so alt wie Stonehenge, nur nicht so berühmt, aber immerhin das besterhaltene Ganggrab Schleswig-Holsteins.

Nun ist es nicht mehr weit bis nach **Westerland**, dem Hauptort der Insel. Hier ist Trubel angesagt. Tagsüber in den Cafés der Friedrichstraße, die direkt vom Bahnhof über die Wilhelmstraße zur Kurpromenade führt und nachts in den Clubs und Bars der Stadt. Die Kurpromenade und der Strand sind in den Sommermonaten sehr belebt, um es freundlich auszudrücken. Und wenn Sie auf der hippen Promenade flanieren möchten, dann müssen Sie erst einmal Eintritt zahlen.

Kurpromenade und Strand in Westerland.

Wer einen ruhigen Urlaubsort sucht, sollte nicht nach Westerland kommen. Wer Strand und nightlife haben möchte, der ist hier mit den vielen Bars und Kneipen bestens aufgehoben. Besondere architektonische Reize hat Westerland nicht zu verzeichnen, wenn man hierzu Cannes oder Nizza zum Vergleich nimmt.

In der Friedrichstraße von Westerland.

Sehenswert ist jedoch das **Aquarium**, das im Süden von Westerland, ganz in der Nähe des örtlichen Campingplatzes zu finden ist. Mit 25 Schaubecken und einem langen Panoramatunnel bringt es den Besuchern die Unterwasserwelt der Nordsee und der Tropen näher. (*Öffnungszeiten: Täglich von 10:00 bis 18:00 Uhr. Eintrittspreis 13,50 € für den Erwachsenen, 2 Erwachsene, 2 Kinder als Familie 35,50 €*).

Südlich von Westerland wird die Insel schmal und ruhig. Eine Straße und ein parallel dazu verlaufender Radweg führen bis nach **Hörnum**, dem südlichsten Ort auf Sylt. Die Strände sind weitgehend leer, nur in der Nähe des Campingplatzes ist es etwas belebter. Zwischen Rantum und Hörnum gibt es auf zehn Kilometern Länge nur drei Gastronomiebetriebe am Strand, bei denen eine Rast eingelegt werden kann. Ansonsten gibt es nur Dünen, Strand und den Aussichtspunkt Bunker Hill, eine ehemalige militärische Anlage.

Strand in Hörnum in der Nähe des Campingplatzes.

Hörnum ist im Vergleich zu Westerland ein kleiner beschaulicher Ort mit weniger als 1000 Einwohnern. Eigentlich ein Dorf, wenn die vielen Ferienhäuser rund um die Hafenanlagen nicht einen anderen Eindruck vermitteln würden.

Das Morsum Kliff im Osten von Sylt.

Von Hörnum lassen sich Tagesausflüge nach Amrum unternehmen oder zu den Ruheplätzen der Seehunde und Kegelrobben im Weltnaturerbe Wattenmeer. Dies geschieht mit Mitarbeitern der Schutzstation Wattenmeer.

Gasthof in der Nähe des Morsum Kliffs.

Ist es im Süden der Insel schon ruhig, so ist es im Osten der Insel noch ruhiger. Naturkundlich interessierte zieht es zum **Morsum Kliff**, einem der ältesten Naturschutzgebiete Schleswig-Holsteins und eines der bedeutendsten geologischen Denkmäler in Deutschland. Was ist das Besondere an diesem Kliff? Die hier sichtbaren Formationen wurden unter Einwirkung der Gletscher der Saale-Kaltzeit vor etwa 120.000 Jahren aus ihrer natürlichen horizontalen Lage so aufgestaucht, dass sie heute in der Reihenfolge ihrer Entstehung nebeneinander und nicht mehr übereinander im Kliff zu sehen sind. Auf Schautafeln in der Nähe des Kliffs wird diese anschaulich erklärt. Darüber hinaus ist diese Ecke Sylts landschaftlich sehr reizvoll für eine kleine Wanderung zwischen Kliff, Watt und Heidelandschaft.

Auf der Terrasse des Landhauses Severins rekapitulieren wir unseren Besuch auf der Insel Sylt, dessen Umrisse als Logo längst zu einem Markenzeichen wurde, das millionenfach auf Autohecks klebt. Unser Fazit: Sylt ist nicht nur Schickimicki und Prominenteninsel, Sylt hat viele schöne ruhige Ecken in einer sehr schönen Naturlandschaft.

TOUR 5 (ca. 100 km)

Neukirchen – Süderlügum – Ladelund – Achtrup – Leck – Schafflund – Wallsbüll – Flensburg

Stellplätze:	Neukirchen, Süderlügum , Ladelund, Achtrup, Leck, Schafflund, Wallsbüll, Flensburg.
Campingplätze:	Keine.
Ver-/Entsorgung:	Neukirchen, Ladelund, Leck, Flensburg.
Besichtigungen:	Neukirchen (Nolde Museum), Wallsbüll (Wikingermuseum), Flensburg (Altstadt, Phänomenta, Mystery House, Rummuseum)
Wandern:	Süderlügum (Binnendünen).
Baden/Wellness:	Ladelund (Badesee), Leck (Freizeitbad).

Von Sylt, wo die letzte Tour beendet wurde, machen wir nun einen großen Satz zurück nach Niebüll und starten unsere Reise durch Südschleswig nach Flensburg. Erstes Zwischenziel dieser Etappe ist das Nolde-Museum in Seebüll. Auf dem Weg dorthin kommen wir in Neukirchen vorbei, einem kleinen

beschaulichen Ort, den wir auf der Fahrt nach Sylt schon kennengelernt haben und dessen Stellplatzdaten Sie auf Seite 140 lesen können. Das **Nolde-Museum** finden Sie unter dieser Adresse: Seebüll 31, 25927 Neukirchen oder mit diesen Koordinaten N54°52'53.8" E8°46'32.9". Der Parkplatz wäre für eine Übernachtung ideal, er ist ruhig und abgelegen, nur die

Das Nolde-Museum in Niebüll.

Das Leben Christi (Polyptychon), 1911/12; Öl auf Leinwand.
© Nolde Stiftung Seebüll. Foto: Heiner Newe

Museumsleitung lässt dies nicht zu. Die nächstliegenden Plätze sind in Neukirchen, den wir schon erwähnt haben und in Süderlügum, den Sie auf der Seite 153 beschrieben finden.

Emil Nolde war einer der führenden Maler des Expressionismus. Er wurde 1867 als Hans Emil Hansen in Nolde südöstlich von Tøndern (heute Dänemark) geboren und verstarb 1956 in Seebüll. Sein Grab befindet sich unweit des Museums, wo er mit seiner Frau Ada seine letzte Ruhestätte fand. Das Wohn- und Atelierhaus, das Nolde selbst entworfen hatte und an den Bauhausstil erinnert, dient heute als Museum. Die Wohnräume sind teilweise noch original möbliert. Im ehemaligen Atelier sind heute seine religiösen Bilder ausgestellt, wie das Hauptwerk, der neunteilige Zyklus "Das Leben Christi", das Sie auf dem Foto oben sehen. Nolde war ein großer Gartenfreund. Sein Garten war eine Quelle für die Inspiration. Auch heute wird der Garten am Museum gehegt und gepflegt und glänzt mit einer großen Blütenpracht.

Blütenpracht im Garten des Museums.

In den letzten Jahren geriet Nolde wegen seiner Nähe zum Nationalsozialismus in die Schlagzeilen. Das werden wir hier nicht thematisieren. Wen es interessiert, der findet im Netz genug Quellen und Seiten, die sich damit beschäftigen. Die gesamte Biographie Noldes können Sie hier nachlesen www.nolde-stiftung.de.

Das Museum ist von Anfang März bis Ende Oktober täglich zwischen 10:00 und 18:00 Uhr geöffnet. Der Eintritt für einen Erwachsenen kostet 8,00 €.

Wir fahren weiter nach Süderlügum. Der beschauliche Ort hat einen bescheidenen Stellplatz.

(070) Offizieller WOMO-Stellplatz: Süderlügum

GPS: N54°52'28.7" E8°54'12.6"; Jahnstraße 4, 25923 Süderlügum.
Max. WOMOs: 4, maximale Länge 12 m.
Ausstattung: Keinerlei Versorgungseinrichtungen, ganzjährig geöffnet. Restaurant mit Biergarten (Sportlerklause) am Rande des Platzes.
Beschreibung: Gepflasteter Platz in der Ortsmitte zwischen Mehrzweckhalle und Freibad, nachts ruhig.
Preise: Kostenlos.
Zufahrt: In der Ortsmitte am Rewe-Markt links abbiegen. Der Straße 350 Meter folgen, dann erneut links abbiegen.

Wir betrachten ihn eher als einen Etappenort, der für eine ruhige Übernachtung gut ist. Einen längeren Aufenthalt muss man hier nicht planen, obwohl der Ort eine gute Ausgangsbasis darstellt, um eine Etappe auf dem 130 Kilometer langen Grenzradweg zwischen Dänemark und Deutschland abzuradeln. Der Radweg führt von Flensburg bis an die Nordseeküste.

Süderlumer Binnendünen.

Von Süderlügum führt eine Etappe nach Westen in das 20 Kilometer entfernte dänische Høyer und eine Etappe nach Osten in das 28 Kilometer entfernte Walsbüll. Bei der letztgenannten Etappe werden auch die **Süderlügumer Binnendünen** durchfahren. Die Dünen entstanden nach der letzten Eiszeit und unterscheiden sich nicht grundsätzlich von denen an der Küste. Wir schnuppern nur einmal an dieser Strecke, packen die Räder danach wieder hinten drauf und fahren zwölf Kilometer weiter nach Ladelund. Die Landschaft hier an der dänischen Grenze ist beindruckend verkehrsarm. Nix los auf der Straße, außer wenn ein Ungetüm von Traktor entgegenkommt, die hier alle von beachtlicher Größe sind. Noch vor Ladelund fahren wir den folgenden Stellplatz an.

(071) Offizieller WOMO-Badeplatz: Naturbad Ladelund

GPS: N54°50'56.9" E9°02'06.5"; Stato, 25926 Ladelund.
Max. WOMOs: 10, maximale Länge 12 m.
Ausstattung: Wasserver- und Abwasserentsorgung, mit Bodeneinlass, Kassettenentleerung, Stromanschlüsse, Behälter für die Müllentsorgung, schattenlos, geöffnet vom 1. Juni bis 31. August (Naturbadbetrieb). Außerhalb des Naturbadbetriebes kann der Stellplatz auch genutzt werden. Eine telefonische Anmeldung ist dafür allerdings notwendig. Die Nummer befindet sich am Aushang im Eingangsbebäude des Naturbades.

Beschreibung: Wiesenfläche direkt neben dem Naturbad, nachts sehr ruhig. Entfernung bis zur Ortsmitte 1,5 Kilometer.
Preise: 10,00 € für ein Fahrzeug mit 2 Personen inkl. Entsorgung, Frischwasser und Strom. Anmeldung und Bezahlung erfolgt an der Kasse des Naturbades.
Zufahrt: Von der L245 ca. 1 Kilometer vor dem Ortseingang rechts abbiegen.

Wer noch den ganzen Trubel und die Enge der Stellplätze auf Sylt in Erinnerung hat, erlebt hier das krasse Gegenteil. Hier macht es Spaß Tisch und Stühle aus dem Stauraum hervorzukramen, denn hier ist Platz in Hülle und Fülle vorhanden. Wer mit Hunden unterwegs ist wird den Platz genießen. Dass dabei auch ins kühle Nass gesprungen werden kann, macht den Platz besonders attraktiv.

Naturbad Ladelund.

Entstanden ist das Naturbad durch die Renaturierung einer Mergelgrube, die 1928 aufgegeben wurde.

Öffnungszeiten: Von Juni bis einschließlich August täglich von 13:00 bis 20:00 Uhr.

Von Ladelund geht die Fahrt weiter nach **Achtrup**. Hier halten wir uns allerdings nicht lange auf. Die Gemeinde hat mit all ihren Ortsteilen keine 1500 Einwohner, aber einen WOMO-freundlichen Gasthof, der schmackhafte norddeutsche Gerichte zu moderaten Preisen anbietet. (*Öffnungszeiten: Mittwochs bis sonntags ab 17:00 Uhr).*

Das nächste Ziel ist **Leck**, der Ort ist nur wenige Kilometer von Achtrup entfernt. Um zum Stellplatz am Erlebnisbad zu gelangen, müssen wir die Stadt erst durchfahren.

(072) Offizieller WOMO-Gasthof-Stellplatz: Landgasthof Achtruper Stuben

GPS: N54°47'37.0" E9°01'36.5"; Ladelunder Str. 24, 25917 Achtrup.
Max. WOMOs: 4, maximale Länge 10 m.

Ausstattung: Strom- und Wasserversorgung. Keine Entsorgungsmöglichkeit. Brötchen- und Frühstücksservice im Gasthof, Restaurant mit ausgezeichneter norddeutscher Küche.

Beschreibung: Befestigter Platz in Ortsrandlage, nachts ruhig.

Preise: Kostenlos bei einer Einkehr im Landgasthof.

Zufahrt: Aus Ladelund kommend am Ortseingang rechts.

(073) Offizieller WOMO-Badeplatz: Leck – Reisemobilhafen

GPS: N54°46'01.1" E8°58'54.0"; Am Stadion 3, 25917 Leck.
Max. WOMOs: 20, maximale Länge 12 m.

Ausstattung: Wasserver- und Abwasserentsorgung (mit Bodeneinlass), Kassettenentleerung, Stromanschlüsse, Behälter für die Müllentsorgung. Dusche und WC im Erlebnisbad. Ganzjährig geöffnet.

Beschreibung: Befestigte Rasenplätze direkt neben dem Erlebnisbad, 500 Meter bis zur Ortsmitte mit Restaurants und Einkaufsmöglichkeiten.

Preise: 5,00 € für ein Fahrzeug mit 2 Personen (Münz- und Euroscheinautomat, keine Wechselgeldausgabe). Entsorgung kostenlos, Frischwasser 1,00 €, Strom 0,50 € pro kWh.

Zufahrt: Der Beschilderung zum Erlebnisbad folgen.

Leck liegt in der **Karrharde**, dem äußersten Nordosten Nordfrieslands im Übergangsbereich von der Marsch in die Geest. Der Mischwald des Langenberger Forstes im Süden der Stadt liegt in der Geest. Er lädt zu langen Spaziergängen ein und das Erlebnisbad ist bei Schietwetter mit seinem Schwimmbecken, Riesenrutsche, Dampfbad und Saunen ein gern aufgesuchter Ort in Leck. Das war es dann aber auch schon, was wir über diesen Ort zu berichten haben. Die Stadtmitte hat keinen besonderen Reiz, und nur wenige historische Häuser.

Reetgedeckes Haus in Leck.

Wir fahren weiter in Richtung Flensburg. In **Schafflund** kommen wir an einem weiteren Gasthof vorbei, der für uns Wohnmobilisten einen Übernachtungsplatz anbietet.

(074) Offizieller WOMO-Gasthof-Stellplatz: Schafflund – Hotel & Restaurant Utspann

GPS: N54°45'33.2" E9°10'46.9"; Hauptstraße 47, 24980 Schafflund.
Max. WOMOs: 4, maximale Länge 10 m.
Ausstattung: Befestigter Platz ohne Versorgungseinrichtungen. Brötchen- und Frühstücksservice im Gasthof, Restaurant mit guter norddeutscher Küche.
Beschreibung: Ortsrand, relativ ruhig.
Preise: Kostenlos bei einer Einkehr im Restaurant.
Zufahrt: Auf der B199 aus Leck kommend am Ortseingang rechts.

Spannend wird es in **Wallsbüll**. Der Ort liegt rund 20 Kilometer von Leck entfernt. Den Stellplatz werden Sie nur dann so leer vorfinden, wenn nicht gerade mal wieder eine Wikingerschlacht um Wallsbüll ausgetragen wird.

(075) Offizieller WOMO-Stellplatz: Wallsbüll – Freizeitanlage

GPS: N54°46'40.5" E9°14'18.9"; Ellunder Str., 24980 Wallsbüll.
Max. WOMOs: 8, maximale Länge 10 m.
Ausstattung: Stromanschlüsse, Behälter für die Müllentsorgung, ganzjährig geöffnet.
Beschreibung: Befestigter Grünstreifen zwischen der Ellunder Straße und der alten Eisenbahnlinie, relativ ruhig. Bis zum Abenteuerspielplatz sind es rund 250 Meter, bis zur wikingerzeitlichen Hofanlage Valsgaard rund 500 Meter.

Preise: 7,00 € für ein Fahrzeug, die Parkgebühr ist in Bussmanns Gasthof, Hauptstraße 23 (ca. 400 Meter entfernt) zu entrichten.
Zufahrt: Von der B199 über die Hauptstraße in die Mitte des Ortes fahren, die Bahnlinie überqueren und dann sofort rechts abbiegen.

Jedes Jahr im August treffen sich die Freunde des Mittelalters in diesem nachgebauten Wikingerdorf und dreschen schwer bewaffnet mit Schwertern und Spießen aufeinander ein. Sie kommen aus dem nahen Dänemark, aus dem tiefen Süden Deutschlands und aus anderen Ecken Europas. Für die Zuschauer bieten Sie dann ein Schlachtgetümmel, bei dem natürlich niemand ernsthaft verletzt wird. Begleitet wird das Ganze von einem Mittelaltermarkt auf dem Marketenderinnen und Handwerker ihre Waren feilbieten. Am Abend ertönen mit Flöte und Leier frühmittelalterliche Klänge. Met und andere kulinarische Genüsse gehören natürlich auch dazu und können verkostet werden. Tagsüber dürfen auch Sie sich im Axt- oder Speerwerfen üben. Für Unterhaltung ist also ge-

Nachgebautes Wikingerdorf in Wallsbüll.

sorgt. Wann dieses Spektakel stattfindet und welche weiteren Veranstaltungen noch angeboten werden, erfahren Sie hier https://valsgaard.de.

Findet kein Gelage oder Fest statt, kann die Anlage nur von außen besichtigt werden, es sei denn, es sind gerade Vereinsmitglieder auf dem Gelände. Dann sind Sie herzlich eingeladen die Gebäude näher zu betrachten.

Nun machen wir zeitlich einen gewaltigen Sprung. Vom Markttreiben auf einem Mittelaltermarkt, geht es zum Marktreiben in einem modernen neuzeitlichen Konsumtempel, vor dessen Türen dieser Stellplatz zu finden ist.

(076) Offizieller WOMO-Stellplatz: Flensburg – CITTI-PARK

GPS: N54°46'26.1" E9°23'39.3"; Lilienthalstraße 6, 24941 Flensburg.
Max. WOMOs: 31, maximale Länge 12 m.
Ausstattung: Wasserver- und Abwasserentsorgung, mit Bodeneinlass (sehr gut anzufahren und zu jeder Zeit zugänglich), Kassettenentleerung, Behälter für die Müllentsorgung, schattenlos, ganzjährig geöffnet.
Beschreibung: Gepflasteter Platz in einem Gewerbegebiet gegenüber dem Shopping-Center CITTI-PARK, nicht ruhig.
Preise: Kostenlos, über einen Münzautomaten gibt es Frischwasser für 1,00 € (nur 1,00 €-Münzen). Die Kundentoiletten im CITTI-PARK können kostenlos genutzt werden.
Zufahrt: Auf der B199 nach der Unterquerung der Autobahn A7, an der zweiten Abfahrt in Richtung Flensburg rechts abbiegen. Nicht zu verfehlen.

Um Vorräte zu bunkern ist der Platz natürlich ideal, denn im CITTI-PARK ist alles zu finden, was unterwegs benötigt wird.

Flensburg

077
Flensburger
Förde
Am Industriehafen
Am Industriehafen
Harniskai
Kielseng
Volkspark
Werftstraße
Werftstraße
Neustadt
Nordertor
Duburger Str.
Phänomenta
Schiffbrücke
Yacht-
hafen
Ballastbrücke
Ballastkai
P
Museums-
hafen
Aussichtsplattform
Marientreppe
101 Stufen
Norderstraße
P
Schiffbrücke
Nordstraße
Fischereimuseum
Hafendamm
Toosbüystraße
Neue
Str.
Yacht-
häfen
Knuthstraße
Sankt Marien
W.-Brandt-Platz
Porticus
Schiffbrück-
str.
Große Straße
Nordergraben
Norderhofenden
P
Hafen-
spitze
Rathausstraße
Mühlenstraße
Alter
Friedhof
Museumsberg
Flensburg
Holm
Bismarckstraße
Stuhrsallee
Holmpassage
Holm
Südorhofenden
Sankt Nikolai
Flensburg-
Galerie
Südermarkt
Angelburger Straße
N
Südergraben
Friesische Straße
Rote Straße
Heinrichstraße
250 Meter
Schützenkuhle
Rum Manufaktur Museum
Friedrich-Ebert-Straße

Für eine Übernachtung und für den Besuch der Stadt Flensburg finden wir diesen Stellplatz aber weitaus angenehmer.

(077) Offizieller WOMO-Stellplatz: Flensburg – Am Industriehafen

GPS: N54°48'15.3" E9°26'35.8"; Am Industriehafen, 24937 Flensburg.
Max. WOMOs: 12, maximale Länge 8 m, max. Aufenthalt 24h.

Ausstattung: Keinerlei wohnmobilspezifische Einrichtungen, ganzjährig geöffnet.
Beschreibung: Befestigter sandiger Platz in einer Sackgasse am Industriehafen, relativ ruhig.
Preise: Kostenlos.
Zufahrt: Flensburg durchqueren und in das Hafengelände fahren. Im Industriehafen der Beschilderung zum Stellplatz folgen. Die Lage des Platzes ist auf dem Stadtplan oben rechts zu sehen.

Wenn der Name **Flensburg** in einem Gespräch fällt, dann geht es zumeist um die berühmte Verkehrssünderkartei. Wir schauen heute aus einem ganz anderen Blickwinkel in die durchaus reizvolle Stadt und bewegen uns dabei in erster Linie zwischen **Nordertor** und **Südermarkt**.

Vom Stellplatz am Industriehafen bis zur Hafenspitze sind es etwas mehr als zwei Kilometer. Der Fußmarsch ist nicht langweilig. Entlang des Harniskais geht es bei erster Gelegenheit gleich an das Hafenbecken, dann entlang der Kaimauern an den Yachthäfen vorbei bis zur Hafenspitze. Der Blick ist dabei immer auf den Hafen und das gegenüberliegende Ufer

Hafen in Flensburg.

Sankt Marien an der Großen Straße.

gerichtet. Von der Hafenspitze geht es entlang des Hafenbeckens zum Willy-Brandt-Platz. Hier lässt sich die verkehrsreiche Straße an einer Ampelanlage gut überqueren und über die Schiffbrückstraße ist dann die **Große Straße** schnell erreicht. Es ist die Flaniermeile Flensburgs, die im Norden in die Norderstraße übergeht und im Süden in den Holm. Zusammen bilden sie eine über ein Kilometer lange Einkaufsstraße mit rund 500 Ladengeschäften. Wem das noch nicht genug ist, der durchstreift noch die Holmpassage oder geht in die Flensburg-Galerie. Da ist es fast überflüssig zu erwähnen, dass sich zwischen diesen ganzen Geschäften natürlich auch viele Restaurants, Kneipen und Cafés mischen.

Gehen wir zunächst in nördliche Richtung. Die wuchtige Kirche **Sankt Marien** fällt sofort auf, sie steht am Nordermarkt.

Das Nordertor, links daneben die Phänomenta.

Sie stammt aus dem 13. Jahrhundert und ist ein typisches Gebäude der Backsteingotik. In der Kirche ist der größte Altar der Spätrenaissance in Schleswig-Holstein zu bewundern.

Ihr gegenüber steht ein Fachwerkgebäude aus dem 18. Jahrhundert, in dem das **Porticus** untergebracht ist. Eine Studentenkneipe, die mittlerweile nicht nur von Studenten besucht wird. Mit ihrem Interieur ist sie die urigste Kneipe in Flensburg.

Einen Blick auf den Hafen bietet die **Aussichtsplattform** bei der Duburg-Schule (Duborg-Skolen), einer Schule für die Schüler der dänischsprachigen Minderheit in Flensburg. Der kürzeste Weg zu dieser Plattform führt über die Marientreppe. Genau 101 Stufen sind dabei hochzusteigen. Am Ende der Norderstraße befindet sich das **Nordertor**, es wurde Ende des 16. Jahrhunderts errichtet und war in der Stadtbefestigung integriert. Heute ist es ein Nebengebäude der **Phänomenta**, einem Science Center mit vielen Experimentierstationen die dem Besucher Mathematik, Physik und Technik spielerisch näher bringen. Es wendet sich vor allem an Kinder, aber auch Erwachsene können hier sehr viel Lernen ohne knifflige Fragen beantworten zu müssen. Einfach ausprobieren und machen ist die Devise und dann sehen was rauskommt oder wie es funktioniert. Hier gewinnen Sie schon einmal einen Eindruck www.phaenomenta-flensburg.de.

Das Porticus, die urigste Kneipe Flensburgs.

Öffnungszeiten: Montags (Juni bis September) 10:00 bis 18:00 Uhr, dienstags bis freitags 10:00 bis 18:00 Uhr, samstags, Sonn- und Feiertage 12:00 bis 18:00 Uhr. Eintritt: 11,00 € für den Erwachsenen, Jugendliche bis 16 Jahren 8,00 €, Kinder von 3 bis 6 Jahren 3.00 €.

Gehen wir nun nach Süden und starten wieder an der Schiffbrückstraße. Die Große Straße und der anschließende Holm sind gesäumt von kleinen Ladengeschäften, Boutiquen,

Cafés, Eisdielen, Backshops, Restaurants und das ist die Besonderheit in Flensburg, auch von Rumgeschäften. Die Stadt hat sich mit diesem Zuckerrohrschnaps einen Namen gemacht. In **Braasch's Rum Manufaktur** in der Roten Straße wird die Geschichte erzählt, warum ausgerechnet Flensburg zur Rum-Metropole wurde und nicht Hamburg oder Bremen oder eine andere Hafenstadt an der Nord- oder Ostsee. Mit 150 Handelshäusern galt Flensburg im 19. Jahrhundert als Rum-Metropole Europas. Die Flensburger Schiffe fuhren in dieser Zeit oft die sogenannte Dreiecksroute. Sie transportierten Waren nach Westafrika, nahmen dort Sklaven an Bord und verschifften diese auf die Westindischen Inseln. Dort luden sie Zucker und Roh-Rum sowie Kaffee, Tabak und Pfeffer ein. Auf den mehrmonatigen Reisen merkten die Schiffsleute, dass der sehr starke Originalrum mit längerer Lagerdauer viel aromatischer wird. Diese Erfah-

Rum aus Flensburg.

Im Rum Manufaktur Museum.

rung floss in die Verfeinerung dieses hochprozentigen Getränkes ein, bei dem jeder Rumhersteller seine eigenen Rezepturen verwendet.

Wenn Sie an der Rum-Geschichte kein Interesse haben, so sollten Sie dennoch nicht versäumen einen Spaziergang durch die Rote Straße mit all ihren Neben- und Innenhöfen zu unternehmen. Neben der Rum Manufaktur finden Sie hier Kunstgalerien, schnuckelige Restaurants, eine Kaffee Rösterei, die täglich frisch gerösteten Kaffee anbietet und vieles andere mehr.

Innenhof an der Roten Straße.

Wer einen umfassenden Blick in die Kunst- und Kulturgeschichte des ehemaligen Herzogtums Schleswigs werfen möchte, der macht sich auf dem Weg zum **Museumsberg**. Mit den zwei Häusern, dem Heinrich-Sauermann-Haus und dem Hans-Christiansen-Haus, ist es eines der größten Museen in Schleswig-Holstein. Die Dauerausstellung im erstgenannten zeigt originale Bauernstuben und präsentiert eine historische Möbelsammlung mit über 900 Exponaten. Das zweitgenannte Haus widmet sich der Kunst. Hier sind Werke von Hans Christiansen, Ernst Barlach und Emil Nolde ausgestellt. Über die wechselnden Ausstellungen finden Sie hier nähere Informationen www.museumsberg-flensburg.de.

Öffnungszeiten: Ganzjährig dienstags bis sonntags von 10:00 bis 17:00 Uhr. Eintritt: 6,00 € für den Erwachsenen.

Wir sind hier am Ende der Flensburger Förde und fahren in der nächsten Tour auf dem Landweg dorthin, wo die Förde beginnt. Wenn Sie die Förde auf dem Wasser erleben möchten, so können Sie dies mit einem gemieteten Boot tun.

Ein kleines führerscheinfreies Motor- oder Angelboot können Sie zum Beispiel hier mieten https://flysail.de, auch online. Einen weiteren Bootsverleih gibt es in Wackerballig am Eingang der Flensburger Förde. Dazu mehr im nächsten Kapitel. Jetzt geht es zurück zum Stellplatz, nicht ohne vorher am Hafen bei Gosch etwas Leckeres aus der maritimen Kombüse zu probieren.

TOUR 6 (ca. 120 km)

Glücksburg – Holnis – Langballigau – Westerholz – Nübelfeld – Norgaardholz – Gelting Mole – Wackerballig – Hasselberg – Maasholm – Kappeln – Arnis – Karschau

Offizielle Stellplätze:	Holnis, Bockholmwik, Langballigau, Westerholz, Nübelfeld, Norgaardholz, Gelting Mole, Wackerballig, Maasholm, Kappeln, Arnis.
Campingplätze:	Hassselberg, Karschau.
Ver-/Entsorgung:	Holnis, Langballigau, Westerholz, Norgaardholz, Gelting Mole, Wackerballig, Maasholm, Kappeln, Arnis.
Besichtigungen:	Schloss Glücksburg, Bismarckturm in Nübelfeld, Mühle Charlotte im NSG Geltinger Birk, Kappeln (Altstadt und Hafen), Arnis (Altstadt).
Wandern:	Wanderungen zur Nordspitze von Holnis und durch das Naturschutzgebiet Geltinger Birk, Radtour nördlicher Schleirundweg.
Baden/Wellness:	Bockholm (Strand), Langballigau (Strand), Westerholz (Strand), Norgaardholz (Strand), Wackerballig (Strand), Hassselberg (Strand).

Diese Tour führt uns von der Flensburger Förde an die Schlei. Die Region die wir dabei durchfahren ist die Halbinsel Angeln, die im Norden von der Flensburger Förde, im Osten von der Ostsee und im Süden von der Schlei begrenzt wird. Im Westen geht diese Halbinsel in die Geest über, die ungefähr dort beginnt, wo heute die Autobahn entlangführt. Der Name dieser Halbinsel geht auf den germanischen Volksstamm der Angeln zurück, der in dieser Region siedelte. Ein Teil dieses Volksstammes wanderte im 5. Jahrhundert nach Großbritannien aus. Mit East Anglia und England ist die sprachliche Verwandtschaft noch heute erkennbar.

Wir werden uns bei dieser Tour hauptsächlich im Küstenbereich bewegen und dabei viele Stellplätze an der Flensburger Förde, der Ostsee und der Schlei aufsuchen.

Beginnen wollen wir mit **Glücksburg**. Klären wir zunächst wo Sie parken können. Mit einem kleineren Fahrzeug geht es hier N54°49'53.7" E9°32'45.9" am Schlossteich, wenn Sie Glück haben. Falls der Parkplatz belegt sein sollte, oder Sie ein größeres Fahrzeug haben, dann versuchen Sie es hier in der Gorch-Fock-Straße N54°50'02.3" E9°33'08.7".

Dass die Verwandtschaftsverhältnisse in den europäischen Adelshäusern recht vielschichtig sind, ist gemeinhin bekannt. Als Kurfürsten, Könige und Kaiser noch die Politik bestimm-

Schloss Glücksburg.

ten, war die Heirat auch ein Mittel der Politik. Da hieß es dann schon öfter mal nicht "Ja, ich will!" sondern "Nein, du musst!", natürlich nicht vor dem Traualtar sondern vorher. Ehen wurden aus machtpolitischen Gründen arrangiert. Einen Spitzenplatz im europäischen Hochadel erreichte dabei der dänische König Christian IX., Stammvater der glücksburgischen Linie, der nach der Niederlage im Krieg gegen Preußen und Österreich (1864) konsequent eine Neutralitäts- und Friedenspolitik verfolgte. Alle seine sechs Kinder machten glänzende Partien in den europäischen Hochadel. Mit den Eheschließungen seiner Kinder mit Mitgliedern europäischer Königshäuser erhielt er den Beinamen "Schwiegervater Europas". Seine älteste Tochter Alexandra heiratete den späteren König Edward VII. von England, Tochter Dagmar heiratete den späteren Zaren Alexander III., und die jüngste Tochter heiratete Herzog Ernst August von Cumberland von Hannover. Im Mai 1863 hatte die griechische Nationalversammlung seinen Sohn Wilhelm als Georg I. zum "König der Hellenen" gewählt und sein Enkel Carl wurde 1905 als Haakon VII. zum König von Norwegen gewählt. Durch Christian IX. wurde Glücksburg zum Stamm-

schloss des dänischen, norwegischen und griechischen Königshauses. Schloss Glücksburg befindet sich auch heute noch im Besitz der Adelsfamilie.

Schloss Glücksburg kann individuell zu den Öffnungszeiten besucht und erkundet werden. Die umfangreiche Sammlung umfasst Gemälde, Skulpturen, Möbel, Porzellan, Silber und Waffen. Eine Besonderheit sind die kostbaren niederländischen und flandrischen Wandteppiche sowie Ledertapeten. Bei einer Führung lässt sich mehr über Architektur, Geschichte und Adelsfamilie erfahren.

Öffnungszeiten: 1. Mai bis 31. Oktober, montags bis sonntags 10:00 bis 18:00 Uhr. 1. November bis 30. April, samstags und sonntags: 11:00 bis 16:00 Uhr. Eintrittspreis 8,00 € pro Person.

Führungen: Mai, Juni, September und Oktober: Dienstag, Samstag und Sonntag um 14:00 Uhr; Juli und August: Täglich um 14:00 Uhr; Januar bis April und November: Sonntag um 14:00 Uhr. Preis 10,00 € pro Person.

Neben dem Besuch des Schlosses lohnt ein Gang durch den angrenzenden Rosengarten. Hier blühen ab Mitte Juni mehr als 550 Rosensorten, eine schöne als die andere. Der Eintritt ist frei. Weiterhin gibt es in Glückstadt zahlreiche Kur- und Wellness-Einrichtungen wie den Kurpark, eine Therme mit Kinderbereich und einen gepflegten Kurstrand mit einer Seebrücke.

Wir fahren weiter in den äußersten Nordosten, dorthin, wo die Innen- in die Außenförde übergeht und dabei einen Knick in südöstliche Richtung macht. Hier finden wir diesen Stellplatz.

(078) Offizieller WOMO-Badeplatz: Holnis – Ostseecamp Glücksburg

GPS: N54°51'26.5" E9°35'25.1"; An der Promenade 1, 24960 Glücksburg.
Max. WOMOs: 50, maximale Länge 10 m.
Ausstattung: Wasserver- und Abwasserentsorgung mit Bodeneinlass, Kassettenentleerung, Stromanschlüsse, Waschmaschine und Trockner, Dusche, WC, Behälter für die Müllentsorgung, WLAN, Brötchenservice, schattenlos, ganzjährig geöffnet.

Beschreibung: Wiesengelände neben einem Campingplatz, dessen Einrichtungen mitbenutzt werden können. Der Ostseestrand ist nur wenige Meter entfernt. Relativ ruhig. Entfernung bis zur Stadtmitte ca. 5 Kilometer.
Preise: Je nach Saison und Größe des Stellplatzes zwischen 19,50 € und 31,00 € für ein Fahrzeug mit 2 Personen + Kurtaxe. Anmeldung und Bezahlung erfolgt an der Rezeption des Campingplatzes. Reservierung und Anmeldung auch online möglich unter https://ostseecamp-holnis.de oder per mail: info@ostseecamp-holnis.de.
Zufahrt: Von Glücksburg in Richtung Holnis fahren und der Beschilderung zum Campingplatz folgen.

Strand am Ostseecamp Glücksburg.

Der Flachwasserstrand an diesem Platz ist relativ breit und für Kinder ideal, können sie hier doch gefahrlos im Wasser plantschen und sich austoben. Die Erwachsenen können hier surfen, und wer eine Wanderung unternehmen möchte, der geht in das 377 Hektar große Naturschutzgebiet auf der Halbinsel. Hier lassen sich in den ehemaligen Strandseen, dem Großen und dem Kleinen Noor und am Küstenstreifen bis zu 130 Vogelarten beobachten, so steht es jedenfalls auf der Informationstafel, die am Rande des Naturschutzgebietes steht.

Förde oder Fjord

Was ist eigentlich eine Förde? Als Förde wird eine von einer landwärts wandernden Gletscherzunge geformte schmale Meeresbucht bezeichnet. Die Förden an der Schleswig-Holsteinischen Ostseeküste sind also Relikte der letzten Eiszeit, als sich eisige Zungen durch die zuvor geformten Urstromtäler älterer Eiszeiten ihren Weg bahnten. Sie schoben Unmengen an Geröll und Sand vor sich her, die heute den Geestrücken bilden. Nachdem es auf der Erde wieder wärmer wurde füllten sich die übertieften Formen mit Wasser und bildeten die Förden wie wir sie heute vorfinden. Auch die Schlei ist eine Förde und kein Fluss. Die Ufer dieser Gewässer sind oft steil. Dies ist auf die eiszeitlichen Formungsvorgänge zurückzuführen. Schoben sich die Eismassen bei den Förden in eine Landmasse, so schoben sich die Gletscher bei den Fjorden vom Land ins Meer. Das ist der Unterschied zwischen Förde und Fjord.

Blick von der Nordspitze in Holnis auf die Flensburger Förde.

Über Holnis verlief einst eine wichtige Fährverbindung, die Kopenhagen mit Schleswig verband. Sie wurde eingestellt nachdem Schleswig nicht mehr zum Königreich Dänemark gehörte. Geblieben ist das Fährhaus, in dem heute ein schönes Restaurant untergebracht ist. Hinter dem Fährhaus befindet sich dieser kleine Stellplatz.

(079) WOMO-Gasthof-Stellplatz: Holnis – Fährhaus

GPS: N54°52'22.9" E9°36'17.6"; Holnisser Fährstr. 21, 24960 Glücksburg.
Max. WOMOs: 2, maximale Länge 7 m.
Ausstattung: Einfaches Wiesengelände ohne Versorgungseinrichtungen.
Beschreibung: Außerhalb, an der Nordspitze der Halbinsel Holnis, sehr ruhig.
Preise: Kostenlos bei Einkehr im Restaurant.
Zufahrt: Von Glücksburg in Richtung Holnis fahren und der Straße bis zum Ende folgen. Am Ende der Straße befindet sich eine Wendeschleife. Von dieser Wendeschleife führt eine sehr schmale Straße weiter zum Fährhaus. Der Parkplatz des Fährhauses befindet sich hinter den Gebäuden und ist nur von Fahrzeugen mit maximal 7 Metern Länge zu erreichen, die Zufahrt ist eng. Der Platz ist außerdem sehr klein.

Idyllischer kann ein Ort kaum sein. Verwunschen und romantisch liegt das reetgedeckte Haus mit seinen Nebengebäuden an der Nordspitze der Halbinsel Holnis.

Das Fährhaus in Holnis.

Wir sind ja immer auf der Suche nach Stellplätzen, die sich abseits der großen offiziellen Anlagen befinden. Die sind an den Küsten in Schleswig-Holstein nur schwer zu finden. Hier ist einer fast direkt am Wasser, übernachten darf man aber inzwischen nicht mehr.

(080) WOMO-Badeplatz: Bockholmwik

GPS: N54°49'48.7" E9°36'17.6"; Bockholmwik, 24960 Munkbrarup.
Max. WOMOs: 3, maximale Länge 8 m.
Ausstattung: Keinerlei wohnmobilspezifische Einrichtungen, ganzjährig geöffnet.

Beschreibung: Simpler, sehr kleiner Parkplatz direkt an der Ostsee zwischen dem Golfplatz des Förde-Golf-Club e.V. Glücksburg und dem Campingplatz Bockholmwik, relativ ruhig.
Preise: Kostenlos.
Zufahrt: Von Holnis in Richtung Rüde/Munkbrarup bis zum genannten Golfplatz fahren und dort am Ende der Anlage links in die Straße Wahlberg abbiegen und dieser Straße bis zu dem Parkplatz folgen.

Wenn Sie ihn belegt vorfinden, so fahren Sie weiter nach **Langballigau**. Auf dem Weg dorthin lohnt ein Abstecher in den Teilort **Unewatt.** Hier befindet sich das **Landschaftsmuseum Angeln**. Es besteht aus fünf Gebäudekomplexen inkl. einer Windmühle, die auf einem 1,7 Kilometer langen Rundweg besichtigt werden können. Mit Ausnahme eines Hauses stehen sämtliche Gebäude auf ihren ursprünglichen Plätzen.

Öffnungszeiten: Mai bis September dienstags bis sonntags von 10:00 bis 17:00 Uhr; April und Oktober freitags bis sonn-

tags von 10:00 bis 17:00 Uhr. Eintritt: 5,00 € für den Erwachsenen, Kinder und Jugendliche bis 18 Jahre haben freien Eintritt.

Nur vier Kilometer vom Landschaftsmuseum entfernt befindet sich in **Langballigau** dieser Campingplatz.

(081) Offizieller WOMO-Badeplatz: Campingplatz-Langballigau

GPS: N54°49'19.2" E9°39'30.4"; Strandweg 3, 24977 Langballigau.
Max. WOMOs: 50, maximale Länge 10 m.
Ausstattung: Wasserver- und Abwasserentsorgung mit Bodeneinlass, Kassettenentleerung, Stromanschlüssen, Behälter für die Müllentsorgung, schattenlos, WLAN, ganzjährig geöffnet.

Beschreibung: Insgesamt stehen drei dicht beieinander liegende Areale zur Verfügung. Ein Gelände befindet sich direkt am Hafen, ein Areal am Rande des angegliederten Campingplatzes mit Blick auf das Meer und ein weiteres auf dem Campingplatz. Alle Plätze sind nur wenige Meter vom Strand an der Flensburger Förde entfernt. Entfernung bis zur Ortsmitte von Langballig 3,5 Kilometer.
Preise: 11,00 € für ein Fahrzeug mit 2 Personen. Entsorgung und Frischwasser ist kostenlos, Strom kostet 2,50 € pro Tag, die Nutzung der Sanitäreinrichtungen 1,50 € pro Person und Tag. Eine Reservierung wird empfohlen. Entweder telefonisch 04636/308 oder über das Kontaktformular auf www.campingplatz-langballigau.de.
Zufahrt: Von der B199 in Langballig nach Langballigholz fahren und dort der Beschilderung zum Hafen und Campingplatz folgen.

Für einen Strandurlaub ist dieser Platz ideal, schließlich ist der Naturstrand nur einige Meter entfernt. Strandkörbe lassen sich mieten und etwas abseits gibt es einen Hundestrand, damit auch die vierbeinigen Begleiter ihren Auslauf haben.

Einige Restaurants sind im und neben dem Hafengelände zu finden und einen kleinen Laden für die Güter des täglichen Bedarfs gibt es auch.

Yachthafen von Langballigau.

Der Ort wird auch als das schönste Tor zur dänischen Inselwelt bezeichnet. Jedenfalls sagen das die Touristiker dieser Region und der Hafenmeister. Von hier legt in den Sommermonaten die **Feodora II** zu Ausflugsfahrten nach Sønderborg auf der dänischen Seite

Frischer Fisch direkt vom Kutter.

der Förde ab. War Langballigau lange Zeit ein bedeutender Fischereihafen, so dominieren heute die Freizeitkapitäne das Hafengelände. Im Yachthafen liegen über 200 kleinere und größere Boote.

Aber es gibt sie noch, die Fischer, die auf das Meer hinaus fahren und ihren fangfrischen Fisch nicht nur an die hiesigen Restaurants abgeben, sondern auch direkt vom Schiff an die Laufkundschaft verkaufen. So wie dieser nette Fischer, den Sie hier auf dem Bild sehen können. Sauber ausgenommen kann man Scholle, Flunder oder Dorsch mitnehmen und gleich auf den Grill legen. Frischer und leckerer geht es nicht.

Unsere Reise geht weiter. Nur wenige Straßenkilometer entfernt befindet sich dieser Platz. Zu Fuß sind es von Langballigau entlang der Küste nur 500 Meter.

(082) Offizieller WOMO-Badeplatz: Westerholz – Campingplatz Fördeblick

GPS: N54°49'11.5" E9°39'58.9"; Kummle 1, 24977 Westerholz.
Max. WOMOs: 45, maximale Länge 10 m.
Ausstattung: Wasserver- und Abwasserentsorgung mit Bodeneinlass, Kassettenentleerung auf dem angrenzenden Campingplatz. Hier befinden sich auch Duschen, Waschmaschinen und Trockner. Stromanschlüsse und Behälter für die Müllentsorgung sind auf dem Stellplatz vorhanden. Geöffnet ist der Platz von Anfang April bis Anfang Oktober.
Beschreibung: Von Bäumen und Büschen umrahmte Wiesenplätze nur wenige Meter vom Strand an der Flensburger Förde entfernt.
Preise: 10,00 € für ein Fahrzeug mit 2 Personen. Anmeldung und Bezahlung erfolgt an der Rezeption des Campingplatzes. Die Entsorgung ist kostenlos. Für die Duschen, Waschmaschinen und Trockner sowie Frischwasserauffüllung sind Wertmarken notwendig, die an der Rezeption zu erhalten sind. Strom kostet pauschal 3,00 € pro Tag.

Zufahrt: Von der B199 in Langballig nach Langballigholz fahren und von dort weiter nach Westerholz. Der Campingplatz ist gut ausgeschildert und nicht zu verfehlen.

Campingplatz Fördeblick.

Der Strand in Westerholz ist deutlich schmaler und kürzer als der in Langballigau. Auch gibt es hier nur ein kleines Strandlokal und keinen Hafen. War der Stellplatz in Langballigau bei unserem Besuch nahezu komplett belegt, so fanden wir den in Westerholz verwaist vor.

Von beiden Stellplätzen lassen sich Wanderungen entlang der Küste und in das Hinterland unternehmen, die auch das Landschaftsmuseum in Unewatt einschließen. Große Tafeln an beiden Orten weisen auf die Wegführung und die einzelnen Stationen hin.

Von der Förde machen wir uns nun auf den Weg ins Binnenland. Das nächste Ziel ist der Bismarckturm auf dem Scheersberg. Dort findet sich allerdings kein Parkplatz, so stellen wir das WOMO hier ab.

(083) WOMO-Gasthof-Stellplatz: Nübelfeld – Landhaus Schütt

GPS: N54°46'06.8" E9°43'38.4"; Nübelfeld 34 / Steinbergkirche, 24972 Quern.
Max. WOMOs: 5, maximale Länge 10 m.
Ausstattung: Keinerlei wohnmobilspezifische Einrichtungen, ganzjährig geöffnet.
Beschreibung: Geschotterter kleiner Platz in der Ortsmitte, etwas abseits der B199, sehr ruhig. Brötchen- und Frühstücksservice im Gasthof, Restaurant mit traditioneller norddeutscher Küche.
Preise: Kostenlos bei einer Einkehr in das Restaurant.
Zufahrt: Von der B199 in Nübelfeld Richtung Sörup fahren, nach wenigen Metern ist das Gasthaus auf der linken Seite erreicht. Der Platz befindet sich hinter dem Gebäude.

Bismarckturm auf dem Scheersberg.

Mit dem Rad fahren wir auf den 70 Meter hohen **Scheersberg**, der von den Gletschern der Eiszeiten hier zusammengeschoben wurde.

Um den Gründer des Deutschen Reiches, **Otto von Bismarck** zu ehren, wurden zumeist durch Privatinitiativen Türme in dem ehemaligen Reichsgebiet errichtet. Wir werden seine letzte Ruhestätte übrigens in Tour 13 besuchen, dies sei an dieser Stelle schon erwähnt. Von den über 200 Türmen sind noch 174 erhalten, einer davon ist hier auf dem Scheersberg zu sehen. Der Turm im neugotischen Stil wurde 1903 fertiggestellt. Er wurde im Wesentlichen durch Spenden finanziert. Die Spender konnten für 20 Mark einen Stein erwerben und sich für 40 Pfennig pro eingeschlagenen Buchstaben im Stein verewigen lassen. Die Namensteine sind im Inneren des 32 Meter hohen Turmes verbaut.

Im Turm befinden sich Ausstellungen über die Zeitgeschichte in Angeln. Die Aussichtsplattform in 18 Metern Höhe bietet einen großartigen Blick über die Halbinsel.

Nach dem Blick über die Halbinsel geht es zum WOMO zurück und dann auch gleich wieder an die Förde. Diesmal nach **Norgaardholz**. Der Strand gehört zu den kleineren Badestränden an der Küste und ist, wie auf dem Bild zu sehen, nicht überlaufen. Die Aufnahme entstand Anfang September bei sommerlichen 25° Celsius um 11:00 Uhr. Die Benutzung des Strandes ist kostenlos, es wird keine Kurtaxe oder ähnliches erhoben, wie es anderen Stränden meistens üblich ist. Der Stellplatz befindet sich nur wenige Meter vom Ufer entfernt. Wir stellen ihn kurz vor.

Strand in Norgaardholz.

(084) Offizieller WOMO-Badeplatz: Norgaardholz – Campingplatz Nordstern

GPS: N54°47'07.8" E9°47'56.6"; Nordstern 1, 24972 Steinberg.
Max. WOMOs: 10, maximale Länge 12 m.
Ausstattung: Wasserver- und Abwasserentsorgung mit Bodeneinlass, Kassettenentleerung, Stromanschlüsse, Behälter für die Müllentsorgung, schattenlos, WLAN, ganzjährig geöffnet.
Beschreibung: Befestigter Wiesenplatz zwischen dem Campingplatz und der Seebadeanstalt Norgaardholz. Nachts sehr ruhig. Entfernung bis Steinbergkirche 5 km, hier gibt es mehrere Einkaufsmöglichkeiten.
Preise: 15,00 € für ein Fahrzeug mit 2 Personen. Anmeldung und Bezahlung erfolgt an einem Automaten. Entsorgung kostenlos, Strom kostet 2,00 € pro Tag.
Zufahrt: Von der B199 in Steinbergkirche nach Norgaardholz fahren und der Straße bis zur Küste folgen.

Von der sehr ruhigen Anlage geht es nun weiter zu einem Sporthafen an der **Geltinger Bucht**. Nur acht Kilometer haben wir zurückzulegen, um zu diesem Komfortplatz zu gelangen.

(085) Offizieller WOMO-Stellplatz: Sporthafen Gelting Mole

GPS: N54°45'06.2" E9°51'46.3"; Gelting-Mole 1, 24395 Niesgrau.
Max. WOMOs: 27, maximale Länge 12 m.
Ausstattung: Wasserver- und Abwasserentsorgung, mit Bodeneinlass, Kassettenentleerung, Stromanschlüsse, Behälter für die Müllentsorgung, schattenlos, WLAN. Im Servicegebäude gibt es Dusche, WC, Waschmaschine und einen Trockner. Der Platz ist vom 1. April bis 31. Okt. geöffnet.
Beschreibung: Gepflasterter Platz direkt am Yachthafen Gelting-Mole, sehr ruhig.
Preise: 15,00 € für ein Fahrzeug. Die Parkgebühr ist beim Hafenmeister zu entrichten. Strom, Entsorgung und Frischwasser ist im Preis inbegriffen.
Zufahrt: Von der B199 ca. 2,5 km vor Gelting links abbiegen. Die Zufahrt ist gut ausgeschildert.

Die Geltinger Bucht liegt am Ausgang der Flensburger Förde und wird im Osten durch das Naturschutzgebiet Geltinger Birk begrenzt, das wir auch noch besuchen werden. Der Yachthafen verfügt über mehr als 400 Liegeplätze. Einen Strand gibt es hier in unmittelbarer Nähe nicht.

Im Sporthafen Gelting Mole.

Wir fahren fünf Kilometer weiter zum nächsten Stellplatz nach Wackerballig. Auch hier ist ein Yachthafen vorhanden, der über einen Steg erreichbar ist und in der Bucht liegt.

(086) Offizieller WOMO-Badeplatz: Wackerballig

GPS: N54°45'20.8" E9°52'44.1"; Strandweg, 24395 Gelting.
Max. WOMOs: 12, maximale Länge 10 m.
Ausstattung: Wasserver- und Abwasserentsorgung mit Bodeneinlass, Kassettenentleerung, Stromanschlüsse, Behälter für die Müllentsorgung, Brötchenservice, schattenlos. Geöffnet vom 1. April bis 31. Oktober.

Beschreibung: Wiesengelände direkt an der Geltinger Bucht und dem Naturschutzgebiet Geltinger Birk. Entfernung bis zur Ortsmitte ca. 2 Kilometer.
Preise: 15,00 € für ein Fahrzeug mit 2 Personen. Anmeldung und Bezahlung erfolgt beim Hafenmeister. Strom, Entsorgung und Frischwasser ist im Preis inbegriffen.
Zufahrt: Von der B199 in Gelting nach Wackerballig und dort bis zum Hafen fahren. Der Platz befindet sich auf der rechten Seite der Zufahrtsstraße.

In diesem 200 Meter vom Ufer entfernten Inselhafen befindet sich auch ein Bootsverleih, der führerscheinfreie und führerscheinpflichtige Freizeit- und Angelboote anbietet. Die Mietpreise reichen von 35,00 € bis 140,00 € je nach Größe des Bootes. Hier erfahren Sie mehr https://bootsverleih-flensburger-foerde.de oder telefonisch unter 0171-1285482.

Wir haben kein Boot gemietet, können also aus eigener Erfahrung noch nichts über das Prozedere sagen und auch nicht darüber, wie die Geltinger Bucht und die Förde vom

Wasser betrachtet aussehen. Das heben wir uns für die Bearbeitung der nächsten Auflage dieses Buches auf. Wir wissen aber, dass es für bestimmte Bereiche in der Nähe des Naturschutzgebietes Geltinger Birk aus Gründen des Naturschutzes ein Fahrverbot für Boote gibt.

Wie auf dem Foto unten zu sehen ist, ist der Strand in Wackerballig nicht sonderlich groß. Er liegt aber sehr dicht am Stellplatz. **Dat Strandhuus** ist auch nah, hier gibt es Gerichte aus fangfrischen Fischen und jede Menge süße Köstlichkeiten, die man im Restaurant hinter großen Panoramafenstern oder auf der Terrasse genießen kann.

Yachthafen in Wackerballig.

Der Strand in Wackerballig.

Mit den Rädern machen wir uns auf den Weg zum **Naturschutzgebiet Geltinger Birk**. Natürlich kann dieses Gebiet auch zu Fuß erkundet werden, für eine volle Umrundung sind rund 19 Kilometer zurückzulegen. Das ist dann schon eine Tageswanderung. Proviant und Getränke sollten mitgenom-

Die Mühle Charlotte.

men werden, denn es gibt unterwegs keine Einkehrmöglichkeiten.

Nach etwa vier Kilometern ist die Mühle Charlotte erreicht. Sie diente einst dazu, die von Menschenhand eingedeichte Niederungsfläche der Birk mit einer Archimedischen Schnecke zu entwässern und damit für die Landwirtschaft nutzbar zu machen.

Die Wege, die durch das Naturschutzgebiet führen, sind zumeist naturbelassen, in manchen Abschnitten leicht mit Schotter befestigt, aber nirgendwo asphaltiert oder gepflastert. Vier Wanderwege führen durch die Geltinger Birk 1. Wanderweg "Eule" (3 km): kleiner Rundweg ohne Ostsee, Start: Nieby. 2. Wanderweg "Konik" (6,2 km): um die Mühle durchs Hinterland und an der Förde entlang (nur zu Fuß!), Start: Mühle Charlotte. 3. Wanderweg "Hochlandrind" (10,4 km): Hinterland, Förde und Ostsee, Start: Falshöft. 4. Wanderweg "Möwe" (13,3, km): die große Tour einmal rund um

Wanderweg in der Geltinger Birk.

die Birk, Start: Falshöft oder Mühle Charlotte. Diese Tour ist als Radtour gut geeignet.

Der Küstensaum steht bereits seit 1934 unter Naturschutz. In den letzten Jahrzehnten wurden die unter Schutz stehenden Flächen auf nunmehr 773 Hektar ausgedehnt. Mit einer Wiedervernässung wird heute versucht naturnahe Salzbiotope wieder herzustellen. Für die Beweidung wurden unter anderem Koniks (Wildpferde) angesiedelt. Sie sollen dazu beitragen, die Landflächen vor einer Verbuschung zu schützen. Die Birk ist eine sehr wichtige Raststation für Zugvögel auf dem Weg nach Skandinavien. Ornithologen haben hier über 150 Zugvogelarten beobachtet. Zwischen März und Mai sowie zwischen August und Oktober zeigen sich große Vogelschwärme, darunter Graugänse, Seetaucher, Seeschwalben und viele andere mehr.

Rastende Vögel in der Geltinger Birk.

Die Geltinger Birk ist nicht nur ein Naturschutzgebiet, sie dient auch als Feriendomizil. Die Mühle Charlotte wird als Ferienhaus genutzt und auf dem Gelände der ehemaligen Sandkoppel Kaserne ist ein schmuckes Feriendorf mit 41 reetgedeckten Häusern entstanden.

Zurück zum WOMO. Wir fahren weiter und nähern uns der Schlei. Ab der Geltinger Bucht nimmt die Zahl der Campingplätze kontinuierlich zu. Es sind mehr als wir in diesem Buch aufnehmen und beschreiben können. Wir können in dieser und den folgenden Touren nur eine Auswahl präsentieren. Dieser ist einer davon.

(087) WOMO-Campingplatz: Hasselberg – Ostseecamping Gut Oehe

GPS: N54°42'57.0" E9°59'26.1"; Drecht 6, 24376 Hasselberg.
Max. WOMOs: 22, maximale Länge 10 m.
Ausstattung: Wasserver- und Abwasserentsorgung, mit Bodeneinlass, Kassettenentleerung, Stromanschlüsse, Behälter für die Müllentsorgung, schattenlos, WLAN, Brötchenservice. Im Servicegebäude gibt es Dusche, WC, Waschmaschine und einen Trockner. Darüberhinaus ein Restaurant, einen kleinen Supermarkt und einen Bootsverleih. Der Platz ist von Ende März bis Ende September geöffnet.
Beschreibung: Windgeschützt auf der Landseite des Doppeldeiches. Bis zum Naturstrand sind es nur wenige Schritte. Außerordentlich ruhig, auf der einen Seite das Meer auf der anderen Seite nur Felder und Wiesen.
Preise: Zwischen 11,00 € und 15,00 € für ein Fahrzeug mit 2 Personen inkl. Dusche, Wasserver- und Entsorgung. Strom kostet 4,00 € pro Tag.
Zufahrt: Von der B199 in der Ortslage Hasselberg-Gundelsby links abbiegen und ca. 3 Kilometer bis zur Küste fahren.

Maasholm liegt an der Mündung der Schlei in die Ostsee. Die kleine Gemeinde mit weniger als 600 Einwohnern hat einen ausgezeichneten Stellplatz.

(088) Offizieller WOMO-Stellplatz: Seglerhafen Maasholm

GPS: N54°41'00.4" E9°59'41.1"; Uleweg 31, 24404 Maasholm.
Max. WOMOs: 40, maximale Länge 10 m.
Ausstattung: Wasserver- und Abwasserentsorgung, mit Bodeneinlass, Kassettenentleerung, Stromanschlüsse, Behälter für die Müllentsorgung, teilweise schattig, WLAN, Brötchenservice. Im modernen Servicegebäude gibt es Dusche, WC, Waschmaschine und einen Trockner. Der Platz ist ganzjährig geöffnet.

Beschreibung: Befestigter Platz auf der Halbinsel Maasholm am Ortsrand, direkt am großen Yachthafen, sehr ruhig.
Preise: 14,00 € für ein Fahrzeug mit 2 Personen inkl. Strom. Ver- und Entsorgung sowie Frischwasser sind im Preis enthalten.
Zufahrt: Von der B199 sind es bis nach Maasholm rund 5 Kilometer. Den Ort bis zum Ende durchfahren.

Maasholm ist ein guter Standort, um Radtouren entlang der Schlei oder der Ostsee zu unternehmen. Bis Kappeln sind es nur elf Kilometer, bis zu Geltinger Birk 15 Kilometer. Ein kurzer Weg führt in das **Naturerlebniszentrum**, das auf dem Gelände einer ehemaligen Flugabwehrraketenstellung eingerichtet wurde. Es sind etwas weniger als drei Kilometer. Auf dem Weg dorthin überschreiten Sie den 10 Längengrad,

Rad- und Fußweg zum Naturerlebniszentrum.

der auch genau durch Hamburg und durch Tunis führt. Eine Steinsäule markiert diesen Punkt.

Das **Naturschutzgebiet Schleimündung** ist ein bedeutendes Brut-, Rast- und Überwinterungsgebiet für nordische Zugvögel. Dieses Gebiet darf nur in Begleitung eines Vogelwärters auf einer Führung betreten werden. Die Führungen beginnen an der Vogelwärterhütte in der Nähe des Naturerlebniszentrums. Von April bis Oktober täglich außer montags, um 10:00 Uhr und 15:00 Uhr.

Wir beenden unseren Besuch in Maasholm und fahren mit dem WOMO nach **Kappeln** weiter. Das Städtchen mit weniger als 9000 Einwohnern war über etliche Jahre (1987 bis 2013) Filmkulisse für die ZDF-Serie Der Landarzt.

Der hiesige Stellplatz ist relativ groß. Auch wenn Sie bei dem Namen vielleicht einen Schreibfehler vermuten, es ist keiner. Sie werden sich vor Ort überzeugen können.

(089) Offizieller WOMO-Stellplatz: Kappeln – Ancker Yachting

GPS: N54°40'06.2" E9°56'13.5"; Am Hafen 23a, 24376 Kappeln.
Max. WOMOs: 50, maximale Länge 10 m.
Ausstattung: Wasserver- und Abwasserentsorgung, mit Bodeneinlass, Kassettenentleerung, Stromanschlüsse, Behälter für die Müllentsorgung, schattenlos, WLAN. Im Servicegebäude gibt es Dusche, WC, Waschmaschine und einen Trockner. Der Platz ist ganzjährig geöffnet.

Beschreibung: Geschotterter Platz am Stadtrand in unmittelbarer Nähe der Schlei, sehr ruhig.
Preise: 12,00 € für ein Fahrzeug, die Parkgebühr ist bei der Anmeldung an einem Münzautomaten zu entrichten. Dort ist folgende Erläuterung zu lesen *"Über die Zahlung des Stellplatzes per Automat erfahren Sie durch den Papierbeleg auch den Zahlencode für die Toiletten und die Duschnutzung sowie den Wlan-Code. Den zweiten farbigen Klebebeleg bitten wir, für die externe Kontrolle, gut sichtbar am oder im Fahrzeug anzubringen oder auszulegen, Strom können Sie über den Kauf einer Stromkarte beziehen (50 cent/kw). Beim Kauf der Karte bezahlen Sie 5,00 € als Pfand und 4,00 € als Stromguthaben. Pfand und eventuelles nicht genutztes Stromguthaben bekommen Sie zurück, wenn Sie die Karte bei Abfahrt über den Automaten zurückgeben."*
Die Nutzung der Stromkarte wird noch eingehend erläutert. Trinkwasser (gibt es an mehreren Säulen) und die Entsorgung ist kostenlos.
Zufahrt: Auf der B199 im ersten Kreisverkehr in Kappeln die dritte Ausfahrt nehmen (Wassermühlenstraße), dann in die erste Straße links abbiegen, am Penny-Markt vorbeifahren und schon ist das Hafengelände erreicht.

Sollte der Platz vollständig belegt sein, was in der Hochsaison durchaus vorkommen kann, so gibt es auf der anderen Seite der Schlei noch eine Ausweichmöglichkeit.

(090) Offizieller WOMO-Stellplatz: Kappeln – Aral-Tankstelle

GPS: N54°39'23.8" E9°56'44.9"; Eckernförder Straße 9B, 24376 Kappeln.
Max. WOMOs: 10, maximale Länge 12 m.
Ausstattung: Wasserver- und Abwasserentsorgung, Kassettenentleerung, Stromanschlüsse, Behälter für die Müllentsorgung, schattenlos, WLAN, ganzjährig geöffnet.
Beschreibung: Gepflasteter Platz in Ortsrandlage an der B203, relativ laut.
Preise: 5,00 € für ein Fahrzeug mit zwei Personen.
Zufahrt: In Kappeln Richtung Eckernförde fahren. Nach der Brücke über die Schlei an der zweiten Ampelkreuzung rechts abbiegen.

Auf dem erstgenannten Stellplatz wurde bei unserem Besuch schon gestaunt, wie kompliziert ein Bezahlsystem gestaltet werden kann. Wenn man es einmal verstanden hat, ist es ganz einfach. Aber das braucht einen Moment, um sich darauf vorbereiten zu können, haben wir die Beschreibung vom Stellplatz übernommen. Damit werden Sie dann nicht mehr mit fragendem Blick vor dem Automaten stehen.

Die Nicolaikirche in Kappeln.

Kappeln hat viel Sehenswertes zu bieten. Zu nennen sind der Heringszaun in der Schlei aus dem 15. Jahrhundert, der Museumshafen und das Schleimuseum, die spätbarocke St. Nicolaikirche, die Klappbrücke über die Schlei, die immer noch voll funktionsfähige Holländermühle Amanda, die Angelner Dampfeisenbahn und ein Fahrt auf der Schlei mit dem Raddampfer Schlei Princess.

Genug Programm also, um einige Tage in diesem Städtchen zu verbringen.

Vom Stellplatz Ancker Yachting bis zu den Hafenanlagen in der Nähe der Klappbrücke sind nur rund 800 Meter zurückzulegen. Der Weg dorthin ist einfach zu finden. Bei der ersten Gelegenheit geht es vom Stellplatz hinunter an die Schlei und dann immer dem Gewässer entlang bis zu dem Ort, an dem die Ausflugsschiffe liegen. Hier ist das Zentrum

Blick auf Kappeln an der Schlei.

der Stadt, hier sind die Cafés und Restaurants mit Blick auf die Schlei, die Klappbrücke und den Heringszaun, einem Geflecht aus Eschenholz, in dem sich Heringe verfangen und dann abgefischt werden können. Möwen sind auch gern dabei, setzen sich auf den aus dem Wasser schauenden Holzpfählen nieder und schauen, ob für sie auch etwas dabei ist.

Der Raddampfer Schlei Princess.

Nur wenige Meter vom Ufer entfernt befindet sich auf dem Hang die 1793 geweihte **Nicolaikirche**. Ihr schöner Gudewerdt-Altar stammt noch aus der baufällig gewordenen Vorgängerkirche.

Restaurant an der Uferpromenade.

Von der Pier in der Nähe der Klappbrücke starten der Raddampfer **Schlei Princess**, das Ausflugschiff **Nordlicht** oder das **Motorschiff Stadt Kappeln** zu ihren größeren oder kleineren Fahrten auf der 42 Kilometer langen und nur etwas über zwei Meter tiefen Schlei. Sie fahren bis zur Mündung in die Ostsee oder bis nach Schleswig. Eine Mitnahme von Fahrrädern ist möglich. So lässt sich ein Ausflug mit dem Schiff auch mit einer Radtour kombinieren. Die Abfahrtszeiten finden Sie am Hafen. Fahrkarten erhalten Sie

Die Holländermühle Amanda.

direkt an Bord. Die Fahrt nach Schleswig dauert mit Zwischenstopps fast drei Stunden. Auf allen Schiffen gibt es auch Restaurants. Die Hin- und Rückfahrt kostet 25,00 € pro Person, eine einfache Fahrt 17,00 €. Für das Fahrrad müssen 2,50 € gezahlt werden. Hunde werden gratis mitgenommen.

Freunde nostalgischer Eisenbahnen werden sich an den beiden alten Dampfloks der **Angelner Dampfeisenbahn** erfreuen, die es jenseits der Brücke über die Schlei zu bewundern gilt. Natürlich insbesondere dann, wenn sie für eine Fahrt auf der Museumsstrecke nach Süderbrarup angeheizt werden. In den Sommermonaten verkehrt ein Zug mittwochs und sonntags auf dieser Strecke. Über den Fahrplan erfahren Sie mehr auf dieser Seite www.angelner-dampfeisenbahn.de.

Von der Museumsbahn zum Museumshafen sind es nur wenige Schritte. Neun Schiffe liegen hier vertäut. Sie haben klangvolle und eigenartige Namen, wie Adelante, Else af Sletten oder Frederike von Altona. Die Jonas von Friedrichstadt ist das älteste Schiff. Es lief 1911 in Waterhuizen in den Niederlanden vom Stapel.

Zum guten Schluss gehen wir zur höchsten Windmühle in Schleswig-Holstein. Die **Amanda** wurde 1888 errichtet und ist 32 Meter hoch. Bis 1964 wurde hier noch Korn gemahlen. Nach einigen Jahren Stillstand wurde sie renoviert und einer neuen Nutzung zugeführt. Im Erdgeschoss ist heute die Touristinformation untergebracht, der zweite Stock dient als Sitzungssaal und im dritten Stock befindet sich ein Trauzimmer. Wer noch eine Etage höher geht, kann auf die Galerie nach draußen treten. Sie bietet einen schönen Blick über Kappeln und die Schlei. Neben der Mühle befindet sich ein historisches Sägewerk, das vor der Elektrifizierung ebenfalls durch die Windmühle angetrieben wurde. Heute werden hier Holzmöbel in Einzelanfertigung hergestellt.

Die Schlei, ein Paradies für Segler.

Wir kehren zum WOMO zurück und fahren nach Grödersby weiter. Von dort geht es dann zu Fuß nach Arnis. Unser WOMO stellen wir auf diesem Stellplatz ab.

(091) Offizieller WOMO-Stellplatz:
Arnis – Wassersportgemeinschaft Arnis/Gödersby

GPS: N54°38'03.9" E9°55'45.2"; Friedenshöher Str. 21, 24376 Grödersby.
Max. WOMOs: 20, maximale Länge 12 m.
Ausstattung: Wasserver- und Abwasserentsorgung, mit Bodeneinlass, Kassettenentleerung, Stromanschlüsse, Behälter für die Müllentsorgung, teilweise schattig, WLAN. Im Servicegebäude gibt es Dusche und WC. Der Platz ist ganzjährig geöffnet.
Beschreibung: Geschotterter Platz am Ortsrand neben dem Yachthafen, sehr ruhig.Sehr gutes Restaurant am Hafen. Bis zur Stadtmitte von Arnis sind es 600 Meter.
Preise: 18,00€ für ein Fahrzeug mit zwei Personen, Ver- und Entsorgung, Frischwasser und Strom sind im Preis enthalten.
Zufahrt: Grödersby in Richtung Arnis durchfahren. Kurz vor Arnis zum Yachthafen links abbiegen.

Arnis ist die kleinste Stadt Deutschlands. Rund 280 Einwohner leben hier auf einer Fläche von nicht einmal 0,5 Quadratkilometern. Die Stadt liegt auf einer Halbinsel in der Schlei, sie ist 800 Meter lang und 200 Meter breit. Sie kann durchfahren werden, um auf die kleine Fähre zu kommen, die hinüber nach Schwansen führt. Die Stadt wird durchzogen von der Langen Straße, die bis auf eine Stelle schnurgerade durch den Ort führt. An dieser Straße stehen die für Arnis so charakteristischen giebelständigen Häuser. Dort wo die Lange Stra-

In der Langen Straße von Arnis.

ße endet, ist auch der Ort zu Ende. Auf einem schmalen Weg lässt sich Arnis zu Fuß bequem umrunden. Zwei kleine Restaurants stehen dem hungrigen Touristen in diesem kleinen malerischen Ort an der Schlei in den Sommermonaten zur Verfügung. Weiterhin gibt es noch einen kleinen Badestrand in der Nähe der Schifferkirche. Das war's.

Für Freizeitkapitäne ist Arnis mit seinen Yachthäfen und den kleinen Werften ein Paradies. Hier können Schiffseigner ihre Boote reparieren lassen, bevor sie ihren nächsten Törn starten. Die himmlische Ruhe dieses Ortes ist schon verblüffend. Sehr ruhig ist es auch auf dem Campingplatz, zu dem wir jetzt fahren und schon nach vier Kilometern erreichen.

(092) WOMO-Campingplatz: Campingpark Schlei-Karschau

GPS: N54°37'10.3" E9°53'02.4"; Karschau 56, 24407 Rabenkirchen-Faulück.
Max. WOMOs: >20, maximale Länge 10 m.

Ausstattung: Wasserver- und Abwasserentsorgung, mit Bodeneinlass, Kassettenentleerung, Stromanschlüsse, Behälter für die Müllentsorgung, WLAN, Brötchenservice. Im Servicegebäude gibt es Dusche, WC, Waschmaschine und einen Trockner. Darüber hinaus gibt es einen Gasflaschenservice sowie einen Motorboot- und einen Fahrradverleih. Der Platz ist ganzjährig geöffnet.

Beschreibung: Angenehmer schattiger Platz von der Schlei nur durch die Zufahrtsstraße getrennt, sehr ruhig.
Preise: Erwachsene Person 4,70 €, Wohnmobil 10,60 €, Strom 2,70 €.
Zufahrt: An der Schleiuferstraße in Karschau nicht zu verfehlen.
Reservierung/Kontakt: Tel.: 04642/920820 oder www.campingpark-schlei.de.

Nicht nur Segler und Wassersportler werden durch die Schlei verwöhnt, auch wer an Land mit dem Rad unterwegs ist, findet immer wieder lauschige Rastplätze und schöne reetgedeckte Häuser in dieser abwechslungsreichen Landschaft. Wir haben zwei Radwanderwege Rund um die Schlei aufgenommen. Einen davon stellen wir jetzt vor, den anderen haben wir für das nächste Kapitel aufgehoben und beschließen damit diese Tour.

Nördlicher Schleirundweg

Ob Sie diesen Weg vom Stellplatz in Grödersby starten oder vom Campingplatz in Karschau ist unerheblich, beide Startorte sind gleich gut geeignet. Der Rundweg um die nördliche Schlei ist 25 Kilometer lang und an einem halben Tag bequem zu schaffen. Wir folgen hierbei dem **Wikinger-Friesen-Weg**, der in voller Länge von Sankt Peter-Ording an der Nordsee über 180 Kilometer nach Maasholm an die Ostsee führt, kürzen ihn aber deutlich ein. Von Karschau geht es sechs Kilometer entlang der Schlei nach Lindaunis. Der Radweg verläuft parallel zur Straße. In Lindaunis gibt es Einkehrmöglichkeiten. Wir überqueren die Brücke und fahren weiter durch Felder und Wiesen nach Sieseby, einem kleinen Dorf an der Schlei. Auch hier gibt es mit dem **Gasthof Alt Sieseby** von 1867 eine tolle Einkehrmöglichkeit.

Von Sieseby führt der Weg nun über fünf Kilometer direkt entlang der Schlei nach Winnemark. Dies ist einer der schönsten Abschnitte auf dieser Radtour mit freiem Blick auf die vorbeiziehenden Segler und Ausflugsschiffe.

Von Winnemark geht es weiter mit der Fähre nach Arnis. Hier haben wir die Einkehrmöglichkeiten schon kennengelernt. Von Arnis geht es zunächst entlang der Schlei weiter, dann durch Felder und Wiesen, bis wir zur Straße kommen, die von Arnis nach Karschau führt. Hier geht es auf einem Radweg, der parallel zur Straße verläuft, zum Campingplatz zurück.

Fähre Arnis.

Reetgedecktes Haus an der Schlei.

Klappbrücke Lindaunis.

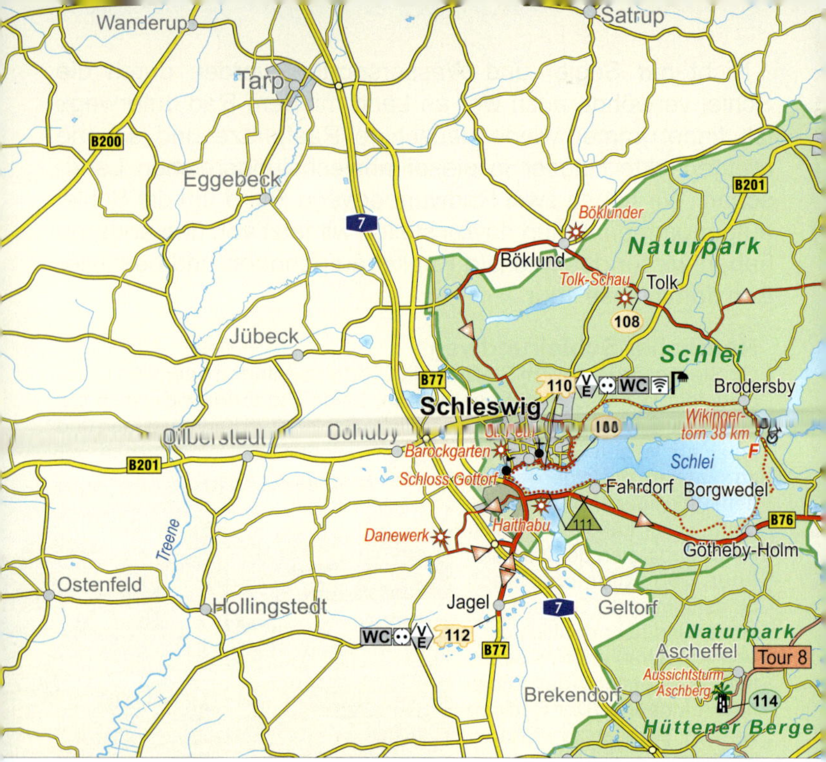

TOUR 7 (ca. 180 km)

Schönhagen – Schubystrand – Ostseebad Damp – Waabs – Lindau – Tolk – Böklund – Schleswig – Eckernförde

Stellplätze:	Schönhagen, Ostseebad Damp, Lindau, Tolk, Schleswig, Eckernförde.
Campingplätze:	Schubystrand, Damp–Dorotheenthal, Damp–Koralle, Waabs–Ostsee-Freizeitpark Booknis, Waabs–Camping Hökholz, Waabs–Ostsee-Campingplatz Familie Heide, Waabs–Ostseecamp Lehmberg, Waabs–Ostsee-Campingplatz Gut Ludwigsburg, Waabs–Ostseecamping-Gut Karlsminde, Barkelsby–Campingplatz Hemmelmar, Schleswig.
Ver-/Entsorgung:	Schubystrand, Ostseebad Damp, Waabs, Barkelsby, Lindau, Schleswig, Eckernförde.
Besichtigungen:	Gut Ludwigsburg, Großsteingrab Karlsminde, Tolk-Schau (Freizeitpark), Böklund (Wurstfabrik), Schleswig (Schloss Gottorf, St. Petri, Barockgarten und Globus), Haithabu und Danewerk (UNESCO-Welterbe), Eckernförde (Strandpromenade).

Radwandern:	Südlicher Schleirundweg (Wikingertörn).
Baden/Wellness:	Strände an den Campingplätzen der Eckernförder Bucht, Meerwasserwellenbad in Eckernförde.

Zwischen der Schlei und der Eckernförder Bucht liegt die Halbinsel Schwansen. Diese Halbinsel, vor allem den Bereich der Küste, werden wir in dieser Tour als erstes betrachten. An den Stränden der Eckernförder Bucht gibt es zahlreiche Campingplätze. Diese suchen wir im ersten Teil dieser Tour auf, beschreiben sie nacheinander, damit Sie einen Überblick bekommen und die für Sie richtige Wahl für einen Badeurlaub an dieser Küste treffen können. Am Ende dieser Campingplatzreise sind wir fast in Eckernförde. Bevor wir jedoch diese Tour dort enden lassen kehren wir zur Schlei zurück, besuchen einen Freizeitpark und schauen uns in Schleswig, der Wikingerstadt und ehemaligen Hauptstadt des Herzogtums Schleswig, die Altstadt, den Barockgarten, das Schloss Gottorf, die Wikingersiedlung Haithabu sowie das Verteidigungswerk Danewerk an. Die beiden letztgenannten sind seit 2018 UNESCO Welterbestätten. Nach dem Besuch dieser beiden Sehenswürdigkeiten fahren wir nach Eckernförde, wo diese Tour enden wird.

Von Karschau geht es über Kappeln an die Ostsee. Erstes Ziel ist der **Weidefelder Strand** südlich der Schleimündung. Er ist zwei Kilometer lang, hat eine Strandkorbvermietung, einen Spielplatz, einen Hundelaufstrand, einen FKK-Bereich, ein Restaurant mit einer schönen Aussichtsterrasse und einen Parkplatz direkt am Strand. Ideale Voraussetzungen also dort einige Tage zu verbringen. Leider geht das nicht, denn Wohnmobile sind hier nicht gern gesehen, eine Übernachtung auf dem großen Parkplatz nicht möglich.

Also trollen wir uns und fahren weiter nach Schönhagen, hier finden wir diesen Platz auf einem Bauernhof.

(093) Offizieller WOMO-Stellplatz: Schönhagen – Ostseebauernhof

GPS: N54°37'57.0" E10°01'04.4";
Eiskellerweg 6, Schönhagen, 24398 Brodersby.
Max. WOMOs: 5, maximale Länge 8 m.
Ausstattung: Wasserversorgung, Stromanschlüsse, Behälter für die Müllentsorgung, schattenlos. Von Januar bis November geöffnet.
Beschreibung: Befestigter Platz außerhalb von Schönhagen. Leichtes Gefälle, Auffahrkeile notwendig. Es gibt einen Kinderspielplatz und Tiere zum Streicheln (Islandpferde, Katzen, Meerschweinchen, Schafe, Ziegen und Hofhunde)., sehr ruhig, 1,5 Kilometer bis zum Strand.

Preise: 11,00 € für ein Fahrzeug. Wasser- und Stromversorgung ist im Preis inbegriffen.
Zufahrt: Auf dem Weg nach Schönhagen kurz vor dem Ortseingang links abbiegen.

Schwansen ist von der Landwirtschaft geprägt. Die ertragreichen Böden werden von großen Höfen bewirtschaftet. Im Frühjahr erstrahlen viele Flächen durch die blühenden Rapsfelder in einem leuchtenden Gelb, im Sommer fahren überdimensionale Mähdrescher über die Felder und im Herbst ist der Mais dran. Mit landwirtschaftlichem Verkehr ist auf den schmalen Straßen in dieser Region immer zu rechnen.

Torhaus von Schloss Schönhagen.

Schwansen ist auch die Region der Gutshöfe und Herrenhäuser, die hier im ausgehenden Mittelalter vom Landadel errichtet wurden. Manche dieser Häuser dienen dem Adel immer noch als Familienwohnsitz, aus anderen wurden Pferdehöfe, Ferienwohnungen oder Rehakliniken wie in Schönhagen.

Die Strände variieren. Mal sind sie etwas breiter und sandiger, manchmal schmal und steinig und an einigen Abschnitten auch steil. Wanderwege führen an der Küste und den Stränden entlang, so das man von Schönhagen bis nach Eckernförde an der Küste entlang gehen könnte.

Das machen wir jetzt nicht. Wir steigen in unser WOMO, fahren zum Campingplatz nach Schubystrand und im Anschluss gleich weiter nach Damp.

Sandstrand bei Schönhagen.

Steilufer zwischen Schönhagen und Damp.

(094) WOMO-Campingplatz: Schubystrand – Damp Ostseecamping

GPS: N54°35'53.3" E10°01'26.3"; 24398 Schubystrand.
Max. WOMOs: >20, maximale Länge 15 m.
Ausstattung: Wasserver- und Abwasserentsorgung, mit Bodeneinlass, Kassettenentleerung, Stromanschlüssen, Behälter für die Müllentsorgung, schattenlos, WLAN, Dusche, WC, Sauna, Waschmaschine, Trockner, Surf-und Segelschule, Kinderspielplatz, Kids-Club, Fußballfeld, Minigolf-Platz, Tischtennis, 2 Restaurants und einem Einkaufsmarkt. Der Platz ist von Ende März bis Anfang Oktober geöffnet. Einen Überblick zum Gesamtangebot finden Sie hier: www.damp-ostseecamping.de.

Beschreibung: Sehr großer sauberer Platz zwischen dem Schwansener See und der Ostsee.
Preise: Erwachsene Person je nach Saison zwischen 4,50 € und 5,50 € pro Tag, Wohnmobil je nach Saison und Größe zwischen 8,00 € und 15,00 € pro Tag, Hund 3,00 €, Strom 3,10 € pro Tag.
Zufahrt: Einfach die Straße nach Schubystrand bis zum Ende durchfahren.
Reservierung/Kontakt: Tel.: 04644/96010 oder per mail camping@damp-ostseecamping.de

Mal steinig, mal sandig, Strände an der Ostsee bei Damp.

(095) Offizieller WOMO-Badeplatz: Damp – Wohnmobilpark

GPS: N54°34'38.4" E10°00'56.5"; Parkstraße 2, 24351 Damp.
Max. WOMOs: 70, maximale Länge 12 m.

Ausstattung: Der Platz ist ganzjährig geöffnet und bietet eine sehr geräumige Wasserver- und Abwasserentsorgung mit Bodeneinlass die keine fahrerischen Künste erfordert. Stromanschlüsse sind für alle Plätze verfügbar. Behälter für die Müllentsorgung stehen am Rande des Areals zur Verfügung. Im Servicegebäude gibt es eine Dusche, WC, Waschmaschine und einen Trockner. Auch eine Hundedusche steht zur Verfügung. Im Minishop können kleine Einkäufe erledigt und Gasflaschen können hier auch gewechselt werden. WLAN ist auf dem ganzen Platz vorhanden, wird allerdings schwächer, je weiter man vom Hauptgebäude entfernt ist.

Beschreibung: Geschotterterte schattenlose Plätze in einem topfebenen Rasengelände, das großzügig angelegt ist. Ein gutes griechisches Restaurant am Rande des Platzes lockt mit frisch zubereiteten Speisen und einem Biergarten. Entfernung zum Strand 1 Kilometer.

Preise: 15,00 € für ein Fahrzeug mit 2 Personen und einem Hund. Anmeldung und Bezahlung erfolgt an der Rezeption des Platzes. Die Entsorgung ist kostenlos, über Münzautomaten gibt es 100 Liter Frischwasser für 1,00 €, Strom für 0,60 € pro kWh.

Zufahrt: In Damp im ersten Kreisverkehr die erste Ausfahrt nehmen und dann die Straße bis zum Ende durchfahren.

Zwischen dem Wohnmobilpark Damp und Eckernförde gibt es 10 Campingplätze, die wir hier nacheinander vorstellen wollen. Sie sind in Größe und Ausstattung recht unterschiedlich und bieten neben den Plätzen für Dauercamper in unterschiedlicher Weise Plätze für WOMOs an.

(096) WOMO-Campingplatz: Damp – Dorotheenthal

GPS: N54°34'20.0" E10°01'04.6"; Dorotheenthal, 24351 Damp.
Max. WOMOs: > 20, maximale Länge 7 m. Spezielle Wohnmobilstellplätze in Strandnähe.

Ausstattung: Wasserver- und Abwasserentsorgung, mit Bodeneinlass, Kassettenentleerung, Stromanschlüsse, Behälter für die Müllentsorgung, WLAN, Gasflaschentausch. Im Servicegebäude gibt es Dusche, Sauna, WC, Waschmaschine und einen Trockner. Der Platz ist von Ende März bis Ende Oktober geöffnet.
Beschreibung: Einfacher Platz direkt an der Ostsee, sehr ruhig.
Preise: Erwachsene Person je nach Saison zwischen 4,00 € und 5,50 €, Wohnmobil je nach Saison zwischen 9,00 € und 11,00 €. Strom 3.00 € pro Tag.
Zufahrt: Richtung Damp fahren und vor Damp in einem Wald rechts abbiegen in die Straße Dorotheenthal. Dieser Straße 800 Meter folgen, dann links abbiegen.
Reservierung/Kontakt: Tel.: 04352/5121 oder www.camping-damp.de.

(097) WOMO-Campingplatz: Damp – Koralle

GPS: N54°34'05.6" E10°01'21.4"; Fischlegerstrand, 24351 Damp.
Max. WOMOs: > 20, maximale Länge 7 m.

Ausstattung: Wasserver- und Abwasserentsorgung, Kassettenentleerung, Stromanschlüsse, Behälter für die Müllentsorgung. Im Servicegebäude gibt es Dusche und WC. Der Platz ist von Ende März bis Ende Oktober geöffnet.
Beschreibung: Einfacher Platz direkt an der Ostsee, sehr ruhig.
Preise: Erwachsene Person 3,90 €, Wohnmobil 7,00 €, Strom 2,50 € pro Tag, Hund 2,00 €.
Zufahrt: Richtung Damp fahren und vor Damp in einem Wald rechts abbiegen in die Straße Dorotheenthal. Dieser Straße bis zum Ende folgen, dann links abbiegen.
Reservierung/Kontakt: Tel.: 0173-2085756 oder 04352/5109
Alternativ: www.campingplatz-koralle.de.

(098) WOMO-Campingplatz: Waabs – Ostsee-Freizeitpark Booknis

GPS: N54°33'48.1" E10°01'07.4"; Seestraße, 24369 Groß-Waabs.
Max. WOMOs: > 20, maximale Länge 9 m.
Ausstattung: Wasserver- und Abwasserentsorgung, Kassettenentleerung, Stromanschlüsse, Behälter für die Müllentsorgung, WLAN. In den modernen Servicegebäuden gibt es Duschen, Sauna, WC, Waschmaschinen und Trockner. Reichhaltiges Sportplatzangebot: Tennis, Badminton, Fußball, Tischtennis, Boule, Volleyball. Ein Restaurant und ein Supermarkt runden das Angebot ab. Der Platz ist von Ende März bis Mitte Oktober geöffnet.

Beschreibung: Komfortabler Platz direkt an der Ostsee, sehr ruhig.
Preise: Erwachsene Person je nach Saison zwischen 5,50 € und 6,50 €, Wohnmobil je nach Saison zwischen 10,00 € und 15,00 €, Hund 3.00 €, Strom 0,50 € pro kWh, WLAN je nach gebuchtem Pass.
Zufahrt: Von Groß-Waabs der Beschilderung zum Campingplatz folgen.
Reservierung/Kontakt: Tel.: 04352/2311 oder www.camping-booknis.de.

(099) WOMO-Campingplatz: Waabs – Camping Hökholz

GPS: N54°32'29.6" E10°00'31.4"; Ritenrade 4, 24369 Waabs.
Max. WOMOs: > 20, maximale Länge 9 m.
Ausstattung: Wasserver- und Abwasserentsorgung, Kassettenentleerung, Stromanschlüsse, Behälter für die Müllentsorgung, WLAN. In den modernen Servicegebäuden gibt es Duschen, WC, Waschmaschinen und Trockner. Ein Bistro und ein Einkaufsmarkt runden das Angebot ab. Der Platz ist von Anfang April bis Ende September geöffnet.
Beschreibung: Kleiner komfortabler Platz direkt an der Ostsee, sehr ruhig.
Preise: Erwachsene Person 4,00 €, Wohnmobil 9,00 €, Hund 3.00 €, Strom 2,50 € pro Tag.
Zufahrt: Groß-Waabs durchfahren und noch vor Klein-Waabs links abbiegen und der Beschilderung zum Campingplatz folgen.
Reservierung/Kontakt: Tel.: 04352/9117031
oder www.camping-eckernfoerde.de.

(100) WOMO-Campingplatz: Waabs – Ostsee-Campingplatz Familie Heide

GPS: N54°31'55.2" E9°59'58.2"; Strandweg 31, 24369 Klein Waabs.
Max. WOMOs: > 20, maximale Länge 9 m.

Ausstattung: Wasserver- und Abwasserentsorgung, Kassettenentleerung, Stromanschlüsse, Behälter für die Müllentsorgung, WLAN. Der Platz ist von Ende März bis Mitte Oktober geöffnet.
Beschreibung: Sehr großer komfortabler Platz direkt an der Ostsee, sehr ruhig.
Wir zitieren das Angebot: *"Auf dem Gelände befindet sich ein Schwimmbad mit angeschlossener Wellness-Oase mit Bio-Sauna, Finnischer-Sauna, Dampfbad und Solarium. Ein Supermarkt, Restaurant, Imbiss, Pizzeria, Biergarten und ein Beach-Club. Die Gastronomie bietet Tanz- und Themenabende an, um den Abend ausklingen zu lassen. Für die Jugendlichen bieten wir Discoabende, ein umfangreiches Animationsprogramm und ein sportliches Angebot. Auch die Kleinen kommen nicht zu kurz! Nicht nur, dass Sie Ihre eigenen Sanitärräume vorfinden oder sich auf einem der vier Spielplätze aufhalten. Ein weiteres Highlight ist das große Hüpfkissen auf der Freizeitwiese direkt neben dem Mehrzweckfeld. Im Happy Kids Club "Rabennest" werden Geschichten erzählt, gespielt, gebastelt, oder gesungen. Sportlichen Gäste können bei uns einen Tauch- oder Surfkurs buchen, mit dem Tretboot auf die Ostsee fahren, Tennis spielen, auf dem Mehrzweckfeld Inliner fahren oder Street - Hockey spielen, Basketball, Volleyball, Beach Volleyball oder Fußball spielen. An der Rezeption können Sie Massagen bestellen."*
Preise: Erwachsene Person je nach Saison zwischen 5,00 € und 8,00 €, Wohnmobil je nach Saison und Größe des Stellplatzes zwischen 11,50 € und 19,50 €, Hund je nach Saison zwischen 5.00 € und 8,00 €, Strom 3,20 € pro

Tag. Hinzu kommen Preise für die Nutzung des Hallenbades, Wellness-Oase etc. Eine vollständige Übersicht der Preise finden Sie hier: www.waabs.de
Zufahrt: In Klein Waabs der Beschilderung zum Campingplatz folgen.
Reservierung/Kontakt: Tel.: 04352/2530.

(101) WOMO-Campingplatz: Waabs – Camp Langholz

GPS: N54°30'46.2" E9°58'54.7"; Fischerstraße 9, 24369 Waabs.
Max. WOMOs: > 20, maximale Länge 7 m.
Ausstattung: Wasserver- und Abwasserentsorgung, mit Bodeneinlass, Kassettenentleerung, Stromanschlüsse, Behälter für die Müllentsorgung, Gasflaschentausch, Abenteuerspielplatz mit Feuerstelle und Tischtennis, Hofladen mit Lebensmitteln (auch regional und bio), WLAN. Im Servicegebäude gibt es Dusche, Sauna, WC, Waschmaschine und einen Trockner. Der Platz ist von Ende März bis Ende Oktober geöffnet.
Beschreibung: Einfacher Platz direkt an der Ostsee, sehr ruhig. Wohnmobilstellplatz in Strandnähe. Abgeteilte Badezone für Schwimmer und Nichtschwimmer, Badestrand, Hundestrand und Bootsliegeplätze.

Zur Philosophie des Betreibers zitieren wir ihn persönlich: *"Wir wollen mit der konventionellen deutschen Campingkultur (und -Mentalität) brechen und ein Angebot für all diejenigen schaffen, die sich wie wir ein freiheitliches, nachhaltiges und ästhetisches Campingerlebnis jenseits von Prolligkeit und Spießertum und möglichst nah an der Natur wünschen. NACHHALTIGKEIT wird bei uns großgeschrieben, denn das Bewahren und Schonen von Natur und Ressourcen ist nicht nur die dringlichste Aufgabe der Menschheit, sondern auch die Grundlage des Campings an sich. Wer ökologisches Handeln „Schwachsinn" nennt, ist bei uns falsch. Wir wollen keine Zäune, keine Hecken, keinen Parzellencharakter. Wir mögen es offen, grün und wild. Wir bevorzugen bunt vor uniform, organisch statt gestreiftem Plastik. Wir stehen auf alternative Lebensweisen und offenen geistigen Horizont. Toleranz und Miteinander. Kultur und Schöngeist. Wir freuen uns über Lagerfeuerromantik, Hängematten und Oldtimer. Wir lieben ÄSTHETIK."*
Preise: Erwachsene Person je nach Saison zwischen 3,00 € und 4,00 €, Wohnmobil je nach Saison und Lage zwischen 9,00 € und 16,00 €. Strom 2,70 € pro Tag, Hund 3,00 €. Rabatt für Bullys (und Vans gleicher Größe)
Zufahrt: Von Klein Waabs Richtung Eckernförde fahren, nach Langholz abbiegen und den Ort bis zum ausgeschilderten Campingplatz durchfahren.
Reservierung/Kontakt: Tel.: 04352/911484 oder www.camp-langholz.de

(102) WOMO-Campingplatz: Waabs – Ostseecamp Lehmberg

GPS: N54°30'30.1" E9°58'18.9"; Lehmberger Straße 11, 24369 Waabs.
Max. WOMOs: > 20, maximale Länge 9 m.
Ausstattung: Wasserver- und Abwasserentsorgung, Kassettenentleerung, Stromanschlüsse, Behälter für die Müllentsorgung, WLAN. Im Servicegebäude gibt es Duschen, WC, Waschmaschinen und Trockner. Ein Bistro und ein kleiner Einkaufsmarkt sind ebenfalls vorhanden, Gasflaschen können getauscht werden. SUP-Bretter können geliehen werden und Petri-Jünger haben hier eine Angelmöglichkeit. Der Platz ist von Ende März bis Ende Oktober geöffnet.

Beschreibung: Kleiner komfortabler Platz direkt an der Ostsee, sehr ruhig.
Preise: Erwachsene Person je nach Saison zwischen 3,00 € und 4,00 €, Wohnmobil je nach Saison und Lage zwischen 4,00 € und 19,30 €. Strom 3,00 € pro Tag, Hund 4,50 €.
Zufahrt: Von Klein Waabs Richtung Eckernförde fahren, nach Langholz abbiegen und vor dem Ort rechts abfahren. Ein großer Torbogen weist auf den Campingplatz hin. Die Zufahrt ist mit Betonplatten ausgelegt und recht holperig und nur einspurig befahrbar. Es gibt mehrere Ausweichstellen für den Gegenverkehr.
Reservierung/Kontakt: Tel.: 04358/9893230 oder www.ostseecamp-lehmberg.de.

(103) WOMO-Campingplatz: Waabs – Ostsee-Campingplatz Gut Ludwigsburg

GPS: N54°30'09.3" E9°57'26.8"; Ludwigsburg 1, 24369 Waabs.
Max. WOMOs: > 20, maximale Länge 9 m.
Ausstattung: Wasserver- und Abwasserentsorgung, Kassettenentleerung, Stromanschlüsse, Behälter für die Müllentsorgung, WLAN. In den Servicegebäuden gibt es Duschen, WC, Waschmaschinen und Trockner. Ein Bistro und ein kleiner Einkaufsmarkt sind ebenfalls vorhanden, Gasflaschen können getauscht, SUP-Bretter können geliehen werden und auch hier finden Petri-Jünger eine Angelmöglichkeit. Das Sportplatzangebot ist umfangreich: Tischtennis, Volleyball, Beachvolleyball, Basketball, Bolzplatz. Der Platz ist von Ende März bis Ende Oktober geöffnet. Für Wohnmobile gibt es Kurzzeitplätze vor der Schranke (bis zu 2 Tage) und weiter Stellplätze auf dem Campingplatz für all diejenigen, die länger als 2 Tage bleiben möchten.

Beschreibung: Großer komfortabler Platz direkt an der Ostsee, sehr ruhig.
Preise: Die Preise für die Kurzzeitparkplätze vor der Schranke und die Preise auf dem Campingplatz sind unterschiedlich.
Vor der Schranke: 16,00 € für ein Fahrzeug mit 2 Personen, Hund 2,00 €, Ver- und Entsorgung 1,00 €.
Auf dem Campingplatz: Erwachsene Person 5,00 €, Wohnmobil je nach Saison und Lage zwischen 8,00 € und 19,00 €. Strom 3,00 € pro Tag, Hund je nach Größe zwischen 2,00 € und 6,00 €, Waschmaschine/Trockner 2,00 €/1,50 €, WLAN 4,00 € pro Tag, Wochenkarte 15,00 €.
Zufahrt: Von Klein Waabs Richtung Eckernförde fahren, am Gut Ludwigsburg links abbiegen und der Straße bis zum Ende folgen.
Reservierung/Kontakt: Tel.: 04358/370 oder www.ostseecamping-ludwigsburg.de.

(104) WOMO-Campingplatz: Waabs – Ostseecamping-Gut Karlsminde

GPS: N54°29'45.1" E9°56'13.5"; Karlsminde 10, 24369 Waabs.
Max. WOMOs: > 20, maximale Länge 9 m.
Ausstattung: Wasserver- und Abwasserentsorgung, Kassettenentleerung, Stromanschlüsse, Behälter für die Müllentsorgung, WLAN. In den vier modernen Servicegebäuden gibt es Duschen, WC, Waschmaschinen und Trockner. Ein Bistro, ein Restaurant mit Blick auf die Ostsee und ein kleiner Einkaufsmarkt sind ebenfalls vorhanden. Von Ende März bis Ende Oktober geöffnet.

Beschreibung: Idealer Platz für Hundehalter. Großer komfortabler Platz direkt an der Ostsee, sehr ruhig. Es gibt neben verschiedenen sportlichen Aktivitäten Angelmöglichkeiten an den Strandseen und auf dem Meer. Auf dem Gutshof wird von den Oster- bis zu den Herbstferien Ponyreiten angeboten. Für die Fellnasen gibt es einen speziellen Park mit Badesee. Der Sandstrand ist 3 Kilometer lang.

Preise: Erwachsene Person 5,00 €€, Wohnmobil je nach Saison und Lage zwischen 15,00 € und 18,00 €. Strom 3,50 € pro Tag, Hund 2,50 €, Waschmaschine/Trockner 1,00 €/1,00 €, WLAN 4,00 € pro Tag, Wochenkarte 15,00 €, Angelschein 2,00 €.
Zufahrt: Von Klein Waabs Richtung Eckernförde fahren, am Gut Ludwigsburg vorbeifahren und dann bei der nächsten Möglichkeit links abbiegen und der Straße bis zum Ende folgen.
Reservierung/Kontakt: Tel.: 04358/344 oder www.karlsminde.de.

(105) WOMO-Campingplatz: Barkelsby – Campingplatz Hemmelmark

GPS: N54°28'36.6" E9°52'37.7"; 24360 Barkelsby.
Max. WOMOs: > 20, maximale Länge 9 m.
Ausstattung: Kleiner Platz mit Wasserver- und Abwasserentsorgung, Kassettenentleerung, Stromanschlüssen, Behälter für die Müllentsorgung, WLAN. Im Servicegebäude gibt es Duschen, WC, Waschmaschinen und Trockner. Ein Restaurant ist vorhanden und Gasflaschen können getauscht werden. Der Platz ist von Anfang April bis Ende September geöffnet.
Beschreibung: Direkt an der Ostsee, sehr ruhig.
Preise: Erwachsene Person 4,00 €, Wohnmobil13,00 €. Strom 0,40 € pro kWh, Müllentsorgung, Wasser, Abwasser 1,50 €, Hund 1,50 €.
Zufahrt: Von Klein Waabs bis nach Hemmelmark fahren und dann der Beschilderung "Campingplatz Hemmelmark" folgen.
Reservierung/Kontakt: Tel.: 04351/81149 oder https://ostsee-camping-hemmelmark.de.

Abgesehen von den unterschiedlichen Ausstattungen auf den Campingplätzen sind die Ostsee und die Eckernförder Bucht für alle Besucher gleich. Mal sind die Strände etwas breiter, mal schmaler, aber das spielt eigentlich keine große Rolle. Das Wasser ist gut, hat eine einheitliche Temperatur, Badestellen gibt es zur Genüge und wer seinem Wassersport nachgehen möchte, der findet hier seinen Platz. Zugangsbeschränkungen gibt es nicht, außer durch Viehzäune. Lange Wanderungen an der Küste sind möglich und verschaffen dem naturkundlich interessierten immer wieder einen neuen Blick auf die Küstenformationen. Im Geröll an den Steilufern das die Gletscher der Eiszeiten aus Skandinavien hierher transportierten und dabei rundschliffen, findet sich bei aufmerksamer Suche so dann und wann auch ein Bernstein. Viele Vögel lassen sich beobachten, insbesondere die allgegenwärtigen

Möwen, die immer wieder lautstark auf sich aufmerksam machen und die Strände auch gern nach Essensresten absuchen, wenn sie nicht, wie auf dem Foto, eine frische Krabbe aus dem Wasser fischen können.

Möwe beim "Abendbrot" an der Ostsee.

Auch für den geschichtsinteressierten gibt es hier einiges zu entdecken. Da ist zum Beispiel das **Gut Ludwigsburg**, ein Herrenhaus, dass im frühen 18. Jahrhundert an der Stelle eines baufällig gewordenen Hauses neu errichtet wurde. Mit seiner sogenannten Bunten Kammer hat es einen einzigarten Raum mit einer Vertäfelung aus Eichenholz, die aus lauter eckigen und ovalen Ölgemälden besteht. Die ganze Geschichte des Gutes können Sie hier nachlesen www.gut-ludwigsburg.de.

Das Torhaus vom Gut Ludwigsburg.

Hier finden Sie auch die Hinweise zu den Öffnungszeiten des Hauses.

Darüber hinaus finden Sie in diesem alten Gemäuer ein Café/Restaurant und einen Hofladen, in dem regional erzeugte Produkte angeboten werden. Von gutseigenen Fleisch-Spezialitäten aus der heimischen Jagd bis zu Honig, Marmeladen und Schaffellen reicht die Angebotspalette. Mit diesen Koordinaten [N54°30'45.7" E9°55'59.5"] erreichen Sie den Parkplatz des Anwesens.

Das Großsteingrab Karlsminde.

Nur rund 1,5 Kilometer vom Gut Ludwigsburg entfernt befindet sich das **Großsteingrab Karlsminde**. Das rund 60 Meter lange und fast 6 Meter breite Langbett wurde zwischen den Jahren 1976 und 1978 restauriert. Es besteht aus 108 Findlingen mit einem Gewicht von jeweils bis zu 2,5 Tonnen. Es entstand zwischen 3500 und 2800 v. Chr. und ist damit der sogenannten **Trichterbecherkultur** zuzuordnen. Diese Kultur stellt im nördlichen Mitteleuropa die erste vom Ackerbau lebende Bevölkerung dar.

Von der Steinzeit zurück in die komfortable Gegenwart. Wir verlassen die Ostsee wieder und fahren zurück an die Schlei. Von dort schlagen wir einen kleinen Bogen nach Norden und begeben uns dann nach Schleswig.

Zunächst fahren wir vom letzten Campingplatz den wir aufgesucht haben an Eckernförde vorbei nach **Rieseby**. In der Umgebung dieser kleinen Gemeinde gibt es einige Herrenhäuser, die Besuchern allerdings nicht offen stehen. Hauptattraktion des Ortes ist die **Mühle Anna**, die Sie mit diesen Koordinaten [N54°32'35.5" E9°48'13.2"] oder dieser Adresse [Möhlnbarg 5, 24354 Rieseby] finden. Sie ist 20 Meter hoch und war bis 1978 in Betrieb. Heute ist sie ein ein volkskundliches Museum. Über 2.000 Exponaten sind hier ausgestellt. Im nebenstehen Mühlenhaus gibt es ein kleines Künstleratelier in dem Bilder und allerlei Krimskrams verkauft werden. Die Öffnungszeiten der Mühle erfahren Sie hier www.muehle-anna.de.

Wir fahren weiter nach Lindaunis. Mit dem Rad sind wir an diesem Campingplatz bei der Runde um die nördliche Schlei schon vorbeigefahren.

(106) WOMO-Campingplatz: Camping Lindaunis

GPS: N54°35'11.8" E9°48'59.1"; Schleistraße 1, 24392 Lindaunis.
Max. WOMOs: >20, maximale Länge 10 m.
Ausstattung: Wasserver- und Abwasserentsorgung, mit Bodeneinlass, Kassettenentleerung, Stromanschlüssen, Behälter für die Müllentsorgung, WLAN, Brötchenservice. Im Servicegebäude gibt es Dusche, WC, Waschmaschine und einen Trockner. Es gibt eine Brückenanlage mit 120 Liegeplätzen für Segel- und Motorboote, einen Boots-, Kanu- sowie Fahrradverleih. Tischtennis, Tischfußball und ein Kinderspielplatz mit Bademöglichkeit runden das Angebot ab. Der Platz ist vom 1. April bis 15. Oktober geöffnet.

Beschreibung: Ausgezeichneter, sauberer Platz. Er befindet sich direkt am Wasser der Schlei, sehr ruhig. Das Restaurant Schleimöwe hat viele norddeutsche Spezialitäten auf der Karte.
Preise: Auf dem Campingplatz: Erwachsene Person 7,00 €, Wohnmobil 10,00 €, Hunde 2,00 €, Strom 0,50 pro kWh. Im Wohnmobilhafen: 18,00 € für eine Fahrzeug mit max. 2 Personen, max. 3 Nächte Aufenthalt.
Zufahrt: Hinter der einspurig zu befahrenen Schleibrücke in Richtung Lindau/Süderbrarup gleich links.
Reservierung/Kontakt: Tel.: 04641/7317 oder www.camping-lindaunis.de.

(107) Offizieller WOMO-Stellplatz: Schlei-Marina-Lindauhof

GPS: N54°35'15.9" E9°48'11.6"; Lindauhof 5, 24392 Boren.
Max. WOMOs: 5, maximale Länge 8 m.
Ausstattung: Befestigter Platz mit Frischwasserversorgung und Stromanschlüssen, Behälter für die Müllentsorgung, Tretbootvermietung, Restaurant (Gonzo's Biergarten). Der Platz ist von Mitte April bis Ende Oktober geöffnet.
Beschreibung: Am Lindauer Noor, einem Nebenarm der Schlei, sehr ruhig.
Preise: 13,00 € für ein Fahrzeug mit zwei Personen. Die Parkgebühr ist beim Hafenmeister zu entrichten. Frischwasser ist im Preis enthalten, Strom gibt es für 1,00 € pro kWh.
Telefonische Reservierung: 04641/3141
oder Hafenmeister@schlei-marina-lindauhof.de.
Zufahrt: Hinter der einspurig zu befahrenen Schleibrücke in Richtung Lindau/Süderbrarup am Campingplatz Lindaunis vorbeifahren und nach einem Damm durch das Lindauer Noor links abbiegen.

Von Lindaunis bieten sich Ausflüge mit dem Rad entlang der Schlei an. Auch die Ausflugsschiffe, die von Kappeln nach Schleswig fahren, legen hier einen Zwischenstopp ein. Also gibt es auch die Option, sich ein wenig über die Schlei schippern zu lassen und das mit einer Radtour oder einer Wanderung zu verbinden.

Auch unser nächstes Ziel, der **Familien-Freizeitpark Tolk-Schau** lässt sich von Lindaunis bequem mit dem Rad erreichen. Es sind nur 15 Kilometer. Mit dem WOMO erreichen Sie den Park mit diesen Koordinaten [**108:** N54°34'45.9" E9°37'29.7"]. Der schattige Parkplatz eignet sich auch sehr gut für eine Übernachtung.

Tyrannosaurus in der Tolk-Schau.

Kostenloser Parkplatz an der Tolk-Schau.

Der rund 30 Hektar große Freizeitpark präsentiert ein vielfältiges Angebot insbesondere für Familien mit Kindern. Es gibt verschiedene Rutschen, Karusselle und eine Vielzahl anderer Fahrattraktionen für die Großen wie für die Kleinen. Eine Parkbahn, eine Wegebahn und eine Feldbahn drehen ihre Kreise. Für die Kleinen auf dem Land ist die Treckerbahn ganz wichtig. Über 100 lebensgroße Dinos und Urwelttiere sind zu bewundern. Gleich daneben lebt quicklebendiges Damwild in einem Gehege. Mit der 700 Meter langen Sommerrodelbahn ist das Ende des großen Parks fast erreicht.

Öffnungszeiten: Ende Juni bis Mitte August täglich von 10:00 bis 18:00 Uhr; Von Mitte April bis Mitte Juni und Mitte August bis Mitte Oktober samstags bis dienstags von 10:00 bis 18:00 Uhr. Eintrittspreis pro Person 24,00 €, Kinder unter 95 cm Körpergröße und Geburtstagskinder zahlen keinen Eintritt.

Von dem Freizeitpark machen wir noch einen kleinen Abstecher nach **Böklund**, das sind nur fünf Kilometer. Hier gibt es [Gewerbestraße 3, 24860 Böklund, GPS: N54°36'06.2" E9°35'19.3"] einen Werksverkauf der Firma Böklunder, der bekanntesten Wurstmarke in Schleswig-Holstein, die hier ihren Stammsitz hat.

Nachdem wir die Vorräte unserer Bordküche preiswert ergänzt haben, geht es nach Schleswig weiter. Die ehemalige Hauptstadt des Herzogtums Schleswig kann auf eine lange wechselvolle Geschichte zurückblicken. Die Wikinger siedelten hier bereits im Jahre 804, wurden von den Christen unterworfen, die Schleswig im Mittelalter dann zu einem bedeutenden Bischofssitz machten. Die Herzöge von Gottorf errichteten hier ihre ständige Residenz, Schleswig wurde zu einem Machtzentrum. Die Spuren dieser Geschichte sind auch heute noch deutlich sichtbar. Denen wollen wir unter anderem nachgehen. Aber zunächst klären wir, wo wir das WOMO abstellen können. Hier haben wir mehrere Möglichkeiten, die wir Ihnen wieder mit einem Stadtplan zeigen.

(109) WOMO-Stellplatz: Schleswig – Auf der Freiheit

GPS: N54°30'49.7" E9°35'22.6"; Auf der Freiheit 68, 24837 Schleswig.
Max. WOMOs: 50, maximale Länge 15 m.
Ausstattung: Keinerlei wohnmobilspezifische Einrichtungen, ganzjährig geöffnet.
Beschreibung: Sehr große asphaltierte/betonierte Fläche, teilweise auch mit Rasengittersteinen ausgelegtes Areal an der Schlei in einem ehemaligen Hafengelände der 2004 aufgegeben Kaserne, sehr ruhig, ca. 2 Kilometer vom Zentrum entfernt. Hier kann mit großen Abstand zueinander geparkt werden.
Preise: 10,00 € für ein Fahrzeug. Die Parkgebühr wird am Fahrzeug als „Bußgeld" kassiert.
Zufahrt: Durch den östlichen Bereich der Stadt den Platz anfahren. Mit Umleitungen und Straßensperrungen ist durch die Umgestaltung des ehemaligen militärischen Geländes immer noch zu rechnen. Vertrauen Sie den GPS-Koordinaten oder den Adressangaben.

(110) Offizieller WOMO-Stellplatz: Schleswig – Stadthafen

GPS: N54°30'43.6" E9°34'05.0"; Am Hafen 11, 24837 Schleswig.
Max. WOMOs: 45, maximale Länge 8 m.
Ausstattung: Wasserver- und Abwasserentsorgung, mit Bodeneinlass, Kassettenentleerung, Stromanschlüsse, Behälter für die Müllentsorgung, schattenlos, WLAN. Im Servicegebäude gibt es Dusche, WC, Waschmaschine und einen Trockner. Der Platz ist ganzjährig geöffnet.
Beschreibung: Gepflasteter Platz mit geschotterten und eng beieinander liegenden Stellflächen unweit der Stadtmitte direkt am Hafen.

Preise: 18,00 € für ein Fahrzeug. Die Ver- und Entsorgung, die Stromversorgung sowie die Nutzung der Dusche und Toilette sind im Preis enthalten.
Zufahrt: In Schleswig in die Ortsmitte fahren und von dort zum Hafen. Der Platz ist nahezu durchgehend voll belegt. Die größte Wahrscheinlichkeit einen freien Platz zu finden ist am Vormittag.

(111) WOMO-Campingplatz: Schleswig – Wikinger-Campingplatz Haithabu

GPS: N54°30'03.6" E9°34'14.2"; Haddebyer Chaussee 15, 24866 Busdorf.

Max. WOMOs: 140, maximale Länge 12 m.
Ausstattung: Wasserver- und Abwasserentsorgung, mit Bodeneinlass, Kassettenentleerung, Stromanschlüsse, Behälter für die Müllentsorgung, WLAN. Im Servicegebäude gibt es Dusche, WC, Waschmaschine und einen Trockner. Der Platz ist von Anfang April bis Mitte Okt. geöffnet. Sehr gutes Restaurant (ODINs Historisches Gasthaus) mit norddeutschen Spezialitäten neben dem Platz. Hier gibt es auch ein wunderbares Frühstück.
Beschreibung: Direkt an der Schlei mit Blick auf die Stadtsilhouette von Schleswig mit dem Dom. Relativ ruhig, der Verkehr auf der B76 ist aber hörbar. Entfernung zum Freilichtmuseum Haithabu 800 Meter.
Preise: Erwachsene Person 4,00 €, Wohnmobil 10,00 €, Wohnmobil über 7 Meter Länge 12,00 €, Strom 2,00 pro Tag, Hund 2,00 €, Umlage 2,00 €.
Zufahrt: Über die B76 in Richtung Eckernförde.
Reservierung/Kontakt: Tel.: 04621/32450
oder www.campingplatz-haithabu.de.

Die beiden Stellplätze auf der Freiheit und am Stadthafen sowie den Campingplatz Haithabu werden Sie auf dem Stadtplan finden, wenn Sie einmal weiterblättern. Der Stellplatz in Jagel liegt weit außerhalb dieses Planes. Er ist neun Kilometer vom Zentrum Schleswigs entfernt. Über die B77 in Richtung Rendsburg kommen Sie dorthin.

(112) Offizieller WOMO-Stellplatz: Jagel – Wohnmobilhof Jagel

GPS: N54°27'16.3" E 9°32'12.9"; Bundesstraße 13, 24878 Jagel bei Schleswig.
Max. WOMOs: 31, maximale Länge 15 m.
Ausstattung: Wiesengelände mit Wasserver- und Abwasserentsorgung, mit Bodeneinlass, Kassettenentleerung, Stromanschlüssen, Behälter für die Müllentsorgung, Grillecke, schattenlos. Im Servicegebäude gibt es Dusche und WC.Darüberhinaus gibt es hier einen Werkstattservice und einen Wohnmobilshop inkl. eines Wohnmobilverkaufs. Ein kleines E-Mobil (Renault Twizzy) kann für Besichtigungstouren gemietet werden. Der Platz ist von Anfang April bis Ende Oktober geöffnet.

Beschreibung: Am südlichen Ortsrand von Jagel an der B77 in Richtung Rendsburg. Die Starts und Landungen auf dem nahgelegenden Fliegerhorst sind sehr deutlich vernehmbar.
Preise: 11,00 € für ein Fahrzeug mit zwei Personen inkl. der Ver- und Entsorgung, sowie der Nutzung der Dusche und Toilette. Strom kostet 2,00 € pro Tag.
Weitere Infos: https://wohnmobilhof-jagel.de.
Zufahrt: Über die B77 in Richtung Rendsburg.

Beginnen wir mit dem Besuch in Schleswig. Wir gehen zunächst nach **Holm**, der alten Fischersiedlung. Holm kommt aus dem Dänischen und bedeutet Insel. Die Insel ist heute nicht mehr erkennbar, aber als dieser älteste Teil der Stadt Schleswig gegründet wurde, war der Holm nur durch Brücken mit dem Festland verbunden. Die Häuser auf der Insel wur-

Der Friedhof in der Fischersiedlung Holm.

Barockgarten
Globushaus
Fürstengarten
Herkules-
teich
Flensburger Straße
Lutherstraße
Stadtweg
Stadtweg
Lollfuß
Königstraße
Schloßallee
Lollfuß
Schleistraße
Strandweg
Flensburger Straße
Lollfuß
Schloss Gottorf
Schleistraße
Luisenbad
Stadtpark
Königswiesen
Luisenbad
Burgsee
Gottorfer Damm
Möweninsel
Callisenstraße
Wikingturm
Wiking
Yachthafen
B76
Friedrichstraße
Friedrichsberg
Friedrichstraße
Friedrichstraße
Husumer Baum
nach Danewerk
Busdorfer
Teich
B77
Busdorf
N
Halbkreiswall
250 Meter
nach Jagel

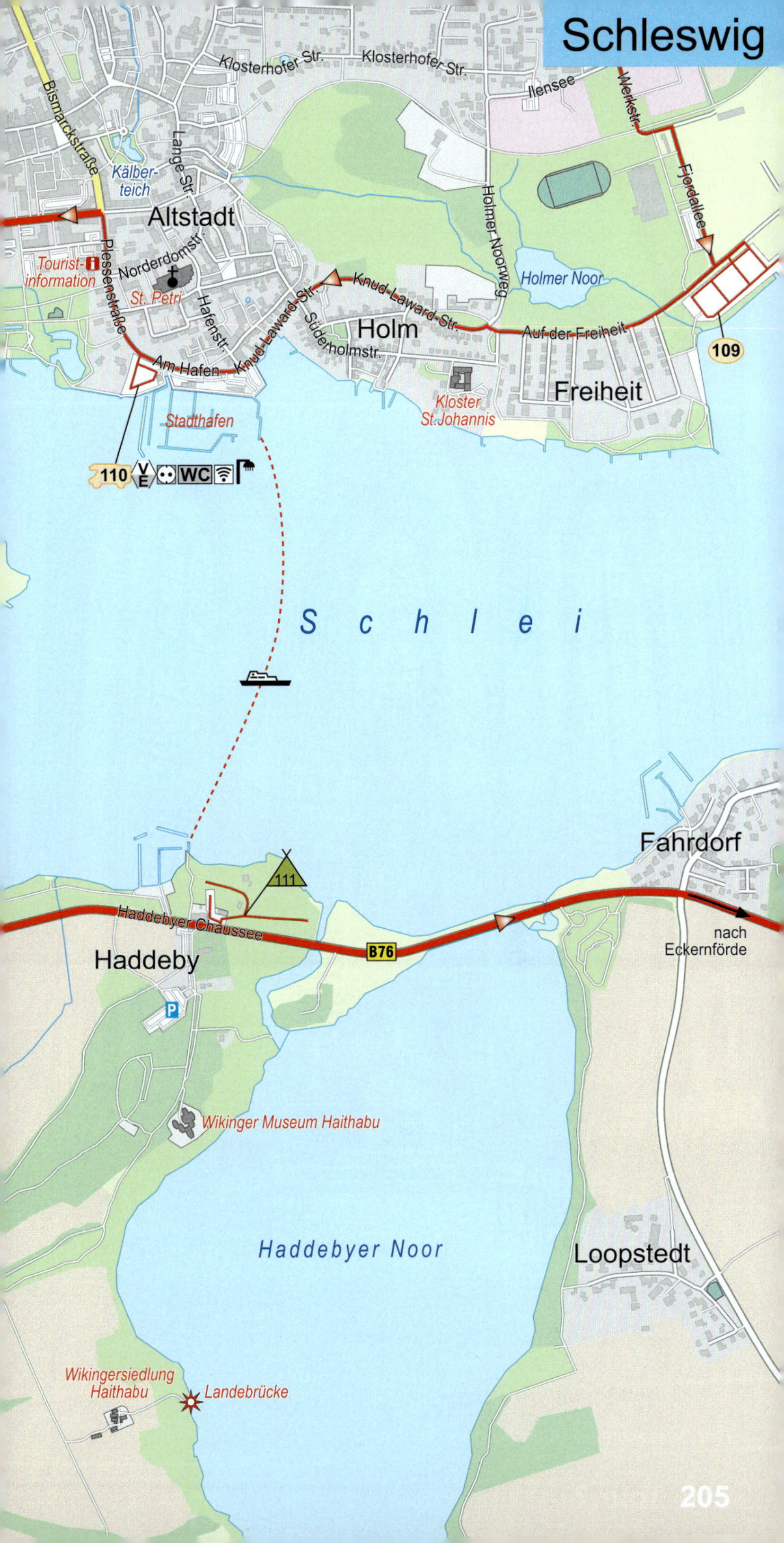
Klosterhofer Str.
Klosterhofer Str.
Ilensee
Werkstr.
Bismarckstraße
Kälber-
teich
Lange Str.
Holmer Noorweg
Fjordallee
Altstadt
Plessenstraße
Norderdomstr.
Tourist-
information
St. Petri
Hafenstr.
Knud-Laward-Str.
Knud-Laward-Str.
Holmer Noor
Süderholmstr.
Holm
Auf der Freiheit
109
Am Hafen
Freiheit
Kloster
St. Johannis
Stadthafen
110
V
E
WC
Schlei
Fahrdorf
111
Haddebyer Chaussee
Haddeby
B76
nach
Eckernförde
P
Wikinger Museum Haithabu
Haddebyer Noor
Loopstedt
Wikingersiedlung
Haithabu
Landebrücke

Der Bordesholmer Altar im Dom St. Petri.

den um den Friedhof gruppiert und hatten auf ihrer Rückseite einen direkten Zugang zum Wasser. Cafés oder Restaurants werden Sie hier vergeblich suchen. Es ist einfach nur ein malerisches Kleinod, das einen Spaziergang wert ist. Das Kloster St. Johannis ist nicht weit entfernt. Das Gebäude sollte man aber nicht mit allzu großen Erwartungen aufsuchen.

Der **Dom St. Petri** ist das Wahrzeichen Schleswigs und gehört zu den bedeutendsten Bauwerken Norddeutschlands. Um 1100 wurde mit dem Bau begonnen und im 13. Jahrhundert als gotische Hallenkirche fertiggestellt. In den folgenden Jahrhunderten fanden zahlreiche Umbau- und Erweiterungsarbeiten statt. Ende des 15. Jahrhunderts wurde die Sakristei gebaut, in deren Untergeschoss König Friedrich I. von Dänemark mit seiner zweiten Frau Sophie in einer Gruft ruht. Herzog Christian Albrecht ließ 1666 den von Hans Brüggemann 1514-21 geschnitzten Altar aus dem aufgelösten Kloster Bordesholm hierher bringen. Die Altartafel ist zwölf Meter hoch, sieben Meter breit und enthält fast 400 Figuren.

Bordesholmer Altar

Der Bordesholmer Altar schildert die christliche Heilsgeschichte von Adam und Eva bis zum Jüngsten Gericht. Im Zentrum stehen die Passions- und Auferstehungsgeschichten der Evangelien von der Gefangennahme Jesu bis zu den Erscheinungen des Auferstandenen. Das Mittelfeld hebt Kreuztragung und Kreuzigung durch größere Formate hervor. Über der Kreuzigungsszene thront Maria als Himmelskönigin. Himmelfahrt und Pfingsten werden auf den Seitenflügeln abgebildet. Neben dem hochgezogenen Mittelteil sind Adam und Eva dargestellt. Über dem Ganzen schwebt Christus als Weltenrichter. Die biblischen Mahlszenen im unteren Teil des Altars verweisen auf die Abendmahlsfeier im Gottesdienst und beziehen die Gottesdienstgemeinde in die Heilsgeschichte ein.
In der Gestaltung der einzelnen Szenen hat Brüggemann sich zum Teil durch Albrecht Dürers „Kleine Passion“ inspirieren lassen. Seine eigene Meisterschaft zeigt sich in der ausgeprägten Individualisierung der Figuren. (Zitiert aus der Dombroschüre)

Viele weitere Kunstschätze sind im Dom zu bewundern, die in Führungen eingehend erklärt werden.

Öffnungszeiten: Im Sommer (Mai - September) 9:00 Uhr - 17:00 Uhr, sonntags 13:30 Uhr - 17:00 Uhr. Im Winter (Oktober - April) 10:00 Uhr - 16:00 Uhr, sonntags 13:30 Uhr - 16:00 Uhr. Führungen finden im Sommer (15. Juni bis 15. September) täglich um 14:30 Uhr statt. Kosten: 3 € pro Person (Kinder und Jugendliche 1,50 €).

Mindestens so bedeutend wie der Dom ist das **Schloss Gottorf** mit seinem angrenzenden Barockgarten und dem außergewöhnlichen Globushaus. Vom Stellplatz am Stadthafen bis zum Schloss sind es zu Fuß etwas mehr als zwei Kilometer, bis zum Globushaus etwas mehr als drei Kilometer.

Schloss Gottorf in Schleswig.

Schloss Gottorf diente von 1544 bis 1713 den Herrschern des Herzogtums Schleswig als Residenz. Die Gottorfer Herzöge ließen es mehrfach umgestalten.

Heute bietet es Platz für das **Landesmuseum für Kunst und Kulturgeschichte** und für das **Archäologische Landesmuseum**. Das erstgenannte widmet sich der Kulturgeschichte Schleswig-Holsteins vom Mittelalter bis zur Gegenwart. Die sakrale Kunst des Mittelalters nimmt einen breiten Raum ein. Sie wird in der beeindruckenden großen Gotischen Halle mit zahlreichen Schaustücken präsentiert.

Das zweitgenannte Museum führt durch die Geschichte Nordeuropas von der Steinzeit bis ins hohe Mittelalter. Es

Der Barockgarten von Schloss Gottorf.

besitzt mehrere Millionen Funde aus 80.000 Jahren Menschheitsgeschichte. In der Dauerausstellung zeigt das Museum eine Auswahl davon, wie das Nydamboot, einige Moorleichen, bronzezeitlichen Schmuck und vieles andere mehr.

Im Schlosspark befindet sich ein Skulpturengarten mit zeitgenössischer Kunst. Ein Weg hinter dem Schloss führt zum Barockgarten, den einst Herzog Friedrich III. ab 1637 anlegen ließ. Er bestand zunächst nur aus dem Herkulesteich, einem ebenerdigem Parterre und einer höhergelegenen Gartenterrasse. Herzog Christian Albrecht ließ den Garten ab 1660 um vier Terrassen nach Norden erweitern. Sie erhielten ein hierarchisches Wegesystem mit prächtigen Freitreppen, Kaskaden und Fontänen. Dem Vorbild Versailles folgend, wurde der Garten ganz im Sinne des absolutistischen Denkens gestaltet. Nach dem Ende des Großen Nordischen Krieges 1713, in dem es um die Vorherrschaft im Ostseeraum ging, wurde der Garten durch die neuen dänischen Herrscher vereinfacht, blieb in seiner Anlage jedoch grundsätzlich erhalten.

Der Gottorfer Globus

Mit der Niederlage gegen die Dänen verlor Schleswig den bis dahin einzigartigen begehbaren Globus, den Friedrich III. einst in Auftrag gab. Friedrich III., der auch das Holländerstädtchen Friedrichstadt erbauen ließ, war ein wissenschaftsliebender Mensch. Er gab seinem Hofmathematiker Adam Olearius den Auftrag einen Riesenglobus zu konstruieren, der Erd- und Himmelsdarstellung miteinander verbinden sollte. Mit einem Durchmesser von über drei Metern bot die Kugel in ihrem Inneren bis zu zwölf Personen Platz. Zu sehen bekamen sie hier einen figürlich ausgeschmückt Sternenhimmel, der den Lauf der Gestirne über das Firmament vorführt. Auf der Außenfläche des Globus ist die damals bekannte Welt kartographisch abgebildet. Zu dieser Zeit war dies eine Weltsensation und machte das Herzogtum europaweit berühmt. Zar Peter der Große war so begeistert von dieser Konstruktion, dass er als Verbündeter Dänemarks nach dem Großen Nordischen Krieg diesen Globus unbedingt haben wollte. So wurde er in Schleswig demontiert und in Sankt Petersburg wieder auf-

Das Globushaus.

Der Gottorfer Globus.

gebaut. Da bei der Demontage das Haus in dem der Globus stand weitgehend zerstört wurde, verfiel die Anlage und wurde wenig später vollkommen abgerissen.

Jahrhunderte vergingen und der Globus war in Schleswig nur ein Stück Geschichte, dass man aus Erzählungen und einigen Aufzeichnungen kannte.

Ende der 90er Jahre des letzten Jahrhunderts wurde mit den Plänen begonnen, eine Rekonstruktion zu wagen. Nachdem alle Vorlagen, die für den Bau benötigt wurden, beieinander waren und die Finanzierung gesichert war, wurde mit der Arbeit begonnen. 2005 konnte der neue Gottorfer Globus eröffnet werden.

So dreht sich die Weltkugel wieder. Mit einer Virtual-Reality-Story beginnt der Besuch. Mit der VR-Brille auf der Nase gibt es eine sechsminütige Einführung in die Entstehungsgeschichte des Globus. Danach geht es zu der rund drei Meter hohe Rekonstruktion vom Gottorfer Globus, der in Bau, Bemalung und Funktion dem Originalglobus von Herzog Friedrich III originalgetreu nachgebaut wurde. Sie können im Inneren wie in einem Planetarium Platz nehmen und den Sternenhimmel an sich vorbeiziehen lassen. Die einzelnen Sternbilder und Tierkreiszeichen sind figürlich dargestellt. Rund zwölf spannende Minuten sitzen Sie dabei in der geschlossenen Kugel. Eine Aufsichtsperson des Museums erläutert die vorbeiziehenden Sternbilder und Tierkreiszeichen und steuert den Lauf des Globus.

Öffnungszeiten: Von April bis Oktober dienstags bis freitags von 10:00 bis 17:00 Uhr, samstags und sonntags 10:00 bis 18:00 Uhr. Eintrittspreis für den Erwachsenen 7,00 €. Der Eintritt in den Barockgarten ist frei.

Der Globus ist zweifellos ein Höhepunkt unseres Besuches in Schleswig, dem wir einen weiteren hinzufügen werden. Wir kommen nun zu dem herausragenden UNESCO-Welterbe, dessen offizieller Name **Archäologischer Grenzkomplex Haithabu und Danewerk** heißt.

Die Wikingersiedlung **Haithabu** ist vom Stellplatz am Stadthafen rund fünf Kilometer entfernt. Um dorthin zu kommen, kann man das Rad nehmen, das ist eine Möglichkeit. Eine Option ist aber auch mit einer Barkasse auf der Schlei vom Stadthafen nach Haddeby überzusetzen. Die Hein, so heißt das Schiff, pendelt in den Sommermonaten regelmäßig hin und her. Wo sie im Stadthafen liegt, sehen Sie auf dem Stadtplan „Schleswig“ auf Seite 205. In Haddeby angekommen geht es zu Fuß weiter zum Wikinger Museum, das sind rund 500 Meter. Bis zur Wikingersiedlung sind dann nochmal weitere 1000 Meter zurückzulegen.

Das **Danewerk** ist etwas weiter entfernt, fahren Sie mit dem WOMO zu diesem Parkplatz [Ochsenweg 5, 24867 Dannewerk N54°28'58.0" E9°29'57.9"] oder radeln Sie die sieben Kilometer vom Stellplatz am Stadthafen zu der kleinen Ortschaft Kleindannewerk, in dem diese Grenzbefestigung der Wikinger zu finden ist. Wer waren nun diese Wikinger, die hier siedelten?

Die Wikingersiedlung Haithabu.

UNESCO Welterbe Haithabu und Danewerk

Vor über tausend Jahren versetzten die Wikinger ganz Europa in Angst und Schrecken. Bis an die Zähne bewaffnet tauchten sie mit ihren wendigen Langschiffen an Küsten und Ufern auf, eroberten Dörfer, plünderten Klöster, versklavten die Bewohner und brannten nieder, was sie nicht mitnehmen konnten. Sie fuhren bis nach Grönland, betrieben dort in der mittelalterlichen Warmzeit Ackerbau und entdecken Amerika lange vor Columbus. Sie galten als blutrünstig und brutal als mordlüsterne Barbaren. Die Männer hatten rote Bärte, trugen Bärenfelle als Kleidung und hatten gehörnte Helme auf dem Kopf. So oder so ähnlich werden sie oft dargestellt, so kennt man auch Hägar den Schrecklichen, die berühmte Comic-Figur.

Mit diesen Klischees räumt das Museum auf. **Haithabu** war vom 9. bis 11. Jahrhundert eines der bedeutendsten Handelszentren Nordeuropas. Vor den Toren der Stadt verlief der Ochsenweg, die uralte Heer- und Handelsstraße von der Elbe in den Norden. Die Lage dieses Handelszentrums wurde nicht zufällig gewählt. Günstig war, dass es von der Lage an der Schlei nur etwa 18 Kilometer ins Flussnetz der Treene und Eider sind. Mit Karawanen oder geschleppten Booten konnten die Waren, die in Haithabu umgeschlagen wurden, leicht über Land transportiert

werden. Damit wurde der längere Seeweg durch Kattegat und Skagerak vermieden, um Waren aus dem Ostseeraum in den Nordseeraum zu transportieren und umgekehrt. Der Transportweg war sozusagen ein Vorläufer des Nord-Ostsee-Kanals, nur mit einer Landbrücke. Haithabu lag damit an einem Kreuzungspunkt der Fernhandelswege. Hier kamen Menschen und Waren aus aller Welt zusammen.

Um diesen Ort vor feindlichen Übergriffen zu schützen wurde ein Verteidigungswerk eingerichtet. Die Siedlung, von der nur ein sehr kleiner Teil rekonstruiert ist, war mit einem Wall auf der Landseite umgeben. Auf diesem Wall kann man heute spazieren gehen, er umschließt den Ort halbkreisförmig. Wer diesen Weg geht, erkennt, dass die Wikingersiedlung Haithabu ganz schön groß war. Bis zu 3 000 Menschen sollen hier gelebt und gearbeitet haben.

Herausgefunden hat man dies durch die archäologische Forschung die an diesem Standort schon ab dem frühen 20. Jahrhundert Ausgrabungen vorgenommen hat. Zahlreiche Fundstücke, Rekonstruktionen und Modelle sind in den sieben Hallen des Museum ausgestellt. Wer sie betrachtet bekommt einen ersten Eindruck von der Siedlung und der Lebensweise der Wikinger in dieser Zeit an diesem Ort. In der Wikingersiedlung wird der Eindruck vertieft, insbesondere dann, wenn in

Haus des Tuchhändlers im Wikingerdorf Haithabu.

Fell gekleidete Personen das Tagwerk der früheren Bewohner dieses Ortes nachstellen. Führungen und Aktionen im Dorf wie im Museum tragen zu dem Verständnis dieser Kultur bei. Mit Kindern lässt sich auch sehr lehrreich im Multiple-Choice-Verfahren die Aufmerksamkeit testen. Diese Fragebögen, die auf der website des Museums abzurufen sind, sind zwar in erster Linie für Schulklassen gedacht, aber sie lassen sich auch in Eigenregie mit dem Nachwuchs durchführen. Schließlich soll reisen ja auch bilden, oder nicht? Die richtigen Antworten gibt es auf der website übrigens auch dazu.

Das **Danewerk** war eine vorgelagerte Festungsanlage, die dazu diente Angreifer aus dem Westen und Süden erst gar nicht bis nach Haithabu vordringen zu lassen. Über 30 Kilometer Verteidigungswälle wurden in dieser Region errichtet. Die letzte Ausbaustufe wurde mit der **Waldemarsmauer** erreicht. Ein beeindruckendes Ziegelbauwerk, vier Kilometer lang und fünf bis sieben Meter hoch. Es wurde vor die alten Wälle aus Sand und Geröll gesetzt und konnte von Angreifern nicht so schnell erklommen werden.

Die Wallanlagen im Danewerk.

Das Danewerk hatte auch später noch eine militärische Bedeutung, so im Deutsch-Dänischen Krieg, als es um die Zugehörigkeit der Herzogtümer Schleswig und Holstein ging und sich Preußen und Dänemark hier feindlich gegenüberstanden. Bei Kriegsausbruch am 1. Februar 1864 säumten 27 Schanzen der Dänen den Wall, wurden aber kurze Zeit später kampflos geräumt.

Öffnungszeiten: Museum Haithabu in den Wintermonaten (Nov.- Mrz.) dienstags bis sonntags 10:00 bis 16:00 Uhr, in den Sommermonaten 9:00 bis 18:00 Uhr. Die Wikingersiedlung ist in den Wintermonaten geschlossen.

Danewerk: Das Museum Danevirke ist in den Sommermonaten montags bis freitags von 9:00 bis 17:00 Uhr geöffnet, samstags und sonntags von 10:00 bis 16:00 Uhr. In den Wintermonaten ist es geschlossen, für Frühling und Herbst gelten reduzierte Öffnungszeiten. Die Wallanlagen und die Waldemarsmauer sind zu jeder Zeit frei zugänglich.

Die Waldemarsmauer.

Bevor wir nach Eckernförde aufbrechen, sei noch darauf hingewiesen, dass sich die südliche Schlei mit dem Rad gut umrunden lässt. **Wikingertörn** wird diese Runde genannt. Sie führt von Schleswig nach Brodersby, von dort über die Fähre Missunde an das südliche Ufer der Schlei und entlang mehrerer Badestellen nach Haithabu und zurück nach Schleswig. Insgesamt 38 Kilometer.

Nun auf nach **Eckernförde**. Die etwas mehr als 20.000 Einwohner zählende Stadt liegt am Ende der Eckernförder Bucht. Die Stadtfläche hat die Form einer Sanduhr. Im Osten befindet sich die Förde, im Westen der Binnensee Windebyer Noor. Dazwischen bildet die Taille der Sanduhr die Altstadt. Im Norden und im Süden liegen die Wohn- und Gewerbegebiete.

Klappbrücke im Hafen von Eckernförde.

Der Stellplatz liegt erfreulich nah an der Altstadt, wir stellen ihn als erstes vor.

(113) Offizieller WOMO-Stellplatz: Eckernförde – Wohnmobilstellplatz am Noor

GPS: N54°27'51.5" E9°50'03.9"; Kakabellenweg, 24340 Eckernförde.
Max. WOMOs: 49, maximale Länge 12 m, max. Aufenthalt 10 Tage.
Ausstattung: Mit Rasengittersteinen ausgelegter 7000 Quadratmeter großer Platz mit Wasserver- und Abwasserentsorgung, mit Bodeneinlass, Kassettenentleerung, Stromanschlüssen, Behälter für die Müllentsorgung, schattenlos, WLAN. Im Servicegebäude gibt es Duschen, WCs, Waschmaschine, Trockner und eine Küche mit Elektroherd, Backofen, Spülmaschine und Spülbecken. Der Platz ist ganzjährig geöffnet.
Beschreibung: Am Ortsrand am Windebyer Noor, ruhig und doch zentrumsnah. REWE-Markt und ARAL-Tankstelle in unmittebarer Nähe. Durch die Unterführung am REWE-Markt gelangt man auf kürzestem Weg zum Meerwasser-Wellenbad (500 Meter), bis zum Getreidespeicher am Hafen sind es ca. 1,3 km.
Preise: 15,00 € für ein Fahrzeug, inkl. Nutzung der Toiletten, Duschen, Entsorgung und WLAN. Frischwasser kostet 1,00 € für 100 Liter, Strom kostet 0,50 € pro kWh, Waschmaschine und Trockner jeweils 2,00 €, Spülmaschine 2,00 €, Elektroherd 0,50 € für 30 Minuten.

Die Bezahlung wirkt auf den ersten Blick kompliziert. Sie ist am Kassenautomat erläutert und wir zitieren hier die Bedienungsanweisung von den Stadtwerken Eckernförde:
"Bei Ihrer Ankunft melden Sie sich bitte erst am Kassenautomaten an. Achtung: Ausschließlich bargeldlose Zahlung über ec- und Kreditkarte! Nach Anmeldung bekommen Sie eine Chipkarte, die Sie zum Öffnen der Schrankenanlage, für die Stromsäulen und das Servicegebäude benötigen. Dazu erhalten Sie noch einen farbigen Aufkleber mit Abreisedatum (bitte gut sichtbar in der Windschutzscheibe platzieren) und Ihre Quittung. Der dort genannte Betrag wird noch nicht von Ihrem Konto abgebucht, sondern nur reserviert. Erst nach erfolgter Abrechnung bei Abreise, wird Ihr Konto belastet. Sollte die Schrankenanlage bei Ankunft geöffnet sein, fahren Sie bitte einfach auf den Platz, suchen sich einen schönen Platz aus und melden Sie sich bitte dann umgehend am Automaten im Kassenhäuschen an.
Bei denken Sie daran, vor Abreise Ihre Chipkarte am Kassenautomaten abzurechnen. Dafür bitte erst durch die Schrankenanlage fahren, da die Chipkarte beim Abrechnungsvorgang einbehalten wird."
Zufahrt: Auf der B76 in Richtung Kiel nach dem Ortseingang hinter der ARAL-Tankstelle rechts abbiegen und wenige Meter später erneut rechts abbiegen.

In der Stellplatzbeschreibung haben wir schon erwähnt, dass es bis zum Meerwasser-Wellenbad zu Fuß nur 500 Meter sind. Bei Schietwetter natürlich ideal, um in dem 42 Meter langen und 15 Meter breiten Becken im angenehm temperierten Meerwasser zu baden. Alle halbe Stunde werden die Wellen in Gang gesetzt. Dann kann es schon mal ein wenig eng werden, wenn alle Badegäste gleichzeitig in den Wellen schwimmen wollen.

Eng wird es an dem vier Kilometer langen Badestrand, der sich direkt vor dem Wellenbad befindet eher nicht, auch wenn er bei schönem Wetter ein viel besuchter Ort ist. Hier lässt sich immer noch ein freies Plätzchen finden. Familien freuen sich über die Spielplätze und den Hundebesitzern sei gesagt, dass es hier auch einen Hundebereich gibt. Der befindet sich am südlichen Ende des Strandes.

Der Speicher im Hafen von Eckernförde.

Zum Hafen geht es über die Uferpromenade, das ist ein netter Spaziergang der an einigen Cafés und Restaurants vorbeiführt. Im Hafen angekommen fällt der kreisrunde Speicher auf. Das Rundsilo wurde 1931 errichtet und diente bis 1986 als Getreidespeicher. Heute befindet sich im Erdgeschoß ein Restaurant, ansonsten ist es leer und wird es vermutlich auch bleiben. Für das unter Denkmalschutz stehende Gebäude liegt noch kein weiteres Nutzungskonzept vor.

Hinter diesem riesigen Backsteingebäude befindet sich etwas Besonderes für Naschkatzen. In der gläsernen Bonbonkocherei werden vor den Augen der Besucher süße Lecke-

Segelschiff Tu Solo Tu im Hafen von Eckernförde.

reien hergestellt. Jeder Produktionsprozess wird von den Bonbonkochern erklärt und natürlich kann zum Abschluss probiert werden. In dem dazugehörenden Laden finden Sie eine große Auswahl in den unterschiedlichsten Geschmacksrichtungen.

Wer es gern herzhafter hätte, der geht in den malerischen Hafen mit seiner Klappbrücke, den die Einheimischen nur **Holzbrücke** nennen. Segelyachten, Fischerkutter und andere Schiffe liegen hier vor Anker. Einige Restaurants und Fischbuden werben um Kundschaft. Jeden ersten Sonntag im Monat lockt ein großer Fischmarkt, da lassen sich fangfrische Meerestiere direkt am Kutter kaufen. Über 300 haupt- und nebenberufliche Fischer gab es einmal in Eckernförde und mehr als 20 Fischräuchereien. Das ist Geschichte, heute verdienen nur noch wenige ihren Lebensunterhalt mit der Fischerei wie Eckhard Michelsen, der mit seiner **Ecke4** auch Touristen mit an Bord nimmt und ihnen erklärt, wie handwerkliche Fischerei heute noch funktioniert.

Berühmt geworden sind die **Kieler Sprotten**, die auch hier unter diesem Namen in großer Zahl gefangen und geräuchert wurden. Das und vieles andere mehr erfahren Sie im Ostsee Info-Center im Übergangsbereich vom Hafen zum Strand. Es zeigt anschaulich das Leben im und am Meer. In einem Flach-

Sandstrand in Eckernförde.

wasser-Aquarium und in einem Tiefwasserbecken werden die Unterwasserwelten gezeigt. An einem Modell der Steilküste können Sie die Landschaftsgenese an der Ostsee studieren und das Kutterhaus lädt zu einer simulierten Fangfahrt auf der Eckernförder Bucht ein.

Öffnungszeiten: 1. April bis 31. Oktober tägl. von 10:00 bis 18:00 Uhr, 1. November bis 31. März täglich 11:00 bis 17:00 Uhr. Von November bis März ist montags geschlossen.

Eintrittspreise: Kinder bis 14 Jahre 2,00 €, Erwachsene 4,00 €.

Wenn es Sie reizt auf einem größeren Schiff einen Segeltörn in der Förde oder auf der Ostsee zu machen, dann wartet die TuSoloTu auf Sie. Was alles geboten wird erfahren Sie hier www.segelschiff-tusolotu.de oder besser noch direkt im Hafen am Schiff.

Den Abschluss unseres Aufenthaltes in Eckernförde bildet ein Spaziergang durch die Altstadt, den wir mit dem Rückweg zum WOMO verbinden. Die Altstadt war der traditionelle Wohnort der Fischer und der Standort vieler Räuchereien, die das Stadtbild lange Zeit prägten. Heute lässt sich dies nur noch in dem Museum **Alte Fischräucherei** in der Gudewerdtstraße 71 erschnuppern in der samstags von 10:00 bis 13:00 Uhr Sprotten geräuchert und verkostet werden. An allen anderen Tagen ist die Räucherei geschlossen.

TOUR 8 (ca. 230 km)

Ascheffel – Bistensee – Büdelsdorf – Rendsburg – Fockbeck – Schacht Audorf – Sehestedt – Gettorf – Dänisch-Nienhof – Strande – Schilksee – Kiel – Laboe – Wisch – Schönberger Strand – Hohenfelde

Stellplätze:	Ascheffel, Büdelsdorf, Rendsburg, Fockbeck, Schacht-Audorf, Sehestedt, Gettorf, Dänisch-Nienhof, Strande, Schilksee, Kiel, Laboe, Wisch, Schönberger Strand, Hohenfelde.
Campingplätze:	Bistensee, Schwedeneck.
Besichtigungen:	Rendsburg (Altstadt, Hochbrücke), Gettorf (Tierpark), Strande (Bülker Leuchtturm), Schilksee (Olympiahafen), Kiel-Molfsee (Freilichtmuseum), Laboe (Ehrenmal).
Wandern:	Ascheffel (Aschberg), Radtour entlang der Ostsee.
Baden/Wellness:	Büdelsdorf (Freibad), Fockbeck (Freibad), Dänisch-Nienhof (Strand), Wisch (Strand), Schönberger Strand (Strand), Hohenfelde (Strand).

Auf den folgenden Kilometern dieser Tour fahren wir zunächst in den Naturpark Hüttener Berge. Diese eiszeitlich geformte Endmoränenlandschaft eignet sich besonders für Wanderungen und Radtouren. Danach geht es weiter nach Rendsburg an den Nord-Ostsee-Kanal. Ein Ort mit verblüffend vielen Stellplätzen. Anschließend geht es in den Dänischen Wohld. Das ist die Halbinsel, die sich zwischen der Eckernförder und der Kieler Bucht befindet. Wir besuchen Kiel, die Landeshauptstadt von Schleswig-Holstein und fahren dann in die Probstei, die zwischen dem Selenter See und der Ostsee liegt.

Los geht es, starten wir. Die erste Etappe geht vom Stellplatz in Eckernförde nach **Ascheffel**, das mitten im **Naturpark Hüttener Berge** liegt. Die Hüttener Berge sind ein Hügelland, das während der letzten Eiszeit entstand. Viele Seen und Kleingewässer sind hier anzutreffen. Dominierend im Landschaftsbild sind jedoch die sogenannten Knicks. Damit sind die Wallhecken gemeint, die zur Abgrenzung der einzelnen Flurstücke angelegt wurden. Dies geschah schon zu der Zeit, als die Region noch unter dänischer Herrschaft stand. Die Höchste Erhebung ist der Scheelsberg mit rund 106 Metern, der zweithöchste der **Aschberg** mit rund 98 Metern. Da fahren wir jetzt hin.

Der Parkplatz unterhalb des Aussichtsturms ist gut zu erreichen und eignet sich hervorragend für eine ruhige Übernachtung [**114:** N54°25'00.1" E9°41'34.8"]. Es ist ein reiner Wanderparkplatz, besondere Ausstattungen gibt es nicht, sieht man von dem Aussichtsturm und dem Hotel in unmittelbarer Nähe ab.

Wanderparkplatz am Aschberg.

Sicher sind Sie schon einmal auf einen Aussichtsturm gestiegen und haben wegen der vielen Treppen gestöhnt. Dieser hier, neben dem Hotel, hat einen Aufzug, der Sie ganz bequem nach oben bringt. Von der Plattform ist die Aussicht auf die Knicklandschaft hervorragend. Bei gutem Wetter reicht der Blick bis in die Eckernförder Bucht.

Aussichtsturm auf dem Aschberg.

Auf der Rückseite des Turmes gibt es eine Kletterwand. Wenn Sie diese nutzen möchten, dann erhalten Sie an der Rezeption des Hotels weitere Informationen.

Das **Bismarckdenkmal** dürfen wir natürlich nicht vergessen zu erwähnen, das in der Nähe der Hotelanlage steht. Der Eiserne Kanzler wurde hier 1930 aufgestellt. Bei einer Wanderung rund um den Aschberg ist er in den Wandervorschlägen, die Sie auf dieser guten Seite finden www.komoot.de, integriert. Wir finden die App recht parktisch.

Wer eine Rad- oder Wandertour machen möchte, der findet mit dieser App zahlreiche Wege, zum Beispiel um den **Bistensee**, den wir als nächstes Ziel vor Augen haben. Nur sechs Kilometer sind es vom Aschberg bis zu diesem fischreichen Gewässer, der von einem breiten Schilfgürtel umgeben ist. Natur und Ruhe pur!

(115) WOMO-Campingplatz: Bistensee Hans und Margarete Jarck

GPS: N54°23'36.8" E9°42'02.9"; Uferweg 16, 24358 Ahlefeld-Bistensee.
Max. WOMOs: >10, maximale Länge 8 m.
Ausstattung: Wasserver- und Abwasserentsorgung, Kassettenentleerung, Stromanschlüsse, Behälter für die Müllentsorgung, WLAN. Im Servicegebäude gibt es Duschen und WCs. Der Platz ist vom 1. April bis zum 31. Oktober geöffnet. Im Geschäftshaus können im begrenzten Umfang Lebensmittel und sonstige Dinge des täglichen Bedarfs gekauft werden.
Beschreibung: Es ist ein kleiner und sehr ruhiger Campingplatz der sich malerisch am Ufer des Bistensees entlangzieht. Ideal zum abschalten und ideal als Startort für Radtouren in den Naturpark Hüttener Berge.

Preise: Erwachsene Person 6,00 €, Wohnmobil 6,50 €, Kind bis zum Alter von 10 Jahren 3,00 €, Hund 2,00 €, Strom 3,00 € pro Tag.
Zufahrt: In Ahlefeld-Bistensee führt der Uferweg von der Hauptstraße an der Südseite des Sees direkt zum Campingplatz. Nicht zu verfehlen.

Von diesem etwas verwunschen wirkenden Campingplatz geht es weiter nach **Rendsburg**, genauer gesagt zunächst nach Büdelsdorf. Obwohl man es vermuten könnte, sind Büdelsdorf, Fockbeck, Westerrönfeld, Osterrönfeld und Schacht Audorf keine Stadtteile von Rendsburg, sondern selbständige Gemeinden. Die Übergänge von einem Ort in den anderen sind fließend. Rendsburg bildet mit den genannten Nachbargemeinden eine zusammenhängende Stadtregion.

Den Stellplatz in **Büdelsdorf** betrachten wir eher als Ausweichplatz, falls die attraktiveren Plätze am NOK belegt sein sollten, die wir auf den nächsten Seiten vorstellen.

(116) Offizieller WOMO-Badeplatz: Büdelsdorf – Naturerlebnisbad

GPS: N54°18'57.7" E9°41'36.5"; Hermann-Ehlers-Platz 15, 24782 Büdelsdorf.
Max. WOMOs: 5, maximale Länge 8 m, max. Aufenthalt 24 h.
Ausstattung: Keine wohnmobilspez. Einrichtungen, ganzjährig geöffnet.
Beschreibung: Asphaltiert und schattig auf einem gemischten Parkplatz direkt neben dem Naturerlebnisbad (sehr gepflegte Anlage, chlorfreies Wasser), relativ ruhig. Entfernung bis zur Stadtmitte von Rendsburg 3 km. Campingverhalten nicht gestattet.

Preise: Kostenlos.
Zufahrt: Von der B203 in Büdelsdorf über die Sportallee in Richtung Stadion fahren, dann links halten.

(117) Offizieller WOMO-Stellplatz: Rendsburg – Wohnmobil-Hafen Café Eiderblick

GPS: N54°18'16.2" E9°39'21.3"; An der Untereider 9, 24768 Rendsburg.
Max. WOMOs: 40, maximale Länge 12 m.
Ausstattung: Wasserver- und Abwasserentsorgung, mit Bodeneinlass, Kassettenentleerung, Stromanschlüssen, Behälter für die Müllentsorgung, WLAN, Brötchen- und Frustücksservice, Gasflaschentausch. Im Servicegebäude gibt es Duschen und WCs. Der Platz ist ganzjährig geöffnet.
Beschreibung: Topfebenes geschottertes Areal zwischen Stadtsee, Eider und dem Freibad AquaCity, teilweise schattig. 700 Meter bis in die Altstadt von Rendsburg. Trotz zentrumsnähe sehr ruhig.
Preise: 15,00 € für ein Fahrzeug inkl. aller Personen, WC & Duschen, WLAN, Entsorgung & Frischwasser, Strom 0,50 € pro kWh.
Zufahrt: Auf der B203 im Zentrum von Rendsburg nach der Eisenbahnunterführung nach 200 Metern links abbiegen, danach bei der nächsten Möglichkeit rechts abbiegen.

(118) Offizieller WOMO-Stellplatz: Rendsburg – Wohnmobilhafen am Kreishafen NOK

GPS: N54°17'39.0" E9°40'52.9"; Am Kreishafen 30-32, 24768 Rendsburg.
Max. WOMOs: 35, maximale Länge 12 m.
Ausstattung: Wasserver- und Abwasserentsorgung, mit Bodeneinlass, Kassettenentleerung, Stromanschlüssen, Behälter für die Müllentsorgung, WLAN. Im Servicecontainer gibt es Duschen und WCs. Der Platz ist ganzjährig geöffnet.

Beschreibung: Topfebenes, mit Betonpflastersteinen ausgelegtes schattenloses Areal direkt am Nordostseekanal (NOK) unterhalb der Hochbrücke. Die darauf verkehrenden Züge sind sehr deutlich vernehmbar und verursachen mehr Lärm als die vorbeiziehenden Schiffe. Der Platz wird gelegentlich auch für Veranstaltungen genutzt und ist dann für Wohnmobile nicht zugänglich.
Preise: 12,00 € für ein Fahrzeug inkl. aller Personen, Frischwasser (100 Liter) 1,00 €, Dusche 1,00 €, Strom 0,60 € pro kWh. WC, WLAN und Entsorgung ist kostenlos.
Zufahrt: Auf der B203 im Zentrum von Rendsburg nach der Eisenbahnunterführung nach 200 Metern links abbiegen, danach geradeaus weiterfahren und der Beschilderung zum Hafen folgen.

(119) Offizieller WOMO-Stellplatz: Rendsburg – Wohnmobilhafen am Kanal-Café NOK

GPS: N54°17'25.1" E9°40'15.0"; Am Kamp-Kanal 1, 24783 Osterrönfeld.
Max. WOMOs: 33, maximale Länge 12 m.
Ausstattung: Wasserver- und Abwasserentsorgung, mit Bodeneinlass, Kassettenentleerung, Stromanschlüssen, Behälter für die Müllentsorgung, WLAN. Im Servicegebäude gibt es Duschen und WCs. Der Platz ist ganzjährig geöffnet.
Beschreibung: Topfebenes, mit Betonpflastersteinen ausgelegtes schattenloses und terrassenförmiges Areal direkt am Nord-Ostsee-Kanal (NOK) mit sehr gutem Blick auf die vorbeiziehenden Schiffe. Jeder Stellplatz hat eine kleine Rasenfläche für Klappstühle und Campingtisch. Durch einen Fußgängertunnel geht es auf kurzem Weg nach Rendsburg.

Preise: 16,00 € für ein Fahrzeug inkl. aller Personen, Frischwasser (100 Liter) 1,00 €, Dusche 1,00 €, Strom 0,60 € pro kWh. WC, WLAN und Entsorgung ist kostenlos.

Zufahrt: Die B203 in Rendsburg bis zur B77 durchfahren. An der Kreuzung mit der B77 in Richtung Itzehoe fahren. Die Straße führt durch einen Tunnel unter den NOK. Die erste Abfahrt hinter dem Tunnel nehmen und auf der B202 Richtung Kiel fahren. Dann die zweite Abfahrt nehmen und der Straße bis zu einem Kreisverkehr folgen. Hier die zweite Ausfahrt wählen und nach 700 Metern rechts abbiegen.

Dreh- und Angelpunkt in Rendsburg ist der Nord-Ostsee-Kanal, kurz NOK. Alle Stellplätze die wir in Rendsburg und Umgebung vorgefunden haben, die einen freien Blick auf den NOK bieten, sind sehr beliebt und schnell belegt.

Wenn Sie das Glück haben in Rendsburg, Osterrönfeld oder Schacht Audorf einen freien Platz mit Blick auf den NOK zu finden, hier nochmal der link auf die Seite www.marinetraffic.com/de, auf der Sie sehen können, welche Schiffe gerade vorbeifahren oder demnächst kommen werden.

Die **Eisenbahnhochbrücke** dürfte wohl das meistfotografierte Bauwerk in Rendsburg sein. Sie ist auch das Wahrzeichen der Stadt. Die Stahlkonstruktion wurde zwischen 1911 und 1913 erbaut und hat als Besonderheit eine angehängte Schwebefähre für den Fußgänger- und Autoverkehr. Für die-

Eisenbahnhochbrücke in Rendsburg.

Tür am Alten Rathaus in Rendsburg.

se Brücke wurden 17.350 Tonnen Stahl verbaut, die durch 3,2 Millionen Nieten zusammengehalten werden. Die Schwebefähre die nach einer Kollision mit einem Schiff aufwändig instandgesetzt werden muss, wird vermutlich im Herbst 2020 den Betrieb wieder aufnehmen. Mit welchen Sehenswürdigkeiten kann Rendsburg sonst noch aufwarten? Wenn Sie der blauen Linie auf dem Straßenbelag in der Innenstadt folgen, dann lernen Sie dabei auf drei Kilometern 30 Kultureinrichtungen und Sehenswürdigkeiten der Stadt kennen, wie es auf der homepage der Stadt heißt. Von dieser Seite www.rendsburg.de/tourismus/sehenswuerdigkeiten/blue-line.html können Sie die Beschreibung der blauen Linie auf ihr Tablet oder Smartphone herunterladen und diese dann als Stadtführer für Ihren Spaziergang nutzen. Wir sind der blauen Linie nur teilweise gefolgt. Einige der aufgeführten Gebäude fanden wir nicht so beeindruckend, den Paradeplatz gar eintönig. Schön ist zweifellos das **Alte Rathaus** mit der imposanten Tür aus dem Jahre 1609. Es befindet sich am Altstädter Markt, dem Zentrum der Stadt. Auf dem Weg zum Paradeplatz geht es an dem Schleswig-Holsteinischen Landestheater vorbei, das nett anzuschauen ist. Der Paradeplatz war der Mittelpunkt der Festung die der dänische König Christian V. ab 1690 zur Absicherung seines Landes nach Süden erbauen ließ. Heute ist von den Festungsanlagen nichts mehr zu sehen, sie wurden bereits 1850 abgebrochen. Der Grundriss, der damals Neuwerk genannten Festung, spiegelt sich aber

Schleswig-Holsteinisches Landestheater in Rendsburg.

auch heute noch in den Straßenverläufen wieder. Der Paradeplatz dient jetzt Großveranstaltungen und Jahrmärkten sowie dem Wochenmarkt.

Noch ein Sprung zum Schlossplatz. Er ist zwar nicht verwaist, aber ein Schloss werden Sie hier nicht finden. Hier stand ursprünglich die Reinoldesburg aus dem dann Rendsburg wurde. Das in der Folgezeit erbaute Schloss musste schon im 18. Jahrhundert wegen Baufälligkeit abgebrochen werden.

Wir kehren zum WOMO zurück und fahren weiter nach **Fockbek**. Hobbyfahrer wissen was sich hier befindet. Das Werk kann aber nicht besichtigt werden, so begnügen wir uns damit den hiesigen Stellplatz kurz vorzustellen, um dann gleich weiter nach Schacht-Audorf zu fahren.

(120) Offizieller WOMO-Badeplatz: Fockbek – Freibad

GPS: N54°18'07.3" E9°36'16.2"; Große Reihe 17, 24787 Fockbek.
Max. WOMOs: 10, maximale Länge 8 m, max. Aufenthalt 24 h.
Ausstattung: Frischwasser- und Stromversorgung. Grauwasserentsorgung möglich, Chemietoilette jedoch nicht, eine Müllentsorgung ist ebenfalls nicht möglich. Ganzjährig geöffnet, Campingverhalten nicht gestattet.
Beschreibung: Befestigter überwiegend schattiger Platz direkt neben dem Freibad, relativ ruhig. Entfernung bis zur Stadtmitte von Rendsburg 5 km.
Preise: Alles kostenlos.
Zufahrt: Auf der B202 bis ins Zentrum von Fockbek fahren, dort die Richtung nach Nübbel einschlagen und nach 250 Metern links zum Freibad abbiegen.

(121) Offizieller WOMO-Stellplatz: WohnmobilPark Schacht-Audorf

GPS: N54°18'20.3" E9°42'42.9"; An der K76, 24790 Schacht-Audorf.
Max. WOMOs: 41, maximale Länge 10 m, max. Aufenthalt 3 Tage.
Ausstattung: Wasserver- und Abwasserentsorgung mit Bodeneinlass, Kassettenentleerung, Stromanschlüsse, Behälter für die Müllentsorgung, WLAN. Im Servicegebäude gibt es Duschen und WCs, ganzjährig geöffnet.
Beschreibung: Ebener schattenloser geschotterter Platz direkt zwischen NOK und der Kreisstraße, die zum Fähranleger nach Rendsburg führt. Bäcker und weitere Einkaufsmöglichkeiten ca. 1 km entfernt.
Preise: 12,50 € für ein Fahrzeug. Über Münzautomaten gibt es Frischwasser für 1,00 € und Strom für 0,50 € pro kWh. Dusche 2,00 €, Toilette 0,50 €. Abwasserentsorgung und Entleerung der Bordtoilette ist kostenfrei.
Zufahrt: In Schacht-Audorf den Hinweisen zur Fähre folgen. Der Stellplatz ist nur wenige Meter davon entfernt.

In **Schacht-Audorf** finden wir den nächsten Stellplatz zum "Schiffegucken", die sich auch bei Schietwetter aus dem Inneren des WOMOs durch die Frontscheibe betrachten lassen. Das geht auch beim nächsten Stellplatz. Nur müssen wir dazu 14 Kilometer weiter fahren. Den NOK überqueren wir dabei kostenlos mit der Fähre, die hier Tag und Nacht mehr oder minder pausenlos hin und her pendelt. Von der Fähre ist der Stellplatz bereits gut zu sehen. Wir haben Glück, das WOMO auf der Fähre hatte soeben den Stellplatz verlassen und so konnten wir diesen freigewordenen Platz belegen und auch einmal "Schiffegucken".

Fähre Sehestedt am NOK.

(122) Offizieller WOMO-Stellplatz: Sehestedt – Nord-Ostsee-Kanal

GPS: N54°21'52.4" E9°49'04.5"; Fährstraße 1, 24814 Sehestedt.
Max. WOMOs: 13, maximale Länge 9 m.
Ausstattung: Wasserver- und Abwasserentsorgung, Kassettenentleerung, keine Behälter für die Müllentsorgung. Der Platz ist ganzjährig geöffnet.

Beschreibung: Ebener überwiegend schattenloser geschotterter Platz direkt am NOK neben der Fähre. Enge Stellflächen mit großem vorgelagertem Rasengelände und einem ausgezeichneten Restaurant oberhalb des Stellplatzes.
Preise: 8,00 € für ein Fahrzeug. Über Münzautomaten gibt es Frischwasser für 1,00 €. Abwasserentsorgung und Entleerung der Bordtoilette ist kostenfrei.
Zufahrt: Von der A210 über die NOK-Fähre nach Sehestadt fahren. Nach Verlassen der Fähre gleich links abbiegen.

Am nächsten Tag geht es weiter nach **Gettorf**. Diese Gemeinde mit rund 7500 Einwohnern ist das Zentrum des **Dänischen Wohld**, wie die Halbinsel zwischen Eckernförder und Kieler Bucht genannt wird. Es ist eine flachwellige Jungmoränenlandschaft die sich während der letzten Eiszeit bildete und heute landwirtschaftlich intensiv mit großen Korn-, Mais- und Rapsfeldern genutzt wird. Neben der Gettorfer Mühle, der St.-Jürgen-Kirche mit ihrem schiefen Turm und dem weit außerhalb des Ortes liegenden Teufelsstein, dem größten Findling in Schleswig-Holstein, ist der **Tierpark** die Hauptattraktion des Ortes. Es ist ein rein privatwirtschaftlich geführtes Familienunternehmen, das sich mit der Arterhaltung verschiedener Affenarten einen Namen gemacht hat. Sie können Ihr Fahrzeug hier abstellen [**123:** N54°24'10.6" E9°58'27.6"]. Der Weg dorthin ist durch die Beschilderung leicht zu finden. Wenn Sie ihre Eintrittskarte gut sichtbar im Fenster auslegen, dann dürfen Sie hier auch über Nacht stehen bleiben.

Lemuren, eine Primatenart aus dem Südwesten Madagaskars.

In dem Park sind über 750 Tiere zu sehen, die teilweise auch gefüttert werden dürfen. Natürlich gibt es für die Kleinen auch einen Streichelzoo. Neben den vielen Affen gibt es tropische Vögel zu sehen, aber auch große Tiere wie Alpakas, Zebras, Kängurus und Trampeltiere. Mit Kindern kann man hier bequem einen halben Tag verbringen oder auch einen ganzen. Die vierbeinigen Begleiter müssen allerdings draußen bleiben. Hunde dürfen nicht mit in den Tierpark.

Das "Verrückte Haus" im Tierpark Gettorf.

Das **"Verrückte Haus"** ist eine besondere Attraktion. Es befindet sich am Rande des Tierparks. Hier steht alles Kopf, die Besucher laufen wie die Fliegen an der Decke und sehen alles Mobiliar und Einrichtungsgegenstände um 180° verdreht.

Auf dem Gelände gibt es darüber hinaus Spielplätze, einen Waldlehrpfad, einen Grillplatz und ein Café/Restaurant.

Öffnungszeiten: Der Tierpark ist täglich geöffnet. Von März bis Oktober 09:00 bis 18:00 Uhr; von November bis Februar von 10:00 bis 16:00 Uhr. Eintrittspreise: Erwachsene 11,00 €, Kinder und Jugendliche (2-17 Jahre) sowie Senioren (ab 65 Jahre) 8,00 €. Für das Verrückte Haus ist ein weiterer Eintrittspreis zu zahlen. Erwachsene: 4,00 €, Kinder: 3,00 €.

Nach diesem tierischen Zwischenstopp geht es weiter Richtung Ostsee. Wir fahren auf der B76 in Richtung Eckernförde und erreichen nach etwas mehr als sieben Kilometern ein uriges Gasthaus mit einem großen Stellplatz.

(124) Offizieller WOMO-Gasthof-Stellplatz: Altenhof – Wohnmobilpark Ostsee (Grüner Jäger)

GPS: N54°26'38.9" E9°54'20.6"; An der Bundesstraße 76, 24340 Altenhof.
Max. WOMOs: 80, maximale Länge 14 m.
Ausstattung: Wasserver- und Abwasserentsorgung mit Bodeneinlass, Kassettenentleerung, 40 Stromanschlüssen, Behälter für die Müllentsorgung. Im Servicegebäude gibt es Dusche und WC. Der Platz ist ganzjährig geöffnet. Brötchen- und Frühstücksservice im Gasthof ab 8.00 Uhr morgens. .

Beschreibung: Geräumige Rasenfläche. Ortsrand, zwischen dem Gasthof und der Eckernförder Bucht am Waldrand, sehr ruhig. Das Restaurant bietet reichhaltige traditionelle norddeutsche Gerichte an, die bevorzugt aus regional erzeugten Produkten hergestellt werden.
Preise: 10,00 € für ein Fahrzeug mit 2 Personen. Ver- und Entsorgung ist kostenlos, Strom 4,00 € pro Tag, Dusche 1,00 €. Wer nur entsorgen und Frischwasser aufnehmen möchte, zahlt 4,00 €.
Zufahrt: Über die B76 auf halber Strecke zwischen Gettorf und Eckernförde.

Wer einen Blick auf die aktuelle Speisekarte werfen möchte, der kann das hier tun www.gruenerjaeger-altenhof.de. Das Restaurant ist kein Gourmettempel. Hier gibt es regionale Küche in ordentlichen Portionen zu einem fairen Preis.

Nun geht es wieder an die Eckernförder Bucht. Hatten wir auf der Nordseite noch eine hohe Dichte mit Campingplätzen, so sind es auf dieser Seite der Bucht deutlich weniger. Von den wenigen haben wir diesen ausgesucht.

(125) WOMO-Campingplatz: Grönwohld Camping

GPS: N54°28'28.6" E10°01'42.4"; Kronshörn 999, 24229 Schwedeneck.
Max. WOMOs: >20, maximale Länge 12 m.
Ausstattung: Wasserver- und Abwasserentsorgung mit Bodeneinlass, Kassettenentleerung, Stromanschlüssen, Behälter für die Müllentsorgung, schattenlos, WLAN. Im Servicegebäude gibt es Duschen, WCs, Waschmaschinen und Trockner. Gutes Restaurant mit kleiner Karte auf dem Platz. Darüber hinaus gibt es einen Kinderspielplatz, Tennis und Tischtennis, einen Angelbootverleih, eine Slipanlage und einen Hundestrand. Geöffnet von Ende März bis Ende Oktober.
Beschreibung: Geräumige Anlage direkt an der Eckernförder Bucht, ideal für Segler und Kitesurfer und solche die es werden wollen. Entsprechende Kurse werden angeboten.
Preise: Erwachsene Person 5,00 €, Kinder und Jugendliche zwischen 2,50 € und 3,50 €, Wohnmobil 6,50 €, Strom 2.00 pro Nacht, Hund 2,50 €.
Zufahrt: Auf der Bäderstraße hinter dem kleinen Ort Noer nach einem Waldstück links abbiegen.

Von diesem gut ausgestatteten Campingplatz lassen sich lange Wanderungen entlang des Strandes und der Steilküsten unternehmen. Direkt neben dem Campingplatz befindet sich

Boote der Wassersportschule Schwedeneck am Campingplatz Grönwohld.

das **NSG Bewaldete Düne bei Noer**, bei der sich sämtliche Stadien der Dünenentwicklung beobachten lassen. Die Küstenentwicklung erfährt an diesem Abschnitt keine regulatorischen Eingriffe durch den Menschen. Dies ist an Nord- und Ostsee nur selten der Fall.

Strand am StrandHaus Seeschlösschen.

Ist es auf dem Campingplatz Grönwohld in den Sommermonaten sehr lebendig, so herrscht auf dem nächsten Stellplatz Ruhe, er ist auch deutlich kleiner und liegt nicht direkt am Strand. Ein gemütliches Plätzchen, auf dem ungestört übernach-

(126) Offizieller WOMO-Badeplatz: Dänisch-Nienhof – StrandHaus Seeschlösschen

GPS: N54°28'55.2" E10°07'10.7"; Strandstraße 24 · 24229 Dänisch-Nienhof.

Max. WOMOs: 5, maximale Länge 8 m.

Ausstattung: Keinerlei wohnmobilspezifische Einrichtungen, ganzjährig geöffnet.

Beschreibung: Kleiner sandiger und schattiger Platz am Ortsrand. Ein 300 Meter langer Weg führt durch einen Hochwald zum Strand mit Restaurant.

Preise: 6,00 € für ein Fahrzeug die nur bei einer Übernachtung auf dem Platz zu zahlen sind. Tagsüber ist der Platz gebührenfrei.

Zufahrt: In Dänisch-Nienhof der Beschilderung zum Strandhaus Schwedeneck folgen.

tet werden kann. Dabei muss auf ein Restaurantbesuch nicht verzichtet werden. Sie können hier schauen, ob es Ihnen zusagt www.strandhaus-schwedeneck.de.

Wir fahren gleich weiter zum nächsten Stellplatz. Er ist sehr klein und wird wegen des Leuchtturms gern aufgesucht.

(127) Offizieller WOMO-Stellplatz: Strande – Bülker Leuchtturm

GPS: N54°27'13.6" E10°11'47.6"; Bülker Weg, 24229 Strande.
Max. WOMOs: 8, maximale Länge 8 m, max. Aufenthalt 5 Tage.
Ausstattung: Keine Versorgungseinrichtungen, nur ein Müllcontainer am Platz, ganzjährig geöffnet.
Beschreibung: Einfacher unebener und sandiger Platz. Leuchturm und Restaurant in Sichtweite. Nachts sehr ruhig.

Preise: 5,00 € für 4 Stunden Parkzeit. Der Parkautomat gibt kein Wechselgeld heraus, man muss also den passenden Betrag in Euromünzen einwerfen. Bezahlung mit EC-Karte geht nicht.
Zufahrt: Der Bülker Leuchturm ist ausgeschildert und nicht zu verfehlen.

Hier hat man wieder fast alles beisammen, Spazier- und Radwege, ein Restaurant und einen Leuchtturm auf dessen Aussichtsplattform in 22 Metern Höhe man hinaus darf, wenn man zwei Euro Eintritt gezahlt hat. Nur ein Strand fehlt hier, der ist aber in 2,5 Kilometern Entfernung in Strande zu finden. Um den aufzusuchen, sollte man vielleicht auch den Parkplatz wechseln und zu dieser Stelle am südlichen Orts-

Aussicht vom Bülker Leuchtturm.

rand von Strande fahren [N54°26'07.5" E10°10'01.7"]. Hier ist man mit 500 Metern Entfernung nah am Strand, der an seiner Uferpromenade den Badegästen auch einige kleine Restaurants bietet.

Von dem Parkplatz in Strande bis zu dem Stellplatz am Olympiahafen in Schilksee ist es nur ein Kilometer.

(128) Offizieller WOMO-Stellplatz: Kiel – Olympiahafen Schilksee

GPS: N54°25'50.8" E10°09'56.2"; Soling, Schilksee, 24159 Kiel.
Max. WOMOs: 30, maximale Länge 15 m, max. Aufenthalt 5 Tage.

Ausstattung: Wasserver- und Abwasserentsorgung mit Bodeneinlass, Kassettenentleerung, Stromanschlüssen, Behälter für die Müllentsorgung, WLAN. Im Servicegebäude gibt es Duschen, WCs, Waschmaschine und einen Trockner. Der Platz ist von Anfang Mai bis Ende November geöffnet.
Beschreibung: Mit Betonpflastersteinen ausgelegter, ebener Platz, der auch als Parkplatz für Trailer und Boote genutzt wird, insbesondere in der Vor- und Nachsaison. Bis zum Sportboothafen sind es nur wenige Meter. Hier gibt es auch Restaurants und ein öffentliches WC.
Preise: 12,00 € für ein Fahrzeug. Anmeldung und Bezahlung erfolgt im Hafenmeisterbüro.
Zufahrt: Der Olympiahafen ist ausgeschildert und nicht zu verfehlen.

Ein Gewirr von Masten, Fähnchen und Takelagen bieten sich dem Besucher des Yachthafens. Das hellklingende Schlagen der Seile an den Masten wird nur von den Schreien

Im Yachthafen von Schilksee.

der Möwen übertönt. Ist das maritime Bild im Yachthafen von Schilksee und im Überseehafen von Kiel an normalen Tagen schon beeindruckend, so werden diese Eindrücke während der **Kieler Woche** sicher um ein vielfaches potenziert. Während dieses alljährlich stattfindenden zehntägigen Spektakels, das seinen Abschluss immer mit einer großen Windjammerparade findet, waren wir noch nicht in Kiel. Wir vermögen aus eigener Erfahrung nicht zu sagen, wie zum Beispiel die Parksituation an diesen Tagen aussieht.

(129) Offizieller WOMO-Stellplatz: Kiel – Förde- und Kanalblick

GPS: N54°21'51.2" E10°08'16.1"; Mecklenburger Straße 58, 24106 Kiel.
Max. WOMOs: 32, maximale Länge 8 m.
Ausstattung: Frischwasserversorgung, Abwasserentsorgung mit Bodeneinlass, Kassettenentleerung, Stromanschlüsse, Behälter für die Müllentsorgung, WLAN, Imbissbude. Im Servicegebäude gibt es Duschen, WCs, Waschmaschine und einen Trockner. Technisch und optisch ist der Platz in die Jahre gekommen. Er ist ganzjährig geöffnet.
Beschreibung: Befestigter ebener Platz mit Blick auf die Schleusenanlagen des Nordostseekanals. Entfernung bis zum Zentrum von Kiel 5 km.

Preise: 15,00 € für ein Fahrzeug in der ersten Reihe (beste Sicht auf die Schiffe), 12,00 € für ein Fahrzeug in der zweiten Reihe. Strom 3,50 € pro Tag. Die Ver- und Entsorgung ist kostenlos. Anmeldung und Bezahlung erfolgt am Platz im Büro des Betreibers.
Zufahrt: Den NOK auf der B503 überqueren und gleich die erste Abfahrt nehmen (Prinz-Heinrich-Straße). Nach ca. 800 Metern vor dem Famila-Einkaufszentrum links abbiegen, die nächste Straße rechts abbiegen, dem Verlauf bis zum Ende folgen, dann links abbiegen und dieser Straße bis zum Hafenbecken folgen.

(130) Offizieller WOMO-Stellplatz: Kiel – CITTI-PARK

GPS: N54°18'47.9" E10°06'04.3"; Mühlendamm 1, 24113 Kiel.
Max. WOMOs: 14, maximale Länge 10 m.
Ausstattung: Einkaufszentrum, Läden aller Art, Tankstelle. Keine wohnmobilspezifischen Einrichtungen, ganzjährig geöffnet.

Beschreibung: Trister asphaltierter ebener Kaufhausparkplatz. Campingverhalten nicht erlaubt. Entfernung bis zum Zentrum von Kiel 4 km.
Preise: Kostenlos.
Zufahrt: Nur verschlungene Wege führen zu diesem Platz. Der Werbemast mit dem Citti-Schriftzug bietet eine gute Orientierung bei der Suche nach dem richtigen Weg.

Alles was mit der Schifffahrt zu tun hat ist die Hauptattraktion der Stadt. Wenn Sie das Glück haben am Eingang des NOK einen Stellplatz bekommen zu haben, dann haben Sie schon eine große Attraktion direkt vor der Nase.

Der Geistkämpfer. Statue von Ernst Barlach vor der Nikolaikirche in Kiel.

Wenn Sie die Innenstadt nicht gesehen haben, dann haben Sie wirklich nicht viel verpasst. Während des Zweiten Weltkrieges wurde die Stadt schwer zerstört. Nach dem Krieg wurde auf die Rekonstruktion historischer Bausubstanz verzichtet. Ein neues modernes Stadtbild sollte kreiert werden. Eine glückliche Hand hatten die Stadtväter dabei allerdings nicht.

Die wesentlichen Sehenswürdigkeiten liegen außerhalb der Stadt, sieht man vom Rathaus und der Nikolaikirche einmal ab.

Deshalb fahren wir auch gleich weiter nach **Molfsee**. Hier schauen wir uns das Freilichtmuseum an. Den Parkplatz finden Sie mit diesen Koordinaten [N54°16'28.1" E10°04'32.3"].

Im Freilichtmuseum Molfsee.

Windmühle aus Hollingstedt.

Stuhlflechterin bei der Arbeit.

Das Museum in Molfsee ist übrigens sehr gut ausgeschildert, Sie würden es auch ohne die Koordinatenangaben sicher mühelos finden.

Das Freilichtmuseum ist der Alltags- und Kulturgeschichte des ländlichen Schleswig-Holsteins gewidmet.

Bauernhäuser, Scheunen, Werkstätten, drei Wind- und eine Wassermühle, eine historische Apotheke, eine dampfmaschinenbetriebene Meierei, zwei Armenhäuser sowie das Torhaus eines Adelsgutes lassen die Zeit zwischen dem 16. und 20. Jahrhundert auf einer Fläche von rund 40 Hektar lebendig werden.

Sie können dem Töpfer, dem Schmied, dem Weber oder auch einer Stuhlflechterin bei der Arbeit zuschauen und damit das traditionelle Handwerk vergangener Jahrhunderte live und realitätsnah erleben. Wenn Sie mögen auch im Stall, denn die Tierhaltung auf den Weiden dient nicht nur der Dekoration. Die Gebäudegruppen aus Nordfriesland, Eiderstedt, Dithmarschen, Holstein, Angeln und anderen Regionen Schleswig-Holsteins zeigen die Unterschiede in Kultur und Architektur. In zwei neu errichteten Gebäuden werden ganzjährig volkskundliche Dauer- und Sonderausstellungen gezeigt. Natürlich wird auf diesem Gelände auch für Ihr leibliches Wohl gesorgt.

Öffnungszeiten: 01.04. bis 31.10. dienstags bis sonntags von 9:00 bis 18:00 Uhr; 01.11. bis 31.03. geschlossen. Eintritt: Erwachsene 8,00 € Kinder und Jugendliche 3,00 €. Hunde dürfen an der Leine mitgenommen werden.

Von der friedlichen bäuerlichen Kultur wenden wir uns nun ab und einem gänzlichen anderen Thema zu. Rund 24 Kilometer liegen zwischen Molfsee und **Laboe** wo wir das Womo auf diesem Platz abstellen.

(131) Offizieller WOMO-Stellplatz: Laboe – Ehrenmal

GPS: N54°24'37.4" E10°13'53.3"; Steiner Weg, 24235 Laboe.
Max. WOMOs: 18, maximale Länge 12 m, max. Aufenthalt 5 Tage.
Ausstattung: Frischwasserversorgung, Abwasserentsorgung ohne Bodeneinlass, Kassettenentleerung, Behälter für die Müllentsorgung, ganzjährig geöffnet.
Beschreibung: Geräumige Plätze auf Grünstreifen links und rechts der Zufahrtsstraße. Sehr dicht am Ehrenmal und am U-Boot U-995, nachts sehr ruhig. Strandnähe, einige Restaurants mit kleinen Spaziergängen bequem erreichbar.
Preise: 12,00 € für ein Fahrzeug, die Parkgebühr ist am Automaten mit Münzen oder EC-Karte zu entrichten. Die Ver- und Entsorgung ist kostenlos.
Zufahrt: Der Beschilderung zum Ehrenmal folgen.

Am Ufer vor dem Ehrenmal befindet sich die **U995**, die 1943 auf der Werft Blohm & Voss in Hamburg vom Stapel lief. Heute dient sie als begehbares technisches Museum und ruft Erinnerungen an den Film "Das Boot" wach. Unter

U 995 der ehemaligen Kriegsmarine wurde im Zweiten Weltkrieg eingesetzt.

Marine-Ehrenmal in Laboe.

Klaustrophobie darf man nicht leiden wenn man dieses U-Boot betritt. Und wer Höhenangst hat, sollte nicht mit dem Aufzug zur Aussichtsplattform des 85 Meter hohen Marine-Ehrenmals fahren.

Es wurde als Erinnerungsstätte für die gefallenen Marinesoldaten des Ersten Weltkrieges begonnen, unter Adolf Hitler eingeweiht und fungiert seit 1954 als Gedenkstätte für die auf See Gebliebenen aller Nationen und zugleich als Mahnmal für eine friedliche Seefahrt auf freien Meeren. Öffnungszeiten und Eintrittspreise für das U-Boot und für das Ehrenmal entnehmen Sie bitte dieser Seite https://deutscher-marinebund.de. Dort können Sie auch virtuelle Rundgänge durch das U-Boot und die Räumlichkeiten des Ehrenmals machen. Neben diesen Denkmälern hat Laboe noch mehr zu bieten, zum Beispiel diesen Strand mit einer Meerwasser Schwimmhalle, der vom Marine-Ehrenmal gut zu überblicken ist. Er ist vom Stellplatz rund 1,5 Kilometer entfernt.

Strand und Meerwasser Schwimmhalle in Laboe.

Östlich von Laboe gibt es eine ganze Reihe von Campingplätzen, die wir aber nicht aufgenommen haben, um den Umfang des Buches nicht zu sprengen. Sie heißen Neustein, Fördeblick, Kliff und Oase Bonanza und liegen in den Gemeinden Stein und Wendtorf. Alle können mit dem Wohnmobil angefahren werden. Alle haben einen hohen Prozentsatz an Dauercampern.

Wir fahren weiter zu einem Platz der zu jeder Zeit, ohne Formalitäten erledigen zu müssen, frei anzufahren ist und an dessen Strand keine Gebühren zu zahlen sind.

(132) Offizieller WOMO-Badeplatz: Wisch – Heidkate

GPS: N54°26'04.4" E10°19'42.3"; Alte Heidkate 20, 24217 Wisch.
Max. WOMOs: >50, maximale Länge 12 m.
Ausstattung: Frischwasserversorgung, Abwasserentsorgung ohne Bodeneinlass, Kassettenentleerung, Behälter für die Müllentsorgung, ganzjährig geöffnet.
Beschreibung: Sehr geräumige schattenlose Wiesenfläche direkt am Strand, nachts sehr ruhig. Kleines Restaurant/Café am Rande des Platzes, das aber nur in der Hochsaison geöffnet ist.
Preise: 6,00 € für ein Fahrzeug bis 18.00 Uhr. Dieser Betrag ist am Parkautomaten zu zahlen. Für die Übernachtung sind weitere 10,00 € zu entrichten, die durch einen Bediensteten der Gemeinde am Fahrzeug kassiert werden.
Zufahrt: Von der B502 zwischen Barsbek und Wisch links abbiegen Richtung Heidkate/Strand und der Straße bis zum Ende folgen.

Hier ist nur in der Hauptsaison sehr viel los. In der Vor- und Nachsaison hat man den Strand und den Platz nahezu für sich allein. Dasselbe trifft zu für die Stellplätze, die in Brasilien liegen. Nun haben wir keinen Sprung nach Südamerika

(133) Offizieller WOMO-Badeplatz: Schönberg Brasilien – Stellplatz Lamp

GPS: N54°25'26.9" E10°23'27.7"; Mittelstrand, 24217 Schönberg Brasilien.
Max. WOMOs: 50, maximale Länge 9 m.
Ausstattung: Frischwasserversorgung, Abwasserentsorgung ohne Bodeneinlass, Kassettenentleerung, Behälter für die Müllentsorgung. Geöffnet von Anfang April bis Anfang Oktober.
Beschreibung: Schattenlose Wiesenfläche in Strandnähe hinterm Deich, nachts sehr ruhig. Restaurants/Cafés/Eisdielen in 1,5 km Entfernung, die aber nur in der Hochsaison geöffnet sind.
Preise: 11,00 € für ein Fahrzeug. Die Ver- und Entsorgung ist kostenlos.
Zufahrt: Vor Schönberg in einem Kreisverkehr auf der B502 in Richtung Ostsee fahren und der Straße bis zum Ende folgen.

(134) Offizieller WOMO-Badeplatz: Schönberg Brasilien – Stellplatz Stoltenberg-Göttsch

GPS: N54°25'21.1" E10°23'45.3"; Mittelstrand, 24217 Schönberg Brasilien.
Max. WOMOs: 50, maximale Länge 12 m.
Ausstattung: Frischwasserversorgung, Abwasserentsorgung mit Bodeneinlass, Kassettenentleerung, Stromanschlüsse, Behälter für die Müllentsorgung, WC, Dusche, ganzjährig geöffnet.

Beschreibung: Schattenlose Wiesenfläche in Strandnähe hinterm Deich, nachts sehr ruhig. Restaurants/Cafés/Eisdielen in 1,8 km Entfernung, die aber nur in der Hochsaison geöffnet sind.
Preise: 13,00€ für ein Fahrzeug. Die Ver- und Entsorgung ist kostenlos.
Zufahrt: Vor Schönberg in einem Kreisverkehr auf der B502 in Richtung Ostsee fahren und der Straße bis zum Ende folgen. Dieser Stellplatz befindet sich ca. 300 Meter hinter dem Stellplatz Lamp.

Radtour zwischen Brasilien und Laboe.

Naturerlebniszentrum und Restaurant am Strand in Hohenfelde.

gemacht, der Strandabschnitt in der Gemeinde Schönberg wird so genannt. Kalifornien gibt es auch noch. Hier befindet sich ein weiterer Campingplatz.

Mit dem Rad lassen sich entlang der Küste in die eine, wie in die andere Richtung lange Touren unternehmen. Der Ostseeradweg führt direkt an diesen Plätzen entlang. Von Brasilien sind es Richtung Westen bis zum Marine-Ehrenmal 13 Kilometer, nach Osten bis nach Hohwacht 25 und bis zum Ort Weissenhäuser Strand 38 Kilometer. Entlang dieser Strecken gibt es vieles zu entdecken. Naturschutzgebiete, Vogelbeobachtungsstationen, Strandseen, Strandwälle und vieles mehr. Entlang des Radweges finden sich auch immer wieder große Informationstafeln, die auf die örtlichen Besonderheiten hinweisen, so dass aus dieser Radtour auch schnell eine naturkundliche Informationsfahrt werden kann. Nicht an jeder Tafel muss man stehen bleiben, den einiges wiederholt sich. Einkehrmöglichkeiten gibt es unterwegs auch zur Genüge, denn in die eine, wie in die andere Richtung reiht sich ein kleiner Badeort an den nächsten und irgendwo hat immer ein Café oder ein Restaurant am Wegesrand offen oder ist nicht weit vom Wegesrand entfernt. Entsprechende Hinweisschilder sind nicht zu übersehen. Dann schaut man am Horizont den vorbeifahrenden Schiffen zu, genießt das Eis oder den Café und macht sich gedanklich schon mal auf dem Weg zurück zum WOMO, um einen der letzten beiden Stellplätze auf dieser Tour anzufahren.

(135) Offizieller WOMO-Badeplatz: Hohenfelde – Campingpark Ostseestrand

GPS: N54°23'08.4" E10°29'29.1"; Strandstraße 21, 24257 Hohenfelde.
Max. WOMOs: 25, maximale Länge 12 m.
Ausstattung: Frischwasserversorgung, Abwasserentsorgung mit Bodeneinlass, Kassettenentleerung, Behälter für die Müllentsorgung. Beheiztes Sanitärhaus mit Duschen und WCs, Babybad, Wickelraum, Behinderteneinrichtungen, Kochgelegenheiten, Wasch- und Trockencenter, Hundedusche. Geöffnet von Ende März bis Mitte Oktober.
Beschreibung: Schattenlose Wiesenfläche in Strandnähe, nachts sehr ruhig. Restaurant direkt am Platz, ein weiteres am Strand.

Preise: Je nach Saison für das WOMO zwischen 3,50 € und 7,00 €, erwachsene Person zwischen 4,00 € und 5,50 €, Kind zwischen 1,00 € und 2,00 €, Strom 3,50 €, Entsorgungsabgabe 4,50 €. Dusche 0,20 € pro Minute, Hund 2,50 €.
Zufahrt: In Hohenfelde von der B502 in Richtung Ostsee fahren und der Straße bis zum Ende folgen.

(136) WOMO-Campingplatz: Hohenfelde – Strandcamping Radeland

GPS: N54°22'58.1" E10°29'42.6"; Strandstraße 18, 24257 Hohenfelde.
Max. WOMOs: 20, maximale Länge 12 m.
Ausstattung: Frischwasser- und Abwasserentsorgung, Kassettenentleerung, Stromanschlüsse an allen Plätzen, Behälter für die Müllentsorgung. Im Servicegebäude gibt es Dusche, WC, Waschmaschine und einen Trockner. Geöffnet von Ende März bis Mitte Oktober..
Beschreibung: 100 bis 140 qm große Wiesenplätze, 300 m von der Ostsee entfernt, durch Bäume und Hecken in windgeschütze Bereiche aufgeteilt. Ein Wanderweg führt direkt vom Platz zum Naturstrand, sehr ruhig, sehr gepflegt, angenehme Atmosphäre.
Preise: Je nach Saison für das WOMO mit 2 Personen inkl. Strom zwischen 9,50 € und 14,50 €, Entsorgungspauschale 2,00 €, Hund 2,00 €. Für Aufenthalte über eine Woche gibt es Sondertarife.
Zufahrt: In Hohenfelde von der B502 in Richtung Ostsee fahren und der Straße fast bis zum Ende folgen.

TOUR 9 (ca. 230 km)

Hohenfelde – Lütjenburg – Behrensdorf – Hohwacht – Sehlendorf – Weissenhäuser Strand – Oldenburg i.H. – Heiligenhafen – Wulfen – Burgstaaken – Staberdorf – Burg a.F. – Klausdorf – Gammendorf – Westermarkelsdorf – Wallnau – Orth – Strukkamp – Großenbrode – Sütel

Stellplätze:	Lütjenburg, Behrensdorf, Sehlendorf, Weißenhäuser Strand, Oldenburg i.H., Heiligenhafen, Klaustorf, Wulfen, Burgstaaken, Staberdorf, Burg a.F., Klausdorf, Gammendorf, Westermarkelsdorf, Strukkamp, Großenbrode, Sütel.
Campingplätze:	Hohenfelde, Weissenhäuser Strand, Fehmarnsund, Flügger Teich, Flüggerstrand, Orth, Strukkamphuk, Großenbrode, Neukirchen, Sütel.
Besichtigungen:	Straußenfarm in Hohenfelde, Hessenstein, Lütjenburg (Eiszeitmuseum, Turmhügelburg, Bismarckturm), Klaustorf (Aussichtsturm), Wulfen (Steinzeitliches Langbett), Gammendorf (Niobe-Denkmal), Albertsdorf (Megalithgrab Landkirchen).

Wandern:	Grüner Brink, Westermarkelsdorfer Huk, Vogelreservat Wallnau, NSG Krummsteert Sulzdorfer Wiek.
Baden/Wellness:	Hohenfelde (Strand), Behrensdorf (Strand), Sehlendorf (Strand), Wulfen (Strand), Staberdorf (Strand), Klausdorf (Strand), Gammendorf (Strand), Strukkamp (Strand), Sütel (Strand).

Von der Ostsee begeben wir uns auf dieser Tour zunächst an den nördlichen Rand der Holsteinischen Schweiz und fahren von dort zurück ans Meer an die Hohwachter Bucht. Durch Wagrien geht es nach Oldenburg in Holstein, dann über Heiligenhafen und die Fehmarnsundbrücke auf die Insel Fehmarn. Die umrunden wir, schauen uns die Küstenorte einzeln an, bevor es über die Vogelfluglinie wieder zurück auf das Festland geht.

Straußenvögel an der Ostsee.

Beginnen wollen wir auf dieser Reise mit den nebenstehenden Vögeln, die ganz neugierig in die Kamera schauen. Gleich ein Tipp vorweg, gehen Sie nicht zu nah ran, sie können ihre kräftigen Schnäbel durchaus für eine kleine Attacke einsetzen.

Rund 170 Vögel gibt es auf dieser Farm, die hier nicht nur für das Auge auf der Weide umherstolzieren. Veganer müssen jetzt ganz stark sein! Die stolzen Vögel sind schön anzuschauen, aber sie werden eines Tages auch getötet, gerupft und landen im Kochtopf. Für Gourmets eine Delikatesse und eine willkommene Abwechslung auf dem Speiseplan der in dieser Region hauptsächlich mit Fisch bestückt ist.

Im Hofbistro der Straußenfarm können Sie verschiedene Gerichte mit Straußenfleisch probieren und im Hofladen diverse Produkte erwerben. Ihn finden Sie unter dieser Adresse [Ostseering 11, 24257 Hohenfelde GPS: N54°22'29.5" E10°31'16.1"].

Weiter geht die Fahrt Richtung Lütjenburg. Nach rund sieben Kilometern kommen wir am **Gut Panker** vorbei.

Vorderseite des Herrenhauses Gut Panker.

Es ist ein malerischer Gebäudekomplex, der mit seinem barocken Herrenhaus, der Kapelle, einem mächtigen Torhaus, alten Wirtschafts- und Wohngebäuden und Ställen, wie ein Museumsdorf wirkt. Das täuscht. Das Herrenhaus befindet sich in Privatbesitz und kann nicht besichtigt werden. In den anderen Gebäuden des Hofgutes befinden sich Galerien, Boutiquen und das piekfeine Restaurant **Ole Liese**, ausgezeichnet mit einem Michelin-Stern. Einen Parkplatz finden Sie hier [N54°19'52.9" E10°34'20.5"]. Das gesamte Areal wie auch der mächtige Turm auf der folgenden Seite gehören der Hessischen Hausstiftung, einer Familienstiftung des Hauses Hessen, aus dem die früheren Landgrafen, Kurfürsten und Großherzöge von Hessen entstammten. Wieso diese Adelsfamilie hier in Schleswig-Holstein Besitztümer hat, ist eine längere Geschichte, die wir hier nicht erzählen können. Aber zumindest wundern Sie sich nicht darüber, wieso der 17 Meter hohe Turm, der nicht allzuweit vom Gut Panker entfernt steht, **Hessenstein** heißt. Es hat eben mit den Eigentumsverhältnissen zu tun. Wenn Sie die 111 Stufen hochgehen, nachdem Sie einen Euro am Drehkreuz eingeworfen haben, können Sie Ihren Blick über den Großen Binnensee und die Hohwachter Bucht schweifen lassen.

Der Hessenstein.

Am Fuße des Turms befindet sich ein weiteres edles Restaurant in dem neben exquisitem Essen vorzugsweise Wein aus dem Weingut Prinz von Hessen, das im Rheingau beheimatet ist, eingeschenkt wird.

Der nächste Turm, den wir besuchen, steht in **Lütjenburg**. Hier werfen wir einen Blick in das Mittelalter.

Turmhügelburg in Lütjenburg.

Mensch und Tier im Eiszeitmuseum Lütjenburg.

Der Bismarckturm in Lütjenburg.

Um dorthin zu gelangen, geben Sie bitte diese Koordinaten [N54°18'09.3" E10°34'17.1"] in Ihr Navi ein, oder folgen der Beschilderung auf dem Weg nach Lütjenburg. Der kleine Parkplatz ist nur wenige Meter von der **Turmhügelburg** entfernt. Es ist eine rekonstruierte mittelalterliche Anlage, die alljährlich durch verschiedene Veranstaltungen belebt wird. Ansonsten ist die Burg frei zugänglich. Um einen Überblick zu dem vielfältigen Programm zu gewinnen, empfiehlt sich ein Blick auf diese Seite www.turmhuegelburg.de.

Wir haben in diesem Buch schon oft auf die Eiszeiten, die Schleswig-Holstein geformt haben, bezug genommen. Nur 650 Meter von der Turmhügelburg entfernt finden Sie ein aussagekräftiges Museum dazu. Es ist in einem alten Gehöft eingerichtet. Das **Eiszeitmuseum** verfolgt das Ziel, dem Besucher die Vorgänge der Eiszeiten näher zu erläutern. Es wird gezeigt, wie es zu der Vereisung kam, wie die mächtigen Gletscher Gestein aus Skandinavien nach Norddeutschland transportiert haben und wie das Eis und die Schmelzwässer die Oberfläche Schleswig-Holsteins formten. Weiterhin wird gezeigt, welche

Tiere zu dieser Zeit lebten und wie der Mensch sich diesen eisigen Zeiten angepasst hat.

Öffnungszeiten: Oktober bis April dienstags bis sonntags, 11:00 bis 17:00 Uhr; Mai bis September montags bis sonntags 10:00 bis 18:00 Uhr. Eintritt: Erwachsene 4,00 €, Kinder 2,00 €.

Der Parkplatz am Bismarckturm.

Bis zum Zentrum des Städtchens **Lütjenburg** ist es nicht weit. Der charmante, nur rund 5000 Einwohner zählende Ort hat mit dem **Bismarckturm**, dem barocken Rathaus von 1790 und dem traditionellen **Färberhaus** drei weitere Sehenswürdigkeiten zu bieten. Parken und übernachten lässt es sich am Bismarckturm auf dem Vogelberg, den Sie mit diesen Koordinaten neben dem Restaurant Bismarckturm finden **[137:** N54°17'44.9" E10°35'20.8"].

Wer den Turm hochsteigen möchte, der muss durch das Restaurant gehen. Ist das Restaurant geschlossen, in dem Sie übrigens klassische Holsteiner Küche serviert bekommen, ist eine Turmbesteigung nicht möglich.

Das Färberhaus am Marktplatz ist über 400 Jahre alt und damit das älteste Haus der Stadt Lütjenburg. Heute wird es als Standesamt genutzt.

Das Färberhaus am Marktplatz in Lütjenburg.

Von Lütjenburg geht die Fahrt weiter an den westlichen Rand der Hohwachter Bucht nach **Behrensdorf**.

Hier treffen wir auf zwei dicht beieinander liegende Stellplätze, die jeweils einem Campingplatz angegliedert sind.

In Behrensdorf gibt es einen der letzten naturnahen Ostseebereiche mit Dünen, Strandwällen, Lagunen und seltenen

(138) Offizieller WOMO-Badeplatz: Behrensdorf – Ferien- und Campinganlage Schuldt

GPS: N54°21'21.5" E10°36'30.0"; Neuland 3, 24321 Behrensdorf.

Max. WOMOs: >10, maximale Länge 12 m.

Ausstattung: Frischwasserversorgung, Abwasserentsorgung mit Bodeneinlass, Kassettenentleerung, Stromanschlüsse, Behälter für die Müllentsorgung, WLAN, Brötchenservice, Restaurant und Imbiss, SB-Laden, Großer Kinderspielplatz, Reitstall, Fußball-, Beachvolleyballplätze und Tischtennisplatten. Geöffnet von Anfang April bis Mitte Oktober.

Beschreibung: Geräumige mit Bäumen abgegrenzte geschotterte Stellplätze mit Grünstreifen. Bis zum Strand sind es 500 Meter, bis zum Leuchturm 1 km.

Preise: Für das Womo mit zwei Personen inkl. Ver- und Entsorgung je nach Saison zwischen 10,00 € und 15,00 €, Hund 3,00 €, Strom 2,00 € pro Tag.

Zufahrt: Unkompliziert, einfach von Behrensdorf in Richtung Ostsee fahren und nach ca. 700 Metern ist der Platz bereits erreicht.

Reservierung/Kontakt: Tel.: 04381/416545

(139) Offizieller WOMO-Badeplatz: Behrensdorf – Campingpark Waldesruh

GPS: N54°21'30.6" E10°36'01.4"; Neuland 5, 24321 Behrensdorf.

Max. WOMOs: 23 vor der Schranke, weitere auf dem angrenzenden Campingplatz, maximale Länge 15 m.

Ausstattung: Frischwasserversorgung, Abwasserentsorgung mit Bodeneinlass, Kassettenentleerung, Stromanschlüsse, Behälter für die Müllentsorgung, WLAN, Brötchenservice, Restaurant, SB-Laden, Kinderspielplatz. Geöffnet von Mitte März bis Ende Oktober.

Beschreibung: Geräumige mit Hecken abgegrenzte geschotterte Stellplätze mit Grünstreifen. Bis zum Strand sind es 500 Meter, bis zum Leuchturm 250 Meter.

Preise: Für das Womo mit zwei Personen inkl. Ver- und Entsorgung je nach Saison zwischen 11,00 € und 13,00 €, Hund 1,50 €, Strom 0,40 € pro kWh.

Zufahrt: Unkompliziert, einfach von Behrensdorf in Richtung Ostsee fahren und nach ca. 700 Metern vor der Ferien- und Campinganlage Schuldt links abbiegen, dann sind es noch 600 Meter.

Pflanzen wie Stranddistel und echtem Eibisch. Das direkt an der Ostsee liegende Naturschutzgebiet **Kleiner Binnensee und angrenzende Salzwiesen** hat eine Fläche von ca. 108 Hektar. Dazu gehören der Kleine Binnensee sowie die Salz- und Sumpfwiesen im Deichvorland und der vorgelagerte Strandabschnitt mit Wall und Dünen. Für Wanderer und Radler ein beliebtes Naturparadies. Es kann durchgängig befahren werden. An mehreren Stellen führen hölzerne Übergänge zum Strand. Das Naturschutzgebiet ist ein bedeutendes Nahrungs-, Rast- und Mausergebiet für Schwäne und Gänse. Es dient auch als Brutplatz für Enten. Am **Großen Binnensee** haben Rohrsänger, Kormoran, Große Rohrdommel und der Seeadler eine Heimat. Er war bis vor 130 Jahren noch eine offene Lagune der Ostsee und soll dem berühmten Seeräuber Klaus Störtebecker als Schlupfwinkel gedient haben.

Der Leuchtturm Neuland in Behrensdorf.

Der Natur- und Badegenuss in Behrensdorf wird gelegentlich durch Schießübungen auf dem benachbarten Schießplatz der Bundeswehr getrübt, der zwischen Behrensdorf und Hohenfelde liegt. Wegen des Schießplatzes werden Sie auch keinen Weg entlang des Strandes in westliche Richtung finden. Von diesen beiden Plätzen geht es auf Wander- und Radwegen nur nach Osten bis nach Hohwacht, das sind rund zehn Kilometer. Für den sechs Kilometer langen Strand in Behrensdorf wird keine Kurtaxe erhoben, die ansonsten an den Badestränden der Nord- und Ostsee weit verbreitet ist. Neben dem Bad im Meer können Sie hier Surfen, Segeln und auch Tretbootfahren. Darüber hinaus gibt es noch einen Strandkorbverleih. Die Auswahl an Restaurants ist begrenzt. Neben denen auf den Campingplätzen gibt es noch eines am Strand in Behrensdorf und den Klabautermann auf dem Weg nach Hohwacht, dort wo der Große Binnensee noch eine Verbindung zur Ostsee hat. Auf dem weiteren Weg mit dem WOMO nach Hohwacht kommen wir daran vorbei.

(140) Offizieller WOMO-Stellplatz: Hohwacht – Am Buchholz

GPS: N54°19'08.7" E10°40'33.9"; Am Buchholz 7, 24321 Hohwacht.
Max. WOMOs: 19, maximale Länge 12 m.
Ausstattung: Frischwasserversorgung, Abwasserentsorgung mit Bodeneinlass, Kassettenentleerung, Stromanschlüsse, Behälter für die Müllentsorgung. Der Platz ist ganzjährig geöffnet, die Ver- und Entsorgung nur von April bis Oktober.
Beschreibung: Geräumige trostlos wirkende asphaltierte Fläche, schattenlos. Ortsrandlange an einem Wald, kurze Wege zu den Stränden, Aussichtspunkten und Restaurants, sehr ruhig.

Preise: 10,00 € für ein Fahrzeug. Über Münzautomaten gibt es Frischwasser für 1,00 € und Strom für 1,00 €. Die Entleerung der Bordtoilette ist kostenpflichtig in einem kleinen Gebäude am Rande des Platzes möglich. Die Abwasserentsorgung ist kostenlos.
Zufahrt: Die Hauptzufahrt nach Hohwacht bis zum Ende durchfahren.

Wenn man sich den Stellplatz ein wenig schön redet, geht es. Wer hier in sein WOMO steigt, hat zumindest keinen Sand mehr an den Schuhen, das ist doch schon mal was.

Bis zum Hohwachter Ausguck sind es von diesem Stellplatz ca. 700 Meter. Auf dieser Aussichtsplattform stehen Sie deutlich erhöht auf der Steilküste und haben einen schönen Blick auf das Meer und auf die **Flunder**, die Sie auf dem Bild unten aus einer anderen Perspektive sehen. Die an einen Plattfisch erinnernde Form der Seebrücke brachte ihr den Namen Flun-

Strand und "Flunder" in Hohwacht.

der ein. Hohwacht ist ein kleiner Ort, er hat nicht einmal 1000 Einwohner. Es gibt hier zahlreiche Ferienwohnungen und einige Hotels. Nur in den Sommermonaten herrscht hier und an den Stränden Hochbetrieb. In der Vor- und Nachsaison ist es deutlich ruhiger und in den Wintermonaten sehr ruhig.

Das ist auf dem folgenden Stellplatz auch nicht anders. Um an den **Sehlendorfer Strand** zu kommen, fahren wir acht Kilometer weiter. Mit dem Rad sind es entlang der Küste zu diesem Strand nur zwei Kilometer.

(141) Offizieller WOMO-Badeplatz: Sehlendorfer Strand

GPS: N54°18'20.8" E10°41'37.1"; Strandstraße, 24327 Blekendorf.
Max. WOMOs: >20, maximale Länge 12 m.

Ausstattung: Frischwasserversorgung, Abwasserentsorgung mit Bodeneinlass, Kassettenentleerung, Behälter für die Müllentsorgung, öffentl. WC in unmittelbarer Nähe, ganzjährig geöffnet.
Beschreibung: Geräumige Wiesenfläche in unmittelbarer Strandnähe. Restaurants in kurzer Entfernung.
Preise: 10,50 € für ein Fahrzeug mit 2 Personen. Die Ver- und Entsorgung erfolgt über Wertmünzen, die in der Tourist-Information Sehlendorfer Strand oder im Strand-Basar, im Cafe Fleck und im Dünenhus zu erhalten sind. Das Dünenhus ist 250 Meter vom Stellplatz entfernt.
Zufahrt: In Sehlendorf Richtung Strand fahren und am Ende der Straße rechts abbiegen.

Mitte September macht der Strand schon einen recht verwaisten Eindruck. Wer die Zeit hat im Frühherbst hierher zu fahren, hat den Strand fast für sich allein. Das ist an sonnigen Wochenenden zwar manchmal noch etwas belebter, aber unter der Woche trifft man hier in dieser Zeit nur noch wenige andere Besucher. Wer ausreichend Proviant dabei hat, kann hier eine ruhige Zeit verbringen.

Weg zum Sehlendorfer Strand.

Neben diesem Stellplatz gibt es drei Campingplätze, die überwiegend mit Dauercampern belegt sind. Alle drei Plätze sind nur in den Sommermonaten in Betrieb.

Wir fahren weiter zum **Weissenhäuser Strand**, eine große Ferienanlage, in dessen Nähe sich dieser Stellplatz befindet.

(142) Offizieller WOMO-Stellplatz: Weissenhaus – Wohnmobilpark am Deich

GPS: N54°18'15.4" E10°46'22.6"; Seestraße, 23758 Wangels.
Max. WOMOs: 70, maximale Länge 12 m.
Ausstattung: Frischwasserversorgung, Abwasserentsorgung mit Bodeneinlass, Kassettenentleerung, Stromanschlüsse, Behälter für die Müllentsorgung. Der Platz ist ganzjährig geöffnet.
Beschreibung: Geräumige befestigte Standflächen auf einem Rasengelände, schattig. Außerhalb in einem kleinen Wald am Rande des Naturschutzgebietes Weissenhauser Brök. Kurze Wege zu den Stränden, Aussichtspunkten und dem sehr feinen Restaurant Bootshaus mit Blick auf die Ostsee, sehr ruhig.

Preise: 15,00 € für ein Fahrzeug inkl. Ver- und Entsorgung und Strom.
Zufahrt: Von der B202 links nach Weissenhäuser Strand abbiegen. Nach 600 Metern erneut links abbiegen dann rechts halten und schon steht man vor der Schranke des Platzes.

In 500 Metern Entfernung befindet sich das **Restaurant Bootshaus Weissenhaus**, ein Gourmet-Tempel mit Blick auf die Ostsee. "*Wolfsbarsch - geangelt - in der Grüntee-Salzkruste gegart, mit sautiertem Babyspinat, gegrillten Kartoffelwürfeln und wilder Kräuterpesto aus unseren Gärten*" und ähnlich wohlklingende Gerichte stehen auf der Karte. Hört sich nicht schlecht an.

In einem Kilometer Entfernung gibt es die **Falknerei Walter** mit Greifvogelvorführungen, gleich daneben eine **Wakeboard-Anlage**, etwas weiter weg ein **Subtropisches Badeparadies** mit Wellenbad und Wasserrutschen und für

Naturschutzgebiet Weissenhauser Brök.

die Kinder das **Abenteuer Dschungelland**, ein Indoorspielpark, der sich bei Schietwetter natürlich besonders anbietet. Dazwischen gibt es das Naturschutzgebiet Weissenhauser Brök, das den Strand von der Ferienanlage trennt.

Hier gibt es also neben dem ganz normalen Strand- und Badeaufenthalt sehr viele Freizeitangebote. Von feinster Kulinarik bis Naturerlebnissen ist alles dabei. Neben der Freizeit anlage befindet sich dieser Campingplatz.

(143) WOMO-Campingplatz: Triangel

GPS: N54°18'36.7" E10°48'11.5";
Seestraße 1A, 23758 Wangels / Weissenhäuser Strand.
Max. WOMOs: >20, maximale Länge 12 m.
Ausstattung: Frischwasserversorgung, Abwasserentsorgung mit Bodeneinlass, Kassettenentleerung, Stromanschlüsse, Behälter für die Müllentsorgung, WLAN, Hundedusche, Backshop, Restaurant. Im Servicegebäude gibt es Dusche, WC, Waschmaschine und einen Trockner. Der Platz ist von Ende März bis Mitte Oktober geöffnet.
Beschreibung: Geräumige Rasenplätze, ruhig. Abenteuer Dschungelland und Subtropisches Badeparadies in wenigen Metern Entfernung. Fußweg zum Strand rund 500 Meter.
Preise: Je nach Saison erwachsene Person 5,00 € - 7,00 €, Wohnmobil 14,00 € - 16,00 €, Kinder und Jugendliche 4,00 € - 6,00 €, Hund 4,00 € - 6,00 €, Dusche (5 Min.) 1,00 €.
Zufahrt: An der Straße zwischen Weissenhaus und Oldenburg auf der linken Seite.
Reservierung/Kontakt: Tel.: 04361/507890
oder www.campingplatz-triangel.de.

Von dieser Ferienanlage geht es weiter nach **Oldenburg in Holstein**.

(144) Offizieller WOMO-Stellplatz: Oldenburg in Holstein – Wallmuseum

GPS: N54°17'50.5" E10°53'00.1"; Langer Segen 5, 23758 Oldenburg i.H.
Max. WOMOs: 8, maximale Länge 12 m.
Ausstattung: Keine Ver- und Entsorgungseinrichtungen, Mülleimer vorhanden, WC im Museum. Der Platz ist ganzjährig geöffnet.

Beschreibung: Geräumige befestigte sandige Standflächen teilweise schattig auf einem gemischten Parkplatz direkt neben dem Wallmuseum, recht ruhig.
Preise: Kostenlos.
Zufahrt: Einfach in die Stadt hineinfahren und der guten Beschilderung zum Wallmuseum folgen.

Hauptattraktion der fast 10000 Einwohner zählenden Stadt ist das **Wallmuseum**. Zwischen 780 und 840 wurde der Ort mit einer befestigten Anlage von den **Wagriern**, einem slawischen Stamm, errichtet. Damit wissen wir jetzt auch, warum dieser Landstrich Wagrien heißt. Die Wagrier legten einen

Slawenhäuser im Oldenburger Wallmuseum.

Wall an, in dessen Kern sich ihre Siedlung befand. Dieser Wall ist heute noch zu sehen und war eine Fundgrube für die Archäologen, die aufgrund der hier gewonnenen Erkenntnisse die Geschichte und die Entwicklung des Ortes beschreiben konnten. Einige Fundstücke der Anlage können Sie in den Austellungsräumen des Museums betrachten. Nach Haithabu ist diese Burganlage das bedeutendste frühgeschichtliche Zeugnis Schleswig-Holsteins. **Starigard**, wie die Wagrier ihren Ort nannten, hatte Anteil an den Kultur- und Fernhandelsverbindungen seiner Zeit, insbesondere nach Nord- und Osteuropa. Das können Sie in dem lebendigen Museum auch heute noch erleben, denn gelegentlich schlagen Wikinger neben der kleinen nachgebauten slawischen Siedlung ihre Zelte auf, Handwerker zeigen ihre Fertigkeiten und die zeitgenössisch aussehenden Bewohner stellen sich gern ihren Fragen. Über das Jahr verteilt finden Sie hier mehrere Veranstaltungen, die Ihnen die Geschichte dieser Stadt sehr viel besser näher bringen, als wir das hier

"Bewohner" im Wallmuseum.

können. Hier finden Sie weitere Informationen dazu www.oldenburger-wallmuseum.de. Auf der Seite finden Sie auch die Öffnungszeiten und die Eintrittspreise.

Nach diesem lebendigen Museum geht es für uns jetzt weiter zum nächsten Badeort nach **Heiligenhafen**. Wir fahren über die Dörfer dorthin, Sie können aber genausogut die Autobahn nehmen. In dem Ort angekommen stellen wir unser WOMO auf diesem sehr großen, mit allem Komfort ausgestatteten Stellplatz ab.

(145) Offizieller WOMO-Stellplatz: Heiligenhafen

GPS: N54°22'37.7" E10°57'18.6"; Eichholzweg 25, 23774 Heiligenhafen.
Max. WOMOs: 98, 46 davon mit einer Fläche von 50 m², 24 mit 60 m², 10 mit 70 m² und 18 unmittelbar am Binnensee mit jeweils 50 m². Maximale Länge 12 m.
Ausstattung: Frischwasserversorgung, Abwasserentsorgung mit Bodeneinlass, Kassettenentleerung, Stromanschlüsse, Behälter für die Müllentsorgung. Im Servicegebäude gibt es Dusche, WC, Waschmaschine, Trockner und Geschirrspüler. Der Platz ist ganzjährig geöffnet.
Beschreibung: Geräumige geschotterte Standflächen mit Grünstreifen und asphaltierten Zufahrten direkt am Binnensee umgeben von Blocks mit Ferienwohnungen. 1 km bis zum Ostseestrand, 2 km bis zum Zentrum von Heiligenhafen.
Preise: Je nach Größe des Platzes zwischen 13,00 und 16,00 € für ein Fahrzeug mit 2 Personen. Kurtaxe je nach Saison 1,80 € oder 3,00 € pro Person und Tag. Frischwasser 100 Liter 1,00 €, Waschmaschine und Trockner jeweils 2,00 €, Dusche 5 Min. kostenlos, weitere 5 Min. 1,00 €. Entsorgung, WC und WLAN sind kostenlos.
Zufahrt: In Heiligenhafen in die Innenstadt bis zu einem großen Parkplatz am Binnensee fahren, dann links abbiegen und immer am Binnensee entlang bis zum Stellplatz fahren.

Die Stadt liegt an einer Bucht. Ihr vorgelagert ist eine Landzunge, dazwischen befindet sich der sogenannte Binnensee. Die Landzunge ist zweigeteilt. Im östlichen Teil befindet sich das Vogelschutzgebiet Graswarder, im westlichen Teil der Steinwarder, auf dem ein großes Ferienzentrum errichtet wurde, an dessen Rand sich auch der Stellplatz befindet. Sie sehen einige der Apartmenthäuser auf dem Stellplatzfoto. Rund 800.000 Übernachtungen werden

Die Seebrücke in Heiligenhafen.

Ferienhäuser auf der Landzunge Graswarder.

pro Jahr in Heiligenhafen gezählt. Die Badegäste tummeln sich am Strand und bei Schietwetter im Aktiv-Hus, das ein Meerwasserschwimmbad, Wellnesseinrichtungen und einen großen Indoorspielpark hat. Kurzum, einsam ist es hier nicht, auch nicht auf der 435 Meter langen Seebrücke, von der man einen schönen Blick auf die Landzunge hat und bei gutem Wetter auch Fehmarn erkennen kann. Für Wanderungen und Radtouren steht ein ausreichend großes Wegenetz zur Verfügung und wer endlich Segeln lernen möchte, der findet hier gleich mehrere Schulen. Fragen Sie dazu in der Touristinformation in der Nähe der Seebrücke nach den Segelschulen.

Ostsee Erlebniswelt in Klaustorf.

Die Landzunge Graswarder ist in erster Linie ein Vogelschutzgebiet. Mehr Häuser als Sie oben auf dem Foto sehen gibt es auf dieser Nehrung nicht. Eine Ausnahme gibt es doch, das ist der Beobachtungsturm des NABU, der am Ende des für Besucher frei zugänglichen Teils dieser Landzunge steht. Betreten werden kann dieser Turm nur zwischen 11:00 Uhr und 15:00 Uhr, den Rest des

Tages bleibt er verschlossen. Auf der rund 230 Hektar großen Fläche des Graswarder leben etwa 40 Brutvogelarten. Wer sich näher mit diesem Naturschutzgebiet befassen möchte oder gar an einer naturkundlichen Führung in dem Gebiet teilnehmen will, der findet hier weitere Informationen www.graswarder.de.

Wir schauen noch kurz durch die Altstadt, bummeln über den Marktplatz mit dem 1882 errichteten Rathaus, gehen vorbei an den vielen schön hergerichteten Backsteinhäusern und kehren zum WOMO zurück.

Bevor wir nach Fehmarn fahren, werfen wir noch einen Blick in die **Ostsee Erlebniswelt**, die Sie mit diesen Koordinaten finden [**146:** N54°21'11.2" E11°00'54.8"]. In dem ehemaligen auch **Spökenkieker** genannten Turm, der von der Marine für die elektronische Aufklärung genutzt wurde, wird heute die Entstehung der Ostsee anschaulich dargestellt. In 23 Aquarien wird gezeigt, welche Bewohner die See heute hat. Von der Aussichtsplattform des Turmes lässt sich die Insel Fehmarn aus der Ferne betrachten. Die Ostsee Erlebniswelt und

(147) WOMO-Campingplatz: Fehmarn – Miramar

GPS: N54°24'16.8" E11°08'28.4"; Fehmarnsund 70, 23769 Fehmarn.
Max. WOMOs: >20, maximale Länge 12 m.

Ausstattung: Frischwasserversorgung, Abwasserentsorgung mit Bodeneinlass, Kassettenentleerung, Stromanschlüsse, Behälter für die Müllentsorgung, WLAN, Brötchenservice, SB-Markt. Im Servicegebäude gibt es Dusche, WC, Waschmaschine und einen Trockner. Der Platz ist ganzjährig geöffnet. Sehr gutes Restaurant (Globetrotter) mit gepflegten Gasträumen und sehr guter norddeutscher Küche am Platz.

Beschreibung: Geräumige Rasenflächen speziell für Wohnmobile hergerichtet. Vom Rest des Campingplatzes mit Hecken abgegrenzt. In unmittelbarer Nähe zum Fehmarnsund, sehr ruhig.

Preise: Je nach Saison für das Wohnmobil zwischen 5,00 € und 9,00 €, eine erwachsene Person zwischen 5,50 € und 8,00 €, Hund 5,00 €, Strom 3,00 €.

Zufahrt: Nach Überquerung der Fehmarnsundbrücke die erste Ausfahrt nahmen und über Avendorf nach Fehmarnsund fahren, dabei den Hinweisen zum Campingplatz Miramar folgen.

Reservierung/Kontakt: www.camping-miramar.de, Tel.: 04371/3220.

das Meereszentrum auf Fehmarn sind ein Unternehmen. Die Ostsee Erlebniswelt widmet sich der Ostsee, das Meereszentrum auf Fehmarn den Tropen. Nähere Informationen zu beiden inkl. der Öffnungszeiten und der Eintrittspreise finden Sie hier https://mega-meereswelten.de.

Um unser nächstes Ziel zu erreichen müssen wir die Brücke überqueren, die Sie auf diesem Foto sehen. Es ist die **Fehmarnsundbrücke**, die hinüber zur drittgrößten Insel Deutschlands führt. Es ist die einzige Verbindung zu der Insel. Die vor dem Bau der Brücke bestehende Fährverbindung wurde eingestellt. Diese fast ein Kilometer lange Brücke wurde 1963 eingeweiht. Wie lange sie noch bestehen wird, ist derzeit ungewiss. Sie ist in die Jahre gekommen und soll durch eine neue Querung des Fehmarnsund ersetzt werden, entweder durch eine neue Brücke oder durch einen Tunnel. Das Verkehrsaufkommen auf der sogenannten "Vogelfluglinie" ist mit den Jahren stetig gewachsen und wird weiter wachsen, wenn der geplante **Fehmarnbelttunnel** fertiggestellt ist. Dieser Tunnel soll die dänische Insel Lolland mit Fehmarn verbinden und die Fähre Puttgarden-Rødby ersetzen. Vom dänischen Parlament ist der Bau längst genehmigt, nur die deutsche Seite tut sich noch schwer mit einer Entscheidung. In Dänemark dagegen laufen die ersten Baumaßnahmen bereits.

Die Fehmarnsundbrücke.

Den ersten Campingplatz, den wir auf Fehmarn anfahren, finden Sie auf der vorangegangen Seite beschrieben. Bei einem Abendspaziergang, nach einer leckeren Mahlzeit im Restaurant des Campingplatzes, ist dieses Foto der Fehmarnsundbrücke entstanden.

Was erwartet uns nun in den nächsten Tagen auf der Insel außerhalb von Badeurlaub und Wassersport? Wirklich viel ist es nicht. Neben dem bereits genannten Meereszentrum gibt es noch ein sehenswertes U-Boot Museum, ein steinzeitliches Langbett und natürlich zahlreiche Wanderwege entlang der Küste. Das Landesinnere der Insel ist vor allem landwirtschaftlich geprägt, hier gibt es kaum etwas, was das Touristenherz höher schlagen lässt.

Beginnen wir mit dem steinzeitlichen Langbett in Wulfen, das nur zwei Kilometer von dem Campingplatz entfernt ist, auf dem wir unsere erste Nacht auf Fehmarn verbracht haben. Das steinzeitliche Langbett ist die Rekonstruktion eines Großsteingrabes aus der Zeit von 3600 bis 3200 v. Chr. Gräber dieser Art waren auf Fehmarn mehrfach anzutreffen. Dokumentiert wurden die Gräber im frühen 19. Jahrhundert. Im Original sind leider keine Gräber mehr erhalten, denn die Steine wurden schon vor langer Zeit gesprengt und als Baumaterial verwendet.

Nachbildung eines steinzeitlichen Langbettes in Wulfen.

Vom Campingplatz zu diesem Stellplatz am Wulfener Hals sind es nur drei Kilometer. Vor diesem Stellplatz befindet sich noch ein weiterer gebührenpflichtiger Parkplatz für Tagesgäste, die auf dem Burger See surfen möchten.

(148) Offizieller WOMO-Badeplatz: Wohnmobilpark am Wulfener Hals

GPS: N54°24'27.3" E11°10'28.1"; Wulfener-Hals-Weg 100, 23769 Fehmarn.
Max. WOMOs: 72, in unterschiedlichen Kategorien, maximale Länge 10 m.
Ausstattung: Frischwasserversorgung, Abwasserentsorgung mit Bodeneinlass, "normale" Kassettenentleerung und Kassettenentleerungs- und Reinigungsstation von "Camperclean" (die volle Kassette wird ohne auszugießen in den Automat gegeben und sie kommt gereinigt und sauber wieder raus). Einige Stellplätze haben eigene Wasser- und Abwasseranschlüsse. Natürlich gibt es Stromanschlüsse, Servicegebäude mit Dusche, WC, Waschmaschine und Trockner. Behälter für die Müllentsorgung, Gasflaschentausch, WLAN, SB-Laden, drei Restaurants, Bierbar, Musikbar, Bistro, Eis-Café, Spielplatz, Surfschule, Kiteschule, Katamaranschule, Strand, Pool, Sauna, Golfplatz, Fahrrad- und PKW-Verleih und eine Hundeschule. Der Platz ist ganzjährig geöffnet.

Beschreibung: Geräumige befestigte Plätze mit Grünstreifen oder auf Rasen. Der Platz liegt zwischen dem Burger Binnensee und der Ostsee. In der Hochsaison ist es hier sehr lebendig. Auch Gäste der angrenzenden Ferienwohnungen und Ferienhäuser nutzen die Einrichtungen und die sportlichen Möglichkeiten des Platzes.
Preise: Für ein Fahrzeug mit 2 Personen variieren die Preise je nach Saison und gewählter Ausstattung zwischen 13,50 € und 52,00 € pro Tag. Es gibt "specials" und Rabatte. Um Ihren Preis zu ermitteln, schauen Sie bitte auf die homepage des Unternehmens. Eine Reservierung wird empfohlen.
Reservierung/Kontakt: www.wulfenerhals.de Tel.: 04371/8628-0.
Zufahrt: Den Ort Wulfen anfahren und von dort der Beschilderung folgen.

Als nächsten Ort haben wir **Burgstaaken** auf dem Programm. Die Fahrt dorthin ist sechs Kilometer kurz. Der kleine Ort verfügt über einen sogenannten Erlebnishafen, dort befindet sich auch dieser Stellplatz.

(149) Offizieller WOMO-Stellplatz: Burgstaaken – Hafengelände

GPS: N54°25'13.1" E11°11'33.3"; Burgstaaken 1004, 23769 Fehmarn.
Max. WOMOs: 15, maximale Länge 12 m, max. Aufenthalt 24h.
Ausstattung: Dusche, WC, Mülleimer. Der Platz ist ganzjährig geöffnet.
Beschreibung: Asphaltierter gemischter Parkplatz am Hafen mit Blick auf ein U-Boot und einem Seenotrettungskreuzer (beides begehbare Museen neben einem der Erläuterung dienenenden Museumsgebäude).
Auf dem Platz finden auch Märkte statt und am Hafen kann man fangfrischen Fisch vom Kutter kaufen.
Preise: 10,00 € für ein Fahrzeug.
Zufahrt: In Burgstaaken der Beschilderung zum Hafen folgen.

Es ist tatsächlich recht kurzweilig an diesem Ort, der zahlreiche Fotomotive aufweist. Wer früh genug da ist, oder hier übernachtet hat, kann sich fangfrischen Fisch vom Kutter holen und auch gleich die Werbetafeln zum Hochseeangeln und Kutterfahrten studieren, die hier von unterschiedlichen Anbietern angepriesen werden. Die Silos am Rande des Hafens, in denen das Getreide der Landwirte Fehmarns gesammmelt wird, mögen keine Augenweide sein, aber für Kletterer eine

Im Hafen von Burgstaaken.

In der U11 in Burgstaaken.

verlockende Herausforderung. Wer nicht hoch hinaus möchte, der kann sich in die beklemmende Enge der **U11** begeben oder sich den Seenotrettungskreuzer **Arwed Emminghaus** anschauen, der hier besichtigt werden kann. Alle Informationen zu diesen beiden Booten werden in dem Museumsgebäude bereit gehalten. In den Sommermonaten können die Boote täglich besichtigt werden. Die genauen Öffnungszeiten und Eintrittspreise erfahren Sie hier www.ostsee-u-boot.de.

Radwegbeschilderung.

Bleibt zum Abschluss noch zu erwähnen, dass auch hier für Ihr leibliches Wohl bestens gesorgt ist. Sie haben die Wahl zwischen einfachen Fischlädchen und guten Restaurants und für die Nachtschwärmer gibt es die Hafenkneipe Mirella's Haifischbar.

Von den vielen Stellplätzen, die es hier auf Fehmarn gibt, lassen sich immer wieder Radtouren unternehmen. Das Wegenetz ist gut ausgeschildert und verfahren kann man sich eigentlich nicht. Die Wege sehen allerdings nicht immer so aus, wie auf der folgenden Seite, sondern führen oft über

Wirtschaftswege und Nebenstraßen, das sollte man wissen, wenn man eine Radtour auf Fehmarn plant.

Wir fahren weiter. Wieder ist es nur eine kurze Strecke. Von Burgstaaken zu diesem Platz sind es nur sieben Kilometer. Es ist ein klassischer Platz für einen Strandurlaub. In der Beschreibung ist dazu alles gesagt, deshalb geht es auch gleich weiter nach **Burg auf Fehmarn**.

Radweg bei Staberdorf.

(150) Offizieller WOMO-Badeplatz: Meeschendorf – Camping Südstrand

GPS: N54°24'51.5" E11°15'00.2"; Residenz 1003, 23769 Fehmarn.
Max. WOMOs: 25, vor der Schranke des Campingplatzes, weitere Plätze auf dem Hauptgelände, maximale Länge 10 m.
Ausstattung: Frischwasserversorgung, Abwasserentsorgung mit Bodeneinlass, Kassettenentleerung, Stromanschlüsse, Servicegebäude mit Dusche, WC, Waschmaschine und Trockner, Behälter für die Müllentsorgung, WLAN, SB-Markt, Bistro, Spielplatz, Surfschule, Katamaranschule, Tauchschule, Hochseilgarten, Strand, Sauna. Geöffnet von Anfang April bis Mitte Okt..

Beschreibung: Geräumige geschotterte Plätze mit Grünstreifen oder befestigtes Rasengelände, teilweise schattig. 250 m bis zum Strand. Alle Einrichtungen des Campingplatzes können mitbenutzt werden.
Preise: Für ein Fahrzeug mit 2 Personen variieren die Preise je nach Saison zwischen 14,00 € und 18,00 € pro Tag inkl. Ver- und Entsorgung sowie Strom. Eine Reservierung für die Plätze vor der Schranke ist nicht möglich, für den Campingplatz schon.
Reservierung/Kontakt: www.camping-suedstrand.de Tel.: 04371/2189.
Zufahrt: Von Burg in Richtung Meeschendorf/Staberdorf fahren. Am Ortseingang von Meeschendorf rechts abbiegen und der Beschilderung folgen.

Mit rund 6000 Einwohnern ist Burg der gößte Stadtteil der **Stadt Fehmarn**, die 2003 durch die Fusion aller Gemeinden auf der Insel entstanden ist. Wenn Sie nur die Stadt besuchen wollen und keine Übernachtung planen, dann können Sie Ihr WOMO hier tagsüber abstellen [Frederick-Schumacher-Straße; GPS: N54°26'15.7" E11°12'04.6"]. Bis zum **Marktplatz** und **Breite Straße** sind es von diesem Platz keine 500 Meter. Die Breite Straße und der Marktplatz bilden das Herz der Stadt. Hier sind die zahlreichen Cafés, Restaurants und

(151) Offizieller WOMO-Stellplatz:
Burg auf Fehmarn – Wohnmobilstellplatz Hintz

GPS: N54°26'33.6" E11°11'21.6"; Am Steinkamp 2, 23769 Fehmarn.
Max. WOMOs: 16, maximale Länge 12 m, max. Aufenthalt 2 Tage.
Ausstattung: Frischwasserversorgung, Abwasserentsorgung mit Bodeneinlass, Kassettenentleerung, Stromanschlüsse, Behälter für die Müllentsorgung. Im Servicegebäude gibt es Dusche und WC. Der Platz ist ganzjährig geöffnet.
Beschreibung: Geräumiger geschotterter Platz am Rande eines Gewerbegebietes in der Nähe des Bahnhofs, schattenlos. Die Ortsmitte mit zahlreichen Restaurants und Ladengeschäften ist ca. 1 km entfernt.

Preise: 15,00 € für ein Fahrzeug inkl. Strom und Entsorgung, Frischwasser 1,00 €.
Zufahrt: In Burg den Ort in Richtung B207 verlassen. Beim Beginn des Gewerbegebietes gleich rechts halten.

die Boutiquen, die Sie ansonsten auf der Insel in dieser Zahl nicht annähernd vorfinden. Das städtebauliche Ensemble aus Backsteinhäusern mit und ohne Fachwerk, Außenterrassen und hohen Baumbestand gibt dem Ort ein romantisches Flair. Man kommt gar nicht umhin, sich an einen der Tische zu setzen, wenn man denn einen freien Platz findet.

Das schmucke Rathaus in Burg a.F.

Neben dieser beschaulich-gemütlichen Atmosphäre gibt es in Burg noch einiges mehr zu sehen. Im **Peter-Wiepert-Museum** werden in 23 Räumen die Geologie, die Regionalgeschichte, das Handwerk, die Gilden, die Seefahrt und die Jagd mit unzähligen Exponaten präsentiert. Dieses Museum finden Sie in dem Fachwerkaus neben der Nikolaikirche.

Unweit des Stellplatzes in etwa einem Kilometer Entfernung befindet sich die **Galileo Wissenswelt**. Es handelt sich dabei um drei Mitmach-Museen, die sich der Naturkunde, der

St. Nikolai und Peter-Wiepert-Museum in Burg auf Fehmarn.

Technik und den exotischen Gebieten in Übersee widmen. In Burg sind die Museen Experimenta und Planet Erde zu finden, die über technische, kulturelle und naturwissenschaftliche Zusammenhänge Auskunft geben und zu Experimenten anregen. Um das Museum Übersee zu besuchen muss man nochmal nach Burgstaaken fahren. Das Museum über die Seefahrt und Entdeckerlust befindet sich in der Nähe des Hafens. Dann ist da noch das **Meereszentrum** zu nennen, das sich auch in etwa einem Kilometer Entfernung des Stellplatzes befindet. Es zählt zu den größten Aquarienanlagen Europas und widmet sich in erster Linien den tropischen Ozeanen.

Damit hat man genug Stoff für einen mehrtägigen Aufenthalt in Burg auf Fehmarn. Wir ziehen jetzt aber weiter und fahren zu einem Campingplatz an der Ostküste Fehmarns.

Restaurants und Cafés am Marktplatz.

Die Beschreibungen der Stellplätze auf diesen beiden Seiten zeigen im Wesentlichen, was Sie an diesen Strandabschnitten erwarten können. Der Klausdorfer Strand ist mit seinen vielen Spielmöglichkeiten eher etwas für Familien mit Kindern, der Johannisberg, ebenso nur das es hier eher um

(152) Offizieller WOMO-Badeplatz: Camping Klausdorfer Strand

GPS: N54°27'27.4" E11°16'22.7";
Klausdorfer Strandweg 100, 23769 Klausdorf (Fehmarn).
Max. WOMOs: 42, vor der Schranke des Campingplatzes, weitere Stellflächen auf dem Campingplatzgelände für einen längeren Aufenthalt. Maximale Länge 10 m.
Ausstattung: Frischwasserversorgung, Abwasserentsorgung mit Bodeneinlass, Kassettenentleerung, Stromanschlüsse, Servicegebäude mit Dusche, WC, Waschmaschine und Trockner, Behälter für die Müllentsorgung, WLAN, SB-Markt, Restaurant, Spielplatz, Strand, Sauna. Geöffnet von Mitte März bis Mitte Oktober.

Beschreibung: Geräumiges gut befahrbares befestigtes Rasengelände, teilweise schattig. 50 m bis zum Meer. Alle Einrichtungen des Campingplatzes können mitbenutzt werden.
Preise: Für ein Fahrzeug mit 2 Personen variieren die Preise je nach Saison zwischen 11,00 € und 15,00 € pro Tag inkl. Ver- und Entsorgung. Strom 0,50 € pro kWh, Hund zwischen 2,50 € und 4,00 €.
Reservierung/Kontakt: Buchungen, Reservierungen und Anfragen gehen nur online über: www.camping-klausdorferstrand.de. Telefonische Anfragen sind nicht möglich.
Zufahrt: In Klausdorf in der Mitte des Ortes rechts abbiegen und dann den Klausdorfer Strandweg bis zum Ende durchfahren.

(153) WOMO-Badeplatz: Klausdorf – Parkplatz am Meer

GPS: N54°28'14.0" E11°15'11.6"; 23769 Fehmarn.
Max. WOMOs: 5, maximale Länge 8 m.
Ausstattung: Dixi-Klo, sonst nichts. Der Platz ist ganzjährig geöffnet.
Beschreibung: Kleiner geschotterter Platz mit freien Blick auf die Ostsee. Außer Windrädern, Weiden und einem kleinen Strand gibt es hier nichts. Absolut ruhig. Es ist möglich, dass ein Schild auf ein Übernachtungsverbot hinweist. Bei unserem Besuch war allerdings keines zu sehen.

Preise: Kostenlos.
Zufahrt: In Klausdorf in der Mitte des Ortes links abbiegen und dann am Ende des Ortes rechts abbiegen und die Straße bis zum Ende durchfahren.

Tiere geht, also in Richtung "Ferien auf dem Bauernhof". Die anderen beiden sind eher etwas für die die Ruhe suchen, die keinen Trubel haben wollen und lieber etwas einsam stehen. Rad- oder Wandertouren entlang der Küste bieten sich hier an. Die Strände sind hier nicht sehr belebt. Sie sind steinig (Klausdorf) oder klein (Grüner Brink).

(154) Offizieller WOMO-Stellplatz: Fehmarn – Johannisberg

GPS: N54°30'02.5" E11°10'44.8"; Johannisberg 4, 23769 Fehmarn.
Max. WOMOs: 50, maximale Länge 12 m.
Ausstattung: Frischwasserversorgung, Abwasserentsorgung mit Bodeneinlass, Kassettenentleerung, Stromanschlüsse, Servicegebäude mit Dusche, WC, Waschmaschine und Trockner, Behälter für die Müllentsorgung, WLAN, Brötchenservice, Grillplatz, Kinderspielplatz, Tiere zum streicheln. Im beheizten Servicegebäude gibt es Dusche und WC. Der Platz ist ganzjährig geöffnet.

Beschreibung: Geräumige befestigte Schotter- und Rasenflächen mit Grünstreifen, teilweise schattig, sehr ruhig. Entfernung zum Fehmarnbelt 800 Meter.
Preise: Für ein Fahrzeug mit 2 Personen variieren die Preise je nach Saison zwischen 10,00 € und 15,00 € pro Tag. Entsorgung 2,00 €, Frischwasser (10 Liter) 0,10 €, Strom 0,50 € pro kWh, Waschmaschine 3,50 €, Trockner 2,00 €, Dusche (6 Min.) 1,00 €.
Zufahrt: Der Platz befindet sich an der Straße zwischen Puttgarden und Gammendorf ungefähr auf halber Strecke. Die Einfahrt befindet sich in einer Kurve.

(155) Offizieller WOMO-Badeplatz: Fehmarn – Grüner Brink

GPS: N54°30'29.7" E11°11'36.9"; Krummensieck, 23769 Fehmarn.
Max. WOMOs: 30, maximale Länge 12 m.
Ausstattung: Keinerlei wohnmobilspezifische Einrichtungen, ganzjährig geöffnet.
Beschreibung: Gut befahrbares, großzügig angelegtes Rasengelände mit Büschen abgegrenzt. Sandige, unebene Wege auf dem Platz, bei Trockenheit leicht staubig. 200 Meter bis zum Strand und zur Beltbude, das ist ein kleines Restaurant auf dem Deich, das einfache Gerichte und kühle Getränke serviert sowie Strandkörbe verleiht.

Preise: 9,00 €, wird am Abend am Fahrzeug kassiert.
Zufahrt: Hinter dem Stellplatz Johannisberg rechts abbiegen, die Straße bis zum Ende durchfahren, dann erneut rechts abbiegen und 900 Meter den Deich entlang fahren. Der Platz befindet sich auf der rechten Seite.

Wanderweg im Grünen Brink.

Mit dem Grünen Brink beginnt eine Küstenlandschaft mit großen Lagunen, Binnenseen, Niedermooren und Grünland. Sie reicht bis zur äußersten Nordwestspitze der Insel, dem Westermarkelsdorfer Huk und wird auch **Nördliche Seeniederung Fehmarn** genannt. Mit einem guten Fernglas und einer Kamera mit einem guten Teleobjektiv können hier Vogelfreunde auf die Pirsch gehen. Von den Wander- und Radwegen die das Gebiet durchziehen, lassen sich Rohrdommeln, Kiebitze, Rothalstaucher, Eiderenten und die allgegenwärtigen Möwen gut beobachten. Die Landschaft mit Strandseen, Trockenrasen, Dünen, Heiden und Salzseen schafft optimale Lebensbedingungen für die unterschiedlichen Vogelarten, die hier ihre Rast-, Nist-, und Brutplätze haben.

Durch Wind und Wellen geformt, wird sich dieser Abschnitt der Küste weiter verändern. Die Bildung von Nehrungen wird weiter voranschreiten. Geröll und Sand wird durch die Strömung und durch den Wind ständig umgelagert und entlang

(156) Offizieller WOMO-Badeplatz: Fehmarn Gammendorf-Strand – Am Niobedenkmal

GPS: N54°31'17.2" E11°09'15.3"; Gammendorf-Strand, 23769 Fehmarn.
Max. WOMOs: >10, maximale Länge 12 m.
Ausstattung: Frischwasserversorgung, Abwasserentsorgung mit Bodeneinlass, Kassettenentleerung, Stromanschlüsse, Behälter für die Müllentsorgung, WLAN, Brötchenservice, Imbiss, Restaurant, Spielplatz/Spielwiese, Tischtennis, Fahrradverleih, Ponyreiten, Angeln. Geöffnet von Anfang April bis Mitte Oktober.

Beschreibung: Geräumige Stellplätze in familiärer Atmosphäre in unterschiedlichen Kategorien und Größen auf dem Campingplatz und vor der Schranke auf dem Wohnmobilstellplatz.
Preise: Für ein Fahrzeug variieren die Preise je nach Saison und gewählter Größe zwischen 6,00 € und 14,00 € pro Tag. Für einen Erwachsenen werden zwischen 4,00 € und 6,00 €, für ein Kind zwischen 1,00 € und 3,00 € und für einen Hund zwischen 2,50 € und 4,50 € verlangt. Strom kostet saisonunabhämgig 2,50 € pro Tag.
Zufahrt: Von Gammendorf der Beschilderung zum Campingplatz und Niobe-Denkmal folgen.

der Küste transportiert. Die dadurch entstehenden Lagunen werden sich ebenfalls verändern, sie werden größer oder kleiner teilweise verlanden, ganz nach Lust und Laune von Mutter Natur, solange der Mensch nicht eingreift.

Ein guter Standort, um diese Naturlandschaft zu durchstreifen ist der Stellplatz am **Niobedenkmal**, das an den Untergang des Segelschulschiffes Niobe vor der Küste Fehmarns erinnert. Obwohl schnell mehrere Schiffe zur Stelle waren, ertranken hier im Jahre 1932 69 junge Offiziersanwärter, 40 konnten gerettet werden.

Das Niobedenkmal.

Die Windverhältnisse an der Nordwest- und an der Südwestküste der Insel bieten ideale Bedingungen für den Surfsport. Wer diesen Sport liebt, kann hier zwischen mehreren Standorten wählen, um dieser Leidenschaft nachzugehen. Wer sich nicht auf einem Brett vom Wind durch das Wasser blasen lassen möchte, der kann diesem munteren

Wanderweg in der Nördlichen Seeniederung Fehmarn.

(157) Offizieller WOMO-Badeplatz: Fehmarn – Belt-Camping

GPS: N54°31'43.2" E11°05'42.1"; Altenteil 24, 23769 Fehmarn.
Max. WOMOs: >20, maximale Länge 10 m.

Ausstattung: Frischwasserversorgung, Abwasserentsorgung mit Bodeneinlass, "normale" Kassettenentleerung und Kassettenentleerungs- und Reinigungsstation von "Camperclean" (die volle Kassette wird ohne auszugießen in den Automat gegeben und sie kommt gereinigt und sauber wieder raus), Stromanschlüsse, Behälter für die Müllentsorgung, WLAN, Brötchenservice, Kiosk, Restaurant mit Sonnenterrasse, Spielplatz, Gasflaschentausch. Geöffnet von Anfang April bis Anfang Oktober.
Beschreibung: Geräumige Stellplätze in unterschiedlichen Kategorien und Größen auf dem Campingplatz und vor der Schranke geschotterte Flächen auf dem Wohnmobilstellplatz.
Preise: Für ein Fahrzeug variieren die Preise je nach Saison, gewählter Größe und Lage (Meerblick oder nicht) zwischen 7,00 € und 18,00 € pro Tag. Für einen Erwachsenen werden zwischen 5,00 € und 7,00 €, für ein Kind zwischen 2,00 € und 3,00 € und für einen Hund zwischen 2,50 € und 4,00 € verlangt. Strom kostet saisonunabhängig 2,50 € pro Tag.
Reservierung/Kontakt: www.belt-camping-fehmarn.de, Tel.: 04372/391.
Zufahrt: Von Dänschendorf der Beschilderung zum Strand bis zum Deich folgen, dann rechts abbiegen.

(158) Offizieller WOMO-Badeplatz: Fehmarn – Camping Fehmarnbelt

GPS: N54°31'49.7" E11°04'54.1"; Altenteil 106, 23769 Fehmarn.
Max. WOMOs: >20, maximale Länge 10 m.
Ausstattung: Frischwasserversorgung, Abwasserentsorgung mit Bodeneinlass, Kassettenentleerung, Stromanschlüsse, Behälter für die Müllentsorgung, WLAN, Imbiss, Restaurant, Spielplatz. Geöffnet von Anfang April bis Ende September.
Beschreibung: Geräumige Stellplätze für Wohnmobile vor der Schranke, besondere Plätze für Kastenwagen "Bulliwiese" hinter der Schranke. Weitere Stellmöglichkeiten im hinteren Bereich des Campingplatzes für längere Aufenthalte. Der Platz ist ein Eldorado für Surfer.

Preise: Für ein Fahrzeug variieren die Preise je nach Saison, gewählter Größe und Lage (Meerblick oder nicht) zwischen 7,00 € und 22,00 € pro Tag. Für einen Erwachsenen werden zwischen 6,00 € und 7,00 €, für Kinder (ab 3 Jahren) und Jugendliche zwischen 4,00 € und 5,00 € und für einen Hund zwischen 3,50 € verlangt. Strom kostet saisonunabhängig 3,50 € pro Tag.
Reservierung/Kontakt: www.fehmarnbelt-camping.de, Tel.: 0172/687 3315.
Zufahrt: Von Dänschendorf der Beschilderung zum Strand bis zum Deich folgen, dann links abbiegen.

(159) WOMO-Campingplatz: Fehmarn – Flüggerteich

GPS: N54°27'11.0" E11°00'43.0"; Flügge 1, 23769 Fehmarn.
Max. WOMOs: >20, maximale Länge 12 m.
Ausstattung: Frischwasserversorgung, Abwasserentsorgung mit Bodeneinlass, Kassettenentleerung, Stromanschlüsse, Behälter für die Müllentsorgung Im Servicegebäude gibt es Dusche, WC, Waschmaschine und einen Trockner. Der Platz ist von Anfang April bis Mitte Oktober geöffnet.
Beschreibung: Geräumige Rasenplätze zwischen 90 und 120 m², die überwiegend mit Wasser- und Abwasseranschluss ausgestattet sind. Sehr ruhige, familienfreundliche Atmosphäre. Bis zum Strand sind es 300 Meter.
Preise: Erwachsene Person je nach Saison zwischen 4,00 € und 5,50 €, Wohnmobil je nach Saison zwischen 7,00 € und 12,00 €, Strom 0,50 pro kWh, Hund zwischen 2,00 € und 4,00 €.
Zufahrt: Von Petersdorf in Richtung Orth fahren. In Sulzdorf rechts abbiegen, ab hier ist der Campingplatz ausgeschildert.
Reservierung/Kontakt: Tel.: 04372/349 oder www.flueggerteich.de.

(160) WOMO-Campingplatz: Fehmarn – Flügger Strand

GPS: N54°27'05.3" E11°00'28.5"; Flügge 102, 23769 Fehmarn.
Max. WOMOs: >20, maximale Länge 12 m.
Ausstattung: Frischwasserversorgung, Abwasserentsorgung mit Bodeneinlass, Kassettenentleerung, Stromanschlüsse, Behälter für die Müllentsorgung, WLAN, Brötchenservice. In mehreren Servicegebäuden gibt es Duschen, WC, Waschmaschinen und Trockner. Der Platz ist von Anfang April bis Mitte Oktober geöffnet. Ein gutes Restaurant mit Blick auf die Ostsee ist am Platz, und ein SB-Laden für den kleinen Einkauf.
Beschreibung: 150000 m² großes Areal, das sich über 1 km Länge an der Ostsee entlangzieht. Überwiegend werden schattenlose Stellplätze auf einem gut befahrbaren Wiesengelände angeboten. Durch Bäume und Büsche abgeschattete Plätze gibt es nur wenige. Der Weg zum Meer ist kurz. Der Platz ist ein idealer Standort für Wassersportler und Badegäste. Die Windverhältnisse sind für Wind- und Kitesurfer ausgezeichnet. Entsprechend lebendig geht es auf dem Platz und auf dem Wasser zu. Für Kinder stehen zahlreiche Spielgeräte bereit.

Preise: Erwachsene Person je nach Saison zwischen 5,00 € und 7,50 €, Wohnmobil je nach Saison und Lage auf dem Platz (Meerblick) zwischen 5,00 € und 20,00 €, Strom 2,60 pro Tag, Hund (Leinenpflicht) zwischen 3,00 € und 5,00 €. Wenn Sie mit mehr als einem Hund anreisen wollen, sollten Sie dies mit der Leitung vorab klären.
Zufahrt: Von Petersdorf in Richtung Orth fahren. In Sulzdorf rechts abbiegen, ab hier ist der Campingplatz ausgeschildert.
Reservierung/Kontakt: Tel.: 04372/714 oder www.fluegger-strand.de.

Treiben zuschauen. Wir sind immer wieder fasziniert von der Geschwindigkeit, mit der die Könner ihres Faches über das Wasser zischen, ohne miteinander zu kollidieren und verblüfft, welche akrobatischen Sprünge einige Kitesurfer dabei vollführen. Wir können da nur staunen.

Akrobatisch und pfeilschnell. Kitesurfer im Bereich des Campingplatzes Flügger Strand.

Parkplatz Hof Flügge.

Auf den vorangegangenen Seiten haben wir Ihnen die Plätze für einen längeren Aufenthalt zusammengestellt. Wer nur mal einen Tag bleiben möchte, um den Surfern zuzuschauen, der findet auf dem Hof Flügge noch eine preiswerte Übernachtungsmöglichkeit. Für 3,00 € kann man hier auf einem geschotterten Platz stehen. Ver- und Entsorgungsmöglichkeiten und anderes gibt es hier nicht. Es ist nur ein kleiner Parkplatz, der, wenn er denn voll belegt ist, das Rangieren schwierig macht. Zu finden ist dieser Parkplatz in unmittelbarer Nähe vom Campingplatz Flügger Strand mit diesen Koordinaten: [**161:** N54°27'00.7" E11°00'31.3"].

Nonnengänse im Vogelreservat Wallnau.

Nördlich des Campingplatzes Flügger Strand befindet sich das **Vogelreservat Wallnau**. Von dem rund 300 Hektar großen Wasservogelschutzgebiet sind nur 10 Hektar für den Besucher zugänglich.

Wiesen, Teiche, Seen und Schilf prägen diese flache amphibische Landschaft an der Küste, die dem NABU gehört und von ihm betreut wird. Vom Informationszentrum am nördlichen Rand des Schutzgebietes führt ein Bohlenweg durch das dichte Schilfdickicht und ermöglicht so hautnahe Einblicke in den natürlichen Lebensraum der Vögel. Beobachtungshütten und ein Aussichtsturm bieten darüber hinaus Blicke in diese amphibische Landschaft in der Sie, wenn Sie Glück haben und zum richtigen Zeitpunkt hier sind, tausende Vögel beobachten können. Mehr als 280 Vogelarten konnten bislang in Wallnau gezählt werden. Das Informationszentrum hält verschiedene Flyer und Literatur zum Thema Vogelschutz und darüber hinaus bereit. Wer möchte, der kann sich einer Führung anschließen und sich die Details des Schutzgebietes und das Verhalten der Vögel erklären lassen. Der Bohlenweg in das Schutzgebiet ist nicht frei zugänglich, hier ist ein Eintrittsgeld zu entrichten. Hunde dürfen mitgenommen werden.

Öffnungszeiten: Täglich zwischen 10:00 und 17:00 Uhr. Eintritt: Erwachsene 10,00 €, Kinder und Jugendliche von 6 bis 18 Jahren 4,00 €. Für eine Führung ist kein weiteres Entgelt zu entrichten.

Der kleine Parkplatz vor dem Infozentrum kann mit dem WOMO angefahren werden, Sie finden ihn mit diesen Koordinaten [N54°28'41.6" E11°00'48.8"], praktisch ist das aber nicht.

Besser ist es, über den Sommerdeich entlang der Küste zum Informationszentrum zu gehen. Vom Campingplatz Flügger Strand sind dies rund 2,5 Kilometer. Dabei haben Sie auf der einen Seite immer den Blick auf die Ostsee und auf der anderen Seite lässt sich das Vogelreservat zumindest in Teilen überblicken. Und, ganz wichtig, Sie kommen an dem Stein vorbei, den Sie hier abgebildet sehen.

Die älteren Leser werden sich erinnern, die jüngeren vielleicht die Stirn runzeln. Jimi Hendrix, der Musiker und das Idol der Flower Power Generation, galt durch seine besonde-

Jimi Hendrix Gedenkstein.

re Spielweise auf der E-Gitarre als einer der bedeutendsten Gitarristen der Geschichte. Er tourte um die Welt und nahm unter anderem am legendären Woodstock-Festival teil. Seinen letzten Auftritt absolvierte er wenige Tage vor seinem Tod auf dem **Love-and-Peace-Festival** im September 1970 auf Fehmarn. Im Sommer 1997 wurde am Ende des Campingplatzes Flügger Strand der Jimi Hendrix Gedenkstein aufgestellt. Das Festival sollte eine ähnliche Veranstaltung wie Woodstock werden, erreichte aber bei weitem nicht die notwendigen Besucherzahlen, um so hochkarätige Künstler zu bezahlen und wurde deshalb eine wirtschaftliche Katastrophe. Aber das ist eine andere Geschichte. Versuche neue Musikfestivals hier zu etablieren schlugen fehl. Aus Gründen des Naturschutzes wurden sie abgesagt.

So widmen wir uns dem nächsten Spaziergang durch die ungestörte Natur und nicht der lauten Musik, hören auf das Pfeifen des Windes, der hier ganz schön kräftig pusten kann und gehen zum **Naturschutzgebiet Krummsteert-Sulsdorfer Wiek**, an dessen Rand ein Wanderweg vorbeiführt.

Leuchtturm Flügge.

Mit diesem Spaziergang nehmen wir auch den **Flügger Leuchtturm** in unser Besuchsprogramm auf. Es ist der einzige auf Fehmarn, der für Besucher zugänglich ist. Um auf die Besucherplattform des fast 38 Meter hohen Turmes zu gelangen müssen 162 Stufen auf der Wendeltreppe erklommen werden. Einen Aufzug gibt es nicht. Der Ausblick von dort oben ist grandios. Der Krumme Schwanz ist besonders gut zu sehen, ebenso das Hafenstädtchen Orth, unser nächstes Etappenziel und natürlich das Festland und die Fehmarnsundbrücke. Neben dem Leuchtturm gibt es ein kleines Café, das mit leckerem Kuchen zu überzeugen weiß.

Öffnungszeiten: April bis Oktober dienstags bis sonntags jeweils von 10:00 - 17:00 Uhr, Eintritt 3,00 €.

Wanderweg zwischen Flügger Strand und dem NSG Krummsteert.

Es gibt mehrere Wege, die zum Leuchtturm führen. Der bequemste geht vom Hof Flügge über einen Asphaltsträßchen zum Turm, urwüchsiger ist der Weg vom Campingplatz Flügger Strand entlang der Küste.

Parkplatz in Orth.

Gern hätten wir Ihnen den Platz, den Sie hier rechts auf dem Foto sehen als Stellplatz für eine freie Übernachtung angepriesen. Leider geht das nicht, unmissverständlich wird darauf hingewiesen, dass Wohnmobile nach

Orth, idyllisches Hafenstädchen an der Orther Bucht.

20:00 Uhr den Platz verlassen müssen. Sie können aber bleiben, wenn Sie den privat betriebenen Mini-Campingplatz der Familie Scheel aufsuchen. Sie finden ihn mit diesen Koordinaten [**162:** N54°26'52.9" E11°03'07.9"] und unter dieser Adresse Seestraße 18, 23769 Fehmarn. Der ehemalige Fischerei- und Handelshafen mit nur 60 Einwohnern wurde in den letzten Jahren stetig zu einem Yachthafen weiterentwickelt und ausgebaut. Seine Molen ragen mittlerweile weit in die Bucht hinein.

Wenn Ihnen der Name **Schwanitz** aus der Krimireihe **Nord bei Nordwest** mit Hinnerk Schünemann etwas sagt, dann achten Sie doch einmal darauf, ob Sie die Hafenanlagen dieses Dorfes im Film nicht wiedererkennen. Der Orther Hafen ist stets ein Drehort, denn hier liegt das Hausboot des ehemaligen Polizisten.

Kommen wir zurück in die reale Welt und schlendern noch einmal durch den kleinen Hafen, essen im Piratennest noch eine "mörderische Elvira" und machen uns dann wieder auf die Socken zu unserem nächsten Ziel.

Möwen sind nicht nur am oder auf dem Wasser auf Futtersuche anzutreffen. Auf der Fahrt nach Lemkenhafen waren wir ganz fasziniert von diesem Schauspiel. Hunderte Möwen umschwärmten diesen Traktor mit Pflug und Scheibenegge, suchten im frisch umbrochenen Acker nach Würmer und

Möwen auf der Futtersuche.

sonstigem Kleingetier. Ohne Berührungsängste stritten sie sich um die besten Plätze direkt hinter dem Pflug und das mit großem Geschrei.

Aber nun nach **Lemkenhafen**, wo sich noch eine voll funktionstüchtige Segelwindmühle befindet. Sie wurde 1887 errichte und versah bis 1954 ihren Dienst als Getreidemühle. Seit 1961 ist sie ein Museum, das wenige Jahre später um den Mühlenspeicher erweitert wurde, in dem heute ein Landwirtschaftsmuseum untergebracht ist. Hier werden landwirtschaftliche Geräte sowie Modelle Fehmarnscher Bauernhöfe gezeigt. Sie finden die Mühle mit diesen Koordinaten [N54°26'58.4" E11°05'44.8"] und unter dieser Adresse: Mühlenweg 45, Lemkenhafen. Der Parkplatz befindet sich 100 Meter hinter der Mühle auf der linken Seite.

Öffnungszeiten: Von Mai bis Oktober täglich außer mittwochs von 10:00 bis 17:00 Uhr. Eintritt: Erwachsene 4,50 €, Kinder bis 14 Jahre 1,00 €.

Tipp: Wenn Sie lecker zubereiteten Aal mögen, dann finden Sie diesen in der Aalkate, 500 Meter weiter in Richtung Hafen.

Nach der Windmühle geht es nun zu unserem letzten Etappenziel auf Fehmarn zum **Strukkamphuk**. Einem weiteren Paradies für Surfer und Kitesurfer. Der Wind scheint hier zwischen der Insel und dem Festland am Fehmarnsund durch die Meerenge einen Turbinenfunktion zu haben. Hier

(163) Offizieller WOMO-Stellplatz: Fehmarn – Strukkamphuk

GPS: N54°24'49.5" E11°06'14.7"; Strukkamp, 23769 Fehmarn.
Max. WOMOs: 21, maximale Länge 8 m.
Ausstattung: Frischwasserversorgung, Abwasserentsorgung mit Bodeneinlass, Kassettenentleerung, Stromanschlüsse, Behälter für die Müllentsorgung, WLAN. Die Serviceeinrichtungen des Campingplatzes können mitbenutzt werden. Der Platz ist ganzjährig geöffnet.

Beschreibung: Geräumige befestigte Plätze mit Grünstreifen, teilweise schattenlos vor der Schranke des Campingplatzes Strukkamphuk. Damit ist die An- und Abfahrt nicht an Ruhezeiten gebunden.
Preise: Je nach Saison zwischen 20,00 € und 31,90 € für ein Fahrzeug mit zwei Personen incl. Kurtaxe. Für die Wintermonate von November bis März gilt eine Spezialtarif in Höhe von 14,00 €. Wasserversorgung und Entsorgung können eingeschränkt sein. Restaurant und SB-Laden auf dem Campingplatz sind geschlossen.
Zufahrt: Nach Strukkamp fahren und von dort der Beschilderung zum Campingplatz folgen.

(164) WOMO-Campingplatz: Fehmarn – Strukkamphuk

GPS: N54°24'42.5" E11°05'52.5"; Strukkamp 83, 23769 Fehmarn.
Max. WOMOs: >20, maximale Länge 10 m.
Ausstattung: Frischwasserversorgung, Abwasserentsorgung mit Bodeneinlass, Kassettenentleerung, Stromanschlüsse, Behälter für die Müllentsorgung, WLAN, Brötchenservice. In den 4 Servicegebäude gibt es Duschen, WCs, Waschmaschinen, Trockner, Geschirrspülen, Kochstellen und in einem Gebäude auch eine Sauna und eine Hundedusche. Desweiteren gibt es einen SB-Laden, ein Restaurant und eine Strandbar. Der Platz ist von Mitte April bis Ende Oktober geöffnet.

Beschreibung: Geräumige Rasenplätze zwischen 90 und 180 m², teilweise schattig. Die Sanitäreinrichtungen sind über den Platz verteilt, sehr sauber und gepflegt. Das Restaurant ist gut und eine Animations- und Freizeitprogramm wird für Kinder aller Altersgruppen angeboten. Der Strand ist nicht weit und ideal für Wassersportler und Badegäste. Die Windverhältnisse sind auch hier für Wind- und Kitesurfer ausgezeichnet. Wer diese Sportart noch nicht beherrscht, kann sie hier erlernen. Auch ein Tauchkurs kann hier optional absolviert werden.
Preise: Erwachsene Person je nach Saison zwischen 6,40 € und 9,10 €, Wohnmobil je nach Saison und Lage auf dem Platz zwischen 10,00 € und 26,10 €, Strom kostenlos, Hund (Leinenpflicht) zwischen 1,50 € und 5,00 €. 10% Rabatt auf die Personengebühr bei Vorlage der BVCD-, CCI- oder DCC-Karte.
Zufahrt: Nach Strukkamp fahren und von dort der Beschilderung zum Campingplatz folgen.
Reservierung/Kontakt: Tel.: 04371/2194 oder www.strukkamphuk.de.

Kitesurfen: Der offizielle Weltrekord im Hochsprung liegt bei 25 Metern.

pfeift es ordentlich. Ein Umstand den die besten unter den Kitesurfern bis in die Abendstunden auf dem Wasser bleiben lässt. Aber auch ein Urlaub mit kleinen Kindern lässt sich hier gut verbringen, der Strand ist seicht und den Kindern wird auf dem Campingplatz zusätzlich einiges geboten.

Kitesurfen bis zum Sonnenuntergang.

Nur die Fehmarnsundbrücke trennt uns von dem Ausgangsort unserer Rundreise auf Fehmarn, die wir auf der Seite 257 begonnen haben.

Nun heißt es Abschied nehmen. Es geht auf die B207, dazu folgen wir einfach den Hinweisen zur Autobahn und fahren dann über die Fehmarnsundbrücke zurück auf das Festland. An der ersten Abfahrt geht es gleich wieder von der B207 runter und haben nach wenigen Kilometern **Großenbrode** erreicht. Der Ort liegt an einem großen Binnensee, an dem es Yachthäfen, Badestrände, Camping- und Wohnmobilstellplätze gibt. Letztere stellen wir auf den folgenden Seiten vor.

(165) Offizieller WOMO-Stellplatz: Großenbrode – Wohnmobilhafen Reise

GPS: N54°21'40.7" E11°05'06.0"; Südstrand, 23775 Großenbrode.
Max. WOMOs: 50, maximale Länge 12 m.

Ausstattung: Frischwasserversorgung, Abwasserentsorgung mit Bodeneinlass, Kassettenentleerung, Stromanschlüsse, Behälter für die Müllentsorgung, WLAN. Im Servicegebäude gibt es Dusche, WC, Waschmaschine und einen Trockner. Ganzjährig geöffnet.
Beschreibung: Geräumige geschotterte und Rasenplätze, fast alle schattenlos. Ein Fitnessstudio und ein Restaurant befinden sich direkt neben dem Platz. Bis zum Strand mit der Promenade und der Seebrücke sind es nur 250 Meter. Der Platz ist sauber, gepflegt und ruhig.
Preise: Die Preise variieren nach Saison zwischen 12,00 und 16,00 € für ein Fahrzeug mit zwei Personen, incl. Strom und Entsorgung. 60 Liter Frischwasser kosten 0,50 €, Dusche 1,00 €, Waschmaschine 3,00 €, Trockner 2,00 €, WLAN 0,50 € pro Tag (7 Tage 2,00 €), Hund kostenlos.
Zufahrt: Nach der Überquerung der Eisenbahnlinie im Zentrum von Großenbrode die sechste Straße links abbiegen (hinter dem Einkaufszentrum Nahkauf).

(166) WOMO-Campingplatz: Großenbrode – Camping Strandparadies

GPS: N54°21'37.3" E11°05'15.5"; Südstrand 3, 23775 Großenbrode.
Max. WOMOs: >20, maximale Länge 10 m.
Ausstattung: Frischwasserversorgung, Abwasserentsorgung mit Bodeneinlass, Kassettenentleerung, Stromanschlüsse, Behälter für die Müllentsorgung, WLAN, Brötchenservice. In den Servicegebäuden gibt es Duschen, WCs, Waschmaschinen und Trockner. Der Platz ist von Anfang April bis Ende Oktober geöffnet.
Beschreibung: Geräumige Rasenplätze. Bis zum Strand mit der Promenade und der Seebrücke sind es auch von hier nur 250 Meter. Der Platz ist – wie der benachbarte Stellplatz – sauber, gepflegt und ruhig.
Preise: Erwachsene Person je nach Saison zwischen 4,00 € und 5,00 €, Kinder zwischen 1,00 € und 3,00 €, Wohnmobil je nach Saison zwischen 8,00 € und 13,00 €, Strom 2,50 € für 4 kWh, Hund (Leinenpflicht) zwischen 3,00 € und 5,00 €. Rabatt für längere Aufenthalte.
Zufahrt: Nach der Überquerung der Eisenbahnlinie im Zentrum von Großenbrode die sechste Straße links abbiegen (hinter dem Einkaufszentrum Nahkauf) und an dem Stellplatz Wohnmobilhafen Reise vorbeifahren.
Reservierung/Kontakt: Tel.: 04367/8697, E-Mail: info@camping-grossenbrode.de oder auch www.camping-grossenbrode.de.

Der Ort hat nur etwas mehr als 2000 Einwohner. Vermutlich sind diese alle irgendwie im Tourismusgewerbe tätig, denn sonst wäre das vielfältige Angebot, das Großenbrode für die Kur- und Badegäste sowie Freizeitsportler bietet, gar nicht zu stemmen.

Seit 1986 hat Großenbrode den Status eines Ostseeheilbades. Im Kurmittelzentrum werden Massagen, Moor-Packun-

Strand und Seebrücke in Großenbrode bei trüben Wetter.

gen, Heilgymnastik und anderes mehr geboten. Darüber hinaus gibt es ein Meerwasser-Schwimmbad zur medizinischen Therapie und Vorsorge. Auf dem Gelände der ehemaligen Marineküstendienstschule besteht seit einigen Jahren ein interessant gestalteter Naturerlebnispfad. Die rund 1000 Meter lange Uferpromenade mit ihren Restaurants und Cafés lädt ebenso zum Bummeln ein, wie die 300 Meter lange Seebrücke. Im großen Yachthafen am Wassersportzentrum treffen Wohnmobilisten und Skipper aufeinander. Für alle die sich gern sportlich betätigen wollen, gibt es ein weit verzweigtes Radwegenetz und viele Gelegenheiten zum Windsurfen, Kiten, Wasserskilaufen, Kanufahren, Tauchen und Hochseeangeln. Langweilig wird es in Großenbrode also nicht werden.

(167) Offizieller WOMO-Stellplatz: Großenbrode – Wassersportzentrum

GPS: N54°21'20.5" E11°04'41.6"; Am Kai 2, 23775 Großenbrode.
Max. WOMOs: >20, maximale Länge 12 m.
Ausstattung: Frischwasserversorgung, Abwasserentsorgung mit Bodeneinlass, Kassettenentleerung, Stromanschlüsse, Behälter für die Müllentsorgung, WLAN. Im Servicegebäude gibt es Duschen, WCs. Der Platz ist ganzjährig geöffnet.
Beschreibung: Zwei recht einfach angelegte Areale mit geräumigen befestigten Rasenplätze neben Werft- und Bootshallen. Duschen und WCs ebenfalls in einfacher Ausstattung. Yachthafen und Strand in unmittelbarer Nähe (200 Meter).
Preise: 10,00 € für ein Fahrzeug ind der Nebensaison, 12,00 € in der Hauptsaison. WLAN kostenlos, Zugangscode neben dem Parkautomat ablesbar.
Zufahrt: Nach der Überquerung der Eisenbahnlinie im Zentrum von Großenbrode dem Verlauf der Straße bis zum Ende folgen.

Im Yachthafen von Großenbrode.

Südlich des Großenbroder Binnensees tut sich eine richtige Campinglandschaft auf. Fünf Campingplätze reihen sich hier aneinander, einer davon hat vor dem eigentlichen Campingplatzgelände einen Wohnmobilstellplatz angelegt, alle anderen nicht. Wir stellen vier von ihnen vor und wollen damit diese Tour beenden.

(168) WOMO-Campingplatz: Neukirchen – Seekamp

GPS: N54°20'36.6" E11°03'45.6"; Seekamp 1, 23779 Neukirchen.
Max. WOMOs: >20, maximale Länge 12 m.
Ausstattung: Frischwasserversorgung, Abwasserentsorgung mit Bodeneinlass, Kassettenentleerung, Stromanschlüsse, Behälter für die Müllentsorgung, WLAN, Brötchenservice, SB-Laden. Im Servicegebäude gibt es Dusche, WC, Waschmaschine und einen Trockner. Der Platz ist von Anfang April bis Mitte Oktober geöffnet.
Beschreibung: Geräumige Rasenplätze, auf einem sehr großen Areal mit eigenem Bootssteg.
Preise: Erwachsene Person 5,00 €, Kind 6-14 Jahre 2,50 €, Wohnmobil 10,00 €, Strom 2,50 pro Tag. Frischwasser und Entsorgung ist gratis.
Zufahrt: Von Großenbrode in Richtung Neukirchen fahren und der Beschilderung zum Campingplatz folgen.
Reservierung/Kontakt: Tel.: 04365/456 oder www.camping-seekamp.de.

(169) WOMO-Campingplatz: Neukirchen – Sütel

GPS: N54°20'09.0" E11°04'17.2"; Sütel Strand, 23779 Sütel.
Max. WOMOs: >20, maximale Länge 12 m.
Ausstattung: Frischwasserversorgung, Abwasserentsorgung mit Bodeneinlass, Kassettenentleerung, Stromanschlüsse, Behälter für die Müllentsorgung, WLAN, Brötchenservice, Fischrestaurant, SB-Laden. Im Servicegebäude gibt es Dusche, WC, Waschmaschine und einen Trockner. Der Platz ist von Anfang April bis Mitte Oktober geöffnet.
Beschreibung: Geräumige Rasenplätze zwischen 100m² und 120m², umfangreiche Spielmöglichkeiten für Kinder, Kinderanimation, Fahrradverleih.
Preise: Erwachsene Person 6,00 €, Wohnmobil je nach Platzgröße zwischen 15,00 € und 17,00 €, Hunde 4,00 €, Strom 3,50 pro Tag.
Zufahrt: In Sütel der Beschilderung zum Campingplatz folgen.
Reservierung/Kontakt: Tel.: 04365-451 oder www.campingplatz-suetel.de.

(170) Offizieller WOMO-Badeplatz: Neukirchen – Wohnmobilhafen Sütel

GPS: N54°20'01.1" E11°03'58.4"; Liethbergweg 2, 23779 Sütel.
Max. WOMOs: 30, maximale Länge 12 m.
Ausstattung: Frischwasserversorgung, Abwasserentsorgung, Kassettenentleerung, Stromanschlüsse, Behälter für die Müllentsorgung, WLAN, Brötchenservice. Im Servicegebäude auf dem Campingplatz gibt es Duschen, WC, Waschmaschine und einen Trockner. Der Platz ist von April bis Oktober geöffnet.

Beschreibung: Geräumige Rasenplätze zwischen 90m² und 150m², schattenlos, am Rande des Campingplatzes, 400 Meter bis zum Strand, sehr ruhig.
Preise: 14,00 € für ein Fahrzeug inkl. Wasser und Strom.
Zufahrt: In Sütel der Beschilderung zum Campingplatz folgen.

(171) WOMO-Campingplatz: Neukirchen – Hohes Ufer

GPS: N54°19'29.0" E11°04'12.1"; Ostermade, 23779 Neukirchen.
Max. WOMOs: >20, maximale Länge 12 m.
Ausstattung: Frischwasserversorgung, Abwasserentsorgung mit Bodeneinlass, Kassettenentleerung, Stromanschlüsse, Behälter für die Müllentsorgung, WLAN, Brötchenservice, Restaurant, SB-Laden. Im Servicegebäude gibt es Dusche, WC, Waschmaschinen und Trockner. Der Platz ist von Anfang April bis Mitte Oktober geöffnet.
Beschreibung: Geräumige Rasenplätze, umfangreiche Spielmöglichkeiten für Kinder, naturpädagogisches Ferien-Erlebnisprogramm für Kinder, Reitmöglichkeit auf dem nahegelegenen Gut Goddersdorf.
Preise: Preise gestafelt nach Lage und Saison zwischen 22,00 € und 40,00 € für ein Fahrzeug mit 2 Personen inkl. Wasser und Duschen, Kinder 4-6 Jahre 2,00 €, 7-14 Jahre 4,00 €, Hunde 4,00 €, Strom 4,00 pro Tag.
Zufahrt: In Neukirchen der Beschilderung zum Campingplatz folgen.
Reservierung/Kontakt: Tel.: 04365-496 oder https://camping-hohes-ufer.de.

Am seicht abfallenden Strand der Ostsee können Kinder unbesorgt spielen.

Hohwachter Bucht
Heiligenhafen
Graswarder
Großenbrode
Aussichtsturm
Klaustorf
Neukirchen
Sütel
Tour 9
Hohwacht
Weissenhäuser Strand
NSG Weissenhäuser Brök
Sehlendorf
Heringsdorf
Oldenburg i.H.
Süssau
B202
B501
Wangels
Wagrien
Landwirtschaftsmuseum
Lensahn
Grube
Dahme
Leuchtturm
Bungsberg
Elisabethturm
Schönwalde
Naturpark Holsteinische Schweiz
Kloster Cismar
Cismar
Kattenberg
Kellenhusen
Seebrücke
Grömitz
Lensterstrand
Grömitzer Welle
Schashagen-Bliesdorf
Gr. Eutiner See
Tour 12
Rettin
Neustadt i.H.
Pelzerhaken
Süsel
Hansa-Park
Sierksdorf
Haffkrug
B76
Pönitz
B432
Lübecker Bucht
Scharbeutz
Gr. Pönitzer See
Timmendorfer Strand
Sea-Life
Vogelpark
Niendorf
Brodtner Ufer
Groß Schwansee
Kalkhorst
Hemmelsdorfer See
Travemünde
Priwall
Mecklenburg-Vorpommern
B75
Bad Schwartau
Dassow
226
Stockelsdorf
Schlutup
LÜBECK
B104
Band 87: Mit dem Wohnmobil nach Mecklenburg-Vorpommern Teil1 – West
Schönberg
S.309
B207
20
Tour 14
N
5 km

TOUR 10 (ca. 180 km)

Süssau – Dahme – Kellenhusen – Cismar – Lensahn – Bungsberg – Grömitz – Bliesdorf – Neustadt – Sierksdorf – Scharbeutz – Timmendorfer Strand – Travemünde – Bad Schwartau – Lübeck

Stellplätze:	Kellenhusen, Lensahn, Kattenberg, Grömitz, Bliesdorf, Neustadt, Sierksdorf, Scharbeutz, Timmendorfer Strand, Travemünde, Bad Schwartau, Lübeck.
Campingplätze:	Süssau, Dahme, Neustadt i.H., Scharbeutz.
Ver-/Entsorgung:	Süssau, Dahme, Kattenberg, Lensahn, Grömitz, Bliesdorf, Neustadt, Scharbeutz, Timmendorfer Strand, Travemünde, Bad Schwartau.
Besichtigungen:	Cismar (Kloster), Lensahn (Landwirtschaftsmuseum), Bungsberg (Elisbethturm), Lübeck (Altstadt, Holstentor).
Wandern:	Bungsberg, Brodtner Ufer, Hemmelsdorfer See.
Baden/Wellness:	Süssau (Strand), Dahme (Strand), Kellenhusen (Strand), Lensahn (Waldschwimmbad), Grömitz, Strand, Grömitzer Welle), Bliesdorf (Strand), Scharbeutz (Strand), Timmendorfer Strand (Strand), Bad Schwartau (Holstein-Therme).

Diese Tour entlang der Lübecker Bucht führt uns durch die berühmtesten Badeorte an der Schleswig-Holsteinischen Ostseeküste. Einmal machen wir dabei einen Abstecher ins Binnenland und schauen uns auf dem Bungsberg, dem höchsten Punkt in Schleswig-Holstein um.

(172) WOMO-Campingplatz: "Am Minigolf"

GPS: N54°16'19.6" E11°04'56.3"; Strandstr. 26, 23777 Heringsdorf-Süssau.
Max. WOMOs: 10, maximale Länge 12 m.
Ausstattung: Frischwasserversorgung, Abwasserentsorgung, Kassettenentleerung, Stromanschlüsse, Müllentsorgung, Duschen und WCs. Der Platz ist von Anfang April bis Anfang Oktober geöffnet.

Beschreibung: Geräumige Rasenflächen vor dem Campingplatz, schattenlos, in unmittelbarer Nähe der Seebrücke, sehr ruhig.
Preise: 10,00 € für ein Fahrzeug, Erwachsene Person 3,50 €, Kind 2,00 €, Hund 2,00 €, Strom 2,00 € pro Tag. Abwasserentsorgung und Entleerung der Bordtoilette ist kostenfrei.
Zufahrt: Von Süssau direkt an den Strand fahren.

Seebrücke in Süssau.

Sehr bescheiden gibt sich der Badeort **Heringsdorf-Süssau**. Wer stark frequentierte Strände wie die in Grömitz, Scharbeutz oder Timmendorfer Strand nicht mag, der ist hier gut aufgehoben. Alles ist hier ein paar Nummern kleiner, die Seebrücke, die Auswahl an Restaurants und die Länge des Strandes. Besonders in der Vor- und in der Nachsaison geht es hier sehr ruhig zu. Da stehen Sie unter Umständen auch allein auf dem Stellplatz. Dies ist in **Dahme**, dem nächsten Ort unsere Reise, schon wieder ganz anders. Hier finden wir große Campinganlagen,

(173) WOMO-Campingplatz: Dahme – Eurocamping Zedano

GPS: N54°14'05.7" E11°04'58.3"; Anhalter Platz 100, 23747 Dahme.
Max. WOMOs: >20, maximale Länge 12 m.
Ausstattung: Frischwasserversorgung, Abwasserentsorgung mit Bodeneinlass, Kassettenentleerung, Stromanschlüsse, Behälter für die Müllentsorgung, WLAN, Brötchenservice. Im Servicegebäude gibt es Dusche, WC, Waschmaschinen und Trockner, SB-Markt, Gasflaschentausch, Verleih von GoCarts, E-Mobilen, E-Rollern, Mietwagen, Fahrrädern, Kettcars, Kinderbuggys, Bollerwagen, Kanus, Angelbooten, Behindertenfahrzeug. Der Platz ist ganzjährig geöffnet.
Beschreibung: Sehr komfortabler Platz hinter dem Deich nur 200 Meter bis zum Strand, 1000 Meter bis zur Seebrücke. Vielfältiges Angebot für Kinder, Dünenspielplatz, Surfschule, Restaurant.
Preise: Je nach Saison zwischen 12,00 € und 25,00 € für ein Fahrzeug inkl. aller Personen und Stromanschluss. Anmeldung und Bezahlung erfolgt an der Rezeption. Entsorgung kostenlos.
Zufahrt: Von der B501 in Grube nach Dahme fahren und dort der Beschilderung zum Campingplatz folgen.
Reservierung/Kontakt: Tel.: 04364/366 oder www.zedano.de.

(174) WOMO-Campingplatz: Dahme – Camping Stieglitz

GPS: N54°14'33.6" E11°04'49.4"; Zedano Gothaer Platz, 23747 Dahme.
Max. WOMOs: 12, maximale Länge 8 m.
Ausstattung: Frischwasserversorgung, Abwasserentsorgung mit Bodeneinlass, Kassettenentleerung, Stromanschlüsse, Behälter für die Müllentsorgung, WLAN, Brötchenservice. Im Servicegebäude gibt es Dusche, WC, Waschmaschinen und Trockner, SB-Markt. Der Platz ist von Anfang April bis Ende Oktober geöffnet.
Beschreibung: Sehr ruhiger Platz hinter dem Deich nur 200 Meter bis zum Strand, 2 Kilometer bis zur Seebrücke.
Preise: Je nach Saison zwischen 7,00 € und 14,00 € für ein Fahrzeug, Personen ab 16 Jahren zwischen 4,00 € und 7,00 €, Kinder 2-16 Jahre zwischen 2,00 € und 3,00 €, Hund zwischen 3,00 € und 6,00 €, Strom 2,80 € pro Tag. Anmeldung und Bezahlung erfolgt an der Rezeption. Entsorgung kostenlos.
Zufahrt: Von der B501 in Grube nach Dahme fahren und dort der Beschilderung zum Campingplatz folgen.
Reservierung/Kontakt: Tel.: 04364/1435 oder http://camping-stieglitz.de/.

Strand und Seebrücke in Dahme.

einen breiten langen Strand mit einer langen Seebrücke und viele Restaurants und Cafés entlang der Seepromenade. Ein schöner Ort für einen Badeurlaub. Wer nicht nur Strand, Sonne und Meer möchte, kann von diesem Standort auch schöne Wanderungen oder Radtouren unternehmen. Zum **Leuchtturm Dahmeshöved** sind es vom Eurocamping Zedano nur rund vier Kilometer, und zu der futuristischen Seebrücke von **Kellenhusen** nur etwas mehr als sieben Kilometer, wenn den Weg entlang der Küste wählt. Kellenhusen hat nur einen kleinen Campingplatz. Der Parkplatz in Strandnähe ist eher einer für die Kastenwagenfraktion. Mit einem ausgewachsenen Wohnmobil dorthin zu fahren, können wir für die Hochsaison nicht empfehlen [**175:** N54°11'31.7" E11°03'56.8"].

Strand und Seebrücke in Kellenhusen.

Elisabethturm auf dem Bungsberg.

Kellenhusen lockt mit vielen Angeboten Badegäste an. Die 305 Meter lange Seebrücke bietet mit einer Badeinsel, fest installierten Hängematten und der überdachten Aussichtsplattform einen außergewöhnlichen Steg in die Ostsee. Die extravagante Architektur fällt dabei besonders ins Auge. Fehlt nur noch ein angemessener Wohnmobilstellplatz.

Den finden wir am **Bungsberg**, dem höchsten Punkt in Schleswig-Holstein allerdings auch nicht, jedenfalls nicht für eine Übernachtung, denn der Parkplatz am **Elisabethturm** ist dafür nicht groß genug und ein reiner PKW-Parkplatz. Unten an der Landstraße zwischen Wangels und Schönwalde befindet sich ein Parkplatz, den Sie mit diesen Koordinaten finden [N54°12'45.1" E10°44'15.5"]. Dann heißt es Wanderschuhe schnüren und die 40 Meter Höhenunterschied auf rund 1,5 Kilometer Distanz zu überwinden. Auf dem Bungsberg können Sie gleich zwei Türme besteigen, einmal den 22 Meter hohen Elisabethturm, zum anderen den 179 Meter hohen **Fernmeldeturm Bungsberg**, der auf 40 Metern Höhe eine Aussichtsplattform hat. Diese ist täglich geöffnet und tagsüber frei zugänglich. Nicht immer geöffnet ist das **165 ü NN** genannte Café am Fuße des Elisabethturms.

Dreschmaschine im Museumshof Lensahn.

Von dem höchsten Punkt auf unserer Reise fahren wir über Schönwalde weiter nach **Lensahn**. Den Ort hatten wir auf dem Weg zum Bungsberg schon durchfahren, jetzt machen wir hier Station. Wer sich für die Landwirtschaftsgeschichte Schleswig-Holsteins interessiert, findet im **Muse-**

umshof Lensahn einen geeigneten Ort seine Kenntnisse zu erweitern. In den Scheunen werden alte landwirtschaftliche Geräte wie Trecker, Dresch- und Feldbearbeitungsmaschinen gezeigt. Verschiedene Veranstaltungen werden über das Jahr verteilt angeboten, *ok up platt werden Döntjes und Schnacks vertellt*. Das ist doch mal eine Gelegenheit, den einheimischen auf dem Land in ihrer noch immer gebräuchlichen Umgangssprache zuzuhören, die sie ja gewöhnlich gegenüber dem Touristen nicht anwenden. Das vielfältige Angebot können Sie hier nachlesen www.museumshof-lensahn.de. Dort finden Sie auch die Eintrittspreise und Öffnungszeiten und Sie können schon mal mit einem virtuellen Rundgang das Museum anschauen.

Nicht weit vom Museum entfernt ist dieser Stellplatz, der bequem zu Fuß erreicht werden kann.

(176) Offizieller WOMO-Badeplatz: Lensahn – Waldschwimmbad

GPS: N54°12'53.2" E10°52'35.6"; Doktor-Julius-Stinde-Straße 4, 23738 Lensahn.
Max. WOMOs: >20, maximale Länge 12 m.
Ausstattung: Frischwasserversorgung, Abwasserentsorgung mit Bodeneinlass, Kassettenentleerung, Stromanschlüsse, Behälter für die Müllentsorgung, ganzjährig geöffnet.
Beschreibung: Geräumige Plätze auf Rasengittersteinen direkt neben dem Waldschwimmbad, dem Großen Mühlenteich und dem Kurpark, sehr ruhig. Entfernung bis zum Landwirtschaftsmuseum 1 Kilometer.
Preise: 10,00 € für ein Fahrzeug inkl. aller Personen. Anmeldung und Bezahlung erfolgt an der Kasse des Schwimmbades. Entsorgung 1,00 €, Frischwasser 1,00 €, Strom 2,50 € pro Tag. Für die Ver- und Entsorgung wird ein Schlüssel benötigt, der im Schwimmbad erhältlich ist. Außerhalb der Öffnungszeiten im Nachbarhaus. Die Adresse ist am Stellplatz zu finden.
Zufahrt: In die Ortsmitte fahren, von dort die Richtung nach Neustadt einschlagen, dann nach ca. 600 Metern rechts abbiegen in die Dr.-Julius-Stinde-Str. fahren und dieser Straße bis zum Ende folgen.

Von Lensahn geht es mit dem WOMO weiter nach Kattenberg, einem kleinen Dorf auf dem Weg nach Cismar. Am Ende des Dorfes befindet sich ein kleiner Hof, der Stellplätze für Wohnmobile anbietet. Sie finden ihn auf der nächsten Seite beschrieben. Wer das Kloster in Cismar besuchen möchte, der findet hier eine gute Gelegenheit das WOMO abzustellen. Es empfiehlt sich die Strecke zum Kloster zu gehen oder mit dem Rad zu fahren. Das sind rund zwei Kilometer, denn die Parkplätze vor dem Kloster sind für Wohnmobile ungeeignet.

(177) Offizieller WOMO-Stellplatz: Kattenberg

GPS: N54°11'10.5" E10°57'53.6"; Kattenberg 10, 23743 Grömitz.
Max. WOMOs: 8, maximale Länge 12 m.
Ausstattung: Frischwasserversorgung, Abwasserentsorgung, Kassettenentleerung, Stromanschlüsse, Behälter für die Müllentsorgung. Alles in einfachster Ausstattung. Ganzjährig geöffnet.

Beschreibung: Geräumige Rasenplätze auf einem Gehöft, schattenlos, sehr ruhig.
Preise: 10,00 € für ein Fahrzeug, Strom 2,00 € pro Tag. Abwasserentsorgung und Entleerung der Bordtoilette ist kostenfrei. Die Beträge werden am Fahrzeug in bar kassiert.
Zufahrt: Von Lensahn nach Kattenberg fahren, das Dorf in Richtung Cismar durchqueren und am Ende vor einem Wald links in das Gehöft abbiegen.

Kloster Cismar

"Du warst nicht in Holstein, wenn Du nicht hier warst" lesen wir auf einer Tafel am Kloster. Warum das so ist steht nicht dabei. Es wird aber eingehend erläutert, wie es zur Gründung des Klosters in dieser Einöde, die es 1231 zweifellos war, gekommen ist. Hierher wurden die "fröhlichen Mönche" verbannt, die es mit der Moral nicht so genau nahmen und weltlichen Dingen sowie lustvollen Erlebnissen mit dem weiblichen Geschlecht nicht abgeneigt waren. Hier in Cismar sollten sie durch harte Arbeit und innere Einkehr ,"ora et labora" ist der Leitspruch der Benediktiner, auf den Pfad der Tugend zurückgeführt werden. So ganz scheint es aber mit der Moral nicht geklappt zu haben. Dem Armutsgelübde scheinen Sie nicht nachgekommen zu sein. Sie verkauften den spendenwilligen Wallfahrern einen Blutstropfen Jesu als wun-

Cismarer Flügelretabel.

dersame Heilquelle ohne dass jemals geklärt werden konnte, woher dieses Blut tatsächlich kam. Es führte aber dazu, dass das Kloster zu Wohlstand gelangte und seine Besitztümer in der Region vermehren konnte. Im Zuge Reformation wurde das Kloster 1561 aufgegeben.

Heute dient das Kloster kulturellen Veranstaltungen und als Ausstellungsraum. In Führungen wird die Geschichte des Klosters eingehend erläutert. Sie finden von April bis Oktober mittwochs und samstags um 17:00 Uhr statt. Das Kirchenschiff des Klosters ist nicht frei zugänglich. Nur ein Blick vom Vorraum durch ein verglastes Gitter ist möglich.

Über die Veranstaltungen im Kloster informiert diese Seite: www.kloster-cismar.de.

Mit dem WOMO geht es zurück an die Ostsee, diesmal nach **Lensterstrand**. Hier werden Sie einen neuen Stellplatz vorfinden, der bei der Drucklegung dieses Buches noch nicht fertiggestellt war. Das Stellplatzfoto zeigt noch den alten Platz hinter dem Deich. Was der neue Platz bieten soll, können Sie dieser Beschreibung entnehmen.

(178) Offizieller WOMO-Badeplatz: Grömitz-Lensterstrand – "Achtern Diek"

GPS: N54°09'29.2" E10°59'21.5"; Lensterweg 1, 23743 Grömitz.
Max. WOMOs: 150, maximale Länge 12 m.
Ausstattung: Frischwasserversorgung, Abwasserentsorgung mit Bodeneinlass, Kassettenentleerung, Stromanschlüsse, Behälter für die Müllentsorgung, WLAN, Brötchenservice. Im Servicegebäude gibt es Duschen, WCs, Waschmaschinen und Trockner. Der Platz ist ganzjährig geöffnet ganzjährig geöffnet.
Beschreibung: Geräumige gepflasterte Plätze mit Grünstreifen unweit des Strandes. Entfernung bis zur Seebrücke Grömitz 2,5 Kilometer.
Preise: Je nach Saison zwischen 14,50 € und 16,50 € für ein Fahrzeug mit 2 Personen. Jede weitere Person über 11 Jahre 3,00 €, Hund 2,00 €, Waschmaschine, Trockner 3,00 €, Dusche (4 Min.) 1,00 €, Hundedusche 1,00 €, 80 Liter Frischwasser 1,00 €, Bordtoilettenreinigung im Camperclean 2,00 €, Kurtaxe je nach Saison 2,00 € oder 3,00 €. Strom 0,60 € pro kWh. Abwasserentsorgung und WLAN ist kostenlos. Anmeldung und Bezahlung erfolgt an der Rezeption.
Zufahrt: Von der B501 in Lenste links in den Langenredder abbiegen und dieser Straße nach Lensterstrand folgen, die am Ende in den Lensterweg übergeht.

In Lensterstrand stehen der Strand und das Badevergnügen im Vordergrund. In der Hochsaison herrscht hier reger Betrieb. Wer nicht nur in der Sonne liegen möchte, der findet hier entlang der Küste gut ausgebaute Rad- und Wanderwege, die auf der einen Seite zu den bereits besuchten Orten Kellenhusen (sechs Kilometer) und Dahme (elf Kilometer) führen, auf der anderen Seite nach Grömitz (drei Kilometer)

und Pelzerhaken (zwölf Kilometer). Die Küste ist an manchen Abschnitten steil, in den meisten Fällen aber flach. Die Wege führen auch durch Waldgebiete. Gelegenheit zur Einkehr gibt es genug, im Abstand von wenigen Kilometern finden sich immer wieder Restaurants oder Fischbuden, die an den Stränden ihren Service anbieten, für Abwechslung ist also gesorgt.

Rad- und Wanderwege bei Lensterstrand.

Dieselben Aussagen lassen sich auch für den nächsten Badeort treffen, nur die Kilometerzahlen würden ein wenig anders aussehen. **Grömitz** ist aber nicht wie Lensterstrand eine reine Campingstadt, sondern hat ein paar Dinge mehr zu bieten. Schauen wir aber zunächst den Stellplatz an.

(179) Offizieller WOMO-Stellplatz: Grömitz – Gildestraße

GPS: N54°08'39.6" E10°57'08.4"; Gildestraße 12, 23743 Grömitz.
Max. WOMOs: 50, maximale Länge 12 m..

Ausstattung: Frischwasserversorgung, Abwasserentsorgung mit Bodeneinlass, Kassettenentleerung, Stromanschlüsse, Behälter für die Müllentsorgung, ganzjährig geöffnet.
Beschreibung: Geräumiger gepflasterter Parkplatz oberhalb der Stadt mit Grünstreifen, teilweise schattig. Er liegt direkt neben einer Schule und einer viel befahrenen Straße, nur nachts ruhig. Die Frischwasserversorgung funktioniert auch im Winter.
Preise: Vom 15.03. - 31.10. 15,00 € für ein Fahrzeug, vom 01.11. - 14.03. 6,00 €. Strom 0,50 € pro kWh, Frischwasser 0,50 € für ca. 120 Liter. Abwasserentsorgung und Entleerung der Bordtoilette ist kostenfrei.
Zufahrt: Auf der B501 in Grömitz hineinfahren, am Restaurant "Steakhus" links abbiegen in die Lindenstraße, 500 Meter auf dieser Straße fahren, dann rechts abbiegen in die Gildestraße und dieser Straße bis zur Schule folgen, dann rechts abbiegen.

Der Badeort zählt pro Jahr mehr als eine Million Übernachtungen. Sie können also davon ausgehen, dass Sie das Angebot des Ortes mit vielen anderen teilen müssen. Neben dem langen Strand mit seinen vielen Strandkörben, für die man hier, wie in den anderen Orten auch, Miete zahlen muss, bietet der Badeort mit seinem Freizeitbad **Grömitzer Welle**

Strand und Seebrücke in Grömitz.

auch bei Schietwetter Badevergnügen an. Auf 1000 Quadratmetern Wasserfläche sorgen Wellenbad, Erlebnispool, Whirlpool, Strömungskanal, und Rutschen für Badespaß. Darüber hinaus gibt es eine große Wellnesslandschaft mit Dampfbad und diversen Saunen und natürlich einen Bar- & Restaurantbereich. Da muss man bei Regenwetter nicht im WOMO hocken bleiben. Hier können Sie sich das komplette Angebot anschauen und sehen auch gleich die Öffnungszeiten und die Eintrittspreise www.groemitzer-welle.de.

Im Wettbewerb um die attraktivste Seebrücke punktet Grömitz mit einer Tauchglocke am Ende des rund 400 Meter langen Steges. Für 9,00 € können Sie als Erwachsener in einer Gondel bis auf den Meeresgrund abtauchen. Es geht nicht tief

Blick auf die Uferpromenade von Grömitz.

hinunter, es sind hier nur vier Meter. Durch die Scheiben haben Sie einen freien Blick in die Unterwasserwelt der Ostsee. Die Tauchfahrt dauert 30 bis 40 Minuten und Sie bekommen in dieser Zeit sehr viel über die Meerestiere in der Ostsee erzählt und können dem Fachpersonal, das die Tauchfahrt begleitet und erläutert Ihre Fragen stellen.

Wieder an Land, geht es noch einmal die Promenade mit den vielen Restaurants und Cafés rauf und runter, dann starten wir auch gleich zu unserem nächsten Ziel, nach Schashagen. Vorher wollen wir aber noch auf das jährliche Highlight am Ende der Hauptsaison in Grömitz hinweisen, das Ende August stattfindet. **Ostsee in Flammen** heißt die Veranstaltung und ist ein imposantes Feuerwerk. Die Seebrücke wird zu diesem Zweck zu einer großen Abschussrampe für die Pyrotechnik umfunktioniert. Auf dieser Website können Sie sehen, wie das aussieht und wann die nächste Veranstaltung stattfinden wird www.ostsee-in-flammen.com. Wer das Feuerwerk aus nächster Nähe sehen will, sollte rechtzeitig da sein.

Von Grömitz nach **Schashagen** sind es nur sieben Kilometer. Hier ist die Welt ganz anders. Umgab uns vor einer Viertelstunde noch der größte Trubel, genießen wir hier die Ruhe mit einem freien Blick hinaus auf das Meer.

(180) Offizieller WOMO-Badeplatz: Schashagen – Wohnmobilpark Ostseeblick

GPS: N54°07'10.0" E10°55'16.3"; Strandweg, 23730 Schashagen.
Max. WOMOs: 30, maximale Länge 12 m.
Ausstattung: Frischwasserversorgung, Abwasserentsorgung mit Bodeneinlass, Kassettenentleerung, Stromanschlüsse, Behälter für die Müllentsorgung, WLAN, Dusche, WC, Brötchenservice, ganzjährig geöffnet.
Beschreibung: Geräumige Plätze mit Rasengittersteinen im Vorfeld des Campingplatzes Walkyrien. Die frostsichere Ver- und Entsorgungsstation ermöglicht die ganzjährige Nutzung. Dusche und WC sind auch im Winter in Betrieb ebenso der Brötchenservice.

Preise: Je nach Saison zwischen 10,00 € und 22,00 € für ein Fahrzeug mit 2 Personen. Entsorgung kostenlos, über Münzautomaten gibt es 80 Liter Frischwasser für 1,00 €, Strom für 0,50 € pro kWh.
Zufahrt: Von der B501 in Bliesdorf links in die Brodauer Straße abbiegen.

Hier stehen Durchschnaufen und Strandspaziergänge auf dem Programm, die an der Steilküste besonders reizvoll sind. Bis zum Strand sind es 300 Meter, bis zum Beginn der Steilküste rund 600 Meter. Hundebesitzer werden sich über die wenigen Besucher an diesem Strand freuen und wer diesen Platz in der Vor- oder Nachsaison aufsucht, kann ihn auch schon mal für sich alleine haben.

Ruhige und lebhafte Strände wechseln sich ab auf dieser Reise. Der nächste am **Pelzerhaken** ist wieder von der lebhafteren Sorte, jedenfalls in der Hauptsaison.

Der Ort ist ein Hotspot für Windsurfer, Kiter und Stand-up-Paddler. Mutter Natur meint es gut mit diesen Sportlern und hat hier flach abfallende Ufer und gute Windverhältnisse geschaffen. Ideale Voraussetzungen für die zwei Surfschulen des Ortes. Und da bevorzugt jüngere Menschen diesen Sport erlernen und ausüben, ist auch am Abend, wenn die Surfbretter schon beiseite geräumt sind, am Strand noch etwas los. Neben den

Leuchtturm Pelzerhaken.

(181) Offizieller WOMO-Badeplatz: Pelzerhaken

GPS: N54°05'19.8" E10°52'19.0";
Auf der Pelzerwiese 45, 23730 Neustadt in Holstein.
Max. WOMOs: >20, maximale Länge 12 m.
Ausstattung: Frischwasserversorgung, Abwasserentsorgung mit Bodeneinlass, Kassettenentleerung, Stromanschlüsse, WC, Dusche, Hundedusche, Waschmaschinen und Trockner, Behälter für die Müllentsorgung, WLAN, Brötchenservice. Geöffnet von Anfang März bis Anfang Januar.
Beschreibung: Befestigte Plätze mit Grünstreifen in ausreichender Größe, 200 Meter vom Strand entfernt. Gasflaschentausch, SB-Markt und Restaurants in der Nähe.
Preise: Je nach Saison zwischen 14,00 € und 16,00 € für ein Fahrzeug mit 2 erwachsenen Personen und deren Kinder. Entsorgung kostenlos, über Münzautomaten gibt es 100 Liter Frischwasser für 1,00 €, Strom für 0,50 € pro kWh. Vor Befahren des Platzes vergewissern, ob eine Stellfläche frei ist. Dann ein Ticket ziehen und auffahren. Die Kurtaxe (Tourismusbeitrag) ist am Automaten extra zu entrichten.
Zufahrt: Zwei Kilometer hinter Rettin links abbiegen und der Straße 1,8 Kilometer folgen, dann links abbiegen, am Renault-Autohaus vorbeifahren und bevor der grün-türkisfarbenen Turm erreicht ist, links abbiegen.

Gewitterwolken über der Lübecker Bucht.

vielen Schülerinnen und Schülern sind natürlich auch noch die vor Ort, die diese Sportarten schon beherrschen. Allerdings nicht so viele wie an den Hotspots auf Fehmarn, wenn unser Eindruck nicht täuscht. Pelzerhaken ist also ein Wasser- und Freizeitparadies. Der Ort gehört zu **Neustadt in Holstein**, einer Stadt mit immerhin 15.000 Einwohnern. Von unserem Stellplatz bis in die Innenstadt sind es mit dem Rad sechs Kilometer. Der Radweg führt entlang der Küste am Leuchtturm vorbei und an dem langen Südstrand. Hier ist ein breiter Badestrand mit einer Seebrücke zu finden. Im weiteren Verlauf des Weges erinnert ein Ehrenfriedhof mit einem Mahnmal an den Untergang des Passagierschiffes **Cap Arcona** und des Frachters **Thielbek.** Die Schiffe wurden von britischen Bombern in den letzten Kriegstagen des Zweiten Weltkrieges versenkt. Mehr als 7000 Menschen verloren dabei ihr Leben. An Bord waren allerdings nicht wie angenommen deutsche Truppenverbände, sondern hauptsächlich evakuierte Häftlinge aus dem Hamburger KZ Neuengamme. Von den geborgenen Opfern sind 621 auf diesem Ehrenfriedhof bestattet.

Vor und hinter diesem Mahnmal befinden sich einige Campingplätze, auf die wir ohne lange Beschreibungen aufmerksam machen möchten. **Am Hohen Ufer** [**182:** N54°05'29.8" E10°50'50.3"], **Südstrand** [**183:** N54°05'25.3" E10°50'09.8"] und schon relativ nah am Hafen das **Lotsenhaus** [**184:** N54°05'34.4" E10°49'38.2"] erscheinen uns besonders reizvoll, weil sie Stellflächen mit freiem Blick auf die See anbieten.

Die Preise variieren zwischen 8,00 € und 15,00 € für ein Fahrzeug und 5,00 € und 8,00 € für eine erwachsene Person. Die vollständigen Preislisten und alle Ausstattungsmerkmale der Campingplätze finden Sie hier: **Am Hohen Ufer:** www.camping-neustadt.de; **Südstrand:** www.camping-ostsee.de;

Lotsenhaus: www.campingplatz-lotsenhaus.de. Bei so vielen reizvollen Stellplätzen in Neustadt fällt dieser hier eigentlich glatt durch. Der Platz ist aber gut für all diejenigen, die keinen längeren Aufenthalt planen und sich nur die Stadt einmal anschauen wollen.

(185) Offizieller WOMO-Stellplatz:
Neustadt in Holstein – Parkplatz Binnenwasser P5

GPS: N54°06'38.9" E10°48'54.3";
Am Binnenwasser, 23730 Neustadt in Holstein.
Max. WOMOs: 5, maximale Länge 7 m, max. Aufenthalt 5 Tage.
Ausstattung: Zwei Stromanschlüsse, Behälter für die Müllentsorgung, ganzjährig geöffnet.
Beschreibung: Gepflasterte Plätze am Binnensee, schattenlos, sehr eng, 500 Meter vom Marktplatz entfernt. Nachts sehr ruhig,
Preise: 1,00 € für ein Fahrzeug, Strom 0,50 € pro kWh.
Zufahrt: In das Zentrum von Neustadt fahren und dort der Beschilderung zum Parkplatz P5 folgen.

Die Stadtkirche mit dem aus dem Schleswiger Dom stammenden gotischen Altar, das Kremper Tor und der Pagodenspeicher am Hafen sind die Hauptsehenswürdigkeiten in der Stadtmitte. Im **Kremper Tor** ist das Familienmuseum **zeiTTor** untergebracht, das sich als "Mitmachmuseum" und kulturelles Gedächtnis der Stadt versteht und auch die vormittelalterlichen Epochen der Region einbezieht. Ur- und Frühgeschichte sowie die Stadtgeschichte stehen also im Vordergrund dieses Museums. Dem Museum angegliedert ist das **Cap Arkona Museum**, das nur aus zwei Räumen besteht. Hier sind einige Originalteile des Schiffswracks ausgestellt. In erster Linie wird aber die Geschichte dieser Katastrophe erläutert.

Das Kremper Tor in Neustadt i.H.

Öffnungszeiten: Ostern bis Oktober dienstags bis samstags: 10:30 bis 17:00 Uhr, sonn- und feiertags: 14:00 bis 17:00 Uhr. November bis Ostern samstags und sonntags: 14:00 bis 16:00 Uhr. Eintritt Erwachsene: 3,50 €, Kinder und Jugendliche bis 18 Jahren haben freien Eintritt.

Im Hafen von Neustadt in Holstein.

Pagodenspeicher im Hafen von Neustadt.

Der reizvolle Hafen, der das Bindeglied ist zwischen der Ostsee und dem Binnensee, ist Standort der Küstenwache. Er diente auch als Drehort für die gleichnamige ZDF-Serie. Auffallend ist der **Pagodenspeicher** am Nordrand des Hafenbeckens. Es ist ein ehemaliger Getreidespeicher, der seinen Namen dadurch erhielt, weil er in seiner Architektur an eine fernöstliche Pagode erinnert. Die Fenster im Dach dienten der Lüftung, um Getreide vor der Verschiffung besser trocknen zu können. Heute ist in dem 1830 errichteten Fachwerkhaus ein italienisches Eiscafé untergebracht, das auch eine Terrasse vor dem Haus im Hafenbecken hat. Wer gern etwas Herzhaftes zu sich nehmen möchte, der findet südlich der Eisdiele in Klüvers Brauhaus klassische norddeutsche Gerichte. Für den kleinen Hunger gibt es nebendran auch Fischbrötchen. Wer dorthin geht, befindet sich bereits mitten im **Neustädter Kunst-Kilometer,** auf dem 14 verschiedene Kunstobjekte zu betrachten sind. Daneben gibt es etliche weitere Restaurants in der Innenstadt und im Hafen. Wir wollen es damit bewenden lassen, kehren zum WOMO zurück und bereiten uns für die Fahrt nach Scharbeutz vor.

Auf dem Weg dorthin kommen wir in Sierksdorf am **Hansa-Park** vorbei, den Sie mit diesen Koordinaten finden [**186:** N54°04'28.9" E10°46'30.6"]. Auf dem riesigen Parkplatz dürfen Sie für 6,00 € übernachten. Der Hansa-Park ist ein klassischer Freizeitpark mit etlichen Fahrattraktionen und Themenabteilungen, wie sie in anderen Freizeitparks und auf Jahrmärkten auch zu finden sind. Eine Ausnahme gibt es aber doch. Sie können hier durch verkleinert abgebildete Silhouetten von historischen Häusern von 17 Hansestädten gehen, darunter Brügge, Lübeck, Kopenhagen, Bremen, Hamburg, Danzig und Krakau.

Der Holsteinturm im Hansa-Park.

Wir fahren weiter in südliche Richtung, kurz auf die Autobahn und bei der nächsten Abfahrt auch gleich wieder runter und treffen auf diesen Campingplatz und in kurzer Distanz dazu auf einen weiteren Stellplatz, den Sie auf der nächsten Seite beschrieben finden.

(187) WOMO-Campingplatz: Ostseestrand Ferienpark Scharbeutz

GPS: N54°02'07.4" E10°44'50.4"; Strandallee 98b, 23683 Scharbeutz.
Max. WOMOs: 88, maximale Länge 12 m.
Ausstattung: Frischwasserversorgung, Abwasserentsorgung mit Bodeneinlass, Kassettenentleerung, Stromanschlüsse, Behälter für die Müllentsorgung, WLAN, Brötchenservice. Im Servicegebäude gibt es Duschen, WCs, Waschmaschinen und Trockner. Zum besonderen Service gehören KostNix-Cars, Kleinstwagen, die kostenlos geliehen werden können. Der Platz ist ganzjährig geöffnet.
Beschreibung: Geräumiges eigenständiges Areal, das vom Campingplatz und den Ferienhäuser getrennt ist. Er ist in Bulli-Plätze, mittelgroße und große Plätze unterteilt. Entfernung zum Strand 400 Meter, Entfernung bis zur Seebrücke 1,3 Kilometer.
Preise: Je nach Saison und Größe des Platzes zwischen 10,00 € und 25,00 € für ein Fahrzeug mit 2 erwachsenen Personen und deren Kinder, Strom 0,50 pro kWh. Ver- und Entsorgung ist im Preis enthalten.
Zufahrt: Die Autobahn über die Abfahrt Scharbeutz verlassen, bis zum Strand fahren und dann links abbiegen.
Reservierung/Kontakt: Tel.: 04503/7794755 oder https://ferienpark-scharbeutz.de.

(188) Offizieller WOMO-Badeplatz: Womohafen Scharbeutzer Strand

GPS: N54°01'52.1" E10°45'08.5"; Hamburger Ring 6, 23683 Scharbeutz.
Max. WOMOs: 90, maximale Länge 12 m.
Ausstattung: Frischwasserversorgung, Abwasserentsorgung mit Bodeneinlass, Kassettenentleerung, Stromanschlüsse, Behälter für die Müllentsorgung, WLAN, Brötchenservice, ganzjährig geöffnet.
Beschreibung: Großzügige Anlage im Grünen mit ebenen befestigten Plätzen, teilweise schattig. Entfernung zum Strand 200 Meter, Entfernung bis zur Seebrücke 700 Meter.
Preise: 11,50 € für ein Fahrzeug mit 2 Personen. Anmeldung und Bezahlung erfolgt an der Rezeption. Entsorgung kostenlos, Frischwasser 1,00 €, Strom 0,50 € pro kWh. Die Kurtaxe ist bei der Anmeldung extra zu zahlen. Sie beträgt pro Person je nachSaison zwischen 0,50 € und 2,80 €.

Zufahrt: Die Autobahn über die Abfahrt Scharbeutz verlassen, bis zum Strand fahren, rechts abbiegen und nach 500 Metern erneut rechts abbiegen.

Scharbeutz ist nach Timmendorfer Strand der beliebteste Urlaubsort an der Schleswig-Holsteinischen Ostseeküste. Über eine Million Übernachtungen zählt das Städtchen mit nur 4600 Einwohnern pro Jahr. In den Sommermonaten ist also viel los an dem knapp sechs Kilometer langen feinsandigen Strand. In der Vor- und Nachsaison ist es hier trotz der hohen Besucherzahlen jedoch relativ ruhig. Für die Erholung ist das späte Frühjahr und der frühe Herbst die ideale Zeit. Es herrscht kein Gedränge. Nur für ein Bad im Meer könnte es

An der Strandallee in Scharbeutz in Höhe der Seebrücke.

zu frisch sein. Die **Ostsee Therme** bietet aber eine schöne Alternative. Sie befindet sich, fast drei Kilometer vom Stellplatz entfernt, an der Stadtgrenze zu Timmendorfer Strand. Mehr Informationen zur Therme finden Sie hier www.ostsee-therme.de. Der Weg dorthin führt über die in Bögen angelegte Strandallee, an der sich zahlreiche Restaurants und Cafés befinden. Auch Scharbeutz hat eine Seebrücke, die allerdings nichts Außergewöhnliches zeigt. Es ist ein ganz einfacher 250 Meter langer Holzsteg, der auf Betonpfeilern steht.

Überhaupt nicht scheu. Möwe an der Strandallee in Scharbeutz.

Neben einem Hochseilgarten sowie Walking- und Wanderwegen führen gut ausgebaute Radwege entlang der Küste über Timmendorfer Strand bis nach Travemünde oder in das Hinterland mit dem Hemmelsdorfer und Großen Pönitzer See. Der **Große Pönitzer See** hat an seinem Südostufer einen überwachten Badestrand mit einem kleinen Kiosk.

Von Scharbeutz nach **Timmendorfer Strand** ist es nicht weit. Wer das noble Seebad nur anschauen möchte, muss sein WOMO nicht bewegen und fährt mit dem Rad dorthin, wer länger bleiben möchte kann diesen Stellplatz nutzen.

(189) Offizieller WOMO-Stellplatz: Timmendorfer Strand – Am Vogelpark

GPS: N53°59'26.7" E10°48'48.8";
Bäderrandstraße, 23669 Timmendorfer Strand.
Max. WOMOs: 50, maximale Länge 8 m, max. Aufenthalt 5 Tage.
Ausstattung: Frischwasserversorgung, Abwasserentsorgung mit Bodeneinlass, Kassettenentleerung, Stromanschlüsse, Behälter für die Müllentsorgung, ganzjährig geöffnet.
Beschreibung: Eng beieinanderliegende schattige Plätze neben einem PKW-Parkplatz am Vogelpark. 500 Meter bis zum Hafen von Niendorf, 2,5 Kilometer bis zur Seebrücke Timmendorfer Strand.

Preise: 10,00 € für ein Fahrzeug, Frischwasser 0,50 € und Strom 0,50 € pro kWh. Abwasserentsorgung und Entleerung der Bordtoilette ist kostenfrei. Die Kurtaxe ist extra zu zahlen. Sie beträgt pro Person pro Tag 3,00 €. Kurtaxe und Parkgebühr kann auch per Smartphone gezahlt werden.
Zufahrt: In Timmendorfer Strand auf der B76 Richtung Travemünde fahren und der Beschilderung zum Vogelpark folgen.

Die Badende, im Hintergrund die Seebrücke Timmendorfer Strand.

Mögen an den kleineren Seebädern zum Saisonende die "Bürgersteige auch hochgeklappt" werden, um bekanntes Bonmot zu verwenden, in Timmendorfer Strand ist das nicht der Fall. Hier werden zwar auch die Strandkörbe zum Schutz vor der Witterung in Überwinterungshallen untergebracht, aber deshalb bleiben die Gäste nicht weg. Die Saison beginnt hier früher als in den anderen Orten und sie hört später auf. So werden Sie hier im frühen Frühjahr, im Herbst und selbst im Winter Restaurants und Cafés geöffnet vorfinden. Hier lässt es sich auch außerhalb der Hochsaison Urlauben, ohne dabei auf bestimmte Annehmlichkeiten verzichten zu müssen. Spaziergänge am winterlichen, fast menschenleeren Strand haben ja auch einen besonderen Reiz. Wer dann durch den kühlen Ostseewind durchgefroren ist, der kann sich in den

Regenbogen am Timmendorfer Strand.

Cafés und Restaurants an der Kurpromenade, dem Timmendorfer Platz oder der Strandallee mit einem steifen Grog oder Pharisäer wieder aufwärmen. Die Tourismusmanager tun auch einiges dafür, den Ort als eine Ganzjahresdestination zu etablieren. Das Lichtermeer im Herbst, **Fischers Wiehnacht**, (kein Tippfehler sondern plattdeutsch) Musikalischer Weihnachtsmarkt und Silvester am Strand sind Beispiele dafür.

Die Trinkkurhalle im Kurpark.

Villa Röhl, das Sommerhaus von Bauhausgründer Walter Gropius.

Landhaus Carstens, stilvolles Restaurant.

In der Hochsaison ist das nicht nötig. Quirlig geht es in den Sommermonaten zu, denn eine Veranstaltung jagt die nächste. Teile des Strandes sind belegt durch die **Deutschen Beach-Volleyball Meisterschaften**, Deutsche Beach Polo Meisterschaften oder Deutsche Beach-Hockey Meisterschaften, nur um die großen Veranstaltungen zu nennen. Hinzu kommen unzählige kleine Events. Langweilig ist es also nicht. Timmendorfer Strand bietet seinen Gästen ein umfangreiches Programm, das so scheint es, gern angenommen wird. Rund 1,7 Mio. Übernachtungsgäste wurden 2018 gezählt, Tagesgäste nicht eingeschlossen, die gern am Wochenende aus Lübeck oder Hamburg hierher anreisen.

Nun wollen wir Sie mit den Zahlen nicht erschrecken. Unser letzter Besuch war in der Nachsaison im September. Sie erkennen an den Fotos, dass wir offensichtlich ruhigere Tage erwischt haben. Überlaufen war es in diesen Tagen nicht, ganz im Gegenteil. Ohne irgendein Gedränge konnten wir uns in diesem schönen Badeort aufhalten.

Die Seeschlößchenbrücke am Timmendorfer Strand.

Timmendorfer Strand hat zwei Seebrücken, die nördliche ist ein einfach gehaltener 250 Meter langer Steg, die andere, die **Seeschlößchenbrücke** ist nur 100 Meter lang und verfügt über ein kleines Restaurant mit einem Café und einer Terrasse über dem Wasser.

Sehenswert ist das **Sea Life**, ein Aquarium, das in mehr als 38 Becken die faszinierende Unterwasserwelt der heimischen und tropischen Meere zeigt.

Öffnungszeiten täglich: November bis März 10:00 bis 17:00 Uhr, April bis Juni und September bis Oktober 10:00 bis 18:00 Uhr, Juli und August 10:00 bis 19:00 Uhr. Für den Eintritt gibt es sehr unterschiedliche Angebote, am besten Sie schauen hier nach www.visitsealife.com.

Die schön angelegten Parkanlagen laden zu kleinen Spaziergängen ein. Diese lassen sich sehr gut mit einem Besuch der Seebrücken und des Sea Life kombinieren. Wer einen etwas größeren Sapziergang machen möchte, der geht an die Steilküste des **Brodtner Ufers** und kann dabei auch gleich bis nach Travemünde gehen.

Am **Hemmelsdorfer See** gibt es einige schöne Wanderwege am nördlichen Ufer. **Naturschutzgebiet Aalbeek-Niederung** heißt dieser Flecken. Von einem Aussichtsturm lässt sich mit einem Fernglas die heimische Vogelwelt in ihrer natürlichen Umgebung beobachten, was ohne Fernglas im **Vogelpark** am Rande dieses Gebietes natürlich besser geht.

Der Vogelpark ist täglich von 9:00 bis 19:30 Uhr geöffnet. In der Nebensaison von 10:00 Uhr bis zur Dämmerung. Eintrittspreise: 10,00 € für den Erwachsenen, Kinder 5,00 €.

Damit wären wir auch schon wieder beim Stellplatz angelangt, packen und ziehen weiter nach Travemünde.

(190) Offizieller WOMO-Stellplatz: Travemünde – Kowitzberg

GPS: N53°58'34.1" E10°52'37.9"; Kowitzberg, 23570 Lübeck.
Max. WOMOs: 49, maximale Länge 12 m, max. Aufenthalt 24h.
Ausstattung: Frischwasserversorgung, Abwasserentsorgung mit Bodeneinlass, Kassettenentleerung, Stromanschlüsse, Behälter für die Müllentsorgung, ganzjährig geöffnet.
Beschreibung: Großzügig angelegte schattenlose Plätze auf Schotterrasen. Bis zur Vorderreihe sind es 2,5 Kilometer, bis zum Badestrand rund 1,5 Kilometer und bis zum Hundestrand 900 Meter.

Preise: 12,00 € für ein Fahrzeug in der Hochsaison, 8,00 € in der Nebensaison, jeweils mit der Kurtaxe für eine Person. Die Kurtaxe für jede weitere Person in Höhe von 2,80 € ist am Automaten extra zu zahlen. Frischwasser kostet 1,00 € für 100 Liter, Strom 1,00 € für 5 kWh. Abwasserentsorgung und Entleerung der Bordtoilette ist kostenfrei.
Zufahrt: Der Parkplatz ist gut ausgeschildert, denn neben dem Stellplatz befindet sich auch ein großer PKW-Parkplatz. Hilfreich ist auch auf die Beschilderung zum Golfplatz zu achten, dieser liegt direkt hinter dem Stellplatz.

(191) Offizieller WOMO-Stellplatz: Travemünde – Am Fischereihafen

GPS: N53°57'16.4" E10°51'19.2";
Travemünder Landstraße 304, 23570 Lübeck.
Max. WOMOs: 50, maximale Länge 8 m.
Ausstattung: Frischwasserversorgung, Abwasserentsorgung mit Bodeneinlass, Kassettenentleerung, Stromanschlüsse, Behälter für die Müllentsorgung, ganzjährig geöffnet.
Beschreibung: Schattenlose Plätze auf Rasengittersteinen am Hafengelände. Keine Grünanlagen. Die Vorderreihe ist 1 Kilometer entfernt, bis zum Badestrand sind es etwas mehr als 2 Kilometer.
Preise: 12,00 € für ein Fahrzeug in der Hochsaison, 8,00 € in der Nebensaison, jeweils inkl. der Kurtaxe für eine Person. Die Kurtaxe für jede weitere Person in Höhe von 2,80 € ist am Automaten extra zu zahlen. Frischwasser kostet 1,00 € für 100 Liter, Strom 1,00 € für 1 kWh. Abwasserentsorgung und Entleerung der Bordtoilette ist kostenfrei.
Zufahrt: Den Hinweisen zum Fischereihafen folgen.

(192) Offizieller WOMO-Stellplatz: Travemünde – Passathafen

GPS: N53°57'16.9" E10°53'01.6"; Mecklenburger Landstraße, 23570 Lübeck.
Max. WOMOs: 30, maximale Länge 12 m.
Ausstattung: Frischwasserversorgung, Abwasserentsorgung mit Bodeneinlass, Kassettenentleerung, Stromanschlüsse, Behälter für die Müllentsorgung, geöffnet von Mitte April bis Ende September.
Beschreibung: Schattenlose Plätze auf Asphaltgelände, bestens geeignet für sehr große Mobile. 600 Meter bis zum Badestrand.
Preise: 15,00 € für ein Fahrzeug inkl. der Kurtaxe für eine Person. Die Kurtaxe für jede weitere Person in Höhe von 2,80 € ist am Automaten extra zu zahlen. Zahlung nur mit EC-Karte möglich.
Zufahrt: Mit der Priwallfähre übersetzen. 700 Meter nach dem Verlassen der Fähre links abbiegen in den Dünenweg, dann rechts halten.

Das Maritim in Travemünde.

Die kurze Distanz nach **Travemünde** muss nicht mit dem WOMO gefahren werden, von Scharbeutz sind es nur 13 Kilometer bis zu diesem Stadtteil von Lübeck, der sich genauso gut mit dem Rad von Scharbeutz oder Timmendorfer Strand erkunden lässt. Näher ist es natürlich von einem der drei aufgeführten Stellplätze auf der vorrangegangenen Seite.

Was hat die "Badewanne der Hansestadt Lübeck" dem Besucher zu bieten? Zunächst sind die beiden Strände zu nennen. Der breitere zu Füßen des **Maritim-Hotels** erfreut sich im Sommer großer Beliebtheit. Von ihm lässt sich die Nordermole mit dem kleinen grünen Leuchtturm bequem erreichen. Die vorbeiziehenden großen Fährschiffe, die den Hafen anlaufen, scheinen hier zum Greifen nah. Der schmalere und wesentlich weniger frequentierte Sandstrand befindet sich auf dem **Priwall**, der etwa drei Kilometer langen Halbinsel auf der anderen Seite der Travemündung.

Im Hafen von Travemünde. Am anderen Ufer ist die Passat zu sehen.

Das Maritim ist das unübersehbare Wahrzeichen von Travemünde. Es wurde 1974 fertiggestellt und ist 119 Meter hoch. Heute würde ein Klotz dieser Art sicher nicht mehr gebaut werden, aber zu dem Zeitpunkt des Baus symbolisierte es modernen Fortschritt in Anlehnung an die Bauhausarchitektur. Vor nicht allzu langer Zeit wurde es sogar zu einem Kulturdenkmal erhoben.

Das Gebäude hat nicht nur die Funktion eines Hotels, es gibt auch ein Restaurant, einen Pub und in den oberen Stockwerken über 300 Appartements.

Flaniermeile ist die **Vorderreihe**. Hier zwischen der Priwallfähre und dem alten Leuchtturm finden Sie viele Restaurants und Cafés mit Blick auf den Hafen. Hier liegt die mehr als 100 Jahre alte **"Passat"**, ein Segelschiff, das bis 1951 seinen Dienst versah, dann zu einem Schulschiff umgebaut wurde und seit 1966 als maritimes Museum dient. Die Viermastbark kann von Ende März bis Ende Oktober täglich besichtigt werden.

Öffnungszeiten: Vor- und Nachsaison täglich zwischen 11:00 und 16:30 Uhr, Hauptsaison täglich zwischen 10:00 und 17:00 Uhr. Weitere Informationen über das Schiff gibt es hier www.passat.luebeck.de.

Ein weiteres maritimes Erlebnis ist der **Alte Leuchtturm**. Mit seiner Aussichtsplattform bietet der älteste Leuchtturm in Deutschland nicht nur einen Blick über den Hafen. Das Museum im Inneren erzählt auch die ganze Geschichte der Leuchtfeuertechnik, die im Laufe der Jahrhunderte die Seefahrt sicherer machte.

Von Travemünde fahren wir nunmehr weiter nach **Bad Schwartau** und von dort geht es dann weiter nach Lübeck.

(193) Offizieller WOMO-Stellplatz: Bad Schwartau

GPS: N53°55'26.9" E10°41'53.2"; Riesebusch 2, 23611 Bad Schwartau.

Max. WOMOs: 15, maximale Länge 8 m.

Ausstattung: Frischwasserversorgung, Abwasserentsorgung mit Bodeneinlass, Kassettenentleerung, Stromanschlüsse, Behälter für die Müllentsorgung, ganzjährig geöffnet.

Beschreibung: Geräumige gepflasterte meist schattige Plätze am Waldrand. 400 Meter bis zum Kurpark, 500 Meter bis zur Holstein-Therme

Preise: 5,00 € für ein Fahrzeug, Frischwasser 1,00 € und Strom 1,00 € für 8 Stunden. Abwasserentsorgung und Entleerung der Bordtoilette ist kostenfrei. Der Parkscheinautomat nimmt nur Münzen und gibt kein Wechselgeld heraus.

Zufahrt: An der Ausfallstraße Richtung Ratekau gegenüber eines Seniorenheimes.

Irgendwann werden Sie sich sicher schon einmal eine Marmelade aus diesem Ort auf ihr Brot oder Brötchen gestrichen haben. 590.000 Gläser Konfitüre werden täglich produziert, das ist nicht wenig. Im Werksverkauf in der Auguststraße können Sie sich mit den süßen Fruchtaufstrichen eindecken. Vom Stellplatz sind das etwa 800 Meter. Die **Holstein-Therme** ist nur 400 Meter entfernt. Die Heilkraft des Wassers wird hier aus der Jodsole aus 348 Metern Tiefe gezogen. Saunen und Wellnesseinrichtungen runden das Angebot für einen entspannten Aufenthalt ab.

Sehenswert ist der **Bismarckturm** in drei Kilometern Entfernung. Er befindet sich zwischen Klein- und Groß-Parin und bietet einen weiten Blick über Ostholstein. Das Maritim in Travemünde ist am Horizont deutlich zu sehen, ebenso die Turmsilhouette von Lübeck.

Zu dieser altehrwürdigen Hansestadt brechen wir jetzt auf und wählen einen von diesen beiden altstadtnahen Stellplätzen für den Besuch der Stadt aus.

(194) Offizieller WOMO-Stellplatz: Lübeck – Media Docks

GPS: N53°52'23.1" E10°40'50.2"; Willy-Brandt-Allee, 23554 Lübeck.

Max. WOMOs: 39, maximale Länge 12 m.
Ausstattung: Keinerlei wohnmobilspezifische Einrichtungen, ganzjährig geöffnet.
Beschreibung: Asphaltierter Platz neben Hafenanlagen, nicht sehr ruhig. 900 Meter bis zum Holstentor, 1,2 Kilometer bis zum Rathaus.
Preise: 10,00 €.
Zufahrt: Hinter der Marienbrücke gleich links abbiegen. Siehe Stadtplan.

(195) Offizieller WOMO-Stellplatz: Lübeck – Lastadie P4

GPS: N53°52'17.7" E10°40'43.7"; Lastadie, 23554 Lübeck.
Max. WOMOs: 16, maximale Länge 8 m.

Ausstattung: Keinerlei wohnmobilspezifische Einrichtungen, ganzjährig geöffnet.
Beschreibung: Asphaltierter Platz neben PKW-, und Omnibusparkplätzen, nicht sehr ruhig. 700 Meter bis zum Holstentor, 1 Kilometer bis zum Rathaus.
Preise: Zeitabhängig, Tagesticket 6,00 €.
Zufahrt: Über die Marienbrücke der Beschilderung zum Parkplatz P4 folgen. Siehe Stadtplan.

Lübeck

Lübeck
Schwartauer Allee
Wallhafen
Trave
Europäisches Hansemuseum
Burgtor
Burgtorbr.
Hafenstraße
Falkenstraße
Klughafen
194
195
Marienbr.
Marienstraße
An der Untertrave
Engelswisch
Engelsgrube
Große-Burgstraße
Heiligen-Geist-Hospital
St. Jacobi
Kanalstraße
Fischergrube
Breite-Straße
Königstraße
Willy-Brandt-Haus
Günter Grass-Haus
Glockengießerstraße
Beckergrube
MUK
Theaterschiff
Willy-Brandt-Allee
Mengstraße
Buddenbrookhaus
Hundestraße
St. Marien
Schrangen
Dr.-Julius-Leber-Straße
Rathaus
Braunstr.
Markt
Langes Haus
Historische Rathaustreppe
Holstentorplatz
Holstenstr.
Holstentor
St. Petri
Schmiedestr.
Sandstr.
Hüxstraße
Wahmstraße
Hüxterdamm
Aegidienstraße
St. Aegidien
Rehderbrücke
Possehlstraße
An der Obertrave
Pferdemarkt
Mühlenstraße
Probsteikirche
Krähenteich
Hüxtertorallee
Domkirchhof
Dom
Mühlenteich
Wallstraße
Mühlendamm
Mühlenbrücke
Stadtgraben
Elbe-Lübeck-Kanal
Ratzeburger Allee
Lachswehrallee
Kronsforder Allee
Stresemannstraße
N
250 Meter

Das Holstentor.

Mit Lübeck haben wir ein Problem. Wir wissen nicht, wie all das, was über die Stadt mit ihrer unverwechselbaren Silhouette zu erwähnen notwendig wäre, prägnant auf wenigen Seiten untergebracht werden kann. Fangen wir mit der Hanse an, dem Marzipan, der UNESCO-Welterbestadt oder der Stadt der Nobelpreisträger? Es gibt vieles über Lübeck zu berichten, mehr als wir hier zusammengetragen haben.

Lübeck und die Hanse

Ein genaues Gründungsdatum der Hanse gibt es nicht. Sie entwickelte sich aus der Zusammenarbeit niederdeutscher Kaufleute aus Soest, Münster, Groningen und Lübeck. Die Gründung Lübecks im Jahr 1143 wird unter Historikern als besonders bedeutend für die Entwicklung der Hanse angesehen. Die Stadt galt als das „Haupt der Hanse". Zweck der Vereinigung der Kaufleute war die Sicherheit ihrer Schiffe auf Nord- und Ostsee zu gewährleisten, sowie die Vertretung gemeinsamer wirtschaftlicher Interessen. Damit hatte sie nicht nur wirtschaftliche Bedeutung, sondern war auch bedeutender politischer Faktor. Den Handel begleitete auch ein kultureller Austausch der Hansestädte. Die ganze Geschichte erzählt das **Europäische Hansemuseum**. Es zeigt auf über 7000 Quadratmetern Ausstellungsfläche die Entwicklung des anfänglichen Kaufmannsbundes hin zu einer nordeuropäischen Großmacht mit einem Netz von über 200 Partnerstädten. Sie finden das Museum an der Nordspitze der Altstadt im Stadtplan auf der vorangegangenen Seite verzeichnet. Es ist ein Neubau, der sich an den Hügel schmiegt, auf dem das ehemalige Burgkloster steht. Das

Burgkloster ist eine der bedeutendsten mittelalterlichen Klosteranlagen Norddeutschlands und wurde in den Museumskomplex integriert.

Öffnungszeiten: täglich (außer 24.12.) von 10:00 bis 18:00 Uhr. Weitere Infos unter www.hansemuseum.eu. Eintritt: Erwachsene 13,00 €, Kinder (6-16) 7,50 €. Für Sonderausstellungen wird ein weiterer Eintritt erhoben.

Ohne die Hanse wäre Lübeck nicht die Stadt geworden, die sie ist. Der wirtschaftliche Wohlstand und die politische Bedeutung der Stadt sind untrennbar mit der Hanse verbunden. So betrachtet ist ein Besuch des Museums vor dem Besuch der Stadt durchaus sinnvoll, um ein tieferes Verständnis für den folgenden Stadtspaziergang zu bekommen.

Spaziergang durch Lübeck

Wir starten unseren kleinen Spaziergang vom Hansemuseum. Zunächst geht es zur Burgtorbrücke, von dort durchschreiten wir das spätgotische **Burgtor** und gelangen in die Große Burgstraße. Von den vier mittelalterlichen Stadttoren sind nur das Holstentor und das Burgtor erhalten geblieben.

In der Glockengießerstraße.

Vom Burgtor zur **Jacobikirche** sind es knapp 400 Meter. Diese dreischiffige Backsteinhallenkirche ist auch heute noch die Kirche der Seefahrer. Mit der kleinen "Stellwagenorgel" hat diese Kirche eine der besterhaltenen norddeutschen Orgeln aus dem 16. Jahrhundert. Weitere Informationen gibt es hier www.st-jakobi-luebeck.de.

An dem kleinen Platz vor der Jacobikirche fällt das **Heiligen-Geist-Hospital** auf. Es ist seit der Reformation hauptsächlich ein Alten- und Pflegeheim. Einige historische Räume des Gebäudes werden durch einen Gastronomiebetrieb genutzt.

Buddenbrookhaus.

Über die Königstraße geht es weiter zum **Willy-Brandt-Haus**. Hier erfahren Sie alles über den ehemaligen Bundeskanzler und Friedensnobelpreisträger, der 1913 in Lübeck geboren wurde. Weitere Informationen gibt es hier www.willy-brandt.de.

Nur wenige Meter entfernt befindet sich in der Glockengießerstraße 21 das **Günter Grass-Haus**. Ein unscheinbares Gebäude, in dem sich das Sekretariat und das Ar-

Die Marienkirche.

chiv des Literaturnobelpreisträgers befanden. Im Skulpturenhof des Hauses sind Plastiken des Künstlers zu sehen. Im Haus wird Leben und Werk des großen Literaten anschaulich präsentiert. Darüber hinaus gibt es immer wieder Sonderausstellungen anderer Künstler. Weitere Informationen gibt es hier https://grass-haus.de.

Von der Glockengießerstraße geht über die Pfaffengasse zurück in die Breite Straße, dort angekommen ist in südlicher Richtung die Marienkirche schnell erreicht. In unmittelbarer Nähe dieser Kirche befindet sich das **Buddenbrookhaus**, Schauplatz des berühmten Romans **Die Buddenbrooks** und Lebensmittelpunkt des Literaturnobelpreisträgers **Thomas Mann**. Es ist ein einzigartiges Literaturmuseum, das vermutlich ab 2020 umgebaut und erweitert werden wird. Wie sich das auf die Öffnungszeiten auswirkt, erfahren Sie hier https://buddenbrookhaus.de. Im Haus gibt es bislang zwei festen Ausstellungen: **"Die Buddenbrooks – Ein Jahrhundertroman"** und **"Die Manns – eine Schriftstellerfamilie"**.

Die **Marienkirche** gilt als Mutterkirche der Backsteingotik im Ostseeraum. Sie ist die drittgrößte Kirche Deutschlands und befindet sich auf dem höchsten Punkt der Lübecker Altstadtinsel. Diese Basilika mit all

Die historische Rathaustreppe.

Renaissancelaube vor der gotischen Schildwand.

ihren Facetten, ihrer Architektur und Kunstgegenständen zu erfassen ist nur im Rahmen einer Führung möglich. Informationen dazu finden Sie hier https://st-marien-luebeck.de.

Gleich neben der Marienkirche befindet sich das **Rathaus**. Es ist ein architektonisches Meisterwerk unterschiedlicher Stilepochen, das es so kein zweites Mal gibt. Nicht nur von außen betrachtet sind es besondere Bauwerke, auch im Inneren wissen Audienzsaal mit einem prächtigen Renaissanceportal und der neugotische Bürgerschaftssaal zu beeindrucken. Auch hier gilt, ohne ein fachkundige Führung wird es schwer alles zu erfassen und zu erkennen. Informationen zu den Führungen finden Sie hier www.luebeck-tourismus.de.

Der **Marktplatz**, eigentlich ein großer Innenhof, lädt zu einer kleinen Kaffeepause ein. Auf zwei Seiten hat man die mittelalterliche Architektur vor Augen. Die beiden anderen Seiten zeigen neuzeitliche Gebäude, eines davon ist ein großes Kaufhaus. Es gibt in dieser schönen alten Stadt also auch weniger schöne Gebäudekulissen. Das ist aber die Ausnahme, denn sonst wäre das gesamte Gebäudeensemble mit seinen vielen Gassen und über 1600 historischen Häusern nicht 1987 als UNESCO-Welterbestätte aufgenommen worden.

Neben der **Petrikirche**, die eine Aussichtsplattform hat und der **Aegidienkirche** mit ihren gotischen Wandmalereien und dem Singechor ist noch der **Dom** ein Besuch wert. Die dreischiffige Hallenkirche zählt zu den ältesten Baudenkmalen Lübecks.

Lübecker Marzipan

Lübeck ohne Marzipan abzuschließen wäre wie nach Bordeaux zu fahren ohne ein Wort über Wein zu verlieren. Bereits im 13. und 14. Jahrhundert ließen sich die Menschen die süße Mandelmasse genüsslich auf den Zungen zergehen. Das "Haremskonfekt" versüßte den Kalifen und den Haremsdamen in den arabischen Ländern das Leben. Über Venedig erreichte es Europa und mit den Koggen der Hanse wurden Mandeln und Zucker nach Europa gebracht. Der Siegeszug in Lübeck begann mit der Gründung einer Marzipanmanufaktur durch **Johann Georg Niederegger** (1777–1856), die noch heute noch das unwiderstehliche Naschwerk in vollendeter Qualität herstellt. Sie finden es im Arkadencafé am Markt, im Café und Marzipan-Salon gegenüber der historischen Rathaustreppe, im Fabrikverkauf in der Zeißstraße 1–7 und natürlich auch online unter www.niederegger.de.

Tour 12
Neumünster
Mus. Tuch + Technik
Designer Outlet Neumünster
Naturpark Aukrug
Boostedt
Großenaspe
Wildpark Eekholt
Heidmühlen
Wahlstedt
Osterau
Segeberger Staatsforst
Bramau
Bad Bramstedt
Schmalfelder Au
Leezen
Kaltenkirchen
Itzstedt
Henstedt-Ulzburg
Barmstedt
Kayhude
Quickborn
Norderstedt
Bargteheide
Tour 13
Schloss Ahrensburg
Ahrensburg
Pinneberg
Poppenbüttel
Langenhorn
Wandsbek
Rahlstedt
HAMBURG
Tierpark Hagenbeck
Tour 1
Heiliggeistfeld
St. Pauli
Groß Flottbek
Altona
Elbe
Horn
Reinbek
Tour 13
Seite 21
5 km
N

TOUR 11 (ca. 100 km)

Kaltenkirchen – Bad Bramstedt – Großenaspe – Neumünster

Stellplätze:	Kaltenkirchen, Bad Bramstedt, Großenaspe, Neumünster.
Campingplätze:	Keine.
Ver-/Entsorgung:	Kaltenkirchen, Neumünster.
Besichtigungen:	Wildpark Eekholt in Großenaspe, Museum Tuch + Technik in Neumünster, Designer Outlet Neumünster.
Baden/Wellness:	HolstenTherme Kaltenkirchen, Bad am Stadtwald in Neumünster.

Nur wenige interessante Reiseziele haben wir auf dieser kurzen Tour von Hamburg nach Neumünster anzubieten. Interessant sind die Gemeinden und Städte am nördlichen Rand von Hamburg nicht.

Wir durchfahren den südlichen Bereich der Schleswig-Holsteinischen Geest, der nicht sehr dicht besiedelt ist. Sobald man die Wohnviertel im Speckgürtel von Hamburg verlassen hat, durchfährt man eine dörflich strukturiert Landschaft, mit vielen großen Bauernhöfen. Nur wenige größere Städte finden sich auf dieser Tour, Kaltenkirchen ist eine davon und hat diesen Stellplatz aufzuweisen.

(196) Offizieller WOMO-Badeplatz: Kaltenkirchen – HolstenTherme

GPS: N53°50'16.5" E9°56'46.8"; Norderstraße 8, 24568 Kaltenkirchen.
Max. WOMOs: 50, maximale Länge 12 m; max. Aufenthalt 24h.
Ausstattung: Frischwasserversorgung, Abwasserentsorgung mit Bodeneinlass, Kassettenentleerung, Stromanschlüsse, Behälter für die Müllentsorgung, ganzjährig geöffnet.
Beschreibung: Rasenplätz mit Grünstreifen direkt neben der Therme, sehr ruhig. Entfernung bis zur Stadtmitte 1,5 Kilometer. Ideal für einen Zwischenstopp.

Preise: Kostenlos, über Münzautomaten gibt es Frischwasser für 1,00 €, Entleerung der Bordtoilette kostet ebenfalls 1,00 €, Strom 0,50 € pro kWh.
Zufahrt: Auf der A7 an der Abfahrt Kaltenkirchen die Autobahn verlassen, Richtung Kaltenkirchen fahren und nach 850 Metern rechts zur Therme fahren.

Der Roland vor dem Bramstedter Schloss.

Wenn Sie die Innenstadt von Kaltenkirchen nicht gesehen haben, macht nichts, viel verpasst Sie nicht. Die HolstenTherme und das direkt daneben liegende Warmwasserfreibad sind für Wasserratten aber sicher einen Zwischenstopp wert. Hinter diesen beiden Bädern befindet sich ein Baggersee, der am Nordufer ein kleines Freizeitgelände hat. An der Südseite wird nach wie vor Sand abgebaut und zu Kalksandsteinen verarbeitet.

Wir fahren gleich weiter nach **Bad Bramstedt**. Ein sehr übersichtlicher und kleiner Kurort, der in erster Linie für Kuraufenthalte genutzt wird. Das touristische Angebot ist auch hier eher bescheiden. Dennoch wollen wir Ihnen den Stellplatz [**197:** N53°55'09.5" E9°53'22.9"] in der Nähe des **Warmwasserfreibades Roland Oase** nicht vorenthalten, auch wenn er ganz sicher nicht zu unseren Favoriten zählt. Neben dem Bad ist die Innenstadt zwar hübsch hergerichtet, bietet aber auch nichts Außergewöhnliches. Das Schloss ist ein bescheidenes Backsteingebäude. Davor steht seit 1693 die **Rolandstatue**, Symbol für das Marktrecht der Stadt.

Wir haben uns hier nicht lange aufgehalten und sind zum **Wildpark Eekholt** weitergefahren. Es ist ein 67 Hektar großes Gelände, in dem über 700 Wildtiere leben. Etwa 100 heimische Arten können in einer natürlichen Umgebung beobachtet werden. Es gibt mehrere Spazierwege durch diese Anlage. Für den großen Rundweg werden mindestens 2,5 Stunden benötigt. Wieviel Zeit Sie aber tatsächlich benötigen hängt logischerweise davon ab, wie lange Sie den einzelnen Tieren in ihren großen Gehegen

Stellplatz am Wildpark Eekholt.

Rotwild im Wildpark Eekholt.

zuschauen möchten. Nicht immer sind sie so gut zu sehen wie das Rotwild auf dem Foto. Sie können also viel Zeit hier verbringen, da ist es doch gut, dass auf diesem großen Parkplatz [**198:** N53°56'52.9" E10°01'50.8"] in himmlischer Ruhe übernachtet werden kann.

Neben der Beobachtung der Tiere von A wie Auerhahn bis Z wie Zwergziege, sind die öffentlichen Fütterungen und die Flugvorführungen der Greifvögel besondere Erlebnisse. Immer wieder faszinierend zuzuschauen mit welchem Geschick Falknerinnen und Falkner ihre Vögel durch die Zuschauertribünen fliegen lassen. Da muss man schon gelegentlich den Kopf einziehen. Wer das nicht rechtzeitig macht, wird auch schon mal von einem Flügel "gestreichelt", wie wir bei diesen Aufnahmen erleben durften.

Bussard und Eule im Tiefflug.

Der Wildpark trägt mit arterhaltenen Maßnahmen sehr wesentlich zum Tierschutz bei. In besonderer Weise bemüht er sich um den Schutz von Seeadlern, Eulen und Wölfen.

Öffnungszeiten: Täglich bis zum Einbruch der Dunkelheit. Eintritt für den Erwachsenen 10,00 €, Kinder 8,50 €.

Vom Wildpark geht es über die Dörfer weiter nach **Neumünster**, mit 80.000 Einwohnern fast eine Großstadt. Wer sein Outfit aufpolieren möchte, der findet in dem **Outletcenter** am südlichen Stadtrand [N54°02'38.6" E9°58'44.4"] mehr als eine Gelegenheit. Über 120 Geschäfte warten hier auf Kundschaft. Wem das noch nicht reicht, der geht in die Innenstadt, dort finden sich in der **Holsten Galerie** weitere 90 Geschäfte. Nur gibt es hier keinen Parkplatz für Wohnmobile. Für den Besuch der Stadt empfiehlt es sich das WOMO hier abzustellen.

Im Outletcenter Neumünster.

(199) Offizieller WOMO-Badeplatz: Neumünster – Bad am Stadtwald

GPS: N54°04'56.4" E9°57'39.6"; Hansaring 177, 24534 Neumünster.
Max. WOMOs: 22, maximale Länge 10 m.
Ausstattung: Frischwasserversorgung, Abwasserentsorgung mit Bodeneinlass, Kassettenentleerung, Stromanschlüsse, Behälter für die Müllentsorgung, WLAN, ganzjährig geöffnet.
Beschreibung: Stellplätze zwischen 50 und 150 Quadratmeter zwischen dem Freizeitbad und dem Stadtwald, nachts sehr ruhig. Ideal für Wohnmobilfahrer, die mit einem Hund unterwegs sind. Frühstücksmöglichkeit im Freizeitbad. Entfernung bis zur Stadtmitte 2,5 Kilometer.

Preise: 13,00 € für ein Fahrzeug mit 2 Personen. Anmeldung und Bezahlung erfolgt an der Kasse des Bades. Entsorgung kostenlos, über Münzautomaten gibt es Frischwasser für 1,00 €, Strom für 0,50 € pro kWh. Dusch-Kurz-Tarif pro Person: 1,00 € (Aufenthaltsdauer: 30 Minuten)
Zufahrt: Auf der Umgehungsstraße (B430) der Beschilderung zum Freizeitbad folgen.

Die Stadt, die urkundlich zum ersten Mal 1127 erwähnt wird, lag an einem wichtigen Verkehrsknotenpunkt und war lange Zeit ein Zentrum der deutschen Tuch- und Lederindustrie. 1870 erhielt sie das Stadtrecht und blühte mit der Entwicklung der Textilindustrie auf. Über Jahrzehnte bestimmten rauchende Schlote das Bild der Stadt. Die Textilfabriken lagen fast alle in der Innenstadt. Gute Auftragslagen, brachten gute Gewinne, hohe Löhne und verhalfen der Stadt zu großem Wohlstand. In elf Textilfabriken waren 1956 noch 14.000

Menschen beschäftigt. Danach begann der Niedergang, zunächst schlossen sich Firmen zusammen, Rationalisierungen wurden durchgeführt, Mitarbeiter entlassen. Stück für Stück ging es bergab, 1991 schloss die letzte Tuchfabrik die Pforten. Ähnlich erging es anderen Textilstandorten in Deutschland. Importe aus Fernost bestimmen heute den Bekleidungsmarkt. An die große Vergangenheit der Textilindustrie in Neumünster erinnert das **Museum Tuch+Technik** im Zentrum der Stadt. Hier finden Sie die gesamte Textil- und Ledergeschichte der Stadt erläutert. An immer noch funktionierenden Maschinen können Sie die Herstellungsprozesse von der Wolle bis zum Tuch verfolgen.

Webstuhl im Museum Tuch+Technik.

Öffnungszeiten: dienstags bis freitags 9:00 bis 17:00 Uhr, samstags und sonntags 10:00 bis 17:00 Uhr. Eintritt: Erwachsene 6,00 €, Schüler, Studenten und Kinder 3,00 €.

Neben dem Museum lohnt es sich das Rathaus, die historische Vicelinkirche, Rencks Park, und den Wasserturm anzuschauen. Der 48 Meter hohe **Wasserturm** glänzt am Abend und in der Nacht durch seine Lichtinstallation, die den Turm je nach Außentemperatur in wechselnden Farben erstrahlen lässt. Im Rathaus, das in der Blütezeit der Textilindustrie entstand, befindet sich im Gewölbekeller ein gutes aber dennoch preiswertes griechisches Restaurant mit einer umfangreichen Speisekarte.

Damit beenden wir unseren Besuch in Neumünster und kehren zum WOMO zurück.

Das Rathaus in Neumünster.

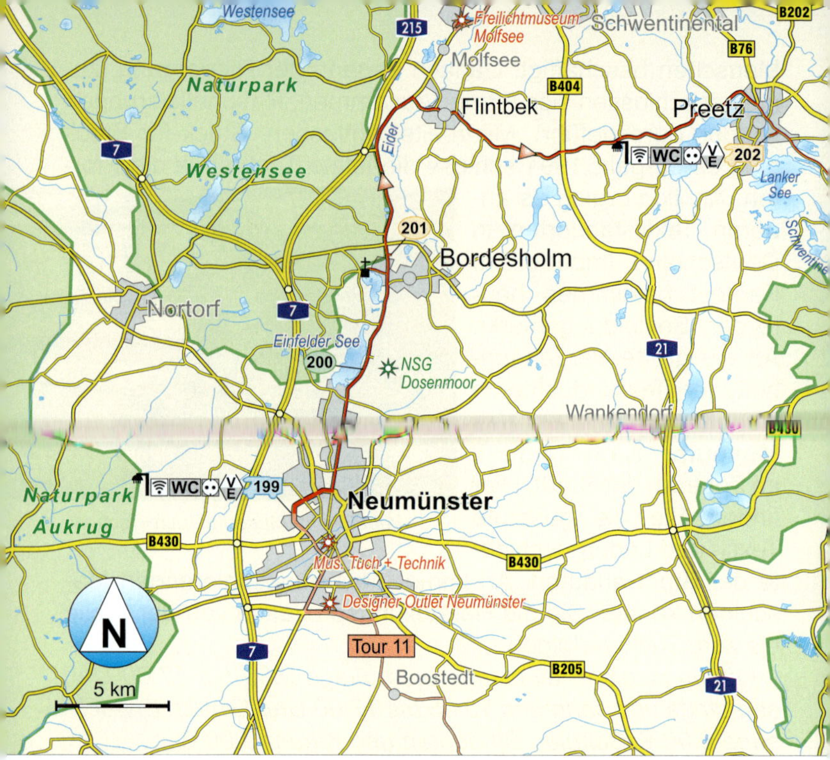

TOUR 12 (ca. 120 km)

Bordesholm – Preetz – Plön – Bösdorf – Bad Malente – Eutin – Süsel – Scharbeutz

Stellplätze:	Einfelder See, Bordesholm, Preetz, Plön, Bad Malente, Eutin, Süsel.
Campingplätze:	Bösdorf.
Ver-/Entsorgung:	Preetz, Plön Bad Malente, Eutin, Süsel.
Besichtigungen:	Klosterkirche Bordesholm, Preetz (Altstadt), Bräutigamseiche, Immenhof-Museum in Malente, Eutin (Schloss, Schlossgarten und Altstadt).
Wandern:	Rund um den Einfelder See, Naturschutzgebiet Dosenmoor, Kanutour auf der Schwentine, Spaziergang entlang des Planetenpfades auf der Prinzeninsel in Plön, Radtouren in der Holsteinischen Schweiz.
Baden/Wellness:	Einfelder See, Badestelle auf der Plöner Prinzeninsel, Badestelle am Kellersee in Malente, 5-Seen-Fahrt & Kellersee-Fahrt, Großer Eutiner See, Wasserski- und Wakeboardpark Süsel.

In dieser Tour machen wir uns auf den Weg von Neumünster an die Ostsee. Von der alten Textilstadt geht es durch die Holsteinische Schweiz in den bekannten Badeort Scharbeutz, den wir schon auf der Tour 10 kennengelernt haben.

Erste Station ist der Einfelder See, der nur acht Kilometer nördlich von Neumünster liegt. Hier stellen wir das WOMO

Bohlenweg im Dosenmoor.

auf diesem Parkplatz [**200:** N54°08'01.9" E10°00'00.7"] am See ab und machen uns auf den Weg in das **Dosenmoor**. In diesem Moor gibt es mehrere Rundwege zwischen drei und acht Kilometern Länge. Es ist mit einer Fläche von 521 Hektar das am besten erhaltene Hochmoor in Schleswig-Holstein und steht unter strengem Naturschutz. Von den geschätzten 2000 Tierarten in diesem Moor bekommt der Besucher allerdings nur die wenigsten zu sehen. Für einen ruhigen Spaziergang ist diese Landschaft ideal, denn nur wenige Touristen verirren sich hierher.

Der **Einfelder See** ist schon belebter, er dient aber eher der Naherholung der Neustädter und ist kein überregionales touristisches Ziel. Der Wanderweg um den See ist ca. acht Kilometer lang. Der See eignet sich zum Baden und auch zum Surfen.

Wenige Kilometer vom Einfelder See entfernt liegt **Bordesholm**. Der hiesige Stellplatz ist mehr als einfach gehalten [**201:** N54°11'01.5" E10°01'37.7"]. Um das Kloster zu besuchen ist das aber die beste Parkmöglichkeit, denn in der Nähe dieser alten Anlage findet sich für ein ausgewachsenes WOMO keine Stellfläche.

Klosterkirche Bordesholm.

Das **Kloster Bordesholm** war ein Augustiner-Chorherren-Stift und hatte vor der Reformation überregionale Bedeutung. Hier stand einst der berühmte Schnitzaltar, den der Künstler Hans Brüggemann 1521 anfertigte. Er befindet sich seit 1666 im Dom zu Schleswig. Sie können ihn sich auf der Seite 206 anschauen. Das Kloster wurde bereits 1566 aufgegeben in späteren Jahren abgerissen, nur die Klosterkirche blieb erhalten und dient heute der evangelischen Kirche als Gotteshaus.

Wir fahren weiter nach **Preetz**. Diese Kleinstadt an der Schwentine, mit rund 15.000 Einwohnern, liegt so ziemlich genau auf halber Strecke zwischen Kiel und Plön. Die Stadt war einmal das Zentrum der Schuhmacher und Holzschuhmacher. Eine Skulptur auf dem Marktplatz erinnert daran.

(202) Offizieller WOMO-Stellplatz: Preetz – Wohnmobilpark am Kanucenter Preetz

GPS: N54°13'41.6" E10°17'13.3"; Kahlbrook 25, 24211 Preetz.
Max. WOMOs: 17, maximale Länge 8 m.
Ausstattung: Frischwasserversorgung, Abwasserentsorgung mit Bodeneinlass, Kassettenentleerung, Stromanschlüsse, Behälter für die Müllentsorgung, WLAN, Brötchenservice, Kanu- und Fahrradvermietung, Restaurant, Café mit Biergarten, Grillplatz. Im Servicegebäude gibt es Duschen, WCs, eine Waschmaschine und einen Trockner. Der Platz ist ganzjährig geöffnet.

Beschreibung: Überwiegend schattige Rasenplätze im Vorfeld des Campingplatzes, nur wenige Meter von der Schwentine entfernt, sehr ruhig.
Preise: 18,00 € für ein Fahrzeug mit 2 Personen inkl. aller Serviceleistungen.
Zufahrt: Preetz in Richtung Plön durchfahren und gegenüber dem VW-Autohaus Kath rechts abbiegen in den Kahlbrook und der Straße bis zum Ende folgen.

Heute gibt es noch genau einen älteren Herren der dieses Handwerk betreibt. Hier können Sie schauen wie die Produkte aussehen www.preetzer-holzschuhe.de.

Schusterdenkmal in Preetz.

Die Liste der Kulturdenkmale dieser Stadt ist kurz. Wir wollen uns damit nicht beschäftigen. Spannender ist eine Kanutour auf der **Schwentine**, dem **Lanker See**, einer Tagestour flussaufwärts nach Plön oder in umgekehrter Richtung von Plön bis zum Stellplatz in Preetz. Der ist dafür ideal gelegen und ausgestattet. Fragen Sie an der Rezeption, wenn Sie ohnehin schon dort stehen oder buchen Sie per Telefon 04342/309549 oder online unter www.kanucenter-ploen.de. Auf der homepage können Sie auch die Mietpreise ersehen und die Konditionen nachlesen. Sie werden nach Plön gefahren, paddeln abwärts durch den Kleinen Plöner See, dann über die Schwentine in den Lanker See und legen am Kanucenter in Preetz an. Die Schwentine entspringt am Bungsberg, durchfließt 13 Seen der Holsteinischen Schweiz und mündet in der Kieler Förde. Mit dem Kanu oder Paddelboot ist er vom Eutiner See bis zur Mündung befahrbar, das sind rund 50 Kilometer.

(203) Offizieller WOMO-Stellplatz: Plön – Kleiner Plöner See

GPS: N54°09'11.4" E10°24'17.7"; Hamburger Straße 26, 24306 Plön.
Max. WOMOs: 6, maximale Länge 8 m, max. Aufenthalt 24h.
Ausstattung: Behälter für die Müllentsorgung, Kiosk, WC, Tische und Bänke.

Der Platz ist ganzjährig geöffnet.
Beschreibung: Asphaltierte Plätze mit Grünstreifen, weitgehend schattenlos mit Blick auf den Kleinen Plöner See. Durch die dicht vorbeiführende Bundesstraße ist es nicht nur tagsüber laut.
Preise: 6,00 € für ein Fahrzeug.
Zufahrt: In Plön auf der B430 in Richtung Bornhöved/Autobahn fahren. Am Ende der Bebauung gleich rechts abbiegen.

(204) Offizieller WOMO-Stellplatz: Plön – Naturcamping Spitzenort

GPS: N54°08'50.8" E10°23'53.7"; Ascheberger Straße 76, 24306 Plön..
Max. WOMOs: 15, maximale Länge 12 m, max. Aufenthalt 5 Tage.
Ausstattung: Frischwasserversorgung, Abwasserentsorgung mit Bodeneinlass, Kassettenentleerung, Stromanschlüsse, Behälter für die Müllentsorgung, WLAN, Brötchenservice. Im Servicegebäude gibt es Dusche, WC, Waschmaschine und einen Trockner. Der Platz ist von Ende März bis Ende Oktober geöffnet.

Beschreibung: Durch Sträucher abgetrennte Nischen, teilweise schattig. Ebene geschotterte Flächen im Vorfeld des Campingplatzes, sehr ruhig.
Preise: Nebensaison 18,00 € für ein Fahrzeug mit 2 Personen inkl. aller Serviceleistungen, Hauptsaison 20,00 €.
Zufahrt: In Plön auf der B430 in Richtung Bornhöved/Autobahn fahren. 300 Meter nach dem Bahnübergang links abbiegen.

(205) WOMO-Campingplatz: Bösdorf – Gut Ruhleben

GPS: N54°08'39.0" E10°26'58.6"; Missionsweg 2, 24306 Bösdorf.

Max. WOMOs: >20, maximale Länge 12 m, 7 Stellplätze vor der Schranke.
Ausstattung: Frischwasserversorgung, Abwasserentsorgung mit Bodeneinlass, Kassettenentleerung, Stromanschlüsse, Behälter für die Müllentsorgung, WLAN, Brötchenservice, Gasflaschentausch, Kanu-Hol- und Bring-Service, Restaurant Seehus und Campingshop. Im Servicegebäude gibt es Dusche,

WC, Waschmaschine und einen Trockner. Geöffnet von Anfang April bis Mitte Oktober.
Beschreibung: Rasenplätze unterschiedlicher Größe, zumeist schattenlos mit Blick auf den Großen Plöner See.
Preise: Zwischen 20,50 € und 26,00 € für ein Fahrzeug mit 2 Personen inkl. Strom, Ver- und Entsorgung auf dem Campingplatz. Zwischen 14,00 € und 16,00 € vor der Schranke.
Zufahrt: In Plön auf der B76 Richtung Eutin fahren und hinter der Kaserne rechts in den Missionsweg abbiegen.
Reservierung/Kontakt: Tel.: 04522/8347 oder www.camp-ruhleben.de.

(206) WOMO-Campingplatz: Bösdorf – Campingpark Augstfelde

GPS: N54°07'44.8" E10°27'18.1"; Augstfelde 1, 24306 Bösdorf.
Max. WOMOs: >20, maximale Länge 12 m.
Ausstattung: Frischwasserversorgung, Abwasserentsorgung mit Bodeneinlass, Kassettenentleerung, Stromanschlüsse, Behälter für die Müllentsorgung, WLAN, Brötchenservice, Gasflaschentausch, Kanuverleih, Restaurant Rustikate, SB-Markt, Kinderdisco, Kino und Konzerte, verschiedene Beauty- und Wohlfühlanwendungen im Wellness-Haus. Im Servicegebäude gibt es Duschen, WC, Waschmaschine und einen Trockner. Geöffnet von Anfang April bis Mitte Oktober.

Beschreibung: Rasenplätze am Vierer See, sehr ruhig. Zwei unterschiedliche Kategorien für Wohnmobile, Komfortplätze am Seeufer, Standardplätze vor der Schranke. Entfernung nach Plön 8 Kilometer, nach Eutin 13 Kilometer.
Preise: Komfortplatz je nach Saison zwischen 20,80 € und 32,00 € für ein Fahrzeug mit 2 Personen. Standardplatz vor der Schranke je nach Saison zwischen 11,50 € und 13,50 €, Strom pauschal 3,00 € pro Tag.
Zufahrt: In Plön auf der B76 Richtung Eutin fahren und ca. 1,5 Kilometer nach dem Ortsende rechts nach Ahrensbök abbiegen. Am Betonwerk vorbeifahren und dann erneut rechts abbiegen und der Straße bis zum Campingplatz folgen.
Reservierung/Kontakt: Tel.: 04522/8128 oder www.augstfelde.de.

Für Plön haben wir Ihnen diese Stell- und Campingplätze in Plön und den Nachbargemeinden zusammengestellt. Wie immer hat jeder seine Vor- und Nachteile. Für einen längeren Aufenthalt sind die Campingplätze am besten geeignet. Für einen kurzen Stopover geht der Platz am Kleinen Plöner See. Drei der vier Plätze finden Sie auf dem Stadtplan auf den folgenden Seiten verzeichnet.

Plön ist von allen Seiten von Seen umgeben. Der **Große Plöner See** ist mit seinen rund 28 Quadratkilometern dabei der größte See. Er ist gleichzeitig auch der größte See Schleswig-Holsteins und der zehntgrößte See Deutschlands. Das bis zu 56 Meter tiefe Gewässer ist eine Folge der Vergletscherung Schleswig-Holsteins während der letzten Eiszeit. Zwei Gletscherzungen schoben sich von Norden kommend

Plön

Trentsee
Einsetzstelle für Kanufahrt nach Preetz
Stadtsee
Kleiner Plöner See
B76
Schwanensee
Bahnhofstr.
Touristinformation
Lange Straße
Hamburger Straße
Seestraße
Nikolaikirche
Schloss
Schloßberg
Start des Plöner Planetenpfades und Start des Plöner Evolutionspfades
Strandweg
Prinzenhaus
203
Schlosspark
P
B430
Plöner Planetenpfad – Saturn
Ascheberger Straße
Siebenstern
Kanuvermietung Plön
Alter Apfelgarten
Hankenburg
Aussichtspavillon
Schwentine
204
V
E
WC
Badestelle Prinzeninsel
Plöner Planetenpfad – Neptun
Prinzeninsel
N
250 Meter

B430
Schöhsee
Lütjenburger Str.
Rautenbergstraße
Ende des Plöner Evolutionspfades
Eutiner Straße
Steinbergweg
B76
Plöner Seglerverein
Klanderstraße
Rautenbergstraße
Rosenstraße
Scharweg
Scharweg
Stadtwäldchen
Badestelle Fegetasche
Olsborg
Schwentine
MUS-Marine Unteroffizier Schule
Großer Plöner See
Badestelle Campingpark Gut Ruhleben
205
Ruhlebener Warder

durch die Ebene und schufen die beiden Becken des Großen Plöner Sees östlich und westlich der Prinzeninsel. Die Landbrücke, auf der heute die Stadt liegt, entstand in einer späteren Phase durch einen erneuten Gletschervorstoß, der hier eine Endmoräne schuf. Mit dem Einsetzen der Warmzeit schmolzen diese Eismassen und hinterließen diese Seenlandschaft, die von der Schwentine durchflossen wird.

Schon früh wurde nach dem Rückzug des Eises die Region besiedelt, wie steinzeitliche und eisenzeitliche Funde belegen. Slawen siedelten hier im frühen Mittelalter, auf der Insel **Olsborg** errichteten sie eine Befestigungsanlage. Sie nannten diesen Ort **Pluno**, was "eisfreies Wasser" bedeutet und aus dem der Name **Plön** entstand.

1139 zerstörte der Holsteiner Graf Adolf II. von Schauenburg die Festung und beendete damit die slawische Herrschaft. Er war es auch, der auf dem heutigen Schlossberg eine Burg errichten ließ, die später nach dem Dreißigjährigen Krieg durch das Schloss ersetzt wurde, das heute noch besteht. Plön war für kurze Zeit Residenz des souveränen Herzogtums Schleswig-Holstein-Sonderburg-Plön, fiel dann aber an die dänische Krone zurück und wurde nach dem deutsch-dänischen Krieg 1864 preußische Kreisstadt.

Schon Ende des 19.Jahrhunderts gewann Plön zunehmend Bedeutung als Erholungsort. Nach dem Ende des Zweiten

Sonnenuntergang am Kleinen Plöner See.

Weltkrieges wurde diese Entwicklung verstärkt. Die Seenlandschaft bietet die besten Voraussetzungen für einen erholsamen, naturverbundenen Urlaub. Wassersport, Wandern, Radfahren oder einfach Relaxen stehen hier im Vordergrund. Es ist ruhiger hier als an den Stränden der Nord- und Ostsee, "nightlife" suchen Sie hier vergebens.

Es gibt zahlreiche Wander- Rad- und Wasserwege die hier begangen, abgeradelt oder abgepaddelt werden können. Karten und umfangreiche Infomaterialien dazu bekommen Sie bei der Tourist-Info am Bahnhof in Plön.

Sehr reizvoll ist ein Spaziergang auf der **Prinzeninsel**, den Sie am besten an der Anlegestelle des Ausflugsschiffes über den Plöner See beginnen. Hier steht die Sonne, der Beginn des **Planetenpfades**, den Sie dann so ganz nebenbei bei diesem Spaziergang zu Südspitze der Halbinsel abgehen können. Der Weg führt durch ein Waldgebiet. Nicht immer haben Sie einen freien Blick auf den See. Von der Sonne bis zum Neptun sind es hin- und zurück rund sechs Kilometer. Vom Stellplatz am Spitzenort sind es bis zum Neptun hin- und zurück rund fünf Kilometer. Allerdings verpassen Sie dabei die ersten, sonnennahen Planeten, wenn Sie diese Abkürzung südlich des Schlossgartens gehen. Welchen Weg Sie auch wählen, wenn Sie ihr Badezeug dabei haben, können Sie an der Badestelle auf der Prinzeninsel ein erfrischen-

Das Schloss in Plön, aufgenommen vom Campingplatz Gut Ruhleben.

Gasthof auf der Prinzeninsel.

des Bad nehmen und anschließend in dem kleinen gemütlichen Gasthof "Niedersächsisches Bauernhaus" an der Südspitze der Insel eine Kleinigkeit zu sich nehmen.

Diesen Ort können Sie auch mit dem Ausflugsschiff ansteuern, das in den Sommermonaten sowie in der Vor- und Nachsaison auf dem See verkehrt. In der Hochsaison werden vier Fahrten pro Tag angeboten, in der Vor- und Nachsaison drei. Abfahrtszeiten und Preise können Sie dieser Seite entnehmen www.grosseploenersee-rundfahrt.de.

Das **Plöner Schloss** kann nur im Rahmen von Führungen besichtigt werden. Die meisten Räume dieser Anlage werden heute von der Fielmann-Akademie genutzt, die hier ein Schulungszentrum für Optiker betreibt. Besuchszeiten und weitere Informationen finden Sie hier www.fielmann-akademie.com.

Das **Max-Planck-Institut für Evolutionsbiologie** hat seinen Sitz in Plön. In Zusammenarbeit mit diesem Institut wurde der **Plöner Evolutionspfad** angelegt, der genau dort beginnt, wo auch der Planetenpfad seinen Anfang hat. Nur führt der Evolutionspfad in die andere Richtung und endet am Max-Planck-Institut.

Wer die Seenlandschaft vom Wasser aus erleben möchte, der kann sich in Plön ein Boot mieten. Kajaks, Angel- und Segelboote werden gegenüber dem Stellplatz am Naturcamping Spitzenort angeboten. Auch Segelkurse lassen sich hier buchen. Alle Konditionen und weitere Informationen dazu gibt es hier https://kanuvermietungploen.de.

Wir haben dazu leider keine Zeit und fahren nach Bad Malente-Gremsmühlen weiter. Auf dem Weg dorthin durchqueren wir den **Dodauer Forst** und finden dort einen ganz besonderen Übernachtungsplatz [**207:** N54°08'09.1" E10°33'25.5"] in der Nähe der sogenannten **Bräutigamseiche**. Der Baum dient der Vermittlung von heiratswilligen oder partnersuchenden Menschen als Kontaktbriefkasten. Diesen Baum können Sie mit folgender Postanschrift anschreiben: *Bräutigamseiche, Dodauer Forst, 23701 Eutin*. Sie können aber auch einen Brief in dem Astloch, der als Briefkasten fungiert einfach deponieren. Jeder der mag und auf der Suche nach einem Partner oder Partnerin ist, darf die Briefe öffnen, mitnehmen wenn er oder sie darauf eingehen und antworten möchte oder wieder zurücklegen, wenn das Gelesene nicht zusagt. Bis zu 40 Briefe pro Tag erreichen diesen Baum und mehr als 100 Ehen sollen durch diesen "Kontaktbaum" schon geschlossen worden sein.

Waldparkplatz in der Nähe der Bräutigamseiche.

Die Bräutigamseiche im Dodauer Forst.

Im Zeitalter des "Onlinedatings" und der Vermittlungsportale für die optimale Partnerwahl eine überraschend romantische Alternative, die offensichtlich funktioniert. Glauben Sie nicht? Schauen Sie sich auf YouTube einmal die Videos unter diesem Schlagwort an. Wenn Sie also auf der Suche sind: Versuchen Sie es, was soll dabei schon schief gehen?

Wir fahren weiter nach **Bad Malente-Gremsmühlen**. Um den Ort zu erkunden, stellen wir das WOMO auf diesem Platz ab.

(208) Offizieller WOMO-Stellplatz: Bad Malente-Gremsmühlen – Parkplatz Krützen

GPS: N54°10'16.0" E10°32'58.2";
Sebastian-Kneipp-Straße, 23714 Bad Malente - Gremsmühlen.
Max. WOMOs: 10, maximale Länge 12 m, max. Aufenthalt 24h.
Ausstattung: Frischwasserversorgung, Abwasserentsorgung, Kassettenentleerung, Behälter für die Müllentsorgung, ganzjährig geöffnet.
Beschreibung: Geräumige gepflasterte Plätze mit Grünstreifen, teilweise schattig, nachts sehr ruhig. 300 Meter bis zum Wildpark, 500 Meter bis zum Dieksee, 1,4 Kilometer bis zum Fährhaus am Kellersee.

Preise: 9,00 € für ein Fahrzeug, Frischwasser 1,00 €, Abwasserentsorgung 1,00 €.
Zufahrt: Im Ort in Richtung Lütjenburg fahren und nach dem Bahnübergang in die erste Straße links abbiegen und dieser bis zum Parkplatz folgen.

Der Ort liegt auf einer Landbrücke zwischen dem **Diek-** und dem **Kellersee**, die über die Schwentine miteinander verbunden sind. Das Prädikat "Bad" trägt Malente erst seit 1996. Vorher war es nur ein einfacher heilklimatischer Kurort und Kneippheilbad. In Bad Malente lassen sich auf angenehme Weise Schiffsausflüge mit Wanderungen kombinieren. Bei der **5-Seen-Fahrt**, die über den Dieksee, Langensee, Behlersee, Höftsee und Edebergsee führt, gibt es mehrfach die

Ausflugsschiff auf dem Kellersee.

Gelegenheit das Schiff zu verlassen und den Weg zu Fuß fortzusetzen. Fahrräder können auf den Schiffen leider nicht transportiert werden. Fahrzeiten und Preise finden Sie hier www.5-seen-fahrt.de. Hier finden Sie auch alle notwendigen Informationen für die **Kellersee-Fahrt**. Wer keine große Wanderung in Kombination mit einem Bootsausflug machen möchte, dem stehen der schön gestaltete **Kurpark** und der **Wildpark** mit dem Arboretum eintrittsfrei offen.

Der Immenhof noch in der Umbauphase.

Es ist schon ewig her, dass die Immenhof-Filme gedreht wurden. In den ausgehenden 50er Jahren des letzten Jahrhunderts wurden die Geschichten von den **Mädels vom Immenhof**, der **Hochzeit** und den **Ferien auf dem Immenhof** in einer Filmtrilogie erzählt. Lange her und die jüngeren Leser dieses Buches werden mit diesen Filmtiteln nichts anzufangen wissen. Wer kennt heute noch die Geschichte von Oma Jantzen und ihren Enkelinnen Angela, Dick und Dalli? Erstaunlich, dass sich um diese Immenhof-Geschichten ein Kult aufgebaut hat, die Geschichte in Bad Malente nach wie vor lebendig ist. Es gibt ein spezielles **Museum** dazu und wenn Sie mögen werden Sie zu den Originaldrehplätzen geführt. Schauen Sie hier https://immenhofmuseum.beepworld.de. Das Museum finden Sie in der Kampstraße 1.

Öffnungszeiten: April bis Oktober mittwochs 14:00-17:00 Uhr und freitags bis sonntags 14:00-17:00 Uhr, Eintritt 2,00 € für den Erwachsenen.

Was wurde aus dem Originalschauplatz Immenhof? Es verfiel im Laufe der Jahre zusehends, bis ein Investor sich der Sache annahm und die Anlage wieder instand setzen ließ. Ab 2020 sollen Ferien auf dem Immenhof wieder möglich sein.

Weiter geht die Reise nach **Eutin**. Auch diese Stadt liegt zwischen zwei Seen. Der **Große Eutiner See** ist rund 230 Hektar groß, der **Kleine Eutiner See** mit rund 37 Hektar deutlich kleiner und mit einer mittleren Tiefe von etwas mehr als zwei Metern auch deutlich flacher als sein Pendant auf der anderen Seite der Stadt. Eutin gilt mit seiner gut erhaltenen Altstadt, dem schmucken Schloss und seiner reichhaltigen Geschichte als kultureller Mittelpunkt der Holsteinischen Schweiz. Um diese Stadt anzuschauen gibt es zwei Möglichkeiten das WOMO abzustellen. Für einen Tagesbesuch tut es der erste Platz am Bahnhof, für einen längeren Aufenthalt empfiehlt sich der Platz am Großen Eutiner See.

(209) Offizieller WOMO-Stellplatz: Eutin – Stellplatz P6 am Bahnhof

GPS: N54°08'08.5" E10°36'31.9"; Parkplatz Bahnhof Eutin, 23701 Eutin.
Max. WOMOs: 5, maximale Länge 7 m.
Ausstattung: Keinerlei wohnmobilspezifische Einrichtungen, ganzjährig geöffnet.

Beschreibung: Enge gepflasterte Plätze mit Grünstreifen, teilweise schattig, leichtes Gefälle auf dem Bahnhofsparkplatz, keineswegs ruhig, auch nachts nicht. Guter Stellplatz für einen Tagesbesuch in Eutin.
Preise: Kostenlos.
Zufahrt: In Eutin in Richtung Scharbeutz fahren und am Bahnhof links abbiegen.

(210) Offizieller WOMO-Badeplatz: Eutin – Reisemobilpark Eutiner See

GPS: N54°08'03.4" E10°37'47.1"; Oldenburger Landstraße 21, 23701 Eutin.
Max. WOMOs: 24, maximale Länge 12 m.
Ausstattung: Frischwasserversorgung, Abwasserentsorgung mit Bodeneinlass, Kassettenentleerung, Stromanschlüsse, Behälter für die Müllentsorgung, WLAN. Im Servicegebäude gibt es eine Dusche und ein WC, eine Waschmaschine und einen Trockner. Ganzjährig geöffnet.
Beschreibung: Geräumige gepflasterte schattenlose Plätze mit Grünstreifen. Direkt neben dem Eutiner See, sehr ruhig. Entfernung bis zum Schloss 500 Meter.

Preise: 16,00 € für ein Fahrzeug mit 2 Personen. Anmeldung und Bezahlung erfolgt an einem Automaten mit EC- oder VISA-Karte. Entsorgung kostenlos, über Münzautomaten gibt es Frischwasser für 1,00 €, Strom für 0,50 € pro kWh. Waschmaschine und Trockner jeweils 2,00 €.
Zufahrt: In Eutin in Richtung Schönwalde fahren und gegenüber der Kaserne links abbiegen.

Eutin

Vom Stellplatz am Eutiner See ist es nicht weit bis zu dem prächtigen Schlossgarten, der in seinen Ursprüngen aus dem 17. Jahrhundert stammt. Fürstbischof Christian August ließ die Gartenanlage im frühen 18. Jahrhundert zu einem Lustgarten nach Versailler Vorbild umgestalten. Der Wandlung des Zeitgeistes folgend, wurde im späten 18. Jahrhundert unter Herzog Friedrich Ludwig die Parkanlage in einen englischen Landschaftsgarten umgewandelt. Die über 200 Jahre alte schattige Lindenallee und die vielen verschachtelten Wege laden zu einem Bummel durch die Anlagen ein.

Im Juli und August ist Musik von der nahen Seebühne zu hören. Alljährlich finden in diesem Zeitraum die **Eutiner Festspiele** mit Opern- und Musical-Aufführungen mit bekannten

Das Eutiner Schloss.

Stars statt. Wenn Sie dabei sein möchten, finden Sie hier das Programm, Eintrittspreise und die weiteren Details www.eutiner-festspiele.de.

Das **Eutiner Schloss** ist eine vierflügelige, von einem Wassergraben umgebene Anlage. An der Westseite ragt der Haupteingang mit dem Torhaus hervor. Schon im 12. Jahrhundert stand hier vermutlich ein Schloss oder eine Burg. Im 16. Jahrhundert ließen die inzwischen zu Bischöfen des Fürstbistums Lübeck erwählten Gottorfer Herzöge das Anwesen zu einer fürstbischöflichen Residenz umbauen. Der Bau blieb von Rückschlägen nicht verschont, brannte vollständig nieder und wurde erneut aufgebaut. Erst 1840 erhielt es seine heutige Gestalt. Das letzte Flammeninferno führte zur Vernichtung des gesamten Interieurs. Die Neugestaltung der Innenräume erfolgte im Barockstil. Das Museum im Schloss kann zu den angegebenen Öffnungszeiten besichtigt werden. Ein Mediaguide mit den Stimmen der Schauspielerin Leslie Malton, dem Schauspieler Ulrich Noethen und anderen führen durch die Räume. Sie erzählen die Geschichte von Schloss Eutin und seinen Bewohnern in szenischen Dialogen und originellen Anekdoten.

Öffnungszeiten: In der Vor- und Nachsaison dienstags bis sonntags von 11.00 bis 17.00 Uhr; in der Hochsaison (Juli-September) täglich von 10.00 bis 18.00 Uhr. Eintritt für den Erwachsenen 10,00 €, Kinder bis 12 Jahren frei und Jugendliche zwischen 12 und 18 Jahren 2,00 €. Eine Führung wird mit 4,00 € extra berechnet. Weitere Informationen finden Sie hier www.schloss-eutin.de.

Der Liebestempel mit Blick auf den Großen Eutiner See.

Unter den Fürstbischöfen erlebte Eutin im 18. und 19. Jahrhundert eine kulturelle Blüte. Zahlreiche Dichter, Denker und Künstler kamen an den Hof unter ihnen auch der Maler **Johann Heinrich Wilhelm Tischbein**. **Katharina die Große** besuchte mehrfach dieses Schloss, in der ihre Verwandtschaft lebte. Sie war die Tochter von Johanna Elisabeth von Holstein-Gottorf und stieg zur Zarin auf, schob zahlreiche Reformen in ihrem Land an und formte Russland zur Großmacht.

Die Schauende im Eutiner See.

Vom Schloss führt ein Weg zur Uferpromenade. Auf einem Stein im Wasser sitzt hier die **Schauende**, eine Bronzeskulptur, die gern mit der Kleinen Meerjungfrau in Kopenhagen verglichen wird.

Nur wenige Meter weiter befindet sich die Anlegestelle für die Schiffe der Eutiner Seerundfahrt, die nur auf diesem See ihre Runden drehen. Es gibt mehrere Anlegestellen an der von, oder an Bord gegangen werden kann. Eine Anlegestelle befindet sich am Reisemobilpark. Ideal für eine kombinierte

Schiffs- und Wandertour. Fahrplan und Preise finden Sie hier www.eutiner-seerundfahrt.de.

Markt und Kirche in Eutin.

Bleibt zum Schluss noch eine Blick in die Altstadt zu werfen, die sich um den Marktplatz herum schön herausgeputzt zeigt und einige Fachwerkhäuser aufweisen kann. Am Geburtshaus von **Carl-Maria von Weber** gehen wir noch gern vorbei, bevor wir unseren Besuch in Eutin beenden, denn schließlich ist hier ein stilvolles Café untergebracht, das nicht nur leckeren Kuchen auf der Karte hat. Wenn Sie immer schon mal lernen wollten, wie Brot handwerklich gut gemacht wird, dann können Sie das hier lernen. Wenn Sie ein wenig Zeit mitbringen und Lust dazu haben, dann ist das doch eine sinnvolle Angelegenheit. Für weitere Informationen schauen Sie hier nach www.weber-cafe.de.

Wir fahren jetzt an den äußeren Rand der Holsteinischen Schweiz und durchfahren dabei diese wundervolle Allee.

Allee zwischen Eutin und Scharbeutz.

Nach rund zehn Kilometern kommen wir in Süsel an und fahren mit dem WOMO auf diesen Stellplatz.

(211) Offizieller WOMO-Badeplatz: Seecamp Süsel

GPS: N54°04'23.3" E10°41'04.8"; Süseler Moor 8, 23701 Süsel.
Max. WOMOs: 43, maximale Länge 12 m.
Ausstattung: Frischwasserversorgung, Abwasserentsorgung mit Bodeneinlass, Kassettenentleerung, Stromanschlüsse, Behälter für die Müllentsorgung, WLAN, Brötchenservice. In den Servicegebäuden gibt es Duschen, WCs, Waschmaschinen und Trockner. Geöffnet von Anfang April bis Ende Oktober.
Beschreibung: Geräumige Rasenplätze, teilweise mit freiem Blick auf den See mit den Wakeboardanlagen. Sehr ruhig. Entfernung bis Scharbeutz 9 Kilometer.
Preise: 18,00 € für ein Fahrzeug mit 2 Personen inkl. Dusche. Strom und Frischwasser 4,00 €. Anmeldung und Bezahlung erfolgt an der Rezeption. Entsorgung kostenlos.
Zufahrt: Auf der B76 in Richtung Scharbeutz den Hinweisen zum Seecamp folgen.

Diese Freizeitanlage ist recht weitläufig und angenehm ruhig. Sie liegt zwischen dem Naturschutzgebiet Middelburger Seen und dem Süseler Moor. Wasserratten sind hier in ihrem Element. Mit dem Wakeboard lassen sich hier die tollsten Figuren auf dem See fahren, zumindest dann, wenn das Sportgerät, das durch einen Wasserskilift gezogen wird, auch beherrscht wird. Wenn nicht, dann geht man halt baden, im wahrsten Sinne des Wortes. Das geht allerdings auch ruhiger und einfacher am Badestrand am Nachbarsee.

Wakeboardanlage im Seecamp Süsel.

Das Kursangebot, um die richtige Technik zu erlernen, ist recht umfangreich. Mit ein wenig Übung geht es dann bald über die Rooftops, die StepDown Box oder wie die anderen Sprungschanzen auch immer heißen mögen.

Wer sich für diese Anlage begeistern kann, der findet hier alle weiteren Informationen https://wasserski-suesel.de.

Wir haben dem Treiben zugegebenermaßen nur zugeschaut. Nachdem wir unsere Sachen zusammengeräumt haben, fahren wir noch ein paar Kilometer bis nach Scharbeutz. Dort wollen wir diese Tour enden lassen. Die Daten zu dem Stellplatz finden Sie auf der Seite 300.

Berlin
Naturpark
Holsteinische
Schweiz
Gnissau
B432
193
Bad Schwartau
Tour 10
Schlutup
LÜBECK
Stockelsdorf
194
195
S.309
Tour 14
Klein
Rönnau
219
20
218
Bad Segeberg
Karl-May-Spiele
B207
1
Reinfeld
B75
Leezen
Bad Oldesloe
Berkenthin
21
B208
Siebenbäumen
Rethwisch
217
B432
Labenz
Sandesneben
Itzstedt
Elmenhorst
B75
Bargteheide
B404
Grönwohld
Kayhude
Lütjensee
Hahnheide
213
WC
Schloss Ahrensburg
Wassermühle
216
Großensee
215
Trittau
Ahrensburg
B432
Großensee
214
B404
Poppenbüttel
Wandsbek
24
Rahlstedt
Sachsenwald
Langenhorn
1
Bismarck-Museum
Friedrichsruh
212
HAMBURG
Aumühle
Reinbek
B207
005
Schloss Reinbek
Tierpark
Hagenbeck
Heiliggeistfeld
Horn
002
WC
B5
001
WC
Bergedorf
St. Pauli
Elbe
004
003
25
Altona
Seite 21
5 km
N

TOUR 13 (ca. 160 km)

Friedrichsruh – Trittau – Großensee – Ahrensburg – Bad Oldesloe – Bad Segeberg – Klein Rönnau – Lübeck

Stellplätze:	Friedrichsruh, Trittau, Großensee, Ahrensburg, Bad Oldesloe, Bad Segeberg.
Campingplätze:	Großensee, Klein Rönnau.
Ver-/Entsorgung:	Großensee, Bad Oldesloe, Bad Segeberg, Klein Rönnau.
Besichtigungen:	Friedrichsruh (Bismarck-Museum und Mausoleum), Wassermühle in Trittau, Schloss Ahrensburg, Altstadt von Bad Oldesloe, Karl-May-Spiele in Bad Segeberg, Kalkberghöhle und Noctalis – Welt der Fledermäuse in Bad Segeberg.
Wandern:	Friedrichsruh, Großensee, Bad Segeberg.
Baden/Wellness:	Freibad in Trittau, Naturbad in Großensee, Freizeitbad in Ahrensburg, Naturbad in Bad Segeberg.

Auf einem etwas verschlungenen Pfad soll es in dieser Tour von Hamburg nach Lübeck gehen. Verschlungen deshalb, weil das erste Reiseziel auf dieser Tour ziemlich abgelegen ist und nicht zu den größten und bekanntesten Destinationen gehört, die das Reiseland Schleswig-Holstein zu bieten hat. Wer kennt schon Friedrichsruh im Sachsenwald?

Wir quälen uns über Bundes- und Landstraßen aus Hamburg herraus und durchfahren die östlichen Vororte der Hafenmetropole. Vielleicht ist es besser die Autobahn A24 zu nehmen, wenn das Ziel [**212:** N53°31'48.6" E10°19'54.7"] in Friedrichsruh schnell erreicht werden soll. Angenehm wird die Fahrt auf den vollen Straßen erst, nachdem wir den Ballungsraum Hamburg verlassen haben. Nun ist es auch nicht mehr so weit bis zu diesem Platz in der Nähe des Bismarckmuseums in Friedrichsruh, auf dem Sie übernachten dürfen. Wenn das Foto den Eindruck erweckt es sei schön ruhig hier, so

Parkplatz in der Nähe des Bismarckmuseums in Friedrichsruh.

müssen wir Sie enttäuschen. Auf der unweit vorbeiführenden Eisenbahnlinie verkehren auch in Nacht Züge und die sind deutlich vernehmbar, aber nicht übermäßig laut.

Bismarckmuseum Friedrichsruh

Wir haben auf unserer Reise durch Schleswig-Holstein ja schon einige Bismarcktürme und -denkmäler besucht, nun stehen wir vor dem Museum, das hier in Friedrichsruh in einem ehemaligen Jagdhaus untergebracht ist. Erster Eindruck: Es wirkt in die Jahre gekommen und sehr bescheiden. Betrachtet man die Geschichte des "Eisernen Kanzlers" und die Bedeutung für die Entwicklung Deutschlands und Europas, dann passt das in unseren Augen irgendwie nicht zusammen. Er werde jeden „zu seinem Todfeinde erklären“, der es wage, ihm ein Museum zu errichten, soll Bismarck einmal gesagt haben. Ob es daran liegt das das Museum so bescheiden ausgefallen ist? Wir wissen es nicht.

Das Bismarckmuseum in Friedrichsruh.

Eigentlich kommt uns die deutsche Geschichte zwischen 1815 und 1914 im öffentlichen Diskurs immer zu kurz. Das Hambacher Fest, der Vormärz, wie die Zeit vor der Revolution 1848/49 genannt wird, die Entwicklung zum deutsch-französischen Krieg 1870/71, die Entstehung des Deutschen Reiches, all das ist in der Geschichtsdebatte unserer Tage aus dem Blick geraten. Dabei ist doch ein Verständnis für diese Epoche die notwendige Voraussetzung, um all das zu begreifen, was in den Folgejahren an unheilvoller Entwicklung geschehen ist. Bismarck spielte in dieser Zeit eine zentrale Rolle, deshalb wäre Friedrichsruh ein geeigneter Standort, um dieses komplexe Kapitel deutscher Geschichte im größeren Umfang darzustellen und der breiten Öffentlichkeit zugänglich zu machen. Nicht um Bismarck zu huldigen, sondern um sich mit seinem Wirken und seiner Zeit umfassend auseinanderzusetzen.

Nun wollen wir nicht den Eindruck erwecken, die hiesige Bismarck-Stiftung würde sich nicht bemühen dieser Aufgabe gerecht zu werden. Keineswegs. Mit der Dauerausstellung "Otto von Bismarck und seine Zeit" im historischen Bahnhof versucht sie genau dies zu tun. Es werden Schulklassen geführt, Veranstaltungen abgehalten etc., nur in der breiten Öffentlichkeit wird dies unseres Erachtens nicht so richtig wahrgenommen. Die Räumlichkeiten lassen größere Veranstaltungen auch gar nicht zu. Eigentlich müsste hier ein großer Ausstellungskomplex stehen, der den genannten Zeitraum deutscher Geschichte umfassend präsentiert mit Bismarck mittendrin, der für die einen ein antidemokratischer Machtpolitiker und "Sozialistenfresser" war, für die anderen ein genialer weitsichtiger Staatsmann.

Genug, schauen wir uns die Räume mit den knarrenden Dielenböden an, die mit hunderten von Exponaten aus dem Leben des Reichskanzlers bestückt sind an. Die berühmte "Emser Depesche" ist hier zu lesen und das allseits bekannte Bild der Kaiserproklamation im Schloss von Versailles ist hier im Original zu sehen wenige Meter weiter geht es in das im Original erhaltene Arbeitszimmer Bismarcks.

Nach dem deutsch-französischen Krieg 1870/71 bekam Bismarck den Sachsenwald mit Friedrichsruh von Kaiser Wilhelm I. geschenkt. Verkehrsgünstig durch die Eisenbahn angebunden, hielt sich Bismarck während seiner politischen Tätigkeit oft in Firedrichsruh auf. Nach seiner Entlassung 1890 wurde es zu seinem Ruhesitz und nach seinem Tode 1898 auch zur Begräbnisstätte. Unweit des Museums hat er neben seiner Frau Johanna in einem Mausoleum seine letzte Ruhestätte gefunden. Es ist für die Öffentlichkeit innen wie außen zugänglich.

Öffnungszeiten: Von April bis September dienstags bis sonntags 10:00-18:00 Uhr; von Oktober bis März dienstags bis sonntags 10:00-16:00 Uhr. Eintritt für den Erwachsenen 4,00 €, Mausoleum 2,00 €.

Das Bismarckmausoleum in Friedrichsruh.

Mit einer kleinen Wanderung von etwas mehr als sechs Kilometern Länge wollen wir unseren Besuch in Friedrichsruh abschließen. Es ist ein leicht begehbarer Weg, der direkt vom Museum aus gestartet werden kann, am Mausoleum vorbeiführt und am Restaurant und Café Forsthaus Friedrichsruh endet. Sie können den Verlauf dieses Wanderweges unter www.komoot.de/smarttour/174028 auf Ihr Smartphone laden und ihren Spaziergang damit auf dem Display verfolgen. So können Sie sich nicht verlaufen.

Nach diesem kleinen Ausflug in die Geschichte setzen wir unsere Fahrt nach **Trittau** fort. Auf dem Schützenplatz am Ortsrand ist dieser Stellplatz zu finden.

(213) Offizieller WOMO-Badeplatz: Trittau – Freibad

GPS: N53°36'38.9" E10°24'30.1"; Zum Schützenplatz 3, 22946 Trittau.
Max. WOMOs: 5, maximale Länge 12 m.

Ausstattung: WC, Behälter für die Müllentsorgung, ganzjährig geöffnet.
Beschreibung: Geräumige gepflasterte Plätze am Rande eines PKW-Parkplatzes neben dem Freibad, recht ruhig. Entfernung bis zur Stadtmitte 500 Meter, bis zur Wassermühle 1 Kilometer.
Preise: Kostenlos.
Zufahrt: In Trittau der Beschilderung zum Freibad und Schützenplatz folgen.

Sehr viel Sehenswertes hat die knapp 9000 Einwohner zählende Gemeinde nicht zu bieten. Die historische **Wassermühle** ist allerdings ein besonderes Kleinod. Sie wurde 1701 erbaut und versah bis 1963 ihren Dienst. Seit 1992 ist sie das Kulturzentrum der Gemeinde in der immer wieder Ausstellungen und Veranstaltungen stattfinden. Das Programm finden Sie hier www.wassermuehletrittau.de.

Mühlenteich an der Wassermühle Trittau.

Naturbadesee in Großensee.

Von Trittau geht es weiter nach **Großensee**. Hier werden die Herzen der Freunde von Naturbadeseen höher schlagen. Nur sechs Kilometer von Trittau entfernt befindet sich dieser Parkplatz [**214:** N53°36'44.3" E10°20'59.4"] in unmittelbarer Nähe des Naturbades. Für eine ruhige Übernachtung ein sehr schöner Etappenort. Wer länger bleiben möchte, dem empfehlen wir diesen Campingplatz.

(215) WOMO-Campingplatz: Großensee

GPS: N53°36'40.8" E10°20'40.0"; Trittauer Straße 11, 22946 Großensee.
Max. WOMOs: >20, maximale Länge 12 m.
Ausstattung: Frischwasserversorgung, Abwasserentsorgung mit Bodeneinlass, Kassettenentleerung, Stromanschlüsse, Behälter für die Müllentsorgung, WLAN, Brötchenservice. Im Servicegebäude gibt es Dusche, WC, Waschmaschine und einen Trockner. Der Platz ist von Anfang April bis Mitte Oktober geöffnet.
Beschreibung: Geräumige Rasenplätze mit direkten Zugang zum Badesee. Sehr ruhig, Restaurant am Platz, Ortsmitte 500 Meter entfernt.
Preise: Erwachsene Person 6,50 €, Wohnmobil 11,50 € in der Nebensaison, 12,50 € in der Nebensaison, Strom 3,00 pro Tag, Hund 3,00 €.
Zufahrt: Im Stadtteil Bug, über die Buger Hauptstraße hinter dem Ortsausgang auf der linken Seite.
Reservierung/Kontakt: Tel.: 04154/60642 oder www.campingplatz-abc.de.

Neben dem Freibad am Großensee, das nur von Anfang Mai bis Anfang Septemper geöffnet hat, bieten sich hier Wandertouren und Radausflüge an. Der Rundweg um den See ist 7,5 Kilometer lang und einfach zu gehen. Unter www.gpsies.com finden Sie unter dem Stichwort "Großensee" ein Fülle weiterer Informationen und Wander- beziehungsweise Radrouten für diesen Ort. Besondere Baudenkmäler hat Großensee nicht zu verzeichnen, es ist ein Ort für die Sommerfrische.

Schloss Ahrensburg.

Wir fahren weiter zur schönen Schwester Hamburgs, nach **Ahrensburg**. Hier ist es nicht ganz so einfach für das WOMO einen geeigneten Parkplatz zu finden, wenn das Schloss besichtigt werden soll. Wir haben diesen gefunden.

(216) WOMO-Badeplatz: Ahrensburg – badlantic

GPS: N53°40'54.2" E10°13'58.7"; Reeshoop 60, 22926 Ahrensburg.
Max. WOMOs: 5, maximale Länge 8 m.

Ausstattung: Behälter für die Müllentsorgung, ganzjährig geöffnet.
Beschreibung: Gepflasterte Plätze am Rande eines PKW-Parkplatzes neben dem Frezeitbad, recht ruhig. Entfernung bis zum Schloss 650 Meter, Innenstadt 1 Kilometer.
Preise: Kostenlos.
Zufahrt: In Ahrensburg der Beschilderung zum badlantic folgen.

Die Hauptsehenswürdigkeit dieser fast 35.000 Einwohner zählenden Stadt ist das **Schloss**. In unmittelbarer Nähe davon sind die Schlossmühle am Mühlenredder, die Schlosskirche sowie der gegenüberliegende Marstall zu nennen. Also alle sehenswerten Gebäude schön dicht beieinander und in einer Parkanlage integriert.

In der Mitte dieser Parkanlage sticht das Schloss hervor. Es ist von einem Wassergraben umgeben und zählt in seiner Bauform neben Schloss Glücksburg, dem es ähnlich sieht, zu den Höhepunkten der Renaissance-Architektur in Schleswig-Holstein.

Das Schloss wechselte mehrfach den Besitzer, wie Sie während eines Rundgangs erfahren werden. Auf zwei Etagen gibt es zahlreiche Gemälde, antike Vertäfelungen, Möbel und eine große Sammlung von Meissener Porzellan zu sehen. Auf Pantoffeln gleiten Sie dabei über die blank gewienerten Parketböden durch die gehobene Wohnkultur vergangener Jahrhunderte. Im Schloss wird ein besonderer Wert darauf gelegt, nicht nur die Geschichte der adligen Besitzer zu zeigen, sondern auch das Leben des Personals, das einen harten Alltag zu meistern hatte.

Öffnungszeiten: Von Anfang März bis Ende Oktober dienstags bis donnerstags sowie samstags und sonntags von 11:00 bis 17:00 Uhr. Von November bis Februar mittwochs, sowie samstags und sonntags von 11:00 bis 17:00 Uhr. Für den Besuch wird auf Wunsch ein Audioguide zur Verfügung gestellt. Eintritt: Für den Erwachsenen 7,00 €, Kinder (4-14 Jahre) 3,50 €.

Die Parkanlage mit der Schlossmühle ist frei zugänglich, der gegenüberliegende Marstall wird in erster Linie für Kulturveranstaltungen genutzt.

Wir kehren zurück zum WOMO ohne die Innenstadt zu besuchen und wenden uns dem nächsten Ziel zu.

(217) Offizieller WOMO-Stellplatz: Bad Oldesloe – Stormarnhalle

GPS: N53°48'40.4" E10°22'08.0"; Am Bürgerpark 4, 23843 Bad Oldesloe.
Max. WOMOs: 6, maximale Länge 12 m, max. Aufenthalt 3 Tage.
Ausstattung: Abwasserentsorgung mit Bodeneinlass, Kassettenentleerung, Stromanschlüsse, Behälter für die Müllentsorgung. Der Platz ist ganzjährig geöffnet.
Beschreibung: Geräumige gepflasterte Plätze am Rande eines PKW-Parkplatzes, schattenlos. Wenn die offiziellen Plätze belegt sein sollten, kann auf den PKW-Parkplatz ausgewichen werden. Der Platz ist trotz der vorbeiführenden B75 relativ ruhig. Entfernung zum Stadtzentrum 700 Meter.
Preise: Kostenlos, Strom 2,00 € für 10h. Abwasserentsorgung und Entleerung der Bordtoilette ist kostenfrei. Brauchwasser (kein Trinkwasser) 1,00 €.
Zufahrt: Auf der B75 in Bad Oldesloe Richtung Lübeck fahren und der Beschilderung zur Stormanhalle/ Parkplatz Exer folgen.

Alte Mühle an der Trave in Bad Oldesloe.

Von Ahrensburg nach **Bad Oldesloe** sind es über Bargteheide rund 22 Kilometer.

Die Geschichte der Oldesloer Bäderzeit ist schnell erzählt. Über Jahrzehnte wurde versucht durch eine Saline zu den großen Salzproduzenten aufzusteigen. Einer Stadt wie Lüneburg, die durch die Salzproduktion und den Handel damit zu großen Reichtum gekommen war, wollte man Konkurrenz machen. Doch die Lagerstätten waren nicht ergiebig genug, um damit im großen Stil Salz produzieren zu können. Dann kam der ortsansässige Apotheker Lorentzen auf die Idee, aus dem Salzwasser der örtlichen Saline Heilwasser zu machen und Oldesloe zu einer Kurstadt umzubauen. Nach anfängliche Erfolgen im frühen 19. Jahrhundert scheiterte auch dieser Versuch der Stadt zu Ruhm und Wohlstand zu verhelfen. Den Namenszusatz "Bad" bekam die Stadt kurz vor dem endgültigen Niedergang als Kurstadt noch verliehen, den sie bis heute behalten hat. Nur der Kurpark und einige Villen erinnern noch an den Traum, in der ersten Liga der Kurstädte mitzuspielen. Trotzdem ist die Innenstadt, die von der Trave umflossen wird, durchaus besuchenswert. Es hat einige malerische Winkel und einen großen rechteckigen Marktplatz vor dem Rathaus auf dem jeden Mittwoch und jeden Samstag von 7:30 bis 13:00 Uhr ein Wochenmarkt abgehalten wird.

Marktplatz vor dem Rathaus in Bad Oldesloe.

Der weitere Weg führt uns nun von Bad Oldesloe nach **Bad Segeberg**. Nach 18 Landstraßenkilometern haben wir diesen Stellplatz am Kalkberg erreicht.

(218) Offizieller WOMO-Stellplatz: Bad Segeberg – Kalkbergblick

GPS: N53°56'18.7" E10°18'55.4"; Kastanienweg 1, 23795 Bad Segeberg.
Max. WOMOs: 23, maximale Länge 12 m, max. Aufenthalt 5 Tage.
Ausstattung: Frischwasserversorgung, Abwasserentsorgung mit Bodeneinlass, Kassettenentleerung, Stromanschlüsse, Behälter für die Müllentsorgung. Der Platz ist ganzjährig geöffnet.
Beschreibung: Einfacher nahezu naturbelassener schattenloser Platz gegenüber der Jugendherberge, sehr ruhig. Fußweg zur Karl-May-Spielstätte 1 Kilometer, zum Badestrand 400 Meter.

Preise: 9,00 € für ein Fahrzeug, Frischwasser (ca. 100 Liter) 1,00 €, Strom 2,00 € für 12h. Abwasserentsorgung und Entleerung der Bordtoilette 2,00 €.
Zufahrt: In das Zentrum von Bade Segeberg fahren und den Hinweisen zur Jugendherberge folgen.

Der **Kalkberg** ist auch schon gleich die erste Sehenswürdigkeit der rund 17.000 Einwohner zählenden Stadt. Nirgendwo sonst in Schleswig-Holstein gibt es eine vergleichbare Gesteinsformation. Der Kalkberg, der genau genommen eigentlich Gipsberg heißen müsste, entstand durch hochgepresstes Material aus einem unter dem Berg liegendem Salzgestein. Dieser Prozeß, den die Geologen Salztektonik nennen, besteht auch heute noch. Jährlich wächst der Kalkberg in Bad Segeberg um ein bis zwei Millimeter. Der Berg kann bestiegen werden. Auf dem Weg dorthin bekommen Sie die einzelnen Formungsprozesse auf dem Geologischen Lehrpfad erläutert. Von der Spitze auf 91 Metern Höhe reicht der Blick weit über den Segeberger See und die Stadt.

Aber noch etwas ist sehr bemerkenswert. Innerhalb des Berges gibt es eine begehbare **Höhle**, die in den Wintermonaten von rund 30.000 Fledermäusen als Schlafplatz genutzt wird. Die Höhle kann deshalb nur in den Sommermonaten besichtigt werden. Direkt daneben befindet sich die Erlebnisausstellung **Noctalis – Welt der Fledermäuse**. Hier wird auf spannende Weise alles über die Fledermäuse erzählt.

Öffnungszeiten: Von April bis September inkl. einem Besuch der Höhle montags bis freitags 9:00 bis 18:00 Uhr; samstags, sonntags und feiertags 10:00 bis 18:00 Uhr; an Tagen mit Spätvorstellungen der Karl-May-Spiele bis 19:30 Uhr.

Eintrittspreise: Erwachsene zahlen 12,00 €, Kinder zwischen 4 und 14 Jahren 6,00 €.

Weitere Informationen zur Höhle und den Fledermäusen sind hier zu finden www.noctalis.de.

Karl-May-Spiele in Bad Segeberg.

Nun werden die wenigsten nach Bad Segeberg kommen, um sich mit den Fledermäusen zu beschäftigen. Die meisten Besucher kommen hierher, um eine Vorstellung der Karl-May-Spiele anzuschauen. Immerhin sind das zur Zeit rund 400.000 pro Jahr. Erstaunlicherweise haben sich die Besucherzahlen im Laufe der Jahre nicht reduziert, sondern erhöht. Die Geschichten mit **Winnetou** und **Old Shatterhand** sind nach wie vor beliebt. 7500 Zuschauer finden auf der Tribüne Platz. Der Kalkberg bietet die prächtige natürliche Kulisse vor der mit abenteurlichen Stunts, wilden Pferden und rauchenden Colts die Geschichten von Karl May erzählt werden. Seit 1952 finden die Spiele in den Sommermonaten statt. Der wohl berühmteste Winnetou war **Pierre Briece**, der auch hier nach seiner Filmkarriere eine Zeitlang die Rolle seines Lebens spielte. Über Spielpan, Eintrittspreise und Buchungsmöglichkeiten informiert diese Seite www.karl-may-spiele.de.

Alexander Klaws als Apachenhäuptling Winnetou.

Neben dem Kalkberg und den Karl-May-Spielen gibt es mit dem **Alt-Segeberger Bürgerhaus** eine weitere Sehenswürdigkeit in deser Stadt. Es wurde 1541 als einfaches Hallenhaus in Fachwerkbauweise mit Ziegelausfachung errichtet. Es dient heute als Heimatmuseum. Hier wird die Stadtgeschichte Bad Segebergs präsentiert.

Das Alt-Segeberger Bürgerhaus.

Wer auf den Kalkberg hochsteigen möchte, der kann ihn auch in eine größere Wanderung rund um den **Großen Segeberger See** integrieren. Rund zehn Kilometer ist dieser Weg lang und einfach zu gehen. Bis auf den Kalkberg sind keine weiteren Steigungen zu bewältigen. Sie können die Wanderung direkt am Stellplatz beginnen, sie führt an diesem Campingplatz vorbei, zu dem wir jetzt fahren.

(219) WOMO-Campingplatz: KlüthseeCamp & Seeblick

GPS: N53°57'40.7" E10°20'13.6"; Stipsdorfer Weg, 23795 Klein Rönnau.
Max. WOMOs: >20, maximale Länge 12 m.
Ausstattung: Frischwasserversorgung, Abwasserentsorgung mit Bodeneinlass, Kassettenentleerung, Stromanschlüsse, Behälter für die Müllentsorgung, WLAN, Brötchenservice. Im Servicegebäude gibt es Dusche, WC, Waschmaschine und einen Trockner. Darüber hinaus ein Schwimmbad, Wellnesseinrichtungen und zwei Restaurants. Der Platz ist ganzjährig geöffnet.

Beschreibung: Geräumige Rasenplätze mit Grünstreifen in unmittelbarer Nähe des Großen Segeberger Sees und des Klüthsees, sehr ruhig. Entfernung nach Bad Segeberg 5 Kilometer mit dem Rad, 4 Kilometer zu Fuß entlang des Sees.
Preise: Erwachsene Person 7,50 €, Wohnmobil 10,00 € inkl. Strom, WC, Dusche.
Zufahrt: Auf der B432 in Richtung Scharbeutz/Neustadt i.H. fahren, Rönnau durchqueren und 300 Meter nach dem Ortsende rechts abbiegen .
Reservierung/Kontakt: Tel.: 04551/82368 oder www.kluethseecamp.de.

Diese Platz stellt eine schöne Alternative für den relativ kleinen Stellplatz in Bad Segeberg dar, insbesondere zur Festspielzeit.

Von diesem Stellplatz steuern wir erneut Lübeck an und beenden dort diese Reise. Die Stellplatzdaten zu Lübeck finden Sie auf der Seite 308.

LÜBECK
Stockelsdorf
Tour 10
Tour 13
Schlutup
Schönberg
Mecklenburg-Vorpommern
Band 87:
Mit dem Wohnmobil nach
Mecklenburg-Vorpommern
Teil1 – West
S.309
Carlow
Ratzeburger See
Kalk-hütte
Schlagsdorf
Biosphären-reservat Schaalsee
Siebenbäumen
Berkenthin
Bäk
Römnitz
Ratzeburg
Groß Thurow
Harnsdorf
Küchensee
Vorstadt
Farchau
Kittlitz
Salem
Dargow
Kühsen
Naturpark
Schaalseekanal
Nusse
Lauenburgische
Sterley
Seedorf
Lassahn
Schaalsee
Schleswig-Holstein
Mölln
Groß Zecher
Lehmrade
Hollenbek
Breitenfelde
Elbe-Lübeck-Kanal
Waldstadt
Seen
Zarrentin
Gudow
Güster
Schloss Wotersen
Roseburg
Schwarzenbek
Büchen
Mecklenburg-Vorpommern
Witzeeze
Basedow
Boizenburg/Elbe
Lauenburg/Elbe
Palmschleuse
Elbe
Hohnstorf
5 km
Band 63:
Mit dem Wohnmobil
durch die Lüneburger Heide
und die Elbtalaue
Niedersachsen

TOUR 14 (ca. 120 km)

Buchholz – Ratzeburg – Mölln – Büchen – Witzeeze – Basedow – Lauenburg – Hohnstorf

Stellplätze:	Buchholz, Ratzeburg, Römitz, Schaalsee, Mölln, Blaue Lagune, Basedow, Lauenburg, Hohnstorf.
Campingplätze:	Römitz, Schaalsee, Blaue Lagune, Witzeeze.
Ver-/Entsorgung:	Bad Oldesloe, Bad Segeberg.
Besichtigungen:	Ratzeburger Dom, Altstadt von Mölln, Schloss Wotersen, Altstadt von Lauenburg.
Wandern:	Ratzeburger See, Schaalsee
Baden/Wellness:	Ratzeburg, Basedow.

In diesem Kapitel durchfahren wir den Naturpark Lauenburgische Seen. Er beginnt südlich von Lübeck und reicht fast bis zur Elbe in Lauenburg, dem südlichsten Zipfel unseres Reisegebietes. Er ist der älteste Naturpark in Schleswig-Holstein. Mit der Lage im "Zonenrandgebiet" blieb diese Region lange wenig beachtet. Die Natur blieb weitgehend sich selbst überlassen und konnte sich ungestört entwickeln. Dies trifft auf der anderen Seite der Grenze in Mecklenburg-Vorpommern

(220) Offizieller WOMO-Badeplatz: Naturcamping Buchholz

GPS: N53°44'18.7" E10°44'23.9"; Am Campingplatz 1, 23911 Buchholz.
Max. WOMOs: 9, maximale Länge 9 m.
Ausstattung: Frischwasserversorgung, Abwasserentsorgung mit Bodeneinlass, Kassettenentleerung, Stromanschlüsse, Behälter für die Müllentsorgung, WLAN, Brötchenservice, Badestelle, Bootsverleih, Beach-Volleyball, Restaurant. Im Servicegebäude gibt es Duschen, WCs, Waschmaschinen und Trockner. Geöffnet von Anfang April bis Ende September.
Beschreibung: Weitgehend naturbelassene Plätze mit Blick auf den Ratzeburger See. Sehr ruhig. Entfernung bis Ratzeburg 7 Kilometer.
Preise: 14,00 € für ein Fahrzeug mit 2 Personen inkl. Strom, Frischversorgung, Abwasser- und Toilettenentsorgung. Anmeldung und Bezahlung erfolgt an der Rezeption.
Zufahrt: Auf der B207 in Richtung Ratzeburg die Abfahrt nach Buchholz nehmen, parallel der B207 500 Meter zurückfahren und bei dem Feld mit der Photovoltaikanlage rechts abbiegen.

im besonderen Maße zu. Hier wurde mit dem Biosphärenreservat Schaalsee ein besonderes Schutzgebiet geschaffen. Im Band 87 der WOMO-Reihe bringen Ihnen die geschätzten Kolleginnen Stefanie Holtkamp und Andrea Bergmann diese Region näher.

Wir bleiben in Schleswig-Holstein und fahren von Lübeck an den **Ratzeburger See**. Dabei folgen wir weitgehend dem Verlauf der Alten Salzstraße, die von Lüneburg nach Lübeck führte. Erste Station ist Buchholz. Der Ort kann mit einem schönen Campingplatz am Westufer des Sees aufwarten, der auf einem separaten Areal einen Wohnmobilstellplatz eingerichtet hat. Dieser Platz liegt auf einer Anhöhe des Sees, die als Seitenmoräne während der Weichseleiszeit entstanden ist. Das Becken des Sees wurde durch eine Gletscherzunge geformt und übertieft. Mit dem Einsetzen der Warmzeit wurde daraus dieser See. Über die Wakenitz, die in Lübeck in die Trave fließt, hat der See eine natürliche Verbindung zur Ostsee.

Der See, der mit dem **Domsee** und den beiden **Küchenseen** Ratzeburg umschließt, ist ein Freizeitparadies für Segler, Wanderer, Radler und Ruderer. Für den Rudersport ist dieser Ort eine der ersten Adressen in Deutschland. Vom **Ratzeburger Achter** hat sicher schon jeder gehört, auch wenn er sich für diesen Sport überhaupt nicht interessiert.

Wer diese drei zusammenhängenden Seen zu Fuß umrunden will braucht ein wenig Kondition. Die Strecke ist 32 Kilometer lang, für eine Tageswanderung machbar, aber sicher nicht jedermanns Sache. Starten lassen sich diese Wanderungen von jedem der hier aufgeführten Stellplätze in Buch-

Bootshafen in Römnitz.

(221) Offizieller WOMO-Badeplatz: Ratzeburg – Schwimmbad Aqua Siwa

GPS: N53°41'44.7" E10°46'34.5"; Fischerstraße 43, 23909 Ratzeburg.
Max. WOMOs: 12, maximale Länge 10 m.
Ausstattung: Frischwasserversorgung, Abwasserentsorgung mit Bodeneinlass, Kassettenentleerung, Stromanschlüsse, Behälter für die Müllentsorgung, ganzjährig geöffnet.
Beschreibung: Ebene Plätze im Südosten der Insel, direkt neben dem Schwimmbad Aqua Siwa. Schöner Blick auf den Kellersee, nah an der Badestelle und nah an der Innenstadt. Sehr ruhig.

Preise: 8,00 € für ein Fahrzeug mit 2 Personen. Entsorgung kostenlos, über Münzautomaten gibt es Frischwasser für 1,00 €, Strom für 0,50 € pro kWh.
Zufahrt: Auf der B207 am Harmsdorfer Kreuz auf die B208 wechseln, in Ratzeburg hineinfahren und dort der Beschilderung zum Schwimmbad Aqua Siwa folgen.

(222) WOMO-Campingplatz: Römnitz – Zur schönen Aussicht

GPS: N53°42'32.2" E10°46'03.1"; Dorfstraße 3, 23909 Römnitz.
Max. WOMOs: >10, maximale Länge 10 m.
Ausstattung: Frischwasserversorgung, Abwasserentsorgung mit Bodeneinlass, Kassettenentleerung, Stromanschlüsse, Behälter für die Müllentsorgung, WLAN, Brötchenservice. Im Servicegebäude gibt es Dusche, WC, Waschmaschine und einen Trockner. Geöffnet von Anfang April bis Anfang Oktober.
Beschreibung: Schattige, windgeschützte Rasenplätze auf einer Halbinsel im Ratzeburger See, sehr ruhig. Es gibt eine kleine Badestelle und einen Schiffsanleger für den Ausflugsverkehr auf dem See.

Preise: Erwachsene Person 4,00€, Wohnmobil je nach Größe zwischen 10,00 und 16,00 €, Strom 2,00 pro Tag.
Zufahrt: Auf der B208 Ratzeburg durchfahren und in der Vorstadt links nach Bäk abbiegen, von dort der Beschilderung nach Römnitz und zum Campingplatz folgen.
Reservierung/Kontakt: Tel.: 04541/3348 oder www.campingplatz-zur-schoenen-aussicht.de.

holz, Ratzeburg, Römnitz oder Kalkhütte. Wer diese lange Strecke nicht gehen möchte, hat die Möglichkeit eine Teilwanderung mit einem Schiffsausflug zu verbinden. Anlegestellen gibt es an den Camping- und Stellplätzen in Buchholz, Ratzeburg und Römnitz. An dem sehr einfachen Campingplatz in Kalkhütte [**223:** N53°43'39.6" E10°46'05.2"] gibt es diese Möglichkeit nicht. Den Fahrplan und die Fahrpreise des Schiffes können Sie hier einsehen www.schiffahrt-ratzeburg.de.

Blick auf Ratzeburg.

Bleibt noch zu erwähnen, dass auch Fahrräder mitgenommen werden und dass es an Bord eine kleine Gastronomie gibt.

Wer den Stellplatz in Ratzeburg gewählt hat, kann die Insel, auf der die Altstadt liegt, bequem zu Fuß erkunden. Für einen Stadtspaziergang bietet es sich an, den Flyer "Auf den Spuren des Löwen" bei der Tourist-Info im Rathaus zu holen oder ihn von dieser Seite herunter zu laden. www.herzogtum-lauenburg.de. Auf dieser Seite unter Urlaubsorte nach Ratzeburg suchen, dann werden Sie das PDF finden.

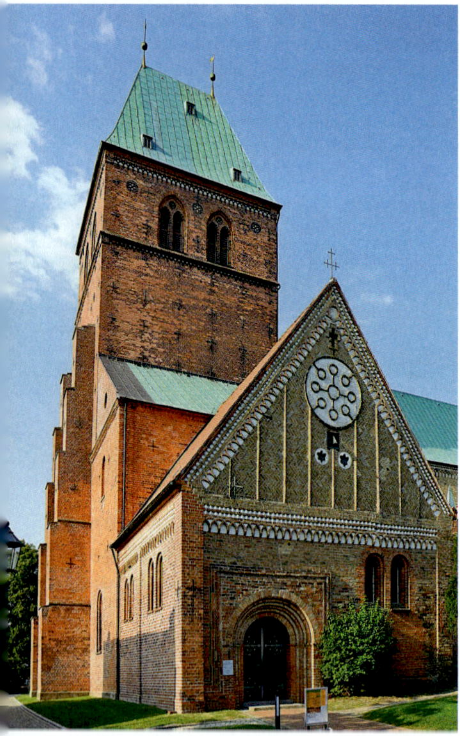

Der Ratzeburger Dom.

Wer diesem Flyer folgt, verpasst keine der besonderen Sehenswürdigkeiten dieser Stadt. Der Dom steht dabei an erster Stelle. Die Architektur der Kirche ist ein herausragendes Beispiel der norddeutschen Backsteinromanik. Begonnen wurde der Bau 1154, vollendet um 1220. Die Innengestaltung der Kirche ist sehr reichhaltig und es gibt einige Kunstschätze zu bewundern. Neben dem ältesten Chorgestühl Norddeutschlands sind hier insbesondere die Altäre und die Kanzel zu nennen, die Sie sich auch schon einmal auf dieser Seite www.ratzeburger-dom.de virtuell anschauen können.

Öffnungszeiten: Mai bis September täglich von 10:00 bis 18.00 Uhr; Oktober bis April dienstags bis sonntags von 10:00 bis 16:00 Uhr.

Epitaph des Herzogs August von Sachsen-Lauenburg und seiner Gemahlin im nördlichen Querhaus des Domes.

Neben dem Dom sind als besondere Sehenswürdigkeiten das **Barlach-Museum** zu nennen sowie das **A. Paul Weber-Museum**. Barlach gehört zu den berühmtesten Künstlern des deutschen Expressionismus. Das Museum befindet sich am Barlachplatz 3, einem Haus, in dem er einen Teil seiner Kindheit verbrachte. Öffnungszeiten und Eintrittspreise können Sie hier nachschlagen www.ernst-barlach.de.

Das Weber-Museum befindet sich in der Nähe des Doms. Es wurde wenige Jahre vor seinem Tod eingerichtet. In den Räumlichkeiten sind über 200 Handzeichnungen, Holzschnitte, Ölgemälde und Lithographien des satirischen Graphikers zu sehen. Öffnungszeiten und Eintrittspreise finden Sie hier www.weber-museum.de.

Wenn Sie gern frisch zubereiteten Fisch mögen, dann empfehlen wir Ihnen das Restaurant Fischerstube an der Schloßwiese. Es befindet sich in der Nähe der Tourist-Info, allerdings jenseits der Brücke über den Verbindungsarm zwischen dem Ratzeburger See und dem Küchensee. Hier bekommen Sie vom Fischbrötchen bis zum feinen Tellergericht vielerlei frisch zubereitet serviert. Auch die **Maräne**, einen lachsartigen Fisch, der im Ratzeburger See sein zuhause hat. Apropos fangfrischer Fisch: Wenn Sie selbst gern angeln, so können Sie sich in der Fischerstube eine Angelerlaubnis holen. Alle notwendigen Informationen zum Angelschein und Bilder vom Restaurant finden Sie hier www.fischerei-ratzeburg.de.

Das passende Boot für die Angeltour können Sie sich am Ostufer des Ratzeburger Sees, gleich neben der Brücke, bei der Segelschule Morgenroth mieten. Hier finden Sie eine breite Palette an Wasserfahrzeugen, wie Sie hier sehen können www.schaalsee-canu-salem.de.

Wenn wir schon in diesem netten Fischlokal sind, dann sei auch noch darauf hingewiesen, dass sich gleich nebendran das Strand-Freibad befindet und wiederum nur wenige Meter weiter die Anlegestelle des Ausflugsschiffes.

Kehren wir zum WOMO zurück. Noch eine Bemerkung zu dem Turm der auf der Ostseite des Ratzeburger Sees zu sehen ist und deutlich über die Baumwipfel herausragt. Wir dachten zunächst, dass es sich dabei um einen Aussichtsturm handelt, den wir unbedingt in diesem Buch aufnehmen müssten. Dem ist aber nicht so. Es ist ein alter, unter Denkmalschutz stehender Wasserturm, der keinerlei Funktion mehr hat und für Besucher nicht zugänglich ist.

Nun wechseln wir den Standort und fahren weiter zum Schaalsee. Nach etwas mehr als zehn Kilometern haben wir diesen urigen Campingplatz erreicht.

(224) WOMO-Campingplatz: Schaalsee-Camp

GPS: N53°38'22.8" E10°51'27.9"; Sterleyer Heide 2, 23883 Sterley.
Max. WOMOs: 5, maximale Länge 8 m.
Ausstattung: Frischwasserversorgung, Abwasserentsorgung mit Bodeneinlass, Kassettenentleerung, Stromanschlüsse, Behälter für die Müllentsorgung. Im Servicegebäude gibt es Duschen und ein WC. Der Platz ist von Ende April bis Anfang Oktober geöffnet.

Beschreibung: Schattige Plätze im Wald direkt am Schaalseekanal, sehr ruhig. Uriger Platz mit abendlicher Lagerfeuerromantik.
Preise: Erwachsene Person 7,00 €, Wohnmobil 5,00 €, Strom 4,00 pro Tag.
Zufahrt: Von Ratzeburg nach Salem fahren, von dort weiter Richtung Dargow und vor dem Ort rechts abbiegen.
Reservierung/Kontakt: Tel.: 04501/412 oder www.kanu-center.de.

Es ist ein Campingplatz für Natur- und Wasserfreaks, sehr ursprünglich. Hier können Sie stunden- oder tageweise ein SUP oder ein Kanu mieten und damit auf dem wildromantischen **Schaalseekanal**, dem kleinen **Pipersee**, dem **Salemer See** oder dem Schaalsee fahren. Da es sich nicht um ein stark fließendes Gewässer handelt, ist die Kraftanstrengung in die eine oder andere Richtung nahezu gleich. Nur auf der großen Wasserfläche des Schaalsees kann es etwas anstrengender oder auch ungemütlich werden, wenn ein stärkerer Wind aufkommt. Tagestouren können mit Ruckholser-

Auf dem Schaalsee bei Seedorf.

vice vereinbart werden, mehrere Ausstiegsstationen stehen dabei entlang des Kanals und der Seen zur Verfügung. Am besten lässt sich dies direkt auf dem Schaalsee-Camp klären. In jedem Fall eine sehr reizvolle Urlaubsperspektive auf dem Wasser in einer angenehmen und ruhigen Atmosphäre. Keine hektische Betriebsamkeit wie an so manchen Strandabschnitten an Nord- und Ostsee.

Kennen Sie **Till Eulenspiegel**? Natürlich kennen Sie ihn und vermutlich wissen Sie auch, dass **Mölln** als Eulenspiegelstadt gilt. Hier wurde er 1350 begraben.

Auf diesem Stellplatz stellen wir das WOMO ab, um diese Stadt mit fast 20.000 Einwohnern näher zu betrachten.

(225) Offizieller WOMO-Stellplatz: Mölln – Am Ziegelsee

GPS: N53°37'33.8" E10°40'60.0"; Alt-Möllner Straße 2A, 23879 Mölln.
Max. WOMOs: 24, maximale Länge 12 m, max. Aufenthalt 3 Tage.
Ausstattung: Stromanschlüsse, Behälter für die Müllentsorgung, ganzjährig geöffnet.
Beschreibung: Geräumige geschotterte Plätze mit Grünstreifen, weitgehend schattenlos in einer Sackgasse am Ziegelsee, sehr ruhig. Die vorbeiführende Bahnlinie stört kaum. 800 Meter bis zum Eulenspiegelmuseum.
Preise: 7,00 € für ein Fahrzeug inkl. Stromversorgung.
Zufahrt: Von Sterley kommend in Mölln die Brücke am Stadtsee überqueren, durch die Innenstadt in Richtung Schwarzenbek fahren und vor dem Bahnhof rechts abbiegen, die Gleise überqueren und erneut rechts abbiegen.

Es ist zweifellos ein malerisches Städtchen. Die Altstadt mit ihren alten Fachwerkhäusern und dem Eulenspiegelmu-

Blick über den Stadtsee auf Mölln.

seum sind ein Besuch wert. In 96 Geschichten werden die Schelmenstreiche des Narren beschrieben. Sie wurden verfilmt und vertont. Keine technische Variante die heutzutage üblich ist wurde ausgelassen, um die Narreteien des **Till Eulenspiegel** unter das Volk zu bringen. Der tiefere Sinn bleibt dabei manchmal auf den ersten Blick verborgen. Ganz in dieser Tradition bietet die Stadt Mölln den Null-Euro-Schein an. Den gibt es natürlich nicht gratis, den müssen Sie schon mit echtem Geld bezahlen. Als Gegenwert erhalten Sie einen Schein der echt aussieht und auf dessen Vorderseite Till Eulenspiegel abgebildet ist. Als Zahlungsmittel wird er nicht akzeptiert, auch nicht im **Eulenspiegelmuseum**, das unmittelbar neben der Kirche in der Altstadt zu finden ist. Hier muss ein Erwachsener echte 2,50 € auf den Tisch legen, um sich die Geschichten mit und um den bekannten Narren anschauen zu können.

Das Eulenspiegelmuseum in Mölln.

Öffnungszeiten: Von Mai bis Oktober montags bis freitags von 10:00 bis 13:00 Uhr und von 14:00 bis 17:00 Uhr; samstags und sonntags von 11:00 bis 17:00 Uhr. Von November bis April montags bis freitags von 14:00 bis 16:00 Uhr, samstags und sonntags von 11:00 bis 13:00 und von 14:00 bis 16:00 Uhr.

Die kleine Altstadt glänzt mit zahlreichen historischen Gebäuden. Auf dem höchsten Punkt steht die **Nicolai-Kirche**, die in einer Mischung aus Backsteinromanik und Backsteingotik zwischen dem 12. und 13. Jahrhundert errichtet wurde.

Mölln ist nicht nur Eulenspiegelstadt, sondern auch Kneippkurort. Südöstlich der Altstadt befindet sich ein kleiner Kurpark, der zu einem Spaziergang einlädt. Besonders sehenswert ist der **Wildpark Uhlenkolk**, der rund um ein Toteisloch angelegt wurde. Hier können Sie einheimische Tiere aus nächster Nähe in einer natürlichen Umgebung beobachten. Damwild, Wildschweine, Ziegen und Waschbären sind nur einige davon. Es gibt allerlei Spielgeräte für Kinder und einen großen Findlingspark. Die Anlage ist tagsüber frei zugänglich, Eintritt wird nicht erhoben. Hunde müssen allerdings draußen bleiben. Vom Stellplatz hierher sind es zwei Kilometer.

Der Eulenspiegelbrunnen in Mölln.

In der Altstadt von Mölln.

Wir wechseln erneut den Standort und fahren weiter nach Güster. Es sind nur etwas mehr als 12 Kilometer, bis wir den Stellplatz an der Blauen Lagune erreicht haben. Wer mit einem sehr großen und schweren Fahrzeug unterwegs ist, der kann diesen Stellplatz leider nicht nutzen. Mit unserem WOMO waren die Platzverhältnisse schon grenzwertig. Die Lage ist aber einfach genial. Der Blick auf den See, der Badestrand nur wenige Meter entfernt und ein Restaurant ist auch dabei. Es hat allerdings nur von Mai bis Mitte Oktober geöffnet.

(226) Offizieller WOMO-Badeplatz: Güster – Blaue Lagune

GPS: N53°31'34.8" E10°41'06.2"; Am Moorweg, 21514 Güster.
Max. WOMOs: 6, maximale Länge 7 m.
Ausstattung: Waschräume, Stromversorgung, Behälter für die Müllentsorgung, Restaurant, ganzjährig geöffnet.
Beschreibung: Kleine schattenlose Plätze mit Blick auf den Prüßsee, absolut ruhig in der Nacht. Badestrand und Restaurant nur wenige Meter entfernt.
Preise: 15,00 € für ein Fahrzeug mit 2 Personen inkl. Strom.
Zufahrt: In Güster den Hinweisen zur Blauen Lagune folgen. Die Zufahrt ist für Fahrzeuge mit einem Gesamtgewicht über 3,5t nicht möglich.

Neben dem reinen Badeurlaub ist dieser Standort auch sehr gut für Radtouren entlang des Elbe-Lübeck-Kanals geeignet. Bis Lauenburg an der Elbe sind es 25 und bis Ratzeburg 22 Kilometer. Die Radwege entlang des Kanals sind angenehm zu fahren, Steigungen gibt es keine. Wer es sportlich angehen will, der fährt bis nach Lübeck. Immer am Kanal entlang sind das 42 Kilometer. Als Tagestour bei diesen Geländeverhältnissen keine besondere Herausforderung.

Auf unserem weiteren Weg mit dem WOMO nach Lauenburg schauen wir am **Schloss Wotersen** vorbei. Mit die-

Schloss Wotersen.

sen Koordinaten N53°32'31.6" E10°36'05.8" werden Sie es leicht finden. Es ist eine Dreiflügelanlage mit Ehrenhof. Das Schloss diente als Filmkulisse für die ZDF-Serie die Guldenburgs und ist heute einer der Veranstaltungsorte für das **Schleswig-Holstein Musik Festival** dessen Programm und Spielorte Sie hier ersehen können www.shmf.de. Ansonsten ist die Anlage nur von außen zu besichtigen.

Die Schleuse Witzeeze am Elbe-Lübeck-Kanal.

Wir fahren weiter, durchqueren die Gemeinde Büchen und überqueren bei **Witzeeze** an einer Schleuse den Elbe-Lübeck-Kanal. Gleich dahinter geht es links weiter zu dem Campingplatz, den Sie auf der folgen Seite beschrieben finden.

(227) WOMO-Campingplatz: Witzeeze – Forellensee

GPS: N53°27'40.4" E10°37'42.9"; Forellensee 1, 21514 Witzeeze.
Max. WOMOs: >20, maximale Länge 12 m.
Ausstattung: Frischwasserversorgung, Abwasserentsorgung mit Bodeneinlass, Kassettenentleerung, Stromanschlüsse, Behälter für die Müllentsorgung, WLAN, Brötchenservice, Restaurant, Badesee. Im Servicegebäude gibt es Duschen, WCs, Waschmaschinen und Trockner, Sauna und Solarium. Der Platz ist ganzjährig geöffnet.
Beschreibung: Geräumige Rasenplätze zwischen mehreren Seen und dem Elbe-Lübeck-Kanal, sehr ruhig.

Preise: Erwachsene Person 5,00 €, Kinder bis 12 Jahren 2,50 €, Wohnmobil 6,00 €, Strom 0,[illegible] pro kWh, Hund 1,00 €.
Zufahrt: In Witzeeze zum Elbe-Lübeck-Kanal fahren, ihn an der Schleuse überqueren und dann links abbiegen und der Straße bis zum Ende folgen.
Reservierung/Kontakt: Tel.: 04155/2420 oder https://campingplatz-forellensee.de/.

Der Elbe-Lübeck-Kanal

Der von 1895 bis 1900 gebaute Elbe-Lübeck-Kanal war in den Anfangsjahren eine bedeutende Wasserstraße für den Gütertransport. Sieben Schleusen liegen zwischen der Elbe und der Ostsee. Sie sind für jeweils zwei Schiffe von acht Metern Breite und bis zu 80 Metern Länge ausgelegt. Heute verkehren nur noch wenige Frachtschiffe auf dem 62 Kilometer langen Kanal zwischen Lauenburg und Lübeck. Rund 600.000 Tonnen Fracht werden pro Jahr auf diesem Kanal transportiert. Große Bedeutung hat er für Sportboote. Freizeitkapitäne nutzen ihn gern, um von der Elbe, der Havel oder von Hamburg nach Lübeck zu gelangen. Darüber hinaus werden die Radwege entlang des Kanals von Urlaubern gern und viel genutzt.

Da er für die moderne Binnenschifffahrt aufgrund der zu kleinen Schleusen und zu niedrigen Brücken nicht geeignet ist, soll er nunmehr ausgebaut werden. Die Mittel wurden im Bundesverkehrswegeplan bereitgestellt. Dies hat zur Folge, dass alle Schleusen vergrößert werden müssen und alle Brücken über den Kanal erneuert und höher gelegt werden, um größere Schiffe auf dem Kanal fahren lassen zu können. Auch eine Vertiefung der Fahrrinne steht zur Debatte. Die Idee dahinter ist, den Transport von Containern von Lübeck nach Hamburg von der Straße auf Binnenschiffe zu verlagern und das Transportvolumen auf drei bis vier Millionen Tonnen pro Jahr zu steigern. Ob es tatsächlich so kommt, ist noch offen, denn es regt sich Widerstand den zum Idyll gewordenen Kanal zu einer leistungsfähigen Wasserstraße auszubauen.

Wie sich der Ausbau für die Camping- und Stellplätze entlang des Kanals auswirken werden, vermögen wir nicht einzuschätzen. Noch gibt es die Uferidylle und die ruhigen Seenlandschaften mit Badestellen, Liegewiesen und Picknickplätzen. Auch am **Lanzer See**, dem nächsten Stellplatz auf dieser Reise nach Lauenburg. Der See ist im Zuge eines

(228) Offizieller WOMO-Badeplatz: Basedow – Lanzer See

GPS: N53°24'34.8" E10°35'50.3"; Am Lanzer See 1, 21483 Basedow.
Max. WOMOs: >20, maximale Länge 12 m.
Ausstattung: Frischwasserversorgung, Abwasserentsorgung mit Bodeneinlass, Kassettenentleerung, Stromanschlüsse, Behälter für die Müllentsorgung, WLAN, Brötchenservice, Waschmaschine, Trockner, Gasflaschentausch, Restaurant, ganzjährig geöffnet.
Beschreibung: Separat vom Campingplatz angelegte Rasenplätze direkt am Lanzer See und dem Elbe-Lübeck-Kanal, sehr ruhig.
Preise: Personen ab 13 Jahren je nach Saison zwischen 5,00 € und 6,00 €, Kinder zwischen 2,50 € und 3,00 €. Wohnmobil zwischen 7,00 € und 9,00 €, Kastenwagen zwischen 5,00 € und 7,00 €, Hund 2,00 €. Entsorgung und Frischwasser kostenlos, Strom 3,00 € pro Tag. Anmeldung und Bezahlung erfolgt an der Rezeption des Campingplatzes.
Zufahrt: In Basedow zum Elbe-Lübeck-Kanal fahren, ihn überqueren und dann rechts zum Campingplatz abbiegen.

Kiesabbaus entstanden, ist mit dem Kanal verbunden und wirkt auf den ersten Blick wie ein Hafenbecken.

Wir steuern nunmehr das letzte Reiseziel dieser Tour und dieses Buches an. In **Lauenburg** an der Elbe stoßen die Ländergrenzen von Schleswig-Holstein, Niedersachsen und Mecklenburg-Vorpommern aneinander. Die Elbe bildet die Grenze zu Niedersachsen, das Flüsschen Delvenau die Grenze zu Mecklenburg Vorpommern.

Acht Kilometer müssen wir vom Lanzer See bis zu dem Stellplatz in Lauenburg fahren. Sollte er belegt sein, so bietet sich auf der anderen Seite der Elbe eine Alternative an. Beide Stellplätze finden Sie auf der nächsten Seite beschrieben.

Der Rufer in Lauenburg.

(229) Offizieller WOMO-Stellplatz: Lauenburg – Yachthafen

GPS: N53°22'19.3" E10°33'57.8"; Hafenstraße 14, 21481 Lauenburg/Elbe.
Max. WOMOs: 18, maximale Länge 12 m.
Ausstattung: Frischwasserversorgung, Abwasserentsorgung mit Bodeneinlass, Kassettenentleerung, Stromanschlüsse, Behälter für die Müllentsorgung, WLAN, Brötchenservice. Im Servicegebäude gibt es Duschen und WCs. Der Platz ist ganzjährig geöffnet.
Beschreibung: Geschotterte schattenlos Plätze mit Blick auf den Yachthafen, Straßenlärm deutlich hörbar. Fußweg in die Innenstadt 1 Kilometer.

Preise: 12,00 € für ein Fahrzeug, Frischwasser 1,00 € und Strom 0,50 € pro kWh, Müllentsorgung 1,00 €. Abwasserentsorgung und Entleerung der Bordtoilette ist kostenfrei.
Zufahrt: In Lauenburg auf die B5/B209 in Richtung Boizenburg fahren, dann vor der Brücke über den Elbe-Lübeck-Kanal rechts abbiegen Richtung Lüneburg und auf der B209 bleiben. Der Straße bis zum Yachthafen folgen.

(230) Offizieller WOMO-Stellplatz: Hohnstorf

GPS: N53°21'45.5" E10°33'44.5"; Schulstraße 1A, 21522 Hohnstorf (Elbe).
Max. WOMOs: 9, maximale Länge 12 m, max. Aufenthalt 3 Tage.
Ausstattung: Frischwasserversorgung, Abwasserentsorgung mit Bodeneinlass, Kassettenentleerung, Stromanschlüsse, Behälter für die Müllentsorgung, ganzjährig geöffnet.

Beschreibung: Gepflasterte eng beieinanderliegende Plätze mit Panoramablick auf Lauenburg, schattenlos. In einer Sackgasse am Ortsrand direkt an der Elbe, sehr ruhig. Fußweg in die Innenstadt von Lauenburg 2 Kilometer.
Preise: 8,00 € für ein Fahrzeug, Frischwasser 1,00 € für ca. 100 Liter, Strom 1,00 € für 10 Stunden. Abwasserentsorgung und Entleerung der Bordtoilette ist kostenfrei.
Zufahrt: Von Lauenburg über die Elbrücke in Richtung Lüneburg fahren. Hinter der Brücke links abbiegen in Richtung Bleckede, dann die nächste Straße erneut links abbiegen und bis zum Stellplatz fahren.

Vom Stellplatz am Yachthafen ist es nicht weit bis zur Elbstraße in der Altstadt, von der Sie auf der gegenüberliegenden Seite zwei Fotos sehen. Sie kommen dabei an dem Rufer vorbei, dessen blank polierter Daumen auffällt. Das Berühren dieses Körperteils soll Glück bringen, das kann man immer brauchen. Die Altstadt ist zweifellos ein überaus prachtvolles Gebäudeensemble aus alten Fachwerkhäusern. Zahlreiche Künstler

Die Elbstraße ist ein einzigartiges malerisches Fachwerkensemble.

und Kunsthandwerker haben hier ihre Ateliers oder Ausstellungsräume. In der Altstadt befindet sich auch das **Künstlerhaus Lauenburg**. Es ist eine Internationale Stipendiatenstätte des Landes Schleswig-Holstein unter der Schirmherrschaft des Kultusministeriums. Es bietet Nachwuchstalenten aus aller Welt die Möglichkeit ungestört neue Projekte zu realisieren und diese dem kunstinteressierten Publikum vorzustellen.

Gegenüber dem Künstlerhaus befindet sich das **Elbschifffahrtsmuseum**, das unter dem Motto "Mensch-Modell-Maschine" eine sehenswerte interaktive Ausstellung bietet. Es zeigt die Entwicklung der Elbe vom Fluss zur Wasserwirtschaftsstraße, zeigt wie die Menschen auf und mit der Elbe ihr Leben verbracht haben und hat im Untergeschoss in der "Schatzkammer der Schiffsantriebe" eine einzigartige Sammlung unterschiedlicher Schiffsmotoren.

Öffnungszeiten: März bis Oktober montags bis freitags von 10:00 bis 18:00 Uhr, samstags und sonntags von 10:00 bis

17:00 Uhr; November bis Februar täglich von 10:00 bis 16:00 Uhr. Eintritt 5,00 €, Kinder unter 6 Jahren haben freien Eintritt.

Erstaunlich ist die Steigung, wenn man vom Museum hoch auf den Schlossberg geht. Hier lockt ein Turm und die Aussichtsplattform **Askanierblick**. Derartige Anstiege sind nach einigen Wochen Schleswig-Holstein richtig ungewohnt. Aber es lohnt sich, von oben ist der Blick über die Elbe und die Altstadt einfach grandios.

Ein Kleinod in Lauenburg ist die etwas außerhalb liegende **Palmschleuse** an der B5 Richtung Boizenburg. Sie ist die älteste Kammerschleuse Europas und wurde zwischen 1392 und 1398 gebaut. Sie war Teil des Stecknitzkanals, dem Vorläufer des Elbe-Lübeck-Kanals und war bis 1900 in Betrieb.

In Lauenburg mündet nicht nur der Elbe-Lübeck-Kanal in die Elbe, sondern auf der gegenüberliegenden Seite auch der Elbe-Seitenkanal, der den Mittellandkanal mit der Elbe verbindet. Am Ruferplatz, dort, wo der Rufer mit dem blank polierten Daumen steht, legen die Fahrgastschiffe in alle Himmelsrichtungen ab. Auf bequemen Schiffen mit Restaurantbetrieb, werden von verschiedenen Reedereien über den Elbe-Lübeck-Kanal Fahrten nach Mölln angeboten, über den Elbe-Seitenkanal Fahrten zum Schiffshebewerk Scharnebeck, über die Elbe nach Hamburg oder in die Gegenrichtung nach Boizenburg und Hitzacker. Lauter interessante Fahrten

über die Sie hier nähere Informationen bekommen können www.personenschifffahrt-wilcke.de; www.reederei-helle.de. Ein ganz besonderes Erlebnis und sehr beliebt ist eine Fahrt mit dem historischen **Raddampfer Kaiser Wilhelm**. Das Schiff versieht seit 1900 seinen Dienst auf der Elbe. Es fährt den Hamburger Hafen an und den Elbhafen in Wittenberge. Nähere Information zu diesem Schiff und den Ausflugsfahrten mit dem Dampfer finden Sie hier https://raddampfer-kaiser-wilhelm.de. Rechtzeitige Buchungen werden empfohlen, denn die Ausflugsfahrten mit diesem Schiff sind sehr beliebt.

Lauenburg ist nicht nur ein Kreuzungspunkt der Wasserstraßen. Auch das Fernradwegenetz hat hier einen Knotenpunkt. Hier treffen der **Elberadweg**, die **Alte Salzstraße**, der **Radweg Hamburg-Rügen** und der **Iron Curtain Trail** aufeinander. Der letzte ist in Deutschland deckungsgleich mit dem Radweg **Grünes Band Deutschland**, der entlang der ehemaligen innerdeutschen Grenze verläuft. Nördlich davon führt er bis an die Barentssee, südlich bis ans Schwarze Meer und markiert den ehemaligen "Eisernen Vorhang".

Nun sind wir am Ende angekommen. Wir hoffen, Ihnen hat das Buch gefallen und Sie haben nützliche Informationen mit diesem Reiseführer gewinnen können. Gern nehmen wir eine Resonanz aus unserer Leserschaft entgegen. Aus Kritik lernen wir, über Lob freuen wir uns.

Tipps und Infos – alphabetisch sortiert

Baden/Wellness
Campingplätze
Freies Camping/Freies Übernachten
Gasversorgung
Gaststätten und Spezialitäten
GPS/Naviagtion
Grenzen
Kartenmaterial und Literatur
Kleingeld/Münzen
Kurtaxe
Toiletten/Toilettenentsorgung
Trinkwasserversorgung/Grauwasserentsorgung
Wandern und Radwandern
Wassersport
Zum Schluss: Die große Wohnmobilfahrerfamilie

Baden/Wellness

Nord- und Ostsee sowie die vielen Binnenseen bieten eine Fülle an Bademöglichkeiten. Wir haben nicht alle in diesem Buch aufgeführt, es gibt weit mehr als der Platz zwischen den beiden Buchdeckeln zulässt.

Es gibt darüber hinaus eine große Summe an Frei- und Hallenbädern auf die wir immer wieder hingewiesen haben ohne jedoch dabei den Anspruch auf Vollständigkeit erheben zu wollen.

Ein großes Thema sind in den letzten Jahren die Kurbäder geworden, die sich in der Regel nicht nur verordnete Kuren durchführen, sondern ihre Angebote auch auf das Thema Wellness ausgerichtet haben. Viele haben einen Wohnmobilstellplatz in unmittelbarer Nähe. Es sind allerdings nicht so viele, wie wir dies aus Süddeutschland kennen.

Campingplätze

Die Zahl der Campingplätze ist sehr groß in Schleswig-Holstein. Wir haben nicht alle aufgenommen, sondern sehen sie als Alternative zu nicht vorhandenen Stellplätzen. Wir wählen einen Campingplatz aber auch dann, wenn er besonders schön an einem Fluss, einem See oder in Meeresnähe liegt und klassische Wohnmobilstellplätze nicht in ausreichender Zahl zur Verfügung stehen. Im Vergleich zu unseren anderen Büchern haben wir für dieses Buch sehr viele Campingplätze ausgewählt auch in der Überzeugung, dass am Meer längere Aufenthalte gewählt werden.

Freies Campen/Freies Übernachten

Nicht jeder traut sich auf einem Waldparkplatz oder an einem still verschwiegenen See ohne eine Menschenseele um sich herum sein Womo abzustellen und zu übernachten. Uns stört es nicht, wenn des Nachts der Waldkauz ruft oder es im Gebüsch auch einmal knackt. Unter Sicherheitsaspekten betrachtet erscheint uns dies sogar besser, denn Spitzbuben, die auf Diebestour sind, gehen eher dorthin, wo sie nicht lange suchen müssen. Außerdem haben wir immer unsere drei treuen Begleiter dabei, die schlagen jeden in die Flucht, wenn es denn sein muss.

Wichtig ist natürlich – und darum bitten wir auch Sie, liebe Leser – nichts anderes zu hinterlassen als ein paar Reifenspuren. Wir hatten bislang mit dieser Vorgehensweise nirgendwo ein Problem. Bedauerlich ist nur, dass es an den Küsten in Schleswig-Holstein dafür nur wenige Möglichkeiten gibt.

Gasversorgung

Graue Campinggasflaschen werden in fast allen Baumärkten zu den üblichen Ladenöffnungszeiten zum Tausch angeboten. Dort, wo ein Gasflaschentausch auch auf Camping- oder Stellplätzen angeboten wird, haben wir in den Stellplatzbeschreibungen darauf hingewiesen.

Gaststätten und Spezialitäten

Der Schleswig-Holsteiner liebt die bodenständige klassische Küche. Dabei spielen Fisch und Meeresfrüchte naturgemäß eine besondere Rolle. Nicht alle Restaurants fühlen sich der traditionellen Küche verpflichtet. Wer aber bekannte traditionelle Gerichte probieren möchte, der sollte auf den Speisekarten nach folgenden Gerichten Ausschau halten:

Brooken Sööt, Birnen, Bohnen und Speck

Speck, Bohnen und Birnen werden gemeinsam gekocht und mit Salzkartoffeln serviert. Der Geschmack von süßer Frucht und würzig-deftigem Speck gibt einen unverwechselbaren Geschmack.

Holsteiner Sauerfleisch

Ist gut durchgezogen und besteht aus gepökeltem Schweinfleisch. Es wird kalt serviert, dazu gibt es knusprige Bratkartoffeln.

Holsteiner Scholle

Gebratene Scholle mit Speck, Krabben und Bratkartoffeln.

Kieler Sprotten

Traditionell werden die Sprotten in einem sogenannten Altonaer Ofen über Buchen- und Erlenholz geräuchert. "Mit Kopp un Steert" wird der Fisch komplett samt Kopf und Gräte gegessen. "Kopp un Steert sünt nix weert" sagen andere und essen nur das Fleisch.

Matjes

Das sind besonders milde Salzheringe, die durch Enzyme in einer Salzlake heranreifen. Klassisch wird Matjes mit Pellkartoffeln und grünen Bohnen mit Speckstippen angeboten.

Meelbüdel

Der Meelbüdel ist ein mit Eiern gelockerter Mehlkloß. Er kann mit Süßem und Deftigem kombiniert werden. Backobst oder Fruchtkompott werden ebenso als Beilage gereicht wie Kochwurst, Schweinebacke oder Kasseler.

Pharisäer

Nationalgetränk der Friesen, Kaffee mit einer ordentlichen Portion Rum und einer Sahnehaube.

Schnüüsch

Angelner Traditionsgericht aus Bohnen, Erbsen, Kohlrabi, Karotten und frischer Milch, das mit Katenschinken oder Matjes serviert wird.

GPS/Navigation

Ohne ein Navigationsgerät ist heute kaum noch jemand unterwegs. Die Geräte sind äußerst nützlich, nur blind vertrauen sollte man ihnen nicht. Hinter jeder Programmierung und Datenerfassung steht ein Mensch und der macht nun einmal Fehler, falsche Wegweisung ist deshalb nicht ausgeschlossen. Navigationsgeräte führen zwar zielgenau zu den eingegebenen Koordinaten, eine Übersicht bieten sie jedoch nicht. Nehmen Sie ergänzend zu Ihrem Navi eine gute Landkarte zur Hand, damit Sie ein Gefühl dafür bekommen, in welcher Lage sich die einzelnen Städte oder Sehenswürdigkeiten zueinander befinden.

Grenzen

Wir befinden uns hier im Grenzgebiet zu Dänemark. Die Grenze zu überschreiten ist problemlos möglich. Ausweispapiere sollt man aber immer dabei haben, weil die Grenze in Folge der Flüchtlingsproblematik durchaus kontrolliert wird.

Kartenmaterial und Literatur

Ergänzend zu Ihrem Navi sollten Sie gutes Kartenmaterial mit sich führen. Wir waren mit Kartenmaterial im Maßstab 1:200.000 vom ADAC-Verlag unterwegs und haben auch immer Kartenmaterial aus dem Kunth-Verlag an Bord. Aus den jeweiligen Verlagsverzeichnissen lassen sich die Karten und Autoatlanten für Ihr Zielgebiet gut entnehmen.

Darüber hinaus haben wir uns auch mit den Produkten eingedeckt, die regional an den Kiosken oder Tourist-Infos angeboten werden.

Natürlich macht auch eine Internetrecherche zu den jeweiligen Zielgebieten Sinn. Auch wenn jede Tourist-Info ihre „Website“ anders aufbaut und man sich immer wieder neu in den Seiten zurechtfinden muss, lassen sich doch einige nützliche Informationen gewinnen. Man sollte nur immer daran denken, dass diese Informationen nicht uneigennützig ins Netz gestellt werden.

Kleingeld/Münzen

Die Parkautomaten, die Münzautomaten an den Stromsäulen und an den Sanitärstationen verlangen nach Kleingeld. Achten Sie darauf, immer einen Vorrat an 50 Cent und 1-Euro-Münzen mitzuführen. Wir haben uns dazu eine kleine Schachtel in das Handschuhfach gelegt, die immer wieder mit dem Wechselgeld nach Einkäufen gefüttert wird.

Kurtaxe

An allen größeren Badeorten wird eine Kurtaxe erhoben, oftmals nur für den Strandbereich. In der Regel sind das Münzautomaten, an denen wie bei einem Fahrkartenautomaten eine Karte gezogen wird. So wie es bei Bus und Bahn einen Fahrkartenkontrolleur gibt, müssen Sie auch am Strand damit rechnen kontrolliert zu werden. Haben Sie es versäumt eine Karte zu ziehen, wird meistens der doppelte Betrag verlangt.

Toiletten/Toilettenentsorgung

Auf unseren Touren haben wir darauf geachtet eine Vielzahl von Plätzen zu finden, die sachgerechte Ver- und Entsorgungseinrichtungen haben. Die Entsorgung ist kein Kostenfaktor und es sind genügend Stationen in diesem Buch genannt. Es gibt also wirklich keinen Grund den Inhalt der Bordtoilette hinter irgendeinem Busch zu entleeren. Die Stationen sind in den Tourenkarten gut erkennbar. Vielleicht müssen Sie mal auf eine Station aus einer Nachbartour ausweichen, auch diese Möglichkeit ist in den Tourenkarten gut ablesbar.

Für den Notfall haben wir uns eine zweite Kassette zugelegt, die bei Bedarf gegen die volle getauscht wird. Ansonsten gilt: Vorausschauend Ver- und Entsorgen und nicht bis auf den letzten Drücker warten, zumal auch immer damit zu rechnen ist, das eine Station durch einen Defekt nicht genutzt werden kann.

Trinkwasserversorgung/Grauwasserentsorgung

Hier gilt das gleiche wie für die Toilettenver- und entsorgung. Erfahrungsgemäß ist die Toilette schneller voll als der Abwassertank. Wir arbeiten die Frischwasseraufnahme, Grauwasser- und Toilettenentsorgung immer an einer Service-Station nacheinander ab, egal wie dringend notwendig das eine oder andere gerade auch ist.

Wandern und Radwandern

Die gesamte Region ist zum Wandern und Radeln ideal. Wir haben uns bemüht, einige der interessantesten Routen im Buch zu berücksichtigen. Es gibt jedoch noch wesentlich mehr Wege, die entdeckt, durchschritten bzw. durchfahren werden wollen. Um diese zu erkunden, empfehlen wir u.a. die Routenbeschreibungen bei www.outdooractive.com oder www.

komoot.de anzuschauen und auf Ihr Smartphone zu laden. Wir haben damit gute Erfahrungen gemacht. Es geht auch mit der Routenführung bei Google Maps, die wir gern für die Städte verwenden.

Wassersport

Wir selbst sind keine Wassersportler. Surfen, Kitesurfing und Kanutouren sind nicht unsere Welt. Dennoch weisen wir in diesem Buch immer wieder darauf hin, wo es geeignete Strände und Windverhältnisse zum Surfen gibt und wo Sie sich bei Bedarf an Seen und Kanälen ein Kanu mieten können.

Zum Schluss: Die große Wohnmobilfahrerfamilie

Urlaub mit dem Wohnmobil ist etwas ganz besonderes. Man kann die Freiheit genießen, ist ungebunden, dennoch immer zu Hause und lebt mitten in der Natur. Seit mehr als 25 Jahren geben wir Ihnen mit unseren Reiseführern eine Anleitung für diese Art Urlaub mit auf den Weg. Außer den umfangreich recherchierten Touren haben wir viele Tipps allgemeiner Art zusammengetragen, unter ihnen auch solche, die für einen Womo-Urlauber eigentlich selbstverständlich sein sollten. Weil wir als Wohnmobiler die Natur in ihrer ganzen Schönheit und Vielfalt zu schätzen wissen, haben wir auch eine besondere Verantwortung ihr gegenüber, die wir nicht einfach auf andere abwälzen dürfen.

Jährliche erhalten wir viele Zuschriften, Grüße von Lesern, die mit unseren Reiseführern einen schönen Urlaub verbracht haben und sich herzlich bei uns bedanken. Wir erhalten Hinweise über Veränderungen an den beschriebenen Touren, die von uns bei der Aktualisierung der Reiseführer helfen.

Aber: Wir erhalten auch Zuschriften über das Verhalten von Wohnmobilfahrern, die sich egoistisch, rücksichts- und verantwortungslos der Natur und ihren Mitmenschen – Urlaubern und Einheimischen – gegenüber verhalten. In diesen Briefen geht es um die Themen Müllbeseitigung, Abwasser- und Toilettenentsorgung. Es soll immer noch Wohnmobilurlauber geben, die ihre Campingtoilette nicht benutzen, dafür lieber den nächsten Busch mit Häufchen und Toilettenpapier „dekorieren"; die den Abwassertank nicht als Tank nutzen, sondern das Abwasser einfach durchfließen lassen, die ihren Müll neben dem Wohnmobil „vergessen“ und sich davon machen.

Liebe Leser!

Wir möchten Sie im Namen der gesamten Womo-Familie bitten: Helfen Sie aktiv mit, diese Schweinereien zu unterbinden! Jeder Wohnmobilurlauber trägt eine große Verantwortung und sein Verhalten muss dieser Verantwortung auch gerecht werden. Bestimmt hat mancher, dem Sie auf Ihrer Tour begegnen und sich unwürdig verhält, das gleiche Büchlein in der Hand wie Sie. Er weiß zumindest jetzt worum es geht. Sprechen Sie ihn an und weisen Sie ihn auf sein Fehlverhalten hin.

Der nächste freut sich, wenn er den Stellplatz sauber vorfindet, denn auch er hat sich seinen Urlaub verdient!

Vor allem aber: Wir erhöhen damit die Chance, dass uns unsere über alles geliebte Wohnmobil-Freiheit noch lange erhalten bleibt.

Helfen Sie mit, den guten Ruf unserer Womo-Familie zu wahren! Tragen Sie dazu bei, dass einzelne ihn nicht in den Schmutz ziehen!
Wir danken Ihnen im Namen aller Womo-Freunde –

Ihr WOMO-Verlag

Stichwortverzeichnis

A
Abenteuer Dschungelland, Weissenhaus 253
Achtrup 154
Ahrensburg 346
Alte Kirche Sankt Salvator 117
Alter Elbtunnel 30
Alter Leuchtturm Travemünde 307
Altes Land 48
Altes Rathaus Rendsburg 226
Altländer Apfeltage 48
Alt-Segeberger Bürgerhaus 351
Amanda, Holländermühle 184
Amrum 133
Amrumer Windmühle 138
Amsinck-Haus 121
Archäologische Landesmuseum 208
Arnis 185
Arwed Emminghau 262
Aschberg 221
Askanierblick 368
Aurora, Holländerwindmühle 49

B
Bad Bramstedt 316
Bad Malente-Gremsmühlen 332
Bad Oldesloe 347
Bad Schwartau 307
Bad Segeberg 349
Barkelsby 197
Barkenholm 87
Barlach-Museum Ratzeburg 357
Bartholomäus-Kirche 60
Behrensdorf 248
Beltringharder Koog 122
Binnenalster 34
Bismarckdenkmal, Aschberg 222
Bismarck-Denkmal, Hamburg 25
Bismarckturm auf dem Scheersberg 174
Bismarckturm, Bad Schwartau 308
Bismarckturm in Lütjenburg 246
Bistensee 222
Blaue Lagune 362
Bockholmwik 170
Böklund 201
Bordesholmer Altar, Schleswig 206
Bösdorf 324
Botanischer Garten, Hamburg 39
Braasch's Rum Manufaktur 162
Brahmshaus 86
Brasilien 240
Brodtner Ufer, Timmendorfer Strand 304
Brokdorf 58
Brunsbüttel 61
Buchholz 353
Buddenbrookhaus Lübeck 312
Büdelsdorf 223
Bülker Leuchtturm 232
Bungsberg 288
Burchardiflut 119
Burg auf Fehmarn 263
Bürgermeister-Hintze-Haus 53
Burgstaaken 261
Burgtor Lübeck 311
Büsum 75
Büsum, Stadtplan 79

C
Cap Arcona 296
Cap Arkona Museum 297
Cap San Diego 29
Carl Maria von Weber 338
Chilehaus 27 37

D
Dagebüll 125
Dahme 286
Damp 192
Dänischer Wohld 228
Dänisch-Nienhof 231
Davidwache 34
Detlev von Liliencron 118
Deutsche Beach-Volleyball Meisterschaft 303
Die Schauende 337
Dithmarschen 63
Dithmarscher Bauernhaus 73
Dithmarscher Wasserwelt 84
Dom Sankt Petri 207
Domsee 354
Dom, Hamburg 24

Dörnsk an Köögem 137
Dosenmoor 322
Dusenddüwelswarf 73

E
Eckernförde 215
Edda, Windmühle 68
Ehrenmal, Laboe 237
Eidersperrwerk 97
Einfelder See 322
Eisenbahnhochbrücke Rendsburg 225
Eiszeitmuseum, Lütjenburg 246
Elbe-Lübeck-Kanal 364
Elbfähre Glückstadt 58
Elbphilharmonie 29
Elbpromenade, Hamburg 26
Elisabethturm, Bungsberg 288
Elpersbüttel 74
Erlebniszentrum Naturgewalten, List 145
Ernst Barlach, Geburtshaus 42
Erste Mandränke 119
Eulenspiegelmuseum in Mölln 360
Europäisches Hansemuseum 310
Europa Passage 36
Eutin 334
Eutiner Festspiele 335
Eutiner Schloss 336
Eutin, Stadtplan 335

F
Falknerei Walter 252
Familienlagune Büsum 77
Färberhaus 247
Fehmarn 257
Fehmarnbelttunnel 258
Fehmarnsundbrücke 258
Ferien auf Immenhof 333
Fernmeldeturm Bungsberg 288
Fielmann-Akademie 330
Fischers Wiehnacht, Timmendorfer Strand 303
Fischmarkt, Hamburg 32
Fischmarkt, Stade 53
Flakbunker IV 24
Flensburg 157
Flensburg, Stadtplan 158
Flügger Leuchtturm 274
Flügger Strand 271
Flüggerteich 271
Flunder, Hohwacht 250
Fockbek 227
Föhr 127
Food Sky 36
Forellensee 364
Freichlichtmuseum Stade 56
Freilichtmuseum Molfsee 235
Freudenstadt 84
Friedrich Hebbel 82
Friedrichskoog-Spitze 66
Friedrichstadt 90

G
Galileo Wissenswelt 264
Geltinger Birk 177
Geltinger Bucht 175
Gelting Mole 175
Geschlechterfriedhof 87
Gettorf 228
Glücklicher Matthias 131
Glücksburg 165
Glückstadt 44
Glückstädter Matjeswochen 46
Gottorfer Globus 209
Graswarder 256
Grömitz 290
Grömitzer Welle 292
Großen Binnensee 249
Großenbrode 279
Großensee 345
Großer Eutiner See 334
Großer Plöner See 325
Großer Pönitzer See 301
Großer Segeberger See 351
Große Straße, Flensburg 160
Große Wallanlagen 25
Großsteingrab Karlsminde 198
Grüner Brink 267
Grüner Jäger 230
Günter Grass-Haus Lübeck 311
Gut Ludwigsburg 198
Gut Panker 244

H
Hagenbeck 39
Haithabu und Danewerk 211
Hamburg 19
Hamburger Hafen 31
Hamburger Hallig 122
Hamburg, Stadtplan 21
Handelskammer, Hamburg 35
Hansa-Park 299
Hanse 310

Hansehafen, Stade 53
Hasselberg 179
Havneby 141
Heide 83
Heide, Stadtplan 86
Heiligengeistfeld 24
Heiligen-Geist-Hospital Lübeck 311
Heiligenhafen 255
Hemmelsdorfer See 304
Heringsdorf-Süssau 286
Herzog Friedrich III. 90
Hessenstein 245
Hessische Hausstiftung 244
Hohenfelde 241
Hohwacht 250
Hollern-Twielenfleth 51
Holm 203
Holnis 168
Holstein-Therme, Bad Schwartau 308
Holsten Galerie 318
Hörnum 148
Husum 110
Husum, Stadtplan 111
Hygieia-Brunnen 35

I

Immenhof-Museum 333
Indoorspielpark Wal Willi 66
Industriemuseum Elmshorn 43
Internationales Maritimes Museum 28

J

Jacobikirche 37
Jacobikirche Lübeck 311
Jagel 203
Jimi Hendrix Gedenkstein 273
Johann Georg Niederegger 313
Johann Heinrich Wilhelm Tischbein 337
Johannisberg 267
Jork 46
Jungfernstieg, Hamburg 34

K

Kalkberg, Bad Segeberg 349
Kalkberghöhle 349
Kaltenkirchen 315
Kampen 140
Kappeln 181
Karrharde 155
Karschau 186
Katharina die Große 337
Katinger Watt 98
Kellenhusen 287
Kellersee-Fahrt 333
Kiel 234
Kieler Woche 234
Klapmeyer-Orgel 83
Klausdorf 266
Klausdorfer Strand 266
Kleine Eiszeit 119
Kleiner Binnensee 249
Kleiner Eutiner See 334
Klein Rönnau 351
Kloster Bordesholm 322
Kloster Cismar 290
Kniepsand 134
KOHLosseum 81
Kontorhausviertel 27
Kremper Tor 297
Kronenloch 75
Küchensee 354
Künstlerhaus Lauenburg 367
Kurpark Bad Malente 333

L

Laboe 237
Ladelund 154
Landesmuseum für Kunst und Kulturgeschichte 208
Landschaftsmuseum Angeln 170
Landungsbrücken 28
Langballig 170
Langballigau 171
Langer Christian 147
Lanker See 323
Lanzer See 365
Lauenburg/Elbe 365
Leck 155
Lemkenhafen 277
Lensahn 288
Lensterstrand 291
Leuchtturm Dahmeshöved 287
Leuchtturm Pelzerhaken 295
Liebestempel Eutin 337
Lindaunis 199
List 145
Love-and-Peace-Festival 274
Lübecker Marzipan 313
Lühe-Schulau-Fähre 50
Lunden 87
Lütjenburg 245

M

Maasholm 180
Mädels vom Immenhof 333
Magellan-Terrassen 28
Maräne 357
Marco-Polo-Terrassen 28
Marienkirche Lübeck 312
Maritim-Hotel Travemünde 306
Marktplatz, Friedrichstadt 92
Marktplatz, Heide 85
Marktplatz, Husum 112
Marktplatz Lübeck 313
Mauritiuskirche 51
Max-Planck-Institut für Evolutionsbiologie 330
Meereszentrum Fehmarn 265
Meerwasserfreibad, Tönning 95
Meeschendorf 263
Meldorf 71
Meldorfer Dom 72
Michel, Hamburg 25
Miniatur Wunderland, Hamburg 27
Mittelalterliche Warmzeit 119
Modellbahnzauber, Friedrichstadt 93
Molfsee 235
Mölln 359
Mönckebergstraße 36
Morsum Kliff 149
Mühle Anna 199
Mühle Charlotte 178
Multimar Wattforum, Tönning 95
Museum für Hamburgische Stadtgeschichte 25
Museumsberg, Flensburg 163
Museum Schwedenspeicher 54
Museumshof Lensahn 288
Museumsinsel Lüttenheid 86
Museum Tuch+Technik 319

N

Nationalpark Schleswig-Holsteinisches Wattenmeer 106
Naturpark Hüttener Berge 221
Naturschutzgebiet der Aalbeek-Niederung 304
Naturschutzgebiet Geltinger Birk 177
Naturschutzgebiet Krummsteert-Sulsdorfer Wiek 274
Naturschutzgebiet Schleimündung 181
Nebel 137
Neufeld 64
Neukirchen 140 282
Neumünster 318
Neustädter Kunst-Kilometer 298
Neustadt in Holstein 296
Nicolaikirche 183
Nicolai-Kirche Mölln 361
Nieblum 129
Niebüll 139
Niobe-Denkmal 269
Nissenhaus 113
Noctalis – Welt der Fledermäuse 349
Nolde-Museum 151
Nord bei Nordwest 276
Nordertor 159 161
Nordfriesland Museum 113
Nördliche Seeniederung Fehmarn 268
Nord-Ostsee-Kanal 61
Nordstrand 114
Nordstrandischmoor 123
Norgaardholz 175
Nübelfeld 173

O

Oldenburg in Holstein 253
Olsborg 328
Olympiahafen Schilksee 233
Öömrang Hüs 137
Orth 275
Ostsee Erlebniswelt in Klaustorf 256
Ostsee in Flammen 294
Ostsee Therme 301
Outdoor-Kartbahn, Büsum 80
Outletcenter Neumünster 318

P

Pagodenspeicher 298
Palmschleuse 368
Passat, Museumsschiff Travemünde 307
Pellworm 115
Pelzerhaken 295
Peter-Wiepert-Museum 264
Petrikirche, Hamburg 36
Pfeffersäcke 26
Phänomania, Büsum 80
Phänomenta, Flensburg 161
Planetenlehrpfad, Wedel 41
Planten un Blomen 25
Plön 324

Plöner Evolutionspfad 330
Plöner Planetenpfad 329
Plöner Schloss 330
Plön, Stadtplan 326
Poppenspäler-Museum, Husum 113
Porticus 161
Preetz 323
Prinzeninsel 329
Priwall, Travemünde 306

R

Raddampfer Kaiser Wilhelm 369
Rantum 145
Rathaus Lübeck 313
Ratzeburg 355
Ratzeburger Achter 354
Ratzeburger Dom 356
Ratzeburger See 354
Remonstranten 91
Remonstrantenkirche in Friedrichstadt 91
Rendsburg 224
Reussenköge 121
Rieseby 199
Riesenrad in List 145
Robbarium 105
Roland Oase 316
Rolandstatue, Bramstedt 316
Roland, Wedel 41
Rosarium Uetersen 42
Roter Haubarg 109
Rotes Kliff 146
Rungholt 117

S

Salemer See 358
Sankt Bartholomäus, Wesselburen 83
Sankt Johannis, Föhr 130
Sankt Jürgen Kirche 85
Sankt Laurentius 87
Sankt Marien, Flensburg 160
Sankt Michaelisdonn 67
Sankt Michaelis, Hamburg 25
Sankt Peter-Ording 99
Sankt Peter-Ording, Stadtpl. 100
Sankt Salvator 117
Schaalsee 359
Schaalseekanal 358
Schacht-Audorf 227
Schafflund 156
Scharbeutz 299
Schashagen 294
Schiffsführungssimulator 28
Schlacht bei Hemmingstedt 73
Schlei Princess 183
Schleswig 201
Schleswig-Holsteinisches Landwirtschaftsmuseum 73
Schleswig-Holstein Musik Festival 363
Schleswig, Stadtplan 205
Schloss Ahrensburg 346
Schloss Gottorf 207
Schlossmühle Ahrensburg 347
Schloss Schönhagen 190
Schloss Wotersen 362
Schlüttsiel 124
Schokoladenmus., Hamburg 38
Schönberg 240
Schönhagen 190
Schubystrand 191
Schulauer Fährhaus 40
Schwanitz 276
Schwedeneck 231
Schwentine 323
Se7en Oceans 36
Sea Life Timmendorfer Strand 304
Seehundstation Friedrichskoog 65
Seeschlößchenbrücke Timmendorfer Strand 304
Sehestedt 228
Sehlendorfer Strand 251
Simonsberg 110
Speicherstadt 26
Speicherstadtmuseum 28
Staberdorf 263
Stade 51
Stade, Stadtplan 52
Starigard 254
Steinzeitgrab Denghoog 147
Steinzeitliches Langbett in Wulfen 260
Steinzeitpark Dithmarschen 69
Strande 232
Strandparkplatz, Sankt Peter-Ording 104
Strucklahnungshörn 115
Struckum 121
Strukkamp 278
Strukkamphuk 277
Sturmfluten 119
Süderlügum 153
Süderlügumer Binnendünen 153
Südermarkt 159

Südwesthörn 139
Sühnestein des Peter Swyn 88
Süsel 339
Sütel 282
Sylt 144

T

Theodor Storm 112
THEO Shopping-Center 112
Thielbek 296
Thomas Mann 312
Tiefste Landstelle Deutschlands 60
Tierpark Gettorf 228
Tierpark Hagenbeck 39
Till Eulenspiegel 359
Timmendorfer Strand 301
Tolk-Schau 200
Tönning 94
Travemünde 306
Treenebad, Friedrichstadt 92
Trichterbecherkultur 199
Trittau 344
Trutz, Blanke Hans 118
Turmhügelburg, Lütjenburg 245

U

Uetersen 42
UNESCO Welterbe Haithabu und Danewerk 212
Unewatt 170
Utersum 129
Uwe Düne 145

V

Venti Amica 51
Verrücktes Haus in Gettorf 229
Vogelkoje Meeram 136
Vogelpark Niendorf 304
Vogelreservat Wallnau 272

W

Waabs 193
Wackerballig 176
Wagriern 253
Waldemarsmauer 214
Wallmuseum 253
Wallsbüll 156
Wassermühle Trittau 344
Wasserspiellichtkonzerte 39
Wasserturm, Heide 85
Wasserturm Neumünster 319
Wattwanderung 120
Wedel 40
Weidefelder Strand 190
Weissenhäuser Strand 251
Wenningstedt 142
Wesselburen 81
Westerhever 108
Westerholz 172
Westerland 147
Westküstenpark 105
Wikinger-Friesen-Weg 187
Wildpark Bad Malente 333
Wildpark Eekholt 316
Willkomm Höft 40
Willy-Brandt-Haus Lübeck 311
Wilster 59
Wisch 239
Wischhafen 57
Witzeeze 363
Wohnmobiltransport nach Sylt 140
Wöhrdener Loch 75
Wulfener Hals 260
Wyk auf Föhr 132

Z

Zweite Mandränke 119
Zweite Marcellusflut 119

Bildnachweis:

Alle Fotos stammen von den Autoren mit Ausnahme folgender Aufnahmen:
Torhaus vom Gut Ludwigsburg Seite 198 © Matthias Süßen (www.matthias-suessen.de); „Ostsee Erlebniswelt in Klaustorf" auf Seite 256 © Wolfgang Pehlemann; Roland Bad Bramstedt Seite 316 © Nightflyer, wikimedia; „Im Outletcenter Neumünster." auf Seite 318 © Oliver Blobel; Karl-May-Festspiele in Bad Segeberg Seite 350 © Claus Harlandt; Apachenhäuptling Winnetou Seite 350 © Claus Harlandt.

Der WOMO-Knackerschreck

* ist die universelle und **sofort sichtbare Einbruchssperre**.
* Wird einfach in die beiden Türarmlehnen eingehängt, zusammengeschoben und abgeschlossen.
* Passend für Ducato, Peugeot, Renault Master, MB Sprinter und VW (alle Typen).
* Krallen aus 10 mm massivem, einbrennlackiertem Stahl, d. h. nahezu unverwüstlich.

Nur 59,90 € – und nur bei WOMO!

Der WOMO-Aufkleber

* passt mit 14 cm Breite auch auf Ihr Wohnmobil.
* ist das weit sichtbare Symbol für alle WOMO-Freunde.

0,00 € – und nur bei WOMO!

Der WOMO-Leserservice

Passend zu unseren Reiseführern bieten wir in unserem Online-Buchshop unter **www.womo.de** an:

* Die besten **Autokarten** von Michelin, Freytag & Berndt, Reise-know-how, die garantiert die komplette Reiseroute abdecken.
* Die Kauderwelsch-**Wörterbücher** für jede Sprache unserer Reiseländer.
* Von jedem Reiseland mindestens einen Rother-**Wanderführer** über die schönsten Wanderregionen.

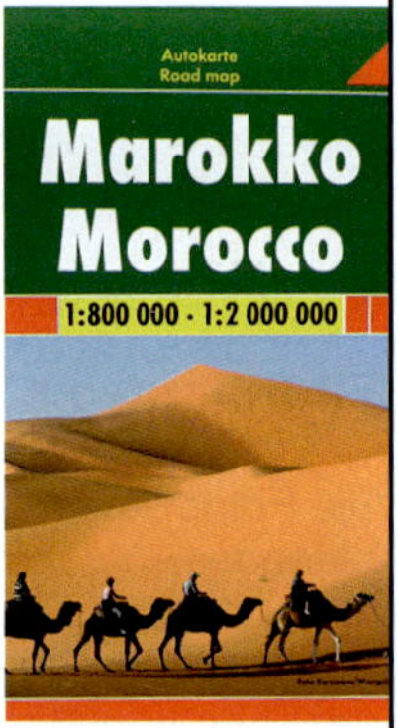

* Die **GPS-Daten** aller Bücher in den Versionen (.gpx und .kml) zum Download für die schnelle Übertragung auf Ihr Navi.

Info-Blatt aus dem WOMO-Buch: Schleswig-Holstein '21

Lokalität: Seite: Datum:
(Stellplatz, Campingplatz, Wandertour, Gaststätte, usw.)

unverändert gesperrt/geschlossen folgende Änderungen:

Lokalität: Seite: Datum:
(Stellplatz, Campingplatz, Wandertour, Gaststätte, usw.)

unverändert gesperrt/geschlossen folgende Änderungen:

Lokalität: Seite: Datum:
(Stellplatz, Campingplatz, Wandertour, Gaststätte, usw.)

unverändert gesperrt/geschlossen folgende Änderungen:

Lokalität: Seite: Datum:
(Stellplatz, Campingplatz, Wandertour, Gaststätte, usw.)

unverändert gesperrt/geschlossen folgende Änderungen:

Lokalität: Seite: Datum:
(Stellplatz, Campingplatz, Wandertour, Gaststätte, usw.)

unverändert gesperrt/geschlossen folgende Änderungen:

Lokalität: Seite: Datum:
(Stellplatz, Campingplatz, Wandertour, Gaststätte, usw.)

unverändert gesperrt/geschlossen folgende Änderungen:

Meine Adresse und Tel.-Nummer:

Info-Blatt aus dem WOMO-Buch: Schleswig-Holstein '21

Lokalität: Seite: Datum:
(Stellplatz, Campingplatz, Wandertour, Gaststätte, usw.)
unverändert gesperrt/geschlossen folgende Änderungen:

Lokalität: Seite: Datum:
(Stellplatz, Campingplatz, Wandertour, Gaststätte, usw.)
unverändert gesperrt/geschlossen folgende Änderungen:

Lokalität: Seite: Datum:
(Stellplatz, Campingplatz, Wandertour, Gaststätte, usw.)
unverändert gesperrt/geschlossen folgende Änderungen:

Lokalität: Seite: Datum:
(Stellplatz, Campingplatz, Wandertour, Gaststätte, usw.)
unverändert gesperrt/geschlossen folgende Änderungen:

Lokalität: Seite: Datum:
(Stellplatz, Campingplatz, Wandertour, Gaststätte, usw.)
unverändert gesperrt/geschlossen folgende Änderungen:

Lokalität: Seite: Datum:
(Stellplatz, Campingplatz, Wandertour, Gaststätte, usw.)
unverändert gesperrt/geschlossen folgende Änderungen:

Meine sonstigen Tipps und Verbesserungswünsche: